深度解析上市公司运营发展

SHENDU JIEXI SHANGSHI GONGSI YUNYING FAZHAN

2010~2016 年
纺织服装类上市公司绩效分析与评估

俞亦政　编著

中国纺织出版社

内 容 提 要

本书由纺织服装行业上市公司业绩效能测评体系的研究、2010～2016年中国资本市场纺织服装类上市企业发展研究报告、探索纺织服装类企业融资的渠道与方式和2010～2016年纺织服装类各主要上市公司运营发展情况图解四部分组成，是依据作者所带领的研发团队经过5个月的辛勤工作完成的研究报告书、学术性论文和部分笔记摘录编撰而成。

本书语言通俗易懂，各类分析深入浅出，强调以数字说话。书中还专门采集了6组共21项重要测评比对指标对160家主营纺织服装的上市公司分别进行了图表演示。历史运行轨迹和发展态势一目了然，能帮助读者更快查阅和了解各类纺织服装上市公司的运营发展情况以及分组、分行业进行比较。

本书尤其适合政府管理部门、上市公司高级管理人员阅读参考。还可供各类咨询公司、投资公司的咨询分析师、股票投资分析者参考使用。

图书在版编目（CIP）数据

深度解析上市公司运营发展：2010～2016年纺织服装类上市公司绩效分析与评估/俞亦政编著．—北京：中国纺织出版社，2017.10

ISBN 978－7－5180－3615－8

Ⅰ．①深…　Ⅱ．①俞…　Ⅲ．①纺织工业企业—上市公司—企业绩效—研究—中国—2010－2016　Ⅳ．①F426.8

中国版本图书馆CIP数据核字（2017）第112253号

策划编辑：孔会云　　责任编辑：沈　靖　　责任校对：武凤余
责任设计：何　建　　责任印制：何　建

中国纺织出版社出版发行
地址：北京市朝阳区百子湾东里A407号楼　邮政编码：100124
销售电话：010—67004422　传真：010—87155801
http://www.c-textilep.com
E-mail:faxing@ c-textilep.com
中国纺织出版社天猫旗舰店
官方微博 http://weibo.com/2119887771
三河市延风印装有限公司印刷　各地新华书店经销
2017年10月第1版第1次印刷
开本：889×1194　1/16　印张：25.25
字数：462千字　定价：1212.00元

序一

纺织工业是我国的传统支柱产业、重要民生产业和创造国际化新优势产业,是科技和时尚融合、生活消费与产业用并举的产业,在美化人民生活、增强文化自信、建设生态文明、带动相关产业发展、拉动内需增长、促进社会和谐等方面发挥着重要作用。

"十三五"时期,是我国全面建成小康社会的决胜阶段,也是建成纺织强国的冲刺阶段。作为本行业各专业领域龙头及创新优势企业的集中代表——各类纺织服装上市公司,必将在切实推进传统产业向创新驱动的科技产业、文化引领的时尚产业、责任导向的绿色产业转型升级过程中发挥更为积极的作用。

资本市场与产业发展之间存在密不可分的关系。在资本市场上,产业的投资价值主导资本流向,借助资本市场的价格信号,既可以迅速聚集大量资金,为产业结构调整开辟增量资金来源渠道,又可以有效引导各种生产要素、经济资源向核心区域和政策扶持区域集聚,实现制度优势、人才优势、政策优势和经济资源等在资本聚集区域的全面有机结合,形成资源协同效应,为产业转型升级拓展空间,引导产业有序发展,进而促进结构调整与产业升级,实现资源的优化配置,促进产业经济可持续发展。

随着我国资本市场的蓬勃发展,纺织服装类上市公司目前的发展规模已达200多家,涉及纺织工业十多个专业领域(子行业),纺织服装板块已经成为资本市场受人关注的重要板块。对业内上市公司业绩进行科学、合理、客观的评价,发现并解决企业在运营、发展过程中存在的问题,不仅是政府相关部门、证券投资商和广大股民共同关注的问题,也是上市公司提升内部管理水平的自身要求。

　　基于此，俞亦政博士撰写了《深度解析上市公司运营发展——2010～2016年纺织服装类上市公司绩效分析与评估》一书。该书除详细介绍他带领的团队的最新研发成果"纺织服装行业上市公司业绩效能综合测评体系的研究""2010～2016年中国资本市场纺织服装类上市企业发展研究报告"和"探索纺织服装类企业融资渠道与方式"外，还分别对沪深两市上市的158家纺织服装类上市公司的运营发展情况，全面系统地进行了分析对比。无疑，该书的出版将对我国纺织服装行业上市公司业绩综合测评工作起到促进作用，在提升上市公司内部科学管理水平、加快企业健康可持续发展的同时，也为政府有关部门和行业协会及时了解、把控、预判上市公司运营绩效和发展动态，提供了重要参考依据。

　　希望该书能对提升企业科学管理水平、促进行业健康发展发挥应有的作用。

　　是为序。

中国纺织工业联合会会长

2017 年 8 月 20 日

序二

中国纺织工业联合会会长孙瑞哲曾经在多个场合讲过,"产业与资本的融合"是纺织服装行业"十三五"发展的新动能之一。企业获得资本市场更多的关注,也是我国纺织服装产业结构调整成果的直接体现,用资本的力量助推产业升级是行业发展的必然选择。纺织服装上市公司是纺织服装行业的领航者,也是创新优势企业的集中代表。据统计,目前国内各类纺织服装类 A 股上市公司总数已超过 200 家,纺织服装板块已经成为资本市场受人关注的重要板块。这些上市公司包括了纤维材料、纱线、面料、化纤、丝绸以及家纺、产业用、服装、纺织机械制造等,涉及业内十多个细分专业领域。通过产业与资本融合,这些企业获得了更为广阔的发展空间,借助资本市场,实现了更好、更快、更规范的高效发展,促进了企业核心竞争能力和引领能力的提升。

然而,随着市场形势的变化,人们消费方式和企业生产经营模式都在发生变化,上市公司的业绩每年也不相同。如何及时、系统、全面地掌握上市公司生产运营、建设发展情况,科学评估他们的盈利、运营、资本结构、建设发展以及对社会的贡献能力,预判他们的潜在发展趋势成为亟待解决的问题。近日,中国纺织规划研究会成功开发了首个全行业上市公司业绩效能测评体系,并对业内 200 多家上市公司进行了相关测评。同时,依据测评体系的技术支持,完成了《2010～2016 年纺织服装行业上市公司发展报告》等重要成果。

科学、合理、客观、有效地分析评估上市公司的业绩,以帮助政府、行办、公司管理决策者及时了解企业的运营情况、发展走势及存在的问题,具有重要的现实意义。实际上,这一评估系统进一步强化了国家和纺织行业管理部门对各类纺织服装上市公司运营发展情况的在控与预判能力,为制定、推进和落实各类产业政策提供了坚实的技术支撑,极大地提高了政府对市场与企业的宏观管理把控能力。与此同时,评估系统的建成,还为广大国内纺织服装类上市公司投资者或经营者自我衡量业绩水平、拓展项目、谋划发展提供了一个重要依据,同时也为广大股民、证券投资机构、各类咨询机构了解掌握纺织服装类上市公司的业绩情况提供了重要的技术支撑。

　　用数据说话,排除人为干扰,这是该测评体系的一大特点。我把这套测评体系形象地比喻为诊断上市公司的"CT机",只要有企业"利润表""资产负债表"和"现金流量表"这三个基础财务报表,通过该系统对上市公司三表进行扫描,即可诊断出公司是否"健康",哪里有问题,通过对比还能明晰与先进企业的差距在哪里,随后可以针对诊断情况为企业开出"药方"。这对深入开展企业发展规划、咨询服务非常实用有效。同时也为我们中国纺织服装行业上市公司董秘联盟有序有效地开展企业间互学互比互帮工作提供技术支撑。

中国纺织建设规划院院长
中国纺织规划研究会副会长

2017 年 7 月 10 日

前言

相传有这样一则佛典小故事：

佛祖释迦牟尼有个弟子叫般特，生性迟钝。佛祖让五百罗汉天天轮流给他讲经教学问，可他仍然一点不开窍。佛祖于是把他叫到跟前，逐字逐句地教他一首诗偈："守口摄意身莫犯，如是行者得度世。"并告诉他："不要以为这首偈子很平常，你只要认真地研学，一样可以有相当的成就。"

于是，般特谨遵佛祖嘱咐，翻来覆去就学这首偈子，终于在七年后参悟出了其中的禅理。

一次，佛祖派般特代他去给附近的僧尼讲经说法。那些僧尼早就对般特的愚笨有所耳闻，所以心里都很不服气。般特惭愧而谦虚地对他们说："我生性愚钝，在佛祖身边仅学到一个偈子，现在就讲给大家听。"

接着，般特就念那首偈子："守口摄意身莫犯，如是行者得度世。"

他刚念完，僧尼们就开始哄笑起来，私下说："竟然只会一首启蒙偈子，我们早就倒背如流了，还用你来讲什么啊？"

但般特仍然从容地往下讲。越往下讲，众僧尼越觉得他说得头头是道。一首看似普通的偈子被般特道出了无限深邃的禅理，讲解出了无穷新意。

财务报表如同那首启蒙偈子，对于大多数从事财经工作的人来说，是再平常不过的了。但怎样去解读、怎样在工作中通过演绎应用使之发挥出更大作用，往往仁者见仁、智者见智。从本质上讲，财务报表其实就是用特定的会计语言反映企业会计信息。财务分析就是基于报表的会计信息，去设法解读企业经营发展的商业逻辑。通过由果推因，找出造成这个结果的原因，掌握(或预判)其未来发展态势。

就我个人理解，会计、财务或财务分析，工作性质和侧重点截然不同。会计就是记账、算账和报账；财务就是筹资、投资和分配；而财务分析就是要从3份基础报表240多项会计科目中去解读出企业经营发展的商业逻辑，演绎预判出其未来可能的结果。因此，财务分析在一些人眼里就变得复杂、神秘和高不可攀。其实不然，财务分析是一项既轻松又有趣的工作。

道理很简单。因为进行财务分析根本不需要去理会和掌握针对某项会计科目进行立账、财务处理等繁杂事务，也并非需要很专业的财务会计人员才能做。其实只需要掌握最基本的财务会计知识，了解每个科目的基本含义，剩下的就是要有明确的分析目标指向，并运用好财务分析的思路、方法和技巧，再加上一点数学基础知识就足矣。说得通俗点，就是你只需要掌握30%的财务会计基本知识和60%的方法与技巧以及10%的数学基础知识就足够了。经过一段时间的学习研究与实践，自然熟能生巧，领会快捷有效的财务报表分析方法了。

在所有会计信息资料中，"资产负债表"是最基础、最核心的会计信息源。因为说到底，"利润表"和"现金流量表"其实都是"资产负债表"里面的一个科目。只有通过"资产负债表"看清了公司实力，才能进一步更具体地去分析它的效益能力("利润表"中体现)，去洞察它的经营活力("现金流量表"中体现)。因此，既"登高望远"，又"见微知著"，抓住重点，掌握好关联，讲究方法和路径是进行财务分析最基本的原则。

"纺织服装行业上市公司业绩效能综合测评体系"就是基于上市公司定期公开披露的"资产负债表""利润表"和"现金流量表"三份基础财务报告的会计信息数据，以200多家纺织服装类上市公司为研究样本所进行的一种智能型财务综合分析体系。它不同于其他测评体系之处在于始终贯彻"以数字说话"的设计理念。"测评体系"包括上市公司运营发展绩效评估 Asys.12 系统、发展指数 Dsys.2 系统和健康度指数 HIS 分值三大系统。从"收益质量与盈利能力""现金流量与营运能力""资本结构与偿债能力""发展潜力与社会贡献""发展指数"以及"健康度分值"六个方面对 2010～2016 年 200 多家纺织服装类上市公司运营发展情况进行了深度的系统分析和测评。系统基于行业特征,利用数学量化方法加工数据,使大量相对独立、分散的会计信息数据之间构建起科学合理的关联关系,实现了综合测评的可比性、有效性、实用性的体系设计思想。比如,对企业自身历年的建设成长性比较,能指导企业认清自身的生产运营情况,总结经验和不足,指导今后的生产和发展;而行业内企业的比较,能让企业明确自己在行业中的发展地位,竞争优劣势,互相取长补短,以达到与行业共同进步的目的。

阅读本书,将感受到不一样的财务分析思路。它讲究的是纵横双向比较,即使对在资本结构、资产规模、产能规模、所处产业链不同节点(或阶段)的两家企业,也能通过系统的综合测评判断出各自的比较优劣,并能指出问题出现在哪里、比较优势在哪几处,从而解决上市公司建设发展自我测评、上市公司行业性比较测评以及上市公司同专业领域、同业同组比较测评等问题。同时,由于测评体系采用模块化组合结构,也解决了在企业咨询服务中对某单项、几组指定项的测评等现实需要。

本书由"纺织服装行业上市公司业绩效能综合测评体系的研究""2010～2016年中国资本市场纺织服装类上市企业发展研究报告""探索纺织服装类企业融资渠道与方式"和"2010～2016年纺织服装类各主要上市公司运营发展情况图解"四部分组成,是依据课题组研发团队在5个多月研发过程中完成的研究报告书、学术性论文和部分笔记摘录编撰而成。其中第四部分还专门采集了6组共21项重要测评比对指标对158家主营纺织服装的上市公司分别进行了图表演示。历史运行轨迹和发展态势一目了然,能帮助读者更快查阅了解各类纺织服装上市公司运营发展情况以及分组、分行业进行比较。

由于本书从起草到送审完稿,用时不到一个半月,时间确实比较仓促。内容虽尽量补充修正,但个人能力毕竟有限,内容或有遗漏不当和不周详之处,企盼各界不吝赐教指正,以求不断改进完善。

最后,我想表达的是:由于课题研发与撰写是在兼顾工作的情况下进行,连续数月都不分昼夜、没有周末节假,对于家人的谅解和支持,倍感温馨。在课题研发和本书编撰过程中,承蒙课题组成员马春燕博士、高春梅博士、吕洪刚、王春生、倪麟博士等团队成员的精诚合作,他们利用业余时间和节假日加班加点地付出;承蒙中国纺织建设规划院领导和同仁们的鼎力支持和鼓励;承蒙森马服饰、鲁泰A、如意集团、太平鸟、罗莱生活、华茂股份、经纬纺机、华孚色纺、红豆股份、比音勒芬、乔治白等上市公司各位董秘和总监的大力协助；承蒙中国纺织出版社郑伟良社长以及各位编辑的热心相助；承蒙本书顾问孙瑞哲会长、冯德虎院长的关心支持，并亲自为本书作序。在此致以最诚挚的谢意！谢谢你们！

希望本书能起到抛砖引玉的作用，期望更多的专家学者能关注上市公司绩效综合测评体系研究领域；期望本书的观点结论能对进一步提升业内科学管理水平，对促进纺织服装行业健康持续发展有所帮助；期望本书的分析方法能为上市公司经营管理者、证券及各类投资、咨询机构以及广大股民了解掌握纺织服装行业上市公司业绩效能与发展情况提供一些有价值的参考。

俞亦政

2017 年 7 月 12 日于北京

目录 Contents

第一篇 纺织服装行业上市公司业绩效能综合测评体系的研究 ……………………………… 1

　一、上市公司业绩效能综合测评体系的建立 ……………………………………………… 2

　二、上市公司业绩效能综合测评体系中三大测评系统的介绍 ………………………… 7

　三、纺织服装行业上市公司综合测评体系建立后的功能 ……………………………… 10

第二篇 2010~2016年中国资本市场纺织服装类上市企业发展研究报告 ………………… 17

　第一部分 国内资本市场纺织服装类上市企业发展现状 ……………………………… 18

　　一、纺织服装类企业在国内资本市场占比持续提升,板块总市值持续增长 ………… 18

　　二、纺织服装类上市公司是引领纺织工业创新发展的排头兵 ……………………… 19

　　三、盈利增速趋缓,质效稳中趋好 …………………………………………………… 20

　　四、生产经营稳定,固定资产投资增速加快,企业运营成本持续上升 ……………… 22

　　五、研发投入比重持续增加 …………………………………………………………… 23

　　六、产业升级、结构调整、优化整合向纵深发展 ……………………………………… 24

　　七、借力信贷和资本市场,贷款融资助力产业发展 ………………………………… 26

　　八、2016年度三大终端产业及各主要专业领域综合测评情况 ……………………… 28

　　九、2016年度企业测评情况 …………………………………………………………… 29

　第二部分 2010~2016年纺织服装类上市公司发展情况 ……………………………… 33

　　一、2010~2016年纺织服装上市公司建设发展基本情况 …………………………… 33

　　二、2010~2016年纺织服装上市公司经济运行发展情况 …………………………… 36

三、2010～2016 年国内资本市场纺织服装类企业健康度指数测评情况 ……………… 41

四、2010～2016 年国内资本市场纺织服装类企业发展指数测评情况 ……………… 42

五、Asys. 12 系统测评各年度行业运营发展综合绩效情况 …………… 43

第三部分　2017～2018 年纺织服装类上市公司发展态势预判 …………… 44

一、2017～2018 年国内经济发展预判 …………… 44

二、2017～2018 年纺织服装上市公司建设发展各类经济数据预判 …………… 45

第三篇　探索纺织服装类企业融资渠道与方式 …………… 47

一、企业融资渠道与方式 …………… 48

二、纺织服装企业境内外上市融资的选择与比较 …………… 53

第四篇　2010～2016 年纺织服装类各主要上市公司运营发展情况图解 …………… 71

1. 常山股份（000158. SZ）…………… 73

2. 吉林化纤（000420. SZ）…………… 75

3. 友利控股（000584. SZ）…………… 77

4. 京汉股份（000615. SZ）…………… 79

5. 经纬纺机（000666. SZ）…………… 81

6. 恒天海龙（000677. SZ）…………… 83

7. 华讯方舟（000687. SZ）…………… 85

8. 恒逸石化（000703. SZ）…………… 87

9. 鲁泰 A（000726. SZ）…………… 89

10. *ST 三维（000755. SZ）…………… 91

11. 三毛派神（000779. SZ）…………… 93

12. 美达股份（000782. SZ）…………… 95

13. *ST 金宇（000803. SZ）…………… 97

14. 华茂股份（000850. SZ）…………… 99

15. 华西股份（000936. SZ）…………… 101

16. 新乡化纤（000949. SZ）…………… 103

17. 欣龙控股（000955. SZ）…………… 105

18. 高升控股（000971. SZ）…………… 107

19. 春晖股份（000976. SZ）…………… 109

20. *ST 中绒（000982. SZ）…………… 111

21. 伟星股份（002003. SZ）…………… 113

22. 精功科技（002006. SZ）…………… 115

23. 霞客环保(002015. SZ) ………………………………………………… 117

24. 中捷资源(002021. SZ) ………………………………………………… 119

25. 七匹狼(002029. SZ) …………………………………………………… 121

26. 美欣达(002034. SZ) …………………………………………………… 123

27. 联创电子(002036. SZ) ………………………………………………… 125

28. 华孚色纺(002042. SZ) ………………………………………………… 127

29. 美年健康(002044. SZ) ………………………………………………… 129

30. 华峰氨纶(002064. SZ) ………………………………………………… 131

31. *ST 众和(002070. SZ) ………………………………………………… 133

32. 凯瑞德(002072. SZ) …………………………………………………… 135

33. 孚日股份(002083. SZ) ………………………………………………… 137

34. 新野纺织(002087. SZ) ………………………………………………… 139

35. 江苏国泰(002091. SZ) ………………………………………………… 141

36. 浔兴股份(002098. SZ) ………………………………………………… 143

37. 南极电商(002127. SZ) ………………………………………………… 145

38. 宏达高科(002144. SZ) ………………………………………………… 147

39. 报喜鸟(002154. SZ) …………………………………………………… 149

40. 澳洋科技(002172. SZ) ………………………………………………… 151

41. 如意集团(002193. SZ) ………………………………………………… 153

42. 方正电机(002196. SZ) ………………………………………………… 155

43. 海利得(002206. SZ) …………………………………………………… 157

44. 奥特佳(002239. SZ) …………………………………………………… 159

45. 泰和新材(002254. SZ) ………………………………………………… 161

46. 新华都(002264. SZ) …………………………………………………… 163

47. 美邦服饰(002269. SZ) ………………………………………………… 165

48. 星期六(002291. SZ) …………………………………………………… 167

49. 罗莱生活(002293. SZ) ………………………………………………… 169

50. 富安娜(002327. SZ) …………………………………………………… 171

51. 联发股份(002394. SZ) ………………………………………………… 173

52. 梦洁股份(002397. SZ) ………………………………………………… 175

53. 嘉欣丝绸(002404. SZ) ………………………………………………… 177

54. 凯撒文化(002425. SZ) ………………………………………………… 179

55. 尤夫股份(002427. SZ) ………………………………………………… 181

56. 希努尔(002485. SZ) …………………………………………………… 183

57. 嘉麟杰(002486. SZ) ……………………………………………… 185

58. 荣盛石化(002493. SZ) ……………………………………………… 187

59. 华斯股份(002494. SZ) ……………………………………………… 189

60. 搜于特(002503. SZ) ……………………………………………… 191

61. 旷达科技(002516. SZ) ……………………………………………… 193

62. 恺英网络(002517. SZ) ……………………………………………… 195

63. 森马服饰(002563. SZ) ……………………………………………… 197

64. 步森股份(002569. SZ) ……………………………………………… 199

65. 朗姿股份(002612. SZ) ……………………………………………… 201

66. 棒杰股份(002634. SZ) ……………………………………………… 203

67. 跨境通(002640. SZ) ……………………………………………… 205

68. 摩登大道(002656. SZ) ……………………………………………… 207

69. 兴业科技(002674. SZ) ……………………………………………… 209

70. 乔治白(002687. SZ) ……………………………………………… 211

71. 美盛文化(002699. SZ) ……………………………………………… 213

72. 金轮股份(002722. SZ) ……………………………………………… 215

73. 多喜爱(002761. SZ) ……………………………………………… 217

74. 金发拉比(002762. SZ) ……………………………………………… 219

75. 汇洁股份(002763. SZ) ……………………………………………… 221

76. 柏堡龙(002776. SZ) ……………………………………………… 223

77. 三夫户外(002780. SZ) ……………………………………………… 225

78. 比音勒芬(002832. SZ) ……………………………………………… 227

79. 安奈儿(002875. SZ) ……………………………………………… 229

80. 探路者(300005. SZ) ……………………………………………… 231

81. 华峰超纤(300180. SZ) ……………………………………………… 233

82. 慈星股份(300307. SZ) ……………………………………………… 235

83. 同大股份(300321. SZ) ……………………………………………… 237

84. 三联虹普(300384. SZ) ……………………………………………… 239

85. 中潜股份(300526. SZ) ……………………………………………… 241

86. 开润股份(300577. SZ) ……………………………………………… 243

87. 延江股份(300658. SZ) ……………………………………………… 245

88. 皖维高新(600063. SH) ……………………………………………… 247

89. 浙江富润(600070. SH) ……………………………………………… 249

90. 美尔雅(600107. SH) ……………………………………………… 251

91. 浙江东方（600120. SH） ·· 253

92. 浪莎股份（600137. SH） ·· 255

93. 商赢环球（600146. SH） ·· 257

94. 维科精华（600152. SH） ·· 259

95. 华升股份（600156. SH） ·· 261

96. 生物股份（600201. SH） ·· 263

97. 江苏阳光（600220. SH） ·· 265

98. 金鹰股份（600232. SH） ·· 267

99. 时代万恒（600241. SH） ·· 269

100. 南纺股份（600250. SH） ·· 271

101. 开开实业（600272. SH） ·· 273

102. 嘉化能源（600273. SH） ·· 275

103. 江苏舜天（600287. SH） ·· 277

104. 鄂尔多斯（600295. SH） ·· 279

105. 标准股份（600302. SH） ·· 281

106. 三房巷（600370. SH） ·· 283

107. 海澜之家（600398. SH） ·· 285

108. 红豆股份（600400. SH） ·· 287

109. 瑞贝卡（600439. SH） ·· 289

110. 华纺股份（600448. SH） ·· 291

111. 凤竹纺织（600493. SH） ·· 293

112. 黑牡丹（600510. SH） ·· 295

113. 江南高纤（600527. SH） ·· 297

114. 申达股份（600626. SH） ·· 299

115. 龙头股份（600630. SH） ·· 301

116. 上海三毛（600689. SH） ·· 303

117. 新华锦（600735. SH） ·· 305

118. 辽宁成大（600739. SH） ·· 307

119. 鲁银投资（600784. SH） ·· 309

120. 轻纺城（600790. SH） ·· 311

121. 神马股份（600810. SH） ·· 313

122. 兰生股份（600826. SH） ·· 315

123. 上工申贝（600843. SH） ·· 317

124. 海欣股份（600851. SH） ·· 319

125. 南京化纤(600889. SH) ……………………………………………… 321

126. 汇鸿集团(600981. SH) ……………………………………………… 323

127. 航民股份(600987. SH) ……………………………………………… 325

128. 华鼎股份(601113. SH) ……………………………………………… 327

129. 桐昆股份(601233. SH) ……………………………………………… 329

130. 百隆东方(601339. SH) ……………………………………………… 331

131. 九牧王(601566. SH) ………………………………………………… 333

132. 鹿港文化(601599. SH) ……………………………………………… 335

133. 际华集团(601718. SH) ……………………………………………… 337

134. 奥康国际(603001. SH) ……………………………………………… 339

135. 大豪科技(603025. SH) ……………………………………………… 341

136. 红蜻蜓(603116. SH) ………………………………………………… 343

137. 日播时尚(603196. SH) ……………………………………………… 345

138. 华懋科技(603306. SH) ……………………………………………… 347

139. 梦百合(603313. SH) ………………………………………………… 349

140. 维格娜丝(603518. SH) ……………………………………………… 351

141. 贵人鸟(603555. SH) ………………………………………………… 353

142. 健盛集团(603558. SH) ……………………………………………… 355

143. 天创时尚(603608. SH) ……………………………………………… 357

144. 康隆达(603665. SH) ………………………………………………… 359

145. 歌力思(603808. SH) ………………………………………………… 361

146. 太平鸟(603877. SH) ………………………………………………… 363

147. 新澳股份(603889. SH) ……………………………………………… 365

148. 哈森股份(603958. SH) ……………………………………………… 367

149. 仙宜岱(430445. OC) ………………………………………………… 369

150. 丝普兰(430526. OC) ………………………………………………… 371

151. 箭鹿股份(430623. OC) ……………………………………………… 373

152. 松宝智能(830870. OC) ……………………………………………… 375

153. 志向科研(830897. OC) ……………………………………………… 377

154. 吉芬设计(831000. OC) ……………………………………………… 379

155. 乔顿服饰(831189. OC) ……………………………………………… 381

156. 成丰股份(831218. OC) ……………………………………………… 383

157. 苏丝股份(831336. OC) ……………………………………………… 385

158. 海特股份(831345. OC) ……………………………………………… 387

第一篇

纺织服装行业上市公司业绩效能综合测评体系的研究

俞亦政　马春燕　高春梅　吕洪钢 等

摘　要

　　目前，在全球主要证券市场上市的中国纺织服装企业约310家，国内A股上市公司总数已超过200家。此外，在中国证监会排队准备在沪、深交易所IPO的纺织服装企业仍有20余家。据统计，纺织服装类A股上市公司已占到上市公司总数的6%，市值超过了4%，纺织服装板块已经成为资本市场关注的重要板块。纺织服装类上市公司涉及纺织工业十二个专业领域（子行业），既是创新优势企业的集中代表，也是行业发展的领航者。对上市公司的业绩效能进行评价，了解、在控、预判它们的运营绩效和发展动态，科学合理、客观有效地分析评估他们的业绩效能，及时发现存在的问题，是上市公司本身、广大股民和证券投资商以及政府相关部门共同关注的问题，具有重要的理论研究和现实应用价值。实现上市公司业绩效能综合评价，最首要的莫过于建立一套科学合理的测评体系。这些年来，随着我国上市公司及证券业的发展，社会各界对上市公司业绩测评体系研究的关注和要求变得越来越强烈，探索、研究的方式方法也越来越多样化。

　　本文以在中国沪深两市上市的纺织服装类公司作为研究对象，针对我国上市公司业绩评估面广、复杂、尚缺乏客观有效方法的现状，重点就纺织服装行业上市公司业绩评估指标选择、权重配置、数据处理、分值转化等内容进行了深入研究。并以决策分析理论为指导，通过理论梳理和实际调查，建立了一套较为科学合理、操作性较强的中国纺织服装行业上市公司业绩效能测评体系。本测评体系以数字说话，全部数据来源均采集自上市公司公平披露的"资产负债表""利润表"和"现金流量表"这三份财务报表。因此，评估体系成功解决了目前客观存在的行业统计数据不完整、各类数据收集困难等问题，彻底排除了因各种专家定性类评估打分等人为因素所造成的测评误差因素。系统数据采集简便，数据分析科学合理，测评结论客观真实。因此，本项目的研究不仅仅只是实现了对纺织服装类上市公司运营发展绩效进行综合测评，也进一步推进了我国上市公司绩效评价体系的研究和建设，为有效开展上市公司绩效评估提供了技术支持和成功应用案例。

一、上市公司业绩效能综合测评体系的建立

1. 评价体系建设框架设计（图1.1）

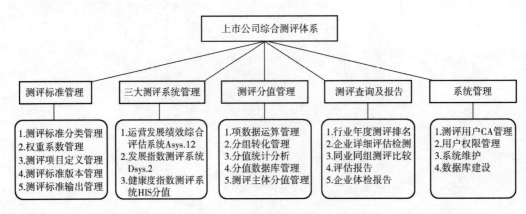

图1.1　评价体系建设框架设计图

2. 测评体系流程设计（图 1.2）

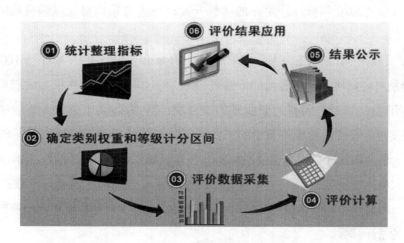

图 1.2　测评体系流程设计图

3. 测评体系的建立原则

（1）客观性原则。应建立在完整、真实的数据资料基础上，数据采集合法、简便。

（2）科学、独立、客观、真实、实用性原则。

（3）标准化、权威性和统一性。

4. 测评指标

上市公司业绩效能综合测评体系共设置 3 组 72 项测评指标。测评指标的设置着重考虑了各类上市公司资本规模、产能规模、产品品种、专业领域及所处产业链节点或阶段特点，使指标数据具有可比性。各大测评指标设置依据主要是考虑到上市公司经营发展业绩表现趋于多元化。不仅仅局限于盈利能力方面，还包括营运能力、偿债能力、发展能力等多个方面。测评指标的选取必须以尽可能涵盖企业运营发展不同方面（层次）的指标系列组合指标群，以全方位地评价企业经营业绩和发展情况等整体特征。测评体系强调全方位综合评价，指标选取必须多元化。一般而言，企业测评指标分为总量指标和比率指标两大类。总量类指标虽能反映宏观运营状况，但缺乏效能的有效比较性；比率类指标是指各财务比率指标，属相对指标，具有鲜明可比性。上市公司绩效综合测评体系中的测评指标设置主要分三类：特设的（复合性）比较指标、比值相对指标、比率相对指标。分别评估上市公司盈利能力和收益质量、营运能力和现金流管控、偿债能力和资本结构、发展潜力和社会贡献等。比如，盈利能力指标包含净资产收益率和销售净利率；营运能力指标包含应收账款周转率和总资产周转率；偿债能力指标包含流动比率、速动比率和资产负债率等短期指标和长期指标；发展潜力指标包含主营业务增长率、总资产增长率和营业利润增长率等同比增长率比值。此外，测评体系中还特设了一些复合性比较指标，如可持续发展率、潜力指数指标等。如下是部分重要指标含义注解。

（1）净资产收益率 POE（加权）：净资产收益率也叫股东权益净利率、净值报酬率，是公司税后利润除以净资产得到的百分比率，该指标反映股东权益的收益水平，用以衡量公司运用自有资本的效率。指标值越高，说明投资带来的收益越高，该指标体现了自有资本获得净收益的能力。例如：在公司对原有股东送红股后，每股盈利将会下降，从而对投资者造成错觉，认为公司的获利能力有所下降，事实上，公司的获利能力并没有发生变化，这时用净资产收益率来分析公司获利能力就比较客观、适宜。

根据国家监管层（2010 年修订）发布的《公开发行证券公司信息披露编报规则》第 9 号文件内的计算公式：

$$P0 \div (E0 + NP \div 2 + Ei \times Mi \div M0 - Ej \times Mj \div M0 \pm Ek \times Mk \div M0) \times 100\%$$

其中：P0 分别对应归属于公司普通股股东的净利润、扣除非经常性损益后归属于公司普通股股东的净利润；NP 为归属于公司普通股股东的净利润；E0 为归属于公司普通股股东的期初净资产；Ei 为报告期发行新股或债转股等新增的、归属于公司普通股股东的净资产；Ej 为报告期回购或现金分红等减少的、归属于公司普通股股东的净资产；M0 为报告期月份数；Mi 为新增净资产次月起至报告期期末的累计月数；Mj 为减少净资产次月起至报告期期末的累计月数；Ek 为因其他交易或事项引起的、归属于公司普通股股东的净资产增减变动；Mk 为发生其他净资产增减变动次月起至报告期期末的累计月数。

（2）所有者权益总额：所有者权益是指资产扣除负债后由所有者应享的剩余利益，即一个会计主体在一定时期所拥有或可控制的具有未来经济利益资源的净额。所有者权益的来源包括所有者投入的资本、直接计入所有者权益的利得和损失、留存收益。

（3）主营业务收入：主营业务收入对生产企业来说是销售其所生产的产品后获得的销售收入，不包括出售其他非产品性的资产，如原材料、固定资产、无形资产，甚至股权投资获得的收入。它是指企业经常性的、主要业务所产生的基本收入，如制造业的销售产品、非成品和提供工业性劳务作业的收入；商品流通企业的销售商品收入；旅游服务业的门票收入、客户收入、餐饮收入等。主营业务收入发生时是在贷方，每到月末要在借方转入本年收入。

（4）净利润：净利润是指在利润总额中按规定交纳了所得税后公司的利润留成，一般也称为税后利润或净收入。净利润是一个企业经营的最终成果，净利润多，企业的经营效益就好；净利润少，企业的经营效益就差，它是衡量一个企业经营效益的主要指标。

（5）流动资产：流动资产是指企业可以在一年内或者超过一年的一个营业周期内变现或者耗用的资产，是企业资产中必不可少的组成部分。流动资产的内容包括货币资金、短期投资、应收票据、应收账款和存货等。其特点有：占用形态具有变动性，占用数量具有波动性，循环与生产经营周期具有一致性；其管理意义有：有利于保证企业生产经营活动顺利进行，有利于提高企业流动资金的利用效果，有利于保持企业资产结构的流动性，提高偿债能力，维护企业信誉。

（6）销售净利率：销售净利率又称销售净利润率，是净利润占销售收入的百分比，主要用于衡量企业在一定时期的销售收入获取的能力。企业在增加销售收入额的同时，必须相应地获得更多的净利润，这样才能保证其盈利能力的优质性。通过分析销售净利率的升降变动，可以促使企业在扩大销售的同时，注意改进经营管理方式，提高盈利水平。计算公式：

$$销售净利率 = (净利润 \div 销售收入) \times 100\%$$

（7）应收账款周转率：公司的应收账款在流动资产中具有举足轻重的地位，应收账款若能及时收回，公司的资金使用效率便能大幅提高。应收账款周转率就是反映公司应收账款周转速度的比率。计算公式：

$$应收账款周转率 = (赊销收入净额 \div 平均应收账款) \times 100\%$$

$$应收账款周转天数 = 365 \div 应收账款周转次数$$

一般来说，应收账款周转率高，即应收账款周转天数短，表明公司收账速度快、平均收账期短、坏账损失少、资产流动快、偿债能力强。但是，如果公司的应收账款周转率过高或应收账款周转天数太短，则表明公司奉行较紧的信用政策，付款条件过于苛刻，这样会限制企业销售量的增加，特别是当这种限制的代价（机会收益）大于赊销成本时，它就会影响企业的盈利水平。

（8）总资产周转率：总资产周转率是指企业在一定时期内主营业务收入净额同平均资产总额的比率，是衡量企业资产运营效率的一项重要指标，体现了企业经营期间全部资产从投入到产出的流转速度，反映了企业总资产的管理质量和利用效率。计算公式：

总资产周转率 ＝ 主营业务收入净额 ÷ 平均资产总额 ×100%

（9）速动比率：速动比率是指速动资产对流动负债的比率。它是衡量企业流动资产中可以立即变现用于偿还流动负债的能力。速动比率一般在 1 左右比较好，流动比率和速动比率过小，则表示公司偿债能力不强；过大，则表示流动资产占用资金较多，不利于资金的周转。计算公式：

速动比率 ＝ （流动资产 － 存货净额）÷ 流动负债总额 ×100%

（10）流动比率：流动比率是流动资产对流动负债的比率，用来衡量企业流动资产在短期债务到期以前，可以变为现金用于偿还负债的能力。计算公式：

流动比率 ＝ （流动资产合计 ÷ 流动负债合计）×100%

流动比率和速动比率两者结合起来能够较好地反映和衡量企业的短期偿债能力。

过高的流动比率会使流动资产在全部资产中的比重上升，而流动资产，特别是变现能力最强的资产，如现金、银行存款、有价证券等，是盈利能力最低的资产，这部分资产的上升意味着企业获利能力的下降。因此，对企业来说，该指标应控制在一个合理的范围内，既要保证偿债能力，又要保证资产的获利能力。国际上公认的标准比率为2：1左右，实际上，对流动比率的分析还应该结合不同的行业特点，在实务分析中，在不同的行业，该比率往往差别非常大。

（11）资产负债率：资产负债率是负债总额占资产总额的百分比，反映总资产中有多大比例是通过借债来筹资的，同时能衡量企业在清算时保护债权人利益的程度。资产负债率是一个适度型指标，过高或过低对公司的正常经营都有一定的负面影响。计算公式：

资产负债率 ＝ （负债总额 ÷ 资产总额）×100%

（12）主营业务收入增长率：主营业务收入增长率可以用来衡量公司的产品生命周期，判断公司发展所处的阶段。一般来说，如果主营业务收入增长率超过10%，说明公司产品处于成长期，将继续保持较好的增长势头，尚未面临产品更新的风险，属于成长型公司；如果主营业务收入增长率在5%～10%之间，说明公司产品已进入稳定期，不久将进入衰退期，需要着手开发新产品；如果该比率低于5%，说明公司产品已进入衰退期，保持市场份额已经很困难，主营业务利润开始滑坡，如果没有已开发好的新产品，将步入衰落。计算公式：

主营业务收入增长率 ＝ （本期主营业务收入 － 上期主营业务收入）÷ 上期主营业务收入 ×100%

（13）总资产增长率：资产是企业用于取得收入的资源，也是企业偿还债务的保障。资产增长是企业发展的一个重要方面，发展力度好的企事业总能保持稳定的资产增长。总资产增长率是企业一年内总资产增长额与年初资产总额的比率，反映企业资产规模的增长情况。计算公式：

总资产增长率 ＝ 本年总资产增长额 ÷ 年初资产总额 ×100%

（14）营业利润增长率：营业利润是企业净利润的主要来源，反映企业经营活动盈利水平的增长速度。计算公式：

$$营业利润增长率 = 本年营业利润增长额 \div 上年营业利润总额 \times 100\%$$

其中： 本年营业利润增长额 = 本年营业利润总额 - 上年营业利润总额

（15）营业收入的吸金量指标：营业收入的吸金量俗称销售收现比，反映企业现金回收速度的指标。吸金量越高，表示企业实现营业收入时收到的现金比率越高，应收账款比率越少。计算公式：

$$营业收入的吸金量 = 销售商品提供劳务收到的现金 \div 营业收入 \times 100\%$$

（16）营业收入的含金量指标：营业收入的含金量俗称销售现金比率，是企业经营活动的现金流入与销售收入的比值，反映每一元销售得到的净现金量。营业收入含金量越高，表示企业通过销售收入创造现金净流入的能力越强。计算公式：

$$营业收入的含金量 = 经营活动产生的现金流量净额 \div 营业收入 \times 100\%$$

（17）流动负债/负债合计：这是反映企业债务结构的指标。计算公式：

$$流动负债/负债合计 = 流动负债 \div 负债合计 \times 100\%$$

（18）销售期间费用率：指三费（营业+管理+财务）占销售收入的百分比，反映企业生产成本以外的运营费用率。计算公式：

$$销售期间费用率 = 三费（营业+管理+财务）\div 主营业务收入 \times 100\%$$

（19）价值变动净收益/利润总额：反映企业投资获利水平，其中，价值变动净收益包括投资净收益、公允价值变动净收益和汇兑净收益。计算公式：

$$价值变动净收益/利润总额 = （投资净收益+公允价值变动净收益+汇兑净收益）\div 利润总额 \times 100\%$$

（20）营业外净收益/利润总额：是企业实体经济经营之外所发生的收入与费用（有政策因素如税收返回、政府补贴）。计算公式：

$$营业外净收益/利润总额 = （营业外收入 - 营业外支出）\div 利润总额 \times 100\%$$

（21）经营活动净收益/利润总额：反映企业实体经营的活力能力。财务分析中现把利润总额拆分为经营性活动净收益、价值变动净收益、营业外收支净额，其中经营性活动净收益是企业生产经营收入扣除生产成本和运营成本后的盈利。计算公式：

$$经营活动净收益/利润总额 = （营业总收入 - 营业总成本）\div 利润总额 \times 100\%$$

（22）已获得利息倍数：也叫利息保障倍数，是用来衡量企业偿还借款利息的能力，反映获利能力对债务偿付的保证程度。计算公式：

$$已获得利息倍数 = 息税前利润 \div 利息费用 \times 100\%$$

（23）存货周转率：是衡量和评价企业购入存货、投入生产、销售收回等各环节管理状况的综合性指标。存货周转速度越快，存货占用水平越低，流动性越强，存货转为现金、应收账款的速度越快。因此，提高存货周转率可以提高企业的变现能力。计算公式：

$$存货周转率 = 营业成本 \div 年度平均存货净额 \times 100\%$$

（24）投入资本回报率ROIC：是描述上市公司资本化资产的获利能力。计算公式：

$$投入资本回报率 = 净利润/全部投入资本$$

其中：全部投入资本 = 股东权益（不含少数股东权益）+ 负债合计 - 无息流动负债 - 无息长期负债

（25）资产负债率：也叫权益乘数，是反映在总资产中有多大比例是通过借债来筹资的，是衡量企业在清算时包含债权人利益的程度。计算公式：

$$资产负债率 = 负债总额 \div 资产总额 \times 100\%$$

（26）产权比率：俗称债务权益比率，是衡量企业长期偿债能力的常用指标之一。产权比率高是一种高风险、高报酬的财务结构，标准值一般在 0.8～1.2 之间。对公司股东来说，在通货膨胀时期，企业举债，可以将损失和风险转移给债权人；在经济繁荣时期，举债经营可以获得额外的利润；在经济萎缩时期，少借债可以减少利息负担和财务风险。计算公式：

$$产权比率 = 负债合计 \div 归属母公司的股东权益 \times 100\%$$

5. 数据分析处理与转化

经公式计算出来的 52 组指标项数据，需要进行相关数据分析处理才能转化成为具有鲜明可比性的各项评估分值。这其中，需要针对项数据数值可能存在的有序（无序）、线性关联（非线性关联）、离均（离标）差值的离散差异程度等情况，采用一些数学方法加以处理。基本思路是将项数据中某些特殊的、突变离异性大的数据结构进行细化分解，使各数据因子按照一定规则要求转化成具有可比性且变离度在指定允许范围内的分值数据。

比如：针对项数据的离散性问题，通过熵值法来解决（在信息论中，熵是对不确定性的一种度量。信息数据量越大，不确定性就越小，熵也就越小；反之信息量越小，不确定性越大，熵也越大。系统以熵值估算项指标数据的离散程度，判断其随机性及无序程度）。分值转化数学模型中嵌入离散拟合值，实现转化分值按一定逻辑关系压缩离散度，使之在设定范围内转化出项数据的比较数值。

针对项数据的无序、非线性关联问题，通过寻找出项数据各因子之间变化的相似或相异程度，再分配合适梯度阶次最终实现转化成比较分值，即所谓"灰色梯度法或关联度法"。

再如：针对一些项数据中各比较因子数值较小的线性组合指标，因数值间的微小变化不足以在分值上充分体现分值量化比较。系统采用主成分植入数据处理法来进行相关演算与分值量化。这一方法虽分值表现客观性强，但不足之处是有一定偏差，即不能完全反映原来指标的数值量化信息，但在设计可控范围。

按通俗概念来解释：其实质就是系统在项数据处理与分值转化过程中一直试图把那些无序、离散、极点数据和比较性弱的数值转化成可比性较强（指定分值区间按一点逻辑性分配的、以相对阶差梯度递增或递减）的分值数据。当然这其中的处理是按照项指标数据特征和处理转换要求（如对称性、正定性、离散性、反向指标转性、稀疏性等）进行处理转化的。比如，对于极点值数据（即局部或项数值范围指定，而非定义域中的最大最小值），系统通过只改变那些极点值的梯度阶差数值，而不需要大幅度改动，应基本保持正常数据特征不变，以实现对整个数据库数据转化后的比较结果不受极点数值扰动。这样就使得整个项数值演算转化不但具有较好的稳健性，且分值比较相对清晰。

二、上市公司业绩效能综合测评体系中三大测评系统的介绍

纺织服装行业上市公司业绩效能综合测评体系由上市公司运营发展绩效综合评估系统（简称 A 赛系统，Asys. 12）、上市公司发展指数测评系统（简称 D 赛系统，Dsys. 2）和上市公司健康度指数测评系统（简称 HIS 分值）三大系统组成。

（一）上市公司运营发展绩效综合评估系统（Asys.12）

评估系统的设计构架见图1.3。

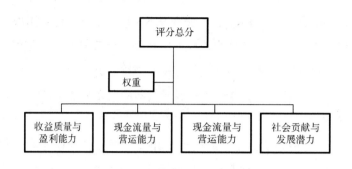

图1.3 评估系统的设计构架图

Asys.12系统设置了"收益质量与盈利能力""现金流量与营运能力""资本结构与偿债能力""社会贡献与发展潜力"四大二级指标。二级指标评估分值各为100分。按照一定权重分配求和后成为一级评估值总分（1000分）。

备注：为方便同业同组企业测评比较，Asys.12系统还分设了收益质量、盈利能力、现金流管控、营运能力、资本结构、偿债能力、发展潜力7大指标测评组系列。

Asys.12系统四大二级指标目前的权重配置见表1.1。

表1.1 Asys.12系统四大二级指标目前的权重配置

指标	权重配置	指标	权重配置
收益质量与盈利能力	30%	资本结构与偿债能力	20%
现金流量与营运能力	20%	社会贡献与发展潜力	30%

1. Asys.12系统评价指标（评估项）

Asys.12系统四大二级评估指标体系中共设置56项三级指标，每个子项指标均按其影响度配置了分值权重。

（1）收益质量与盈利能力测评指标包括：净资产收益率、总资产报酬率、投入资本回报率、销售净利率、毛利率、销售成本指标、销创净利能力指标、非主营创收指标、创收活力指标等。

（2）现金流量与营运能力测评指标包括：折旧摊销比率、销售收现比指标、净利润含金量指标、经营活动净收益含金量指标、营业收入含金量指标、营运资本、总资产、固定资产、应收账款存货等各类周转率指标等。

（3）资本结构与偿债能力测评指标包括：资产负债率、短期债务偿还能力指标、资本结构指标、债务结构指标、流动资产变现（流动比率、速动比率）等变现偿债指标、资本结构安全性指标、借款还息能力指标等。

（4）社会贡献与发展潜力测评指标包括：四组同比增长系列比值指标、可持续增长指数、研发投入强度指标、税赋指标、潜力指数、长期债务偿还比率和再投资比率、产成品和留存收益在资产中占比指标、折旧摊销影响比率等。

2. Asys. 12 系统的优势

Asys. 12 系统四大二级评估指标体系的 4 组 52 项数据指标采用模块化构架设置，增加了系统各种测评需要的灵活性。由于系统支持单选和复选指标，增强了系统的实用性。比如，可实现行业整体各年（季/月）度运营发展综合评估测评、一些单项能力的评估测评，以及企业运营、发展指标的单项测评评估。对于今后系统的应用，尤其适用行业测评及各细分专业领域整体测评，以及在承接某企业委托的与同业同类型企业在运营发展（包括盈利能力、收益质量、运营、资本结构、偿债能力、发展潜力）等方面的综合比较测评。

（二）上市公司发展指数测评系统（Dsys. 2）

1. Dsys. 2 系统建立的目的及现实意义

发展指数的研究，旨在能科学客观地根据某阶段（年/季/月）纺织服装行业上市公司建设发展总体情况，预判发展走势。帮助政府（及行业管理部门）、各业内投资（或研究）机构全面、客观、真实地了解、在控上市公司建设发展动态，预判其发展走势。

2. Dsys. 2 系统的模型构架

Dsys. 2 系统是依据上市公司公开披露的财务报告，通过设置盈利、运营和可持续发展三大分指数模型，由包括资产收益、回报、销售收现比、净利润含金量、可持续增长指数、研发投入、潜力指数在内的十二组运营发展子系统指标构架组成。

3. Dsys. 2 系统的特色及优势

Dsys. 2 系统与 Asys. 12 系统一样，不仅解决了数据采集问题，而且完全是以数据说话，彻底排除了因各类统计数据缺乏改由专家凭个人经验或印象做定性类评判打分所造成的误差因素。

比如，Dsys. 2 对 2010～2016 年行业整体发展情况的测评结果，如图 1.4 所示。

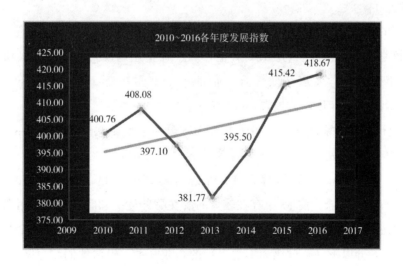

图 1.4　Dsys. 2 对 2010～2016 年行业整体发展情况的测评结果

Dsys. 2 系统还能通过其十多组趋势预测模型，对来年（或今后若干年）纺织服装行业上市公司发展规模、资本结构、销售盈利、固定资产投资、借款融资等十大项主要指标进行系统预测。比如，《2010～2016 年纺织服装行业上市公司发展报告》中第三部分十几组预测数据，就是 Dsys. 2 系统的十多组趋势预测模型根据 2010～2016 年数据所预判出的纺织服装行业 2017～2018 年各组主要指标数据。

备注　Dsys.2 系统尚处试运行阶段，数据预测仅作为行业研究之参考。但若随着 Dsys.2 系统的进一步完善以及数据库建设进度加快（比如采用的数据源拉长到 10 年甚至 20 年），相信系统预判准确度会越接近现实。

（三）上市公司健康度指数测评系统（HIS 分值）

1. HIS 分值系统建设的现实意义

鉴于企业生产经营活动是在一个多元的、不确定性环境下，生产经营活动中的各个环节都存有大量的不稳定性因素。所以企业生产经营过程中除了要专注去创造最大盈利外，还要进行必要的风险把控，以防范无时不在的各种内外潜在风险的威胁和影响。

一般而言，企业陷入财务困境基本都是一个逐步的过程，通常从财务正常渐渐发展到财务不稳定，再到发生财务危机，最终导致企业破产。任何企业风险终将会对企业财务造成影响，并会直接显示在会计报表的诸多特信息上。

HIS 分值对于政府（行业管理部门）有效在控纺织服装行业上市公司整体健康程度，监控上市公司质量和证券市场风险，以及对于保护投资者和债权人的利益，都具有重要的现实意义。

2. HIS 分值系统的应用

建立纺织服装上市公司 HIS 分值系统的理论依据主要是 20 世纪 60 年代美国 Altman 先生研究发明的企业预警体系理论及其所建立的多元线性函数测试公式，由上市公司财务报告中的流动性、获利性、财务杠杆、偿债能力、周转能力五大系列指标体系构架组成，包括营运资本、留存收益、息税前利润、销售净额与资产的占比、市值与负债的比值等，经过建模计算出企业的 HIS 分值。HIS 分值以 60 分为健康度基准线。60 分以下为不健康，60～76 分为亚健康，76～90 分为健康，90 分以上为健壮。

HIS 分值测评的数据来源主要是上市公司公开披露的年度三大财务报表等资料，从理论上讲，HIS 测评结果应该是客观的、科学的。HIS 分值作为一种企业建设发展进程中健康度的测评指标，是对纺织服装上市公司运营发展绩效综合评估的一个重要补充（今后每年的 5 月下旬都将与 Asys.12 系统测评出的行业年度评估报告一起公布）。

比如系统对全行业 193 家上市公司 2016 年度 HIS 分值进行测试，HIS 分值在 60 分以下处于不健康的有 13 家，60～76 分处于亚健康状态的有 17 家。

上述 30 家企业无论 Asys.12 绩效综合评估系统对其 2016 年度的各项测评的结果如何，单就 HIS 分值企业健康程度情况看，前 13 家存在较大的潜在财务危机和隐患的可能性较大。后 17 家存在企业财务状况不稳定、潜在风险因素多等的可能性较大。我们将根据系统测试结果，积极主动地分别与 HIS 分值在 76 分以下（亚健康和不健康）的企业联系，提请他们注意防范财务风险和破产危机。并将根据这部分企业要求，提供相关咨询服务，尽最大可能帮助他们解决问题，摆脱可能存在的较大风险或危机。所以，希望 HIS 分值能引起各方面足够重视。2010～2016 年行业 HIS 分值测评情况见图 1.5。

三、纺织服装行业上市公司综合测评体系建立后的功能

系统设计和建设工作基本完成后，经过对 16 家、56 家标杆对象、前后十多次的测试测评结果

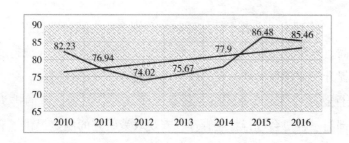

图 1.5　2010～2016 年行业 HIS 分值测评情况

比对、权重和基数调整，现在综合测评体系的三大测评结果基本已接近评估对象实际情况。

1. 三大测试系统设计建设的特色与优势

（1）系统支持单选和复选组合指标，增强了系统的实用性。

（2）系统采用模块化指标的方式，增加了系统的灵活性。

（3）系统经过严格的调试和长时间的试运行，稳定易用。

（4）系统及人机界面设计实用且美观大方，即使在低配置微机上也能正常使用。

2. 测评体系设计特点与优势

（1）实现基于公开披露的三个财务报表，全部指标均为定量的、比值性指标，实现在整个系统运算与最终评估结论时以数据说话的设计原则。

（2）系统充分考虑各指标的特点、意义和重要程度，通过建模、应用一些数据分析处理方法及系统指标组的权重设置，客观、真实、有效地实现了系统对项数据处理和分值转化。

（3）基于系统的技术支持，评估结果可以演绎出各评估对象在全行业、所在专业领域的运营发展水平。

（4）基于系统指标设置的有效性和实用性，对每个评估对象都可逐级查询到相关评估内容，能查询出各自具体的比较优势与不足。并依据系统评估模板，直接打印系统生成的约 3 页的测评报告。

（5）评估系统数据根本虽基于财务三表，但指标设置、各细分三级指标含义，即使对非财务或经济分析人员来说，都能很快掌握，一目了然。使各色人员应用起来得心应手。

（6）系统建立后，每年 5 月中旬即可计算出纺织服装整个行业各类纺织服装上市公司所有评估结果，非常应时，效率高。

（7）系统技术支持的另一重要方面就是若经数据库演绎挖掘，可对全行业、各细分专业领域进行统计分析和走势预判。为进行后续的行业性大中型企业发展指数的研究提供坚实的技术支撑。

（8）评估系统全部由数字构成（来源、分析、分值转化）。据检索查询，可以说是我国工业部门（行业）首个比较系统和以数字说话进行量化分析为基础的评估系统。

3. 评估系统能给我们带来什么

以数据说话：评估系统成功解决了目前客观存在的行业统计数据不完整、各类数据收集困难等问题，彻底排除了因各种专家定性类评估打分等人为因素所造成的行业性测评误差因素。

趋势预判：评估系统除了依据三表进行量化分析和综合评价外，还可对各主要指标进行发展预判。为有关部门进行企业/市场在控、对企业经营者考核监管以及政府决策和进行宏观调控提供技术支撑。

提升行业（或企业）管理水平：若把评估活动融合到企业内部管理过程之中，可促进企业生产经营综合管理水平提高，并对企业进一步推进工效挂钩以及经营者年薪（或持股、期权激励）制度提供依据。将进一步提升行业管理水平。更具体地说，它可以带给我们：

（1）可提供代表行业（或特定专业领域）最具规模或最具创新优势的排头兵企业相关统计分析资料，为国家有关部门、各协会进行行业管理、宏观政策研究的制定提供了有力数据保障与技术支持。

（2）为中国纺织服装行业上市公司董秘联盟工作开展提供技术支撑，以有序、有效地开展企业间互学、互比、互帮。

（3）可进行企业运营发展情况诊断分析，以数据说话，能真实具体地分析某上市公司自身发展走势、优势所存，尤其是不足的方面（比如体现在四大部分哪里？具体是哪组、哪个指标出现异常？），找到问题根源。帮助企业健康发展，为咨询提供技术支持。

（4）可提供对某个上市公司的比对分析和测评，清晰其整体（或甚至某单项能力）在行业、专业领域所处水平（行业管理）的测评。

（5）为及时发布信息提供了技术支持。今后每年5月中下旬即能及时发布上年度行业性、专业领域或某上市公司的运营发展业绩分析，每年年中出版一本纺织服装类上市公司年度发展报告，供联盟成员单位参考。

（6）为编制行业（区域、集群、企业）发展建设规划提供数据支持和技术分析保障；为"纺织工业第一智库建设项目"添砖加瓦；为下一步开发行业大中型企业发展指数提供了技术支撑和研发经验。

4. 体系测评结果的发布

关于体系测评结果的发布，我们将分三个层面进行：

（1）每年度5月下旬我们将根据测评分析报告，公开发布《（上年度）纺织服装行业上市公司发展报告》和各主要指标的测评结果；发布评估总分前30名（以纺织服装为主营）上市公司名单；发布各主要专业领域测评排名前三名单；此外，对在盈利绩效与产业开发、资本运作与市场拓展、企业运营与内部管理等成绩突出、比较优势显著的企业，我们将与证券和纺织两大行业的各大媒体加强合作，重点宣传和经验推广。

（2）对各企业年度各项评估测评结果，我们会根据企业需要，进行个别的发送和交换意见。每年度我们印发的《（上年度）纺织服装行业上市公司发展报告》中，对每家企业都有主要指标比对图表，供大家参考。

（3）对健康度指数测评结果处于亚健康、不健康的上市公司，我们将会积极主动地分别联系他们。提请他们注意防范财务风险和破产危机。并将根据这部分企业要求，进行相关咨询，尽最大可能帮助他们解决问题，摆脱可能存在的较大风险或危机。

附录1 《2016 年度纺织服装行业上市公司运营发展绩效综合评估快速测评报告》

一、评估测评总体情况

企业代码	企业简称	评估总分	其中：			
			收益盈利质效	现金流与运营质效	资本运作与偿债能力	发展潜力与社会贡献
所在专业领域平均水平						
纺织服装行业平均水平						
行业领先标杆企业平均水平						

二、评估描述

一、收益质量效能评估	企业评估值	所在专业领域平均水平	整个行业平均水平	备 注

二、盈利能力评估	企业评估值	所在专业领域平均水平	整个行业平均水平	备 注

三、现金流量效能评估	企业评估值	所在专业领域平均水平	整个行业平均水平	备 注

四、营运能力评估	企业评估值	所在专业领域平均水平	整个行业平均水平	备 注

五、资本结构管理评估	企业评估值	所在专业领域平均水平	整个行业平均水平	备 注

六、偿债能力评估	企业评估值	所在专业领域平均水平	整个行业平均水平	备 注

七、发展潜力与社会贡献度评估	企业评估值	所在专业领域平均水平	整个行业平均水平	备 注

注 1. 评估值低于所在专业领域平均水平之下的，用红色数值表示；低于整个行业平均水平的，用蓝色数值表示。

2. 系统指标设置解释在本表备注中大致描述，详细请参考《纺织服装类上市公司运营发展绩效综合评估系统指标说明》。

三、简要评议与建议

1. 低于行业平均水平的若干指标项明细

企业评估值水平	整个行业平均水平	所处板块	备 注

2. 简要评议与建议

（1）根据系统综合评估测评，本企业运营发展总体情况处于行业前 10 名（计算机按照排名顺序，按照 1~10 名(前 10 名)，11~20 名(前 20 名)，21~30 名(前 30 名)，31~50 名(前 50 名)，51~90 名(平均水平以上)，91~120 名(平均水平)，121~160 名(略低于平均水平)，161~180 名(平均水平之下)，181 名以后(不太理想)）。

备注：因企业资本规模、产能规模、所处各专业领域或产业链不同阶段等差异因素，本系统自动生成的测评排名结果仅作参考。

（2）按照评估系统对贵公司共计 4 组 52 个子项测评结果，就本公司收益质量与盈利能力、现金流量与运营能力、资本结构与偿债能力、发展潜力与社会贡献度等。

项目	能力测评结果	备注
1. 贵公司收益质量与盈利能力	较好，处于行业上游水平	
2. 贵公司现金流量与运营能力	一般，处于行业中游水平	
3. 贵公司资本结构与偿债能力	不太理想，处于行业下游水平	
4. 贵公司发展潜力与社会贡献度	优秀，处于行业领先水平	

注 以下能力测评规则不在评估报告书上作说明。

评估系统按照四组二级指标中的各个 12 子项与行业平均水平比较情况，按照 0~1 子项低于行业平均值，做出(优秀，处于行业领先水平)评价；2~3 子项低于行业平均值，做出(较好，处于行业上游水平)评价；5~7 子项低于行业平均值，做出(一般，处于行业中游水平)评价；8~10 子项低于行业平均值，做出(较弱，处于行业中下游水平)评价；11~12 子项低于行业平均值，做出(不太理想，处于行业下游水平)评价。

（3）本评估系统设计建立时间不长，目前尚处不断修改完善阶段。若对本测评报告有异议，欢迎提出宝贵意见，并请就具体情况或问题向操作人员提出以便我们做必要的记录备案。我们一定会根据大家提出的问题和建议，进一步完善系统设计和建设，更好更有效地为广大上市公司服务。

（4）本评估测评报告书限于系统模板格式设计，对所测评出的一些问题（或不足）无法为贵公司做出更详细、具体的解决方案。若有这方面的需求，请联系中国纺织建设规划院或其他咨询服务机构，进一步作相关咨询。

附录 2　2016 年度以纺织为主营的 146 家 A 股上市公司中部分企业十大单项指标排名

排名	新澳股份	鲁泰 A	比音勒芬	森马服饰	罗莱生活	华孚色纺	红豆股份	海澜之家	歌力思
总市值	108	25	83	4	38	37	22	1	58
总资产	102	20	110	13	59	17	19	8	80
营业总收入	66	20	97	10	39	13	40	7	85
净利润	54	10	59	4	30	20	53	1	43
税赋	126	28	89	4	22	39	27	1	30
净资产收益率	23	39	7	21	35	30	88	3	32
销售净利率	57	28	22	31	41	79	80	18	14
流动比率	66	68	8	23	50	123	82	87	80
净资产同比增长率	61	113	8	73	81	67	15	44	57
净利润同比增长率	71	75	85	91	114	48	26	90	55
146 家评估排名	37	18	8	14	23	74	125	20	29

排名	山东如意	华茂股份	柏堡龙	江苏阳光	经纬纺机	鄂尔多斯	步森股份	嘉麟杰	＊ST 中绒
总市值	93	97	70	64	20	35	78	52	16
总资产	52	28	88	50	3	1	133	105	14
营业总收入	91	64	112	61	11	8	131	105	36
净利润	102	86	64	52	2	19	128	131	146
税赋	112	59	114	102	3	6	99	128	51
净资产收益率	115	116	47	64	57	101	125	124	143
销售净利率	98	102	19	60	5	100	118	131	142
流动比率	70	136	2	114	76	140	16	71	137
净资产同比增长率	9	140	13	71	65	116	115	111	143
净利润同比增长率	38	51	99	53	81	79	128	30	116
146 家评估排名	78	103	7	79	44	98	114	128	143

第二篇

2010～2016年中国资本市场
纺织服装类上市企业发展研究报告

俞亦政　王春生　倪　麟

2016 年度是纺织工业"十三五"开局之年，在国际环境复杂多变，全球经济复苏艰难曲折，国内经济发展速度下行，促改革、求发展、保稳定任务繁重艰巨的大背景下，纺织服装行业上市公司努力克服"增长速度换挡""产业结构调整"等经济转型升级新常态所带来的压力，坚持创新发展理念，以推进供给侧结构性改革为主线，实现了全年效益效能稳中有升、生产经营状况良好的总体目标。

作为纺织行业各类创新发展优势企业的集中代表、各专业领域发展进步的排头兵，这一年来，绝大多数上市公司以技术进步作为支撑，以创新驱动引领发展，企业建设发展运行良好，经济效益、运营效能发展稳定。部分企业还紧紧抓住国家"一带一路"重大战略的新机遇，依托资本市场积极做优做强，成绩斐然。各类统计分析数据表明，行业整体生产经营效益效能稳步提高，发展态势看好。

第一部分　国内资本市场纺织服装类上市企业发展现状

一、纺织服装类企业在国内资本市场占比持续提升，板块总市值持续增长

据统计，截至 2016 年 12 月 31 日，国内资本市场（包含主板、中小板、创业板、新三板）纺织服装类企业约 193 家。板块总市值 2.21 万亿元，占 A 股市场总市值的 4.12%，较上年度增加 0.19 个百分点。其中，主板企业 80 家，2016 年底市值 1.12 万亿元；中小板 93 家，市值 1.01 万亿元；创业板 10 家，市值 668.57 亿元；新三板 10 家，市值 55.64 亿元。主板、中小板、创业板、新三板纺织服装类企业数分布比例分别为 41.45%、48.19%、5.18%、5.18%（图 2.1、图 2.2）。

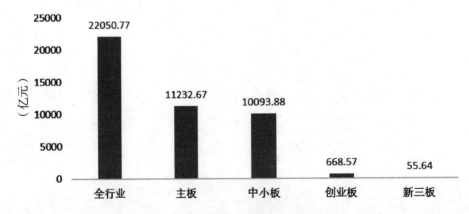

图 2.1　主板、中小板、创业板、新三板纺织服装类企业市值情况

数据来源：上市公司年报。

按服装、家用纺织品和产业用纺织品这三大终端产业细分统计：三大产业企业数量总计 85 家，占全行业 44.04%；市值 0.86 亿元，占全行业总市值的 38.89%。其中，服装产业 64 家，市值 0.69 亿元；家用纺织品产业 8 家，市值 467.66 亿元；产业用纺织品产业 13 家，市值 1164.50 亿元。三大产业上市公司企业数占比分别为 33.16%、4.15% 和 6.74%（表 2.1）。

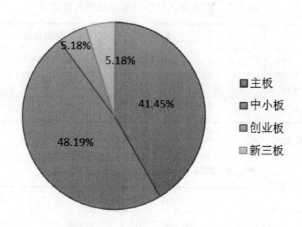

图 2.2　主板、中小板、创业板、新三板纺织服装类企业数分布比例

数据来源：上市公司年报。

表 2.1　纺织服装类三大终端上市企业情况

行业	总市值（亿元）	市值比重（%）	三大产业企业数量在行业中各自占比（%）
全行业	22050.77		
产业用纺织品（13家）	1164.50	5.28	6.74
家用纺织品（8家）	467.66	2.12	4.15
服装（64家）	6943.64	31.49	33.16

数据来源：国家统计局，上市公司年报。

　　剔除三大终端产业，剩余的（包括棉、毛、麻、丝等纺织前端产业链、印染和纺织化工染化料及助剂产业、纺织机械及器材制造业、化纤制造业、纺织商贸及流通业等在内的各大专业领域）占据了一半以上的市值和企业数量（表2.2）。

表 2.2　纺织服装类其他上市企业情况

其他主要专业领域	市值（亿元）	市值比重（%）	企业数行业中占比（%）
棉、毛、麻、丝等前端产业（41家）	3791.60	17.19	21.24
化纤制造（28家）	4148.36	18.81	14.51
纺织机械制造（12家）	819.85	3.82	6.22

数据来源：国家统计局，上市公司年报。

二、纺织服装类上市公司是引领纺织工业创新发展的排头兵

　　2016年度国内资本市场纺织服装类企业资产总额16216.78亿元，较上年度同比增长14.51%。全行业实现主营业务收入11515.13亿元，较上年增长11.79%，较上年同期增速7.24个百分点；实现利润682.19亿元，较上年增长－0.75%，增速较上年同期放缓51.54个百分点。（表2.3、表2.4）

　　与纺织工业全行业比较，可以明显看出，纺织服装上市公司明显处于行业排头兵和行业创新优势企业地位。

表 2.3　2016 年上市公司与行业收入对比

指标名称	单位	主营业务收入	利润总额	资产总计
2016 年度纺织工业	万元	733022635.00	40035740.00	467384333.00
2016 年度纺织服装上市公司	万元	115151250.59	6821911.89	91587870.93
纺织服装类上市公司占比	%	15.71	17.04	19.60

数据来源：国家统计局，上市公司年报。

表 2.4　2016 年上市公司与行业成本对比

指标名称	单位	主营业务成本	销售费用	管理费用	财务费用
2016 年度纺织工业	万元	647456312.00	14846106.00	22420595.00	7405090.00
2016 年度纺织服装上市公司	万元	62654466.64	4200764.24	2918873.31	554426.81
纺织服装类上市公司占比	%	9.68	28.30	13.02	7.49

数据来源：国家统计局，市公司年报。

　　2016 年国内资本市场纺织服装类企业平均销售利润率为 5.93%，比纺织工业整个行业的平均销售利润率 5.46% 高出 0.47 个百分点。总资产周转率 0.69 次/年，较上年同期加快 3.10%；存货周转率为 8.50 次/年，较上年同期放缓 2.43%。

三、盈利增速趋缓，质效稳中趋好

　　总体上讲，2016 年度纺织服装上市公司盈利情况进一步好转，盈利质量和能力稍有减弱。各主要经济指标基本保持在较好水平。

　　国内 193 家纺织服装类上市公司 2016 年度实现销售总收入 11515.13 亿元，同比增长 11.79%。归属母公司股东权益合计 6976.36 亿元，同比增长 19.91%。净利润合计 488.14 亿元，同比增长 −6.52%（表 2.5，图 2.3）。

表 2.5　2010～2016 年纺织服装类上市公司净利润总额

年度	净利润（亿元）	增速（%）
2010	317.70	
2011	355.26	11.82
2012	231.13	−34.94
2013	282.66	22.29
2014	345.25	22.14
2015	522.20	51.25
2016	488.14	−6.52

数据来源：上市公司年报。

　　在经历了 2012 年净利润的大幅下滑后，2013 年、2014 年和 2015 年纺织服装上市公司盈利状况持续得到改善。2016 年纺织服装上市公司亏损面 8.81%，较 2014 年、2015 年的 15.17%、11.70%，亏损面进一步缩减。显示 2016 年度纺织服装上市公司盈利质效及能力进一步增强。据统

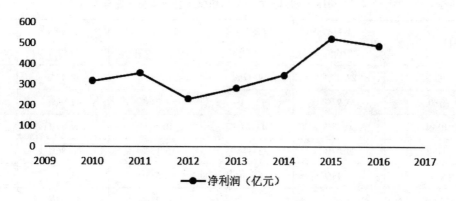

图 2.3　2010～2016 年净利润变化情况

计，2016 年 193 家纺织服装上市公司中，有 56 家公司净利润增长超过 50% 公司（比上年度增加 2 家）；净利润增长超过 10% 的超过了半数，达到 103 家（比上年度增加了 8 家）（表 2.6，图 2.4）。

表 2.6　2015 年和 2016 年上市公司净利润增长情况

年度	净利润同比增长率超过 50%	净利润同比增长率超过 30%	净利润同比增长率超过 20%	净利润同比增长率超过 10%
2015 年（家数）	54	68	77	95
2015 年占比（%）	28.72	36.17	40.96	50.53
2016 年（家数）	56	75	87	103
2016 年占比（%）	29.02	38.86	45.08	53.37

数据来源：上市公司年报。

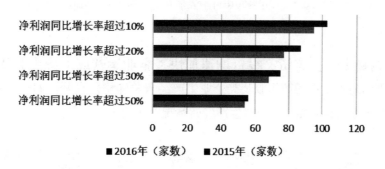

图 2.4　国内资本市场纺织服装企业净利润增长面情况

从盈利质量与能力看（表 2.7），2016 年国内资本市场 193 家纺织服装企业毛利率平均值为 27.25%，比 2015 年的 26.61% 略有上升（其中主板、创业板、中小板、新三板等各板块分别为 23.97%、30.78%、29.07% 和 33.73%）；行业净利率平均值 9.17%（其中主板、创业板、中小板、新三板等各板块分别为 14.74%、11.37%、5.73% 和 -7.12%）。行业总体水平较上年有小幅上涨，继续保持在较好水平。

从国内资本市场纺织服装类企业运营发展绩效综合评估系统（以下简称 Asys.12 系统）的测评结果看，2016 年度纺织服装上市公司的收益质量与盈利能力比 2015 年度的情况越加趋于好转（图 2.5）。

表 2.7 2016 年国内资本市场纺织服装企业盈利质量与能力

项目	毛利率平均值	销售净利率平均值	净资产收益率平均值	资产负债率平均值	存货周转率平均值
2016 年 193 家	27.25%	9.17%	6.54%	39.43%	8.50 次
其中：主板 80 家	23.97%	14.74%	7.71%	42.95%	7.29 次
创业板 10 家	30.78%	11.37%	10.51%	29.89%	3.55 次
中小板 93 家	29.07%	5.37%	5.13%	36.86%	10.77 次
新三板 8 家	36.14%	8.78%	14.335%	42.02%	1.85 次
*新三板 10 家	33.73%	−7.12%	6.22%	45.27%	1.69 次

* 新三板 10 家中，丝普兰（430526）2016 年度公司盈利及营运效能大幅度下滑，企业亏损 1071 万元，每股收益 −0.33 元，净资产收益率 −58.65%，销售净利率 −134.26%；志向科研（830897）在 2016 年 10 月 13 日退市。由于这两家公司的严重影响，导致新三板板块各项平均值数据不够真实客观。表 2.7 中"新三板（8 家）"就是剔除了这两家公司后的各项数据情况。

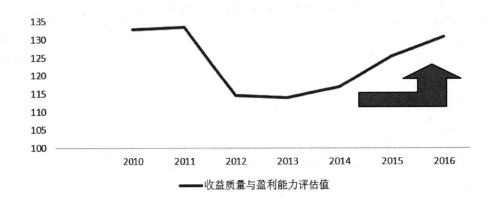

图 2.5 2010~2016 年收益质量与盈利能力评估值

四、生产经营稳定，固定资产投资增速加快，企业运营成本持续上升

（1）2016 年度国内资本市场纺织服装类企业生产经营总体稳定良好。如图 2.6 和表 2.8 所示，数据表明，2016 年度纺织服装类上市公司生产经营情况好于 2015 年。

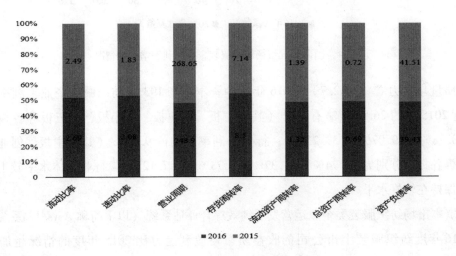

图 2.6 2015~2016 年运营质效比较图

表 2.8　2015 年和 2016 年运营质效指标比较

年度	流动比率	速动比率	营业周期 （天）	存货周转率 （次）	流动资产周转率 （次）	总资产周转率 （次）	资产负债率 （%）
2016	2.69	2.08	248.90	8.50	1.32	0.69	39.43
2015	2.49	1.83	268.65	7.14	1.39	0.72	41.51

数据来源：上市公司年报。

根据 Asys.12 系统测评结果进一步证明，2016 年度国内资本市场纺织服装类企业运营和资本资金管控情况好于 2015 年度（表 2.9）。

表 2.9　2016 年度国内资本市场纺织服装类企业运营和资本资金管控情况

年度	现金流量与运营管理质效	资本结构与债务管理质效
2015	88.81	112.58
2016	88.86	114.08

数据来源：上市公司年报。

（2）2016 年度国内资本市场纺织服装类企业全年完成固定资产投资 521.52 亿元，同比增长 12.42%，增速较上年同期增加 20.27 个百分点。三费总计 1239.15 亿元，较上年增长 13.64%。其中，销售费用增长 17.62%，管理费用增长 12.28%，财务费用增长 3.97%（表 2.10）。相关数据显示，近年来纺织服装类企业运营成本一直呈现上升态势，2016 年度仍持续保持这种增加趋势。

表 2.10　2015 年和 2016 年国内资本市场纺织服装类企业三费情况　　　　单位：亿元

年度	固定资产投资	三费总计	销售费用	管理费用	财务费用
2015	463.90	1090.47	473.83	490.08	126.56
2016	521.52	1239.15	557.29	550.28	131.58

数据来源：上市公司年报。

五、研发投入比重持续增加

2016 年，纺织服装类上市公司研发投入金额合计 118.98 亿元，同比增长 27.31%。平均每家企业研发投入 6164.77 万元，平均研发投入强度为 2.56%。其中，研发投入强度超过 3% 的有 96 家，占 49.74%（接近半数）；研发投入强度超过 4% 有 48 家，占 24.87%；研发投入强度达到 5% 以上的有 22 家，占 11.40%。丝普兰（430526）、海虹科技（000503）、大豪科技（603025）、松宝智能（830870）、苏丝股份（831336）、慈星股份（300307）等 6 家公司研发投入强度超过了 7%。

据细分统计分析，2016 年度各类纺织服装上市公司主板、创业板、中小板的研发投入强度分别为 1.58%、4.12% 和 3.00%。其中创业板板块以 4.12% 的研发投入强度明显高过其他上市板块，稳居首位。显示创业板块以高新技术企业和战略性新兴产业公司为主的板块特征优势。新三板企业平均研发投入强度高（4.83%）的原因主要是受新三板类科技型企业研发投入强度大（平均 7.48%）的带动和影响（图 2.7、图 2.8）。

纺织服装行业各专业领域研发投入强度各有不同，以纺机居首位，毛麻丝行业相对较低（表 2.11）。

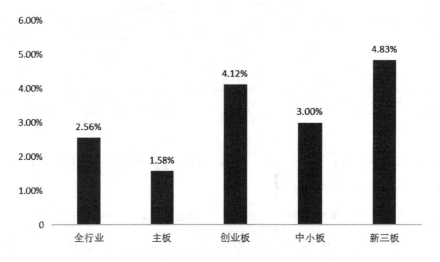

图2.7 各版块研发投入强度

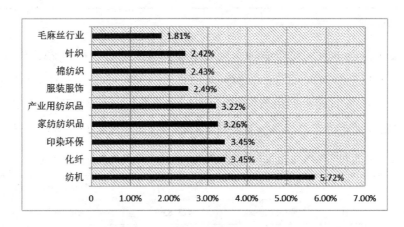

图2.8 各专业领域研发投入强度情况

表2.11 纺织服装行业各专业领域研发投入强度

行业	研发投入强度平均值	行业	研发投入强度平均值
纺机	5.72%	服装服饰	2.49%
化纤	3.45%	棉纺织	2.43%
印染环保	3.45%	针织	2.42%
家纺纺织品	3.26%	毛麻丝行业	1.81%
产业用纺织品	3.22%		

六、产业升级、结构调整、优化整合向纵深发展

（1）这些年以来，纺织工业"转方式、调结构"对行业内的各专业领域建设发展展现了明显的不同影响。同样地，在沪深两市资本市场上市的各类纺织服装上市公司的建设发展也呈现差异。一些新兴产业、创新应用、消费升级和智能化比较优势突出的针纺织品、纺织机械、印染环保产业、产业用纺织品专业领域总体表现较好。2016年度上述领域的净利润同比增长分别达到了110.62%、86.09%、57.01%和37.87%，远远高于行业平均水平（表2.12）。

表 2.12 2016 年纺织各专业领域盈利效能主要指标

行业	净资产收益率平均值	销售净利率平均值	销售毛利率平均值	销售成本率平均值	销售期间费用率平均值
产业用	9.49	11.24	24.21	75.79	12.63
棉纺织	9.45	9.17	18.34	81.66	19.15
针织	8.13	9.15	23.41	76.59	15.57
印染环保	9.46	7.85	22.64	77.36	12.26
服装服饰	8.00	7.70	40.23	59.76	29.64
毛麻丝	6.75	6.98	26.00	74.00	18.95
家纺	8.85	6.60	35.71	64.29	27.27
化纤	−1.70	−0.02	14.16	85.85	11.94
纺机	2.82	1.13	30.18	69.82	35.11

数据来源：上市公司年报。

从表 2.12 还可以发现，处于产业链上游、直接面对消费市场的三大终端产业与纺织加工前端产业链数据销售期间的费用率是明显不一样的。这是 TOB 与 TOC 特征差异所决定。TOB 产品是根据公司战略或工作需要，构建生态体系，或者推动将流程系统化，提高效率。TOC 产品是寻找、挖掘或培育用户需求，定义用户价值，由于直接面对消费者，往往更加注重市场的营销投入（表 2.13）。

表 2.13 各专业领域资本结等情况

行业	资产负债率（%）	流动比率	营业周期（天）	存货周转率（次）	流动资产周转率（次）
印染环保	44.48	2.30	200.21	6.56	1.19
针织	31.67	2.05	164.34	4.11	1.35
毛麻丝	44.16	2.57	280.66	3.80	1.01
棉纺织	48.71	1.88	367.27	4.44	1.23
化纤	44.65	2.57	114.97	23.87	1.87
纺机	34.19	3.24	353.60	2.38	0.81
服装服饰	28.29	3.85	310.25	3.41	1.01
产业用	41.84	1.83	135.89	6.52	1.40
家纺	38.22	2.30	228.92	2.52	1.24

数据来源：上市公司年报。

（2）按照纺织工业服装用纺织品、家用纺织品、产业用纺织品三大终端产业划分归类统计，2016 年度产业用纺织品行业发展迅猛，总资产、销售收入、利润及销售净利率增长幅度加大，分别达到 23.31%、28.67%、38.67% 和 2.59 个百分点（图 2.9），均显著高于行业平均水平，继续发挥纺织工业经济新增长点作用。

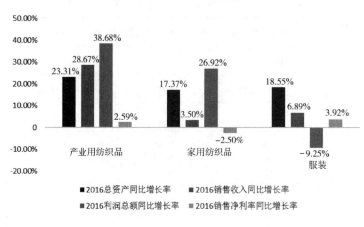

图 2.9　2016 三大终端产业比较

七、借力信贷和资本市场，贷款融资助力产业发展

（1）争取更多的信贷支持，进一步强化产融结合，解决企业建设发展过程中融资难问题，是助力上市公司健康发展的必要条件。2016 年度，国内资本市场纺织服装类企业通过银行短期借贷和同业拆借获得的短期流动借款达到 4022.88 亿元，比上年度增长了 −3.04%。平均每家企业短期借款 20.84 亿元，较上年度增长 −5.57%。表 2.14 为 2015~2016 年度纺织服装类上市公司借贷情况。

表 2.14　2015~2016 年度纺织服装类上市公司借贷情况

年度	银行借款及短期拆借（亿元）	平均每家企业短期借款数（亿元）
2015	4148.98	22.07
2016	4022.88	20.84

数据来源：上市公司年报。

（2）2016 年度服装、家纺、产业用纺织品三大产业的借贷量分别占上市公司借贷总量的 11.01%、1.75% 和 5.21%。按每家企业短期借贷量看，产业用纺织品行业每家企业的短期借贷量远远高出服装和家纺企业的均借贷额（接近其他两行业均借贷之和)（图 2.10、图 2.11，表 2.15）。

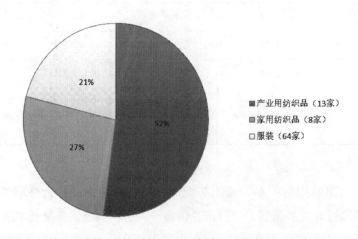

图 2.10　三大行业每家企业平均借贷占比

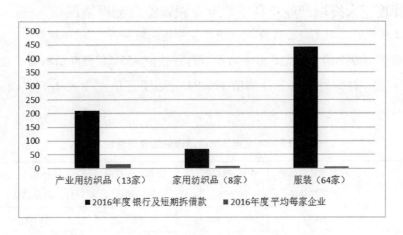

图 2.11 2016 年度三大产业借贷情况

表 2.15 三终端产业借款金额

行业	产业用纺织品（13 家）	家用纺织品（8 家）	服装（64 家）
银行及短期拆借款（亿元）	209.44	70.25	442.66
平均每家企业（亿元）	16.08	8.78	6.92

数据来源：上市公司年报。

（3）单位转发量提升，总增发数下降。随着近年来资本市场并购重组、市场化改革的进一步深化，纺织服装类上市公司增发、并购需求持续得到释放。统计数据显示，2016 年度共有 86 家纺织服装上市公司完成了扩股增发，占纺织服装上市公司总数的 44.56%；增发数量达到 450.27 亿股（比上年度减少 1.81%），募集到的资金达到 1951.54 亿元（比上年度减少 18.71%）。虽参与增发的企业家数较上年度减少了 36.76%，但年度增发量与上年基本持平。

（4）重组活动不活跃。据有关资料统计，2016 年度纺织服装行业上市公司实际完成重组数 10 次，占到 2010 ~ 2016 年完成重组总数的 21.28%。与上年度相比，完成重组数减少了 50%（表 2.16）。

表 2.16 2015 ~ 2016 年纺织服装行业上市公司重组情况

年度	年度完成重组数（个）	年度增发家数（个）	年度增发数量（亿股）	年度增发募集到资金（亿元）
2015	20	136	458.59	2390.70
2016	10	86	450.27	1940.21

数据来源：上市公司年报。

2016 年度纺织服装类上市公司并购重组延续了 2014 年以来的发展趋势，产业整合型、产业升级型并购重组继续居于主导。从这几年并购重组成功案例和效果上看，纺织服装类上市公司并购重组的目的旨在借助并购重组实现业务转型，或为构建双主业以应对行业天花板的多元化并购。从 2016 年度的并购标的看，新兴行业受到青睐，"互联网＋"成为热点之一。

八、2016年度三大终端产业及各主要专业领域综合测评情况

根据 Asys.12 系统对纺织工业三大终端产业和各专业领域测评：2016 年度，产业用纺织品行业的各项测评结果绝大部分都居于领先，整个产业以总评估值 455.26 分高居榜首。在棉、毛、印染、针织等各专业领域中，针织行业以总评估值 426.94 分居于首位。（表 2.17、表 2.18，图 2.12、图 2.13）

表 2.17　2016 年三大终端产业综合评估情况

行业	收益质量与盈利能力评估值	现金流量与运营能力评估值	资本结构与偿债能力评估值	发展潜力与社会贡献度评估	2016 年度总评估值
产业用纺织品	50.11	46.60	55.66	33.47	455.26
家用纺织品	46.02	45.55	58.95	30.80	439.46
服装（含针织）	44.82	44.44	61.38	26.74	420.33

注　1. 各项二级指标板块满分 100 分；

　　2. 总评估分满分 1000 分。

表 2.18　纺织行业各领域四项能力评估

行业	收益质量与盈利能力评估值	现金流量与运营能力评估值	资本结构与偿债能力评估值	发展潜力与社会贡献度评估	2016 年度总评估值
针织	44.16	45.99	59.02	28.15	426.94
服装服饰	45.71	43.40	62.21	26.57	424.68
印染	48.24	44.27	58.85	25.72	410.00
毛纺织	45.10	42.67	54.39	25.23	405.11
纺织机械	43.82	36.79	58.60	27.44	404.54
棉纺织平均	40.79	40.92	50.98	27.48	388.63
化纤	33.39	47.42	55.34	22.75	373.92
丝绸	46.22	30.77	38.85	26.70	358.02

注　1. 各项二级指标板块满分 100 分；

　　2. 总评估分满分 1000 分。

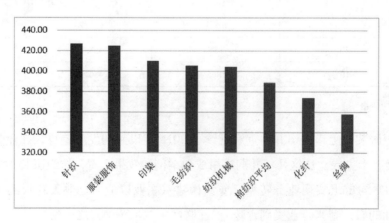

图 2.12　2016 年各专业领域总评估值比较

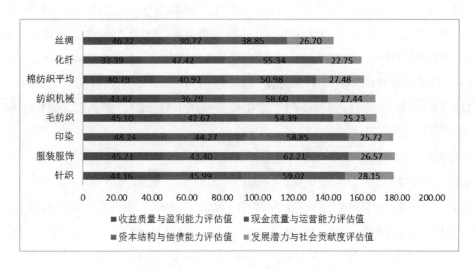

图2.13　各专业领域四大能力测评情况

九、2016 年度企业测评情况

根据纺织服装行业上市公司运营发展绩效综合评估 Asys.12 系统，以 162 家主营纺织服装的上市公司为样本进行测评，结果如下（仅供读者参考）。

（一）企业收益及营运效能测评情况

1. 收益效能测评

收益效能测评是指对企业盈利能力和收益质量方面的综合测评，主要测评指标包括净资产收益率、总资产报酬率、投入资本回报率、销售净利率、毛利率、销售成本、销售创净利能力、非主营创收指标、创收活力等。

2016 年度收益效能测评成绩优秀的企业主要有：大豪科技（603025.SH）、海澜之家（600398.SH）、安正时尚（603839.SH）、航民股份（600987.SH）、三联虹普（300384.SZ）、富安娜（002327.SZ）、比音勒芬（002832.SZ）、歌力思（603808.SH）、华西股份（000936.SZ）、伟星股份（002003.SZ）、开润股份（300577.SZ）、梦百合（603313.SH）、森马服饰（002563.SZ）、经纬纺机（000666.SZ）、金发拉比（002762.SZ）、九牧王（601566.SH）、诺邦股份（603238.SH）、鲁泰 A（000726.SZ）、柏堡龙（002776.SZ）、贵人鸟（603555.SH）、乔顿服饰（831189.OC）、汇洁股份（002763.SZ）、太平鸟（603877.SH）、仙宜岱（430445.OC）、罗莱生活（002293.SZ）、联发股份（002394.SZ）、新澳股份（603889.SH）、维格娜丝（603518.SH）、高升控股（000971.SZ）等。

2. 营运效能测评是指对企业运营能力和现金流量管控方面的综合测评

主要是针对企业营运资本、总资产、固定资产、应收账款存货等各类周转率以及折旧摊销比率、销售收现比、净利润含金量、经营活动净收益含金量、营业收入含金量等各类指标的综合测评。

2016 年度营运效能测评成绩优良的企业有：如意集团（002193.SZ）、神马股份（600810.SH）、新乡化纤（000949.SZ）、华孚色纺（002042.SZ）、南京化纤（600889.SH）、桐昆股份（601233.SH）、江苏舜天（600287.SH）、孚日股份（002083.SZ）、美邦服饰（002269.SZ）、申达

股份（600626.SH）、汇鸿集团（600981.SH）、探路者（300005.SZ）、上海三毛（600689.SH）、华纺股份（600448.SH）、尤夫股份（002427.SZ）、海利得（002206.SZ）、龙头股份（600630.SH）、凤竹纺织（600493.SH）、航民股份（600987.SH）、太平鸟（603877.SH）、棒杰股份（002634.SZ）、新澳股份（603889.SH）、际华集团（601718.SH）、华西股份（000936.SZ）、华鼎股份（601113.SH）、鲁泰A（000726.SZ）、常山股份（000158.SZ）、美达股份（000782.SZ）、美尔雅（600107.SH）等。

3. 运营发展绩效综合测评结果成绩优秀的企业

南极电商（002127.SZ）、大豪科技（603025.SH）、华懋科技（603306.SH）、航民股份（600987.SH）、柏堡龙（002776.SZ）、比音勒芬（002832.SZ）、华西股份（000936.SZ）、梦百合（603313.SH）、安正时尚（603839.SH）、富安娜（002327.SZ）、金发拉比（002762.SZ）、美盛文化（002699.SZ）、鲁泰A（000726.SZ）、杰克股份（603337.SH）、兰生股份（600826.SH）、森马服饰（002563.SZ）、海澜之家（600398.SH）、诺邦股份（603238.SH）、汇洁股份（002763.SZ）、乔治白（002687.SZ）、罗莱生活（002293.SZ）、棒杰股份（002634.SZ）、歌力思（603808.SH）、凤竹纺织（600493.SH）、太平鸟（603877.SH）、新澳股份（603889.SH）、天创时尚（603608.SH）、维格娜丝（603518.SH）、九牧王（601566.SH）、经纬纺机（000666.SZ）等。

（二）2016 年度各大单项指标测评前 10 排名情况

1. 市值前 10 排名（表 2.19）

表 2.19　市值前 10 排名

序号	证券代码	证券名称	总市值（亿元）	序号	证券代码	证券名称	总市值（亿元）
1	600398.SH	海澜之家	484.77	6	603555.SH	贵人鸟	193.36
2	601718.SH	际华集团	355.23	7	600981.SH	汇鸿集团	190.38
3	002563.SZ	森马服饰	276.73	8	601233.SH	桐昆股份	176.91
4	600739.SH	辽宁成大	274.74	9	603025.SH	大豪科技	174.46
5	002503.SZ	搜于特	222.51	10	000982.SZ	*ST中绒	165.16

2. 总资产前 10 排名（表 2.20）

表 2.20　总资产前 10 排名

序号	证券代码	证券名称	总市值（亿元）	序号	证券代码	证券名称	总市值（亿元）
1	600295.SH	鄂尔多斯	452.64	6	600398.SH	海澜之家	243.77
2	000666.SZ	经纬纺机	353.20	7	600510.SH	黑牡丹	193.30
3	600739.SH	辽宁成大	332.52	8	601233.SH	桐昆股份	190.01
4	600981.SH	汇鸿集团	309.63	9	002563.SZ	森马服饰	129.48
5	601718.SH	际华集团	269.11	10	000158.SZ	常山股份	128.04

3. 销售收入前10排名（表2.21）

表2.21 销售收入前10排名

序号	证券代码	证券名称	总市值（亿元）	序号	证券代码	证券名称	总市值（亿元）
1	600981.SH	汇鸿集团	3198321.57	6	000158.SZ	常山股份	1097432.31
2	601718.SH	际华集团	2715533.63	7	002563.SZ	森马服饰	1066716.57
3	601233.SH	桐昆股份	2558157.27	8	000666.SZ	经纬纺机	1042624.45
4	600398.SH	海澜之家	1699959.17	9	600810.SH	神马股份	1004025.62
5	600295.SH	鄂尔多斯	1659120.66	10	002042.SZ	华孚色纺	883690.75

4. 净资产收益率前10排名（表2.22）

表2.22 净资产收益率前10排名

序号	证券代码	证券名称	总市值（亿元）	序号	证券代码	证券名称	总市值（亿元）
1	300658.SZ	延江股份	43.00	6	600689.SH	上海三毛	24.49
2	300577.SZ	开润股份	37.04	7	002875.SZ	安奈儿	24.35
3	831218.OC	成丰股份	35.87	8	603877.SH	太平鸟	23.29
4	600398.SH	海澜之家	34.64	9	002832.SZ	比音勒芬	22.35
5	603665.SH	康隆达	26.31	10	603306.SH	华懋科技	22.33

5. 净利润前10排名（表2.23）

表2.23 净利润前10排名

序号	证券代码	证券名称	总市值（亿元）	序号	证券代码	证券名称	总市值（亿元）
1	600398.SH	海澜之家	312313.45	6	600739.SH	辽宁成大	106955.31
2	000666.SZ	经纬纺机	220117.43	7	000726.SZ	鲁泰A	85307.35
3	002563.SZ	森马服饰	140227.56	8	600981.SH	汇鸿集团	84337.03
4	601718.SH	际华集团	120446.47	9	600120.SH	浙江东方	69188.27
5	601233.SH	桐昆股份	114268.34	10	600987.SH	航民股份	63338.82

6. 销售净利率前10排名（表2.24）

表2.24 销售净利率前10排名

序号	证券代码	证券名称	总市值（亿元）	序号	证券代码	证券名称	总市值（亿元）
1	002072.SZ	凯瑞德	42.68	6	000936.SZ	华西股份	28.85
2	000666.SZ	经纬纺机	34.86	7	600987.SH	航民股份	19.85
3	603025.SH	大豪科技	34.63	8	603808.SH	歌力思	19.64
4	300384.SZ	三联虹普	33.06	9	603839.SH	安正时尚	19.57
5	603306.SH	华懋科技	29.51	10	002327.SZ	富安娜	18.99

7. 销售毛利率前10排名（表2.25）

表2.25 销售毛利率前10排名

序号	证券代码	证券名称	总市值（亿元）	序号	证券代码	证券名称	总市值（亿元）
1	831000.OC	吉芬设计	80.68	6	002832.SZ	比音勒芬	62.28
2	603839.SH	安正时尚	70.63	7	603196.SH	日播时尚	61.74
3	603518.SH	维格娜丝	70.24	8	002875.SZ	安奈儿	59.10
4	603808.SH	歌力思	68.96	9	300384.SZ	三联虹普	57.61
5	002763.SZ	汇洁股份	68.39	10	601566.SH	九牧王	56.85

8. 净资产同比增长率前10排名（表2.26）

表2.26 净资产同比增长率前10排名

序号	证券代码	证券名称	总市值（亿元）	序号	证券代码	证券名称	总市值（亿元）
1	000976.SZ	春晖股份	1398.49	6	002832.SZ	比音勒芬	143.56
2	831218.OC	成丰股份	183.53	7	002193.SZ	如意集团	142.04
3	000420.SZ	吉林化纤	177.88	8	603558.SH	健盛集团	137.58
4	300577.SZ	开润股份	159.89	9	600070.SH	浙江富润	124.30
5	603313.SH	梦百合	158.34	10	002503.SZ	搜于特	121.57

9. 应收账款周转率前10排名（表2.27）

表2.27 应收账款周转率前10排名

序号	证券代码	证券名称	总市值（亿元）	序号	证券代码	证券名称	总市值（亿元）
1	000615.SZ	京汉股份	79.21	6	000782.SZ	美达股份	23.84
2	601233.SH	桐昆股份	64.56	7	002015.SZ	霞客环保	23.19
3	600527.SH	江南高纤	59.75	8	600689.SH	上海三毛	22.83
4	600889.SH	南京化纤	36.74	9	002269.SZ	美邦服饰	21.82
5	600398.SH	海澜之家	27.09	10	000726.SZ	鲁泰A	21.52

10. 存货周转率前10排名（表2.28）

表2.28 存货周转率前10排名

序号	证券代码	证券名称	总市值（亿元）	序号	证券代码	证券名称	总市值（亿元）
1	600689.SH	上海三毛	42.58	6	600987.SH	航民股份	11.64
2	600250.SH	南纺股份	25.89	7	601233.SH	桐昆股份	11.15
3	600626.SH	申达股份	17.54	8	002172.SZ	澳洋科技	10.59
4	600810.SH	神马股份	13.62	9	002034.SZ	美欣达	10.39
5	600287.SH	江苏舜天	12.04	10	600241.SH	时代万恒	10.28

11. 短期偿债能力（表 2.29）

表 2.29　短期偿债能力

序号	证券代码	证券名称	总市值（亿元）	序号	证券代码	证券名称	总市值（亿元）
1	002776.SZ	柏堡龙	12.95	6	603518.SH	维格娜丝	7.35
2	600527.SH	江南高纤	11.86	7	002832.SZ	比音勒芬	7.22
3	603025.SH	大豪科技	11.65	8	831000.OC	吉芬设计	6.28
4	002015.SZ	霞客环保	10.53	9	600370.SH	三房巷	6.21
5	002762.SZ	金发拉比	9.86	10	300307.SZ	慈星股份	5.8

第二部分　2010～2016 年纺织服装类上市公司发展情况

据统计分析，2010～2016 年纺织服装类上市公司建设发展情况基本稳定，各项年度发展指标测评成绩鼓舞人心。期间除了在 2012 年因受到全球经济和资本市场动荡影响，行业经济发展整体出现波动和下滑外，总体上讲是运行稳定和健康发展的。2012 年的波动影响也通过 2013 年以来的不断修补和改善，至 2016 年底基本得到了修复。

各项数据表明，2010 年以来，国内资本市场纺织服装类板块总市值呈现上涨态势。从 2010 年 0.88 万亿元上涨到 2016 年的 2.21 万亿元，年均增速 16.58%。受到国内 A 股整体市场影响，纺织服装类板块总市值增速放缓，2016 年较 2015 年下降 112.31 个百分点。总资产增长幅度达到 180.71%；净资产增长幅度达到 173.92%；销售收入增长幅度达到 126.42%；利润增长幅度达到 84.66%。固定资产投资增长幅度达到 83.47%，银行及其他短期借款信贷增长幅度达到 105.00%；上缴税费增长 363.06%；行业平均研发投入强度从 2012 年的 1.90% 增长到 2016 年的 2.62%，增长 0.72 个百分点。

此外，这七年间纺织服装行业上市公司共完成重组 47 项，通过资本市场增发配股募集到资金总量达到 7957.42 亿元；行业平均负债率从 45.40% 下降到 39.43%（下降 5.97 个百分点）。此外，行业三费总量增长幅度达到 146.72%，行业企业亏损面增长 5.97 个百分点。

从各项辅助测评结果看，行业健康指数 HIS 分值从 82.23 提高到 85.46，行业发展指数从 400.76 提高到 418.67，行业综合评估分值从 401.01 提高到 411.17，分别提高了 3.88%、4.45% 和 2.53%。

一、2010～2016 年纺织服装上市公司建设发展基本情况

2010～2016 年纺织服装上市公司建设发展基本情况见表 2.30、表 2.31 和图 2.14～图 2.17。

表 2.30　2010～2016 年纺织服装上市公司基本情况　　　　单位：亿元

年度	企业数（个）	项目	总市值	总资产	总负债	流动资产	净资产
2010	141	总量	8828.96	5777.18	3029.73	3190.32	2747.45
		平均值	62.62	40.97	21.49	22.63	19.49

年度	企业数（个）	项目	总市值	总资产	总负债	流动资产	净资产
2011	152	总量	6957.91	7165	3786.87	4051.83	3378.13
		平均值	45.78	47.14	24.91	26.66	22.22
2012	160	总量	6434.29	8102.73	4285.71	4468.91	3817.02
		平均值	40.21	50.64	26.78	27.93	23.86
2013	160	总量	7125.47	8759.52	4715.87	4857.11	4043.65
		平均值	44.53	54.75	29.47	30.36	25.27
2014	178	总量	11579.31	10613.53	5793.42	5634.13	4820.12
		平均值	68.11	59.63	32.55	31.65	27.08
2015	188	总量	23762.14	14121.76	7840.49	7962.67	6281.27
		平均值	127.75	75.11	41.7	42.35	33.41
2016	193	总量	22050.77	16216.78	8690.92	8928.38	7525.85
		平均值	114.25	84.46	45.27	46.5	39.2

表 2.31 2010~2016 年行业（及单位均值）净资产、销售收入和利润情况

年度	项目	净资产（亿元）	销售收入（亿元）	利润总额（亿元）
2010	总量	2747.45	5085.78	369.75
	平均值	19.49	36.07	2.62
2011	总量	3378.13	7001.34	452.62
	平均值	22.22	46.06	2.98
2012	总量	3817.02	7197.16	301.53
	平均值	23.86	44.98	1.88
2013	总量	4043.65	7876.2	384.41
	平均值	25.27	49.23	2.4
2014	总量	4820.12	8733.95	461.33
	平均值	27.08	49.07	2.59
2015	总量	6281.27	10300.73	687.98
	平均值	33.41	54.79	3.66
2016	总量	7525.85	11515.13	682.79
	平均值	39.2	59.97	3.55

数据来源：上市公司年报。

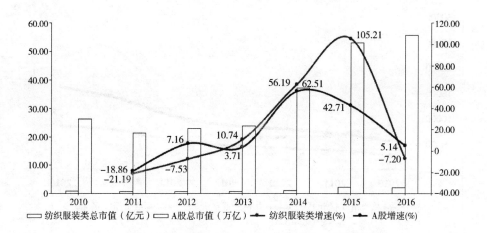

图 2.14　2010～2016 年 A 股总市值、纺织服装类板块总市值及增速

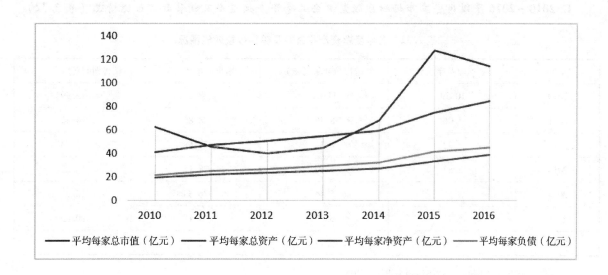

图 2.15　2010～2016 年平均每家市值、资产变化情况

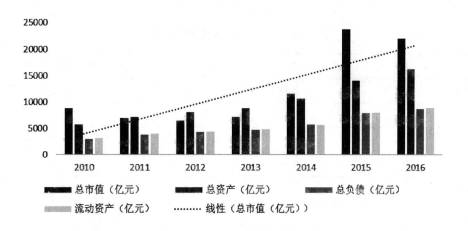

图 2.16　2010～2016 年主要总量指标

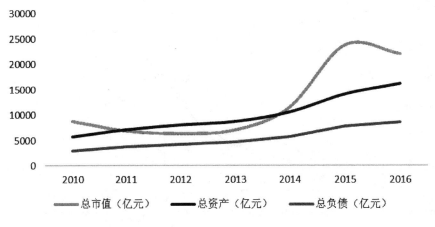

图 2.17 2010～2016 年纺织工业经济指标情况

二、2010～2016 年纺织服装上市公司经济运行发展情况

1. 2010～2016 年国内资本市场纺织服装类企业净资产收益率及销售效益效能情况（表 2.32）

表 2.32 各年度净资产收益率及销售效益效能情况

年度	净资产收益率（%）	销售净利率（%）	销售成本率（%）	销售期间费用率（%）
2010	10.39	11.64	78.67	13.99
2011	7.06	8.46	78.86	14.42
2012	5.92	6.32	78.68	15.73
2013	3.87	5.29	78.17	16.22
2014	5.57	5.44	76.35	18.27
2015	6.71	6.07	74.15	20.69
2016	6.54	9.17	72.74	20.55

数据来源：上市公司年报；上述指标均为指标平均值。

2. 2010～2016 年国内资本市场纺织服装类企业生产运营发展情况（表 2.33、表 2.34，图 2.18～图 2.20）

表 2.33 各年度生产运营发展情况一

年度	营运资本周转率（次）	存货周转率（次）
2010	1.18	7.24
2011	−8.90	7.26
2012	3.46	6.08
2013	0.55	7.00
2014	−1.62	5.70
2015	2.86	7.14
2016	6.22	8.50

数据来源：上市公司年报。

表 2.34　各年度生产运营发展情况二

年度	资产负债率（%）	流动比率（%）	现金比率（%）	速动比率（%）	产权比率（%）
2010	45.4	2.54	1.28	1.89	1.72
2011	45.08	2.46	1.06	1.81	2.97
2012	43.89	2.71	1.22	1.98	1.42
2013	44.82	2.24	0.795	1.59	1.6
2014	45.39	2.22	0.81	1.57	1.37
2015	41.51	2.49	0.94	1.83	1.17
2016	39.43	2.69	1.01	2.08	1.15

数据来源：上市公司年报。

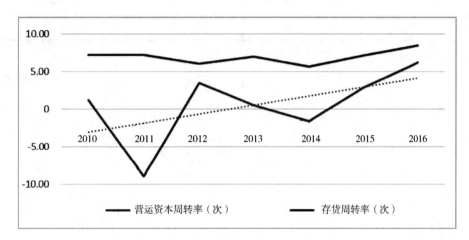

图 2.18　2010～2016 年各年度运营情况一

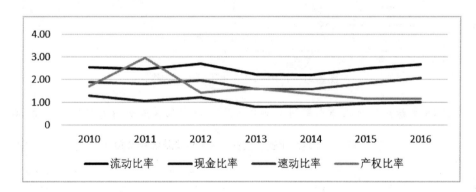

图 2.19　2010～2016 年各年度运营情况二

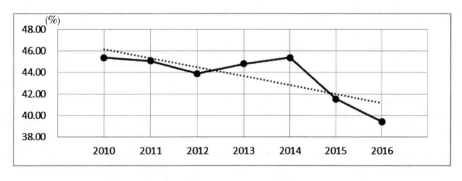

图 2.20　2010～2016 年资产负债率变化情况

3. 2010～2016 年国内资本市场纺织服装类企业研发投入强度变化情况（表 2.35，图 2.21）

表 2.35　各年度研发投入强度变化情况

年度	研发投入强度（%）	年度递增递减情况（百分点）
2010		
2011		
2012	1.90	＋1.9
2013	1.68	－0.22
2014	1.92	＋0.24
2015	2.56	＋0.64
2016	2.62	＋0.06

数据来源：上市公司年报。

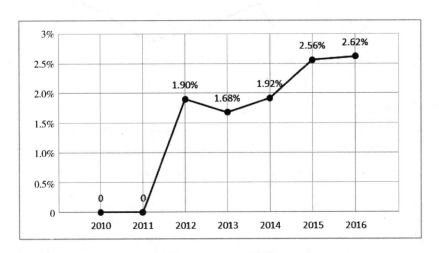

图 2.21　2010～2016 年研发投入强度

4. 2010～2016 年纺织服装上市公司固定资产投资、短期信贷及缴税费情况（表 2.36）

表 2.36　各年度固定资产投资、短期信贷及缴税费情况　　　　单位：亿元

年度	固定资产投资	短期信贷	上缴税收款
2010	284.25	1962.38	44.45
2011	483.78	2271.34	40.62
2012	437.18	2731.27	37.40
2013	375.57	3081.24	64.96
2014	524.34	4005.69	146.21
2015	463.90	4148.98	181.28
2016	521.52	4022.88	205.83

数据来源：上市公司年报。

5. 2010～2016 年国内资本市场纺织服装类企业三费变化情况（表2.37，图2.22）

表 2.37　各年度三费变化情况　　　　　　单位：亿元

年度	销售费用	管理费用	财务费用	合计
2010	230.18	217.33	54.75	502.26
2011	304.42	290.04	70.83	665.29
2012	348.14	318.01	69.58	735.73
2013	379.06	352.24	75.43	806.73
2014	408.23	432.34	115.38	955.95
2015	473.82	490.08	126.56	1090.46
2016	557.29	550.28	131.58	1239.15

数据来源：上市公司年报。

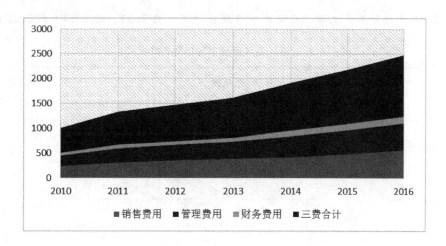

图 2.22　2010～2016 年三费变化情况

6. 2010～2016 年国内资本市场纺织服装类企业亏损情况变化（表2.38，图2.23）

表 2.38　各年度亏损情况变化

年度	企业数（个）	亏损家数（个）	亏损面占比（%）	实现净利润同比正增长的企业数（个）	实现净利润同比正增长企业数占比（%）
2010	141	4	2.84	111	78.72
2011	152	12	7.89	89	58.55
2012	160	18	11.25	62	38.75
2013	160	19	11.88	89	55.63
2014	178	27	15.17	93	52.25
2015	188	22	11.70	111	59.04
2016	193	17	8.81	122	63.21

数据来源：上市公司年报。

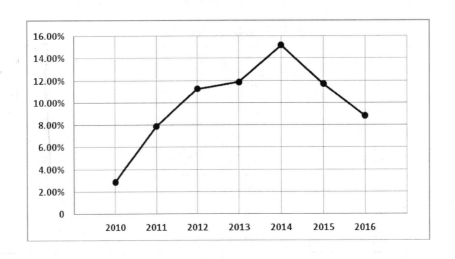

图 2.23　2010～2016 年上市企业亏损情况

7. 2010～2016 年纺织服装上市公司资本市场融资情况（表 2.39，图 2.24、图 2.25）

表 2.39　各年度资本市场融资情况

年度	年度完成重组数 （个）	年度增发家数 （个）	年度增发数量 （亿股）	年度增发募集到的资金 （亿元）
2010	1	65	67.32	454.82
2011	3	71	71.34	444.23
2012	2	76	74.91	469.56
2013	1	84	151.28	820.49
2014	10	100	300.50	1416.06
2015	20	136	458.59	2400.72
2016	10	86	450.27	1951.54

数据来源：上市公司年报。

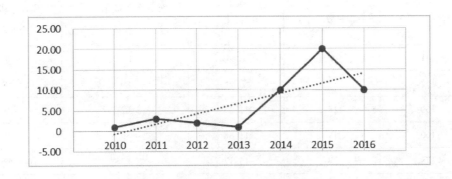

图 2.24　2010～2016 年各年度上市公司重组数（个）

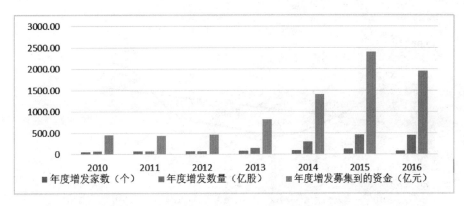

图 2.25　2010~2016 年各年度上市公司增发情况

三、2010~2016 年国内资本市场纺织服装类企业健康度指数测评情况

1. 关于国内资本市场纺织服装类企业健康度指数（HIS 分值）指标建立的目的、依据及现实意义

鉴于企业生产经营活动是在一个多元的、不确定性的环境中进行，生产经营活动中的各个环节都存在大量的不稳定性因素，所以企业生产经营过程中除了要专注于创造最大盈利外，还要进行必要的风险把控，以防范无时不在的各种潜在风险对企业造成财务不稳定和危机的影响和威胁。

一般而言，企业陷入财务困境基本都是一个逐步的过程，通常从财务正常、不稳定，渐渐发展到财务危机，最终导致企业破产。任何企业风险终将会对企业财务造成影响，并会直接反映在会计报表的各项指标信息上。

建立纺织服装上市公司健康度指数（HIS 分值）的理论依据主要是根据 20 世纪 60 年代美国 Altman 先生研究发明的企业预警指标体系所建立的多元线性函数风险预警测试公式，依据上市公司财务报告中的流动性、获利性、财务杠杆、偿债能力、周转能力等五大系列指标体系构架组成，包括营运资本、留存收益、息税前利润、销售净额与资产的占比以及市值与负债的比值等，经过建模计算出企业健康度的指数指标（HIS 分值）。

健康度指数（HIS 分值）以 60 分为健康度基准线。60 分以下为不健康，60~76 分为亚健康，76~90 分为健康，90 分以上为健壮。

纺织服装上市公司健康度指数作为一种测评企业建设发展进程中健康度的测评指标，是对纺织服装上市公司运营发展绩效综合评估的一个重要举措。今后每年的 5 月下旬都将与 Asys.12 系统测评出的行业年度评估报告一起公布。

健康度指数 HIS 分值对于政府（行业管理部门）有效在控国内资本市场纺织服装类企业整体健康程度，监控上市公司质量和证券市场风险，以及对于保护投资者和债权人的利益，都具有重要的现实意义。

2. 2010~2016 年国内资本市场纺织服装类企业健康度指数测评结果

目前尚处试运行阶段，仅做参考（表 2.40，图 2.26）。

表 2.40　各年度 HIS 分值

年度	2010	2011	2012	2013	2014	2015	2016
HIS 分值	82.23	76.94	74.02	75.67	77.90	86.48	85.46

注　年度行业整体健康度指数 HIS 分值的取值方法是在测评全部企业 HIS 分值并排序之后，最高、最低分值各按 5% 剔除，最后求取算术平均值为年度行业 HIS 分值。

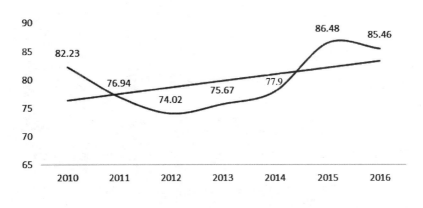

图 2.26　2010～2016 年行业健康度指数

经对 173 家纺织服装类上市公司健康度指数测评，2016 年度 HIS 分值 60 分以下处于不健康的有 13 家，HIS 分值 60～76 分处于亚健康状态的有 17 家。

上述 30 家企业无论 Asys. 12 绩效综合评估系统对其 2016 年度的各项测评的结果如何，单就 HIS 分值企业健康程度情况看，前 13 家有存在较大的潜在财务危机和隐患的较大可能性。后 17 家有存在企业财务状况不稳定、潜在风险因素多等较大可能性。HIS 分值测评的数据来源主要是根据上市公司公开披露的年度三大财务报表等资料，从理论上讲，HIS 测评结果应该是客观的、科学的，希望各相关企业引起足够重视。

四、2010～2016 年国内资本市场纺织服装类企业发展指数测评情况

1. 国内资本市场纺织服装类企业发展指数的设置目的和意义

发展指数的研究设置，旨在能科学客观地根据某阶段（年/季/月度）国内资本市场纺织服装类企业建设发展总体情况，预判发展走势，帮助国家（及行业管理部门）、各业内投资或研究机构全面、客观、真实地了解、在控上市公司建设发展动态，预判其发展走势。

依据上市公司公开披露的财务报告，通过 2010～2016 年各年度纺织服装上市公司发展指数（Dsys. 2）系统得出的行业发展指数，解决了目前客观存在的行业统计数据不完整、各类数据收集困难等问题，彻底排除了因各类统计数据缺乏改由专家凭个人经验或印象作定性类评判打分测评所造成的评估误差因素。

Dsys. 2 发展指数设置了盈利、运营和可持续发展三大分指数模型和各自权重和指标系数，选取包括资产收益、回报、销售收现比、净利润含金量、可持续增长指数、研发投入比、潜力指数在内的十二大运营发展子系统指标，现尚处试运行阶段。2010～2016 年各年度纺织服装上市公司发展指数试测评结果如下，现仅做参考。

2. 2010～2016 年国内资本市场纺织服装类企业发展指数测评结果（表2. 41，图2. 27）

表2.41　各年度发展指数

年度	2010	2011	2012	2013	2014	2015	2016
年度发展指数	400. 76	408. 08	397. 10	381. 77	395. 50	415. 42	418. 67

注　Dsys. 2 发展指数满分 600 分。

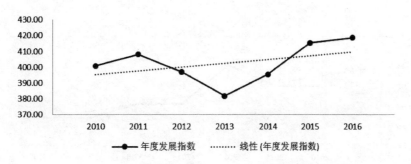

图 2.27　2010～2016 年各年度发展指数

五、Asys. 12 系统测评各年度行业运营发展综合绩效情况

Asys. 12 系统测评各年度行业运营发展综合绩效情况见表 2.42 和图 2.28～图 2.32。

表 2.42　各年度行业运营发展综合绩效情况

年度	收益质量与盈利效能	现金流量与运营质效	资本结构与偿债质效	发展潜力与贡献质效	总评估分	其中	
						最高分	最低分
2010	132.86	92.02	111.21	64.92	401.01	608.02	192.69
2011	133.48	92.07	111.30	51.74	388.60	559.83	127.44
2012	114.46	94.17	111.90	66.61	387.13	589.99	172.73
2013	113.86	90.28	109.84	65.60	379.59	605.47	132.71
2014	116.86	90.19	110.56	70.24	387.85	615.89	153.27
2015	125.41	88.81	112.58	76.04	402.84	659.82	100.84
2016	130.80	88.86	114.08	77.43	411.17	663.43	60.61

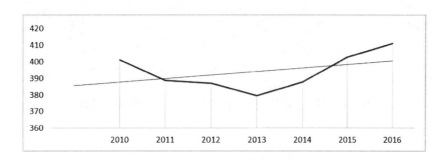

图 2.28　2010～2016 年各年度总评估分值情况

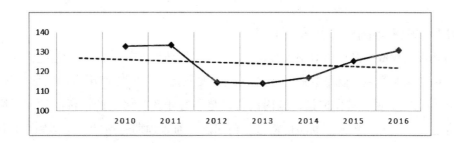

图 2.29　2010～2016 年各年度收益质量与盈利能力评估值

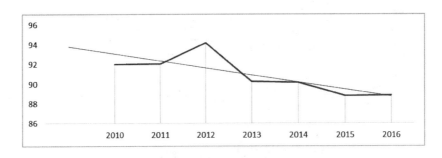

图 2.30　2010～2016 年各年度现金流量与运营能力评估值

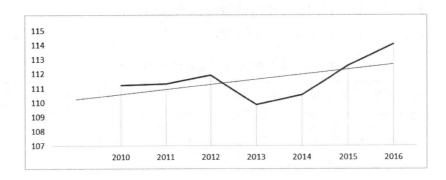

图 2.31　2010～2016 年各年度资本偿债能力评估值

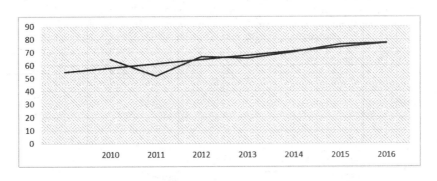

图 2.32　2010～2016 年各年度发展潜力与社会贡献评估值

第三部分　2017～2018 年纺织服装类上市公司发展态势预判

一、2017～2018 年国内经济发展预判

综合国内外一些权威预测机构对中国 2017 年经济发展研判结论：预计工业经济增长将受到这些年以来的高速增长所产生的高基数制约，各项经济发展指标年同比增速出现回落的概率非常大，2017 年度经济高点将出现。具体地说，国内消费走势不容乐观，房地产投资隐含的风险性将非常大，工业库存进一步上升，各大宗商品价格将筑顶回落，通胀预期将逆转。总体判断是国内经济短期企稳，中长期下行压力依存。

二、2017～2018 年纺织服装上市公司建设发展各类经济数据预判

根据 Asys.12 系统测算结论和咨询专家组研究：2017～2018 年，纺织服装类上市公司总体加速发展趋势不变，一些经济指标的增速可能会有所放缓。由于全球经济复苏迹象还不清晰，国内经济转型、结构调整正处攻坚阶段，资本市场将为国家经济稳定发展承担更多责任，同时也将承受更大压力。随着 A 股市场加速扩容，纺织服装类上市公司结构持续优化，新领域新产业将得到快速发展。行业竞争态势将愈加激烈，融资并购将进一步成为市场热点，产融结合将向纵深发展。国内资本市场纺织服装类企业建设发展更加注重产业生态优化、智能化，基础建设更加注重环境保护、产城融合配套。服装服饰时尚化和个性化定制、产业用纺织品、纺织新型休闲旅游生态、"互联网＋"等将持续得到关注和追逐。

预计到 2017 年底，国内资本市场纺织服装类上市公司进入资本市场数量较上年度将增长 7% 左右（约达到 206 家）；市值规模和占比将有所缩小，将较上年度减少 10% 左右，预计总市值约为 19000 亿元。总资产较上年度同比将增长 10% 左右，总量将超过 18000 亿元；净资产总额较上年度同比将增长 12%，总量将超过 8000 亿元；行业总负债总量将突破 10000 亿元（行业平均负债率将由 2016 年的 39.43% 上升到 41% 左右）；销售收入将增长 18% 左右，将达到 13600 亿元；利润总额将增长 3% 左右，将突破 700 亿元。固定资产投资将维持在 520 亿元上下；企业短期借款将突破 5000 亿元，上缴税费将超过 220 亿元；行业亏损也将面进一步缩小。

第三篇

探索纺织服装类企业
融资渠道与方式

俞亦政　吕洪钢　王春生

纺织工业是传统的劳动密集型产业，也是我国传统的支柱产业和民生产业。由于其工业特点和产业特色，绝大多数纺织服装企业都属中小型企业范畴。一直以来，广大纺织服装企业在对国家的税收、出口创汇、吸收大量社会剩余劳动力等方面都做出了巨大贡献，对整个社会经济的稳定、健康发展起着重要的作用。

但是，纺织服装企业所得到的社会关注和国家相关政策支持之少与其在国民经济中的重要地位是不相符的。大多数纺织服装企业资金积累有限，又缺少金融方面的关注和支持。随着企业的发展壮大，资金短缺越来越成为纺织服装企业做大做强的瓶颈。

为帮助广大纺织服装企业了解掌握获取各类融资的方式和渠道，我们通过与相关企业家经验交流、研究分析大量融资文献资料等方式，在对研究笔记、资料摘录进行分类整理的基础上，编撰完成了《探索纺织服装类企业融资渠道与方式》一文。本文除介绍企业融资方式、境内外资本市场融资途径、条件要求外，还分别对境内外各主要资本市场融资的优劣进行了对比评议。

本文查用方便，实用性强。尤其可供拟上市或希望获取融资、做大做强的纺织服装类企业参考借鉴。衷心希望以此能对广大有融资需求的纺织服装企业有所帮助。

一、企业融资渠道与方式

金融是市场经济融资体系的基础和主体，是现代经济的核心。金融的融资功能是通过严格的信用权责约束机制，高效率地优化资源配置和利用，是发展生产力必不可少的组成部分。企业的生存与发展，离不开资金的支持，除通过自身积累外，借助金融市场进行外部融资是必由之路。现代金融体制为企业融资提供了多种可供选择的渠道，如何识别这些渠道的利弊，并为己所用，达到为企业健康"输血"的目的，是每个志在长远的企业必须要思考的问题。

融资是企业根据自身的生产经营、资金拥有的状况，以及公司未来经营发展的需要，通过科学的预测和决策，采用一定的方式，从一定的渠道向公司的投资者和债权人去筹集资金，组织资金的供应，以满足公司正常生产和经营管理活动需要，保证公司发展项目顺利实施的一个企业资金筹集的行为与过程。在市场经济条件下，企业融资是借助各类资金市场各种融资工具完成的。不同的融资工具和方式形成不同的融资模式，而不同的融资模式又决定了企业不同的资本结构和股权结构，进而形成股东、债权人与公司不同的权利、利益关系，从而对公司治理结构产生影响。

融资对企业生产经营活动和发展是起决定性作用的。在我们与一些担任大中型企业主要岗位的职业经理人交流讨论过程中，比较一致的看法是：无论一个企业有多么领先的技术、多么广阔的市场，企业竞争胜负最终是取决于企业融资的速度和规模。企业获得融资是个技术活，其成败关键是最初策划，即要设计出一种方式与途径来实现双赢的结果，后面就是过程在控与执行度了。企业融资不是一锤子买卖，讲究的是一个按部就班的执行过程。在中国要做成事情，关系很重要，但企业融资找对门比找到关系更重要。融资有各种商务模式分类，以及各种专业分工和程序分工。企业融资需根据投资者的特点，去设计自己的融资模式。

以下从金融市场资金需求者——企业的角度，交流对企业融资方式的看法，并借此作为和大家一起进行深入探讨的一个契机。

（一）融资渠道

企业的资金来源主要包括内源融资和外源融资两个渠道，其中内源融资主要是指企业的自有资金和在生产经营过程中的资金积累部分；外源融资即企业的外部资金来源部分，主要包括直接融资和间接融资两类方式。直接融资是指企业进行的首次上市募集资金（IPO）、配股和增发等权益性融资活动，所以也称作股权融资；间接融资是指企业资金来自于银行、非银行金融机构的贷款等债务性融资活动，所以也称作债务融资。随着企业的建设发展和生产规模的扩大，单纯依靠内源融资（内部融资）已经很难满足企业的资金需求。外源融资（外部融资）成为企业获取资金的重要方式。表3.1为债务性融资与权益性融资的比较。

表3.1　债务性融资与权益性融资的比较

债务性融资	权益性融资
债务性融资构成负债，企业要按期偿还约定的本息，债权人一般不参与企业的经营决策，对资金的运用也没有决策权	权益性融资构成企业的自有资金，投资者有权参与企业的经营决策，有权获得企业的红利，但无权撤退资金

从融资途径上讲，分为直接融资和间接融资（表3.2）。

表3.2　直接融资和间接融资的比较

直接融资	间接融资
直接融资是指公开向社会筹集资金的行为，主要包括债券融资和股权融资（俗称发行债券和上市融资）	间接融资是指企业通过金融机构充当信用媒介获取资金的行为，如银行信贷、风险投资、政府扶持资金、融资租赁、担保融资、典当融资等
在我国，企业债券一般只能由一些大型企业，尤其是资金雄厚的国有企业发行。上市融资不仅可以解决纺织服装企业的资金瓶颈问题，还可以促进纺织服装企业向现代企业制度迈进，提升企业形象和社会影响力	银行信贷主要包括各种短期和中长期贷款。贷款方式主要有抵押贷款、担保贷款和信用贷款等
纺织服装企业若想满足自身资金需求，上市成为可行性较强的融资方式	

（二）常用融资方式（图3.1～图3.3）

1. 银行贷款

银行是企业最主要的融资渠道，贷款分为信用贷款、担保贷款和票据贴现。按资金性质，分为流动资金贷款、固定资产贷款和专项贷款三类。专项贷款通常有特定的用途，其贷款利率一般比较优惠。

2. 债券融资

企业债券，也称公司债券，是企业依照法定程序发行、约定在一定期限内还本付息的有价证券。发债企业和投资人之间只是一种债权债务关系，债券持有人不参与企业的经营管理，但有权按期收回约定的本息。在企业破产清算时，债权人优先于股东享有对企业剩余财产的索取权。企业债券与股票一样，同属有价证券，可以自由转让。

3. 股票筹资

股票具有永久性，无到期日，不需归还，没有还本付息的压力等特点，因而筹资风险较小。股

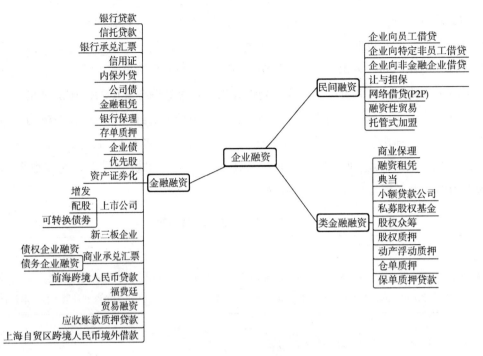

图 3.1　企业融资方式途径示意图

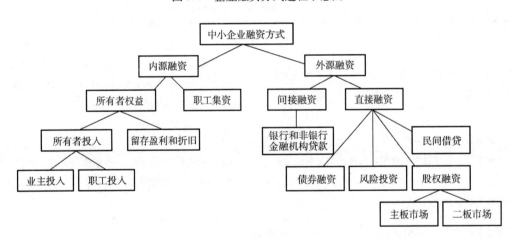

图 3.2　我国中小企业融资方式

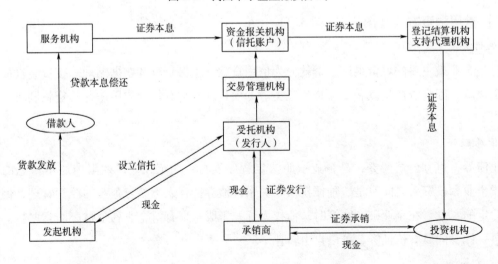

图 3.3　资产证券化基本交易结构图

票市场可促进企业转换经营机制，真正成为自主经营、自负盈亏、自我发展、自我约束的法人实体和市场竞争主体。同时，股票市场为资产重组提供了广阔的舞台，优化企业组织结构，提高企业的整合能力。

4. 融资租赁

指出租方根据承租方对供货商、租赁物的选择，向供货商购买租赁物，提供给承租方使用，承租方在契约或者合同规定的期限内分期支付租金的融资方式。融资租赁是通过融资与融物的结合，兼具金融与贸易的双重职能，对提高企业的筹资融资效益，推动与促进企业的技术进步有着十分明显的作用。企业本身的项目条件对能否成功获得融资租赁非常关键，因为融资租赁侧重于评估项目未来的现金流量，更关心租赁项目自身的效益，而不是企业的综合效益。当然，企业自身的信用也很重要。

5. 海外融资

企业可供利用的海外融资方式包括国际商业银行贷款、国际金融机构贷款和海外各主要资本市场上的债券、股票融资业务。

6. 互联网金融平台

利用互联网开放性的优势，同时结合传统的金融机构在风险控制、信贷审核等进行专业化管理的一个投融资平台。投资者和有融资需求者通过互联网平台进行对接，平台同时和第三方的担保机构进行密切合作。

相比其他的投资方式，互联网金融平台对申请融资的企业进行资质审核、实地考察，筛选出具有投资价值的优质项目，并在投融界等投融资信息对接平台网站上向投资者公开，提供在线投资的交易平台，实时为投资者生成具有法律效力的借贷合同。并通过监管系统实施企业项目经营监督和过程风险管理保障，确保投资者资金安全。

备注　除了上面几种主要融资方式外，还应该了解：

1. 股权转让

指企业通过转让公司部分股权而获得资金，从而满足企业的资金需求。企业股权出让的融资方式，实质是（想）引入新的合作者，吸引直接投资的过程。因此，股权出让对象的选择必须十分慎重而周密，否则企业会失去控制权而处于被动局面，建议企业家在进行股权转让之前，先咨询公司法专业人士，并谨慎行事。

2. 国际市场开拓资金

这部分资金主要来源于中央外贸发展基金。其主要支持的内容是：境外展览会、质量管理体系、环境管理体系、软件出口企业、各类产品认证、国际市场宣传推介、开拓新兴市场、培训与研讨会、境外投标等。该基金尤其优先支持那些在拉美、非洲、中东、东欧和东南亚等新兴国际市场拓展业务的项目。

（三）关于融资成本的概述

融资成本的实质是资金使用者支付给资金所有者的报酬。由于企业融资是一种市场交易行为，有交易就会有交易费用，资金使用者为了能够获得资金使用权，就必须支付相关的费用。如委托金融机构代理发行股票、债券而支付的注册费和代理费，向银行借款支付的手续费等。

企业融资成本包括融资费用和资金使用费两部分。融资费用是企业在筹资过程中发生的各种费用；资金使用费是企业因使用资金而向其提供者支付的报酬，如股票融资向股东支付股息、红利，发行债券和借款致富的利息，借用资产支付的租金等。除此之外，企业融资还存在着机会成本（或称隐性成本，这些成本概念顾名思义，不难理解）。

融资成本指标一般以融资成本率来表示，基本公式是：

$$融资成本率 = 资金使用费 \div （融资总额 - 融资费用）$$

这里的融资成本即是资金成本，是一般企业在融资过程中着重分析的对象。除此之外，实际操作过程中还应该从更深层次去考量融资过程中的一些重要相关成本问题。

有关融资成本的计算有现成且比较成熟的专门算式，包括"融资资本计算""债务融资成本计算""股权融资成本计算""融资总成本计算"等，在一些投融资专业书籍中均能容易找到。

（四）融资方式选择的基本原则

（1）企业融资方式通常都自然选择"先内后外"（即先"内部融资"后"外部融资"）。按照现代资本结构理论中的"优序理论"，即企业融资的首选是企业留存的税后利润等内部资金。在内部融资不足时，再进行外部融资。而在外部融资时，先选择低风险类型的债务融资，后选择发行新的股票。

备注　目前，我国一些上市公司的融资顺序则是将发行股票放在最优先的位置，其次考虑债务融资，最后才是内部融资。这种融资顺序易造成资金使用效率低下，财务杠杆作用弱化，助推股权融资偏好的倾向。

（2）企业选择融资方式应首先根据自身的经营及财务状况，并考虑宏观经济政策变化等外环境情况，主要应注重以下六个方面：

一是要考虑经济环境的影响。经济环境是指企业进行财务活动的宏观经济状况，在经济增速较快时期，企业为了跟上经济增长的速度，需要筹集资金用于增加固定资产、存货、人员等，企业一般可通过增发股票、发行债券或向银行借款等融资方式获得所需资金。在经济增速开始出现放缓时，企业对资金的需求降低，一般应逐渐收缩债务融资规模，尽量少用债务融资方式。

二是要考虑融资方式的资金成本。融资成本越低，融资收益越好。由于不同融资方式具有不同的资金成本，为了以较低的融资成本取得所需资金，企业自然应分析和比较各种筹资方式的资金成本的高低，尽量选择资金成本低的融资方式及融资组合。

三是要考虑融资方式的风险。企业务必根据自身的具体情况并考虑融资方式的风险程度选择适合的融资方式。不同融资方式的风险各不相同，一般而言，债务融资方式因其必须定期还本付息，因此，可能产生不能偿付的风险，融资风险较大。而股权融资方式由于不存在还本付息的风险，因而融资风险小。企业若采用了债务筹资方式，由于财务杠杆的作用，一旦当企业的息税前利润下降时，税后利润及每股收益下降得更快，从而给企业带来财务风险，甚至可能导致企业破产。

四是要充分考虑企业的盈利能力及发展前景。当企业正处盈利能力不断上升，发展前景良好时期，债务筹资是一种不错的选择。而当企业盈利能力不断下降，财务状况每况愈下，发展前景欠佳时期，企业应尽量少用债务融资方式，以规避财务风险。当然，盈利能力较强且具有股本扩张能力的企业，若有条件通过新发或增发股票方式筹集资金，则可用股权融资或股权融资与债务融资两者兼而有之的融资方式筹集资金。

五是要考虑企业所处行业的阶段性竞争程度。由于纺织服装行业竞争激烈、门槛低且整个行业的获利能力呈下降趋势，应考虑尽可能用股权融资，慎用债务融资。

六是要充分考虑企业的控制权问题。如房产证抵押、专利技术公开、投资折股、上下游重要客户暴露、企业内部隐私被明晰等，都会影响企业稳定与发展。要在保证对企业相当控制力的前提下，既达到融资目的，又要有序让渡所有权。一般而言，发行普通股会稀释企业的控制权，可能使控制权旁落他人，而债务筹资一般不影响或很少影响控制权的问题。

二、纺织服装企业境内外上市融资的选择与比较

目前我国纺织服装企业既可选择在境内上市，也可选择在境外上市。境内上市主要是指在上海证券交易所和深圳证券交易所挂牌上市；境外上市主要指在（其他所有的）非境内的证券交易所挂牌上市。据我们了解和初步统计，目前我国纺织服装企业境外上市地主要集中在美国、新加坡和中国香港。而融资条件相对比较宽松的日本、加拿大、比利时等国的资本市场融资却鲜有关注。

（一）国内主板市场、二板市场和三板市场

1. 主板市场

主板市场也称为一板市场，是一个国家或地区证券发行、上市及交易的主要场所。主板市场是资本市场最重要的组成部分，能够及时反映一国经济的发展状况，有"晴雨表"之称。在中国，主板市场有两个：上交所和深交所（简称深市和沪市）。一般来说，主板市场对发行人的营业期限、股本大小、盈利水平和最低市值等方面的要求标准很高，上市企业大多为具有一定资本规模和稳定盈利能力的大型企业。

2. 二板市场

二板市场又称创业板，是主板市场的补充。主板与创业板既相互区别又相互联系，是多层次资本市场的重要组成部分。创业板主要是针对中小成长性新兴公司而设立，其上市要求（如成立时间、资本规模、中长期业绩等）一般比主板市场要宽松一些。但与主板市场相比，二板市场更具有高风险性。国际上成熟的证券市场与新兴市场大都设有这类股票市场，最有名的二板市场是美国的纳斯达克市场。它明确定位为具有高成长性的中小企业和高科技企业融资服务，是一条中小企业的直接融资渠道，在中国特指深圳创业板。

3. 三板市场

三板市场这一名字为业界俗称，其正式名称是"代办股份转让系统"，即代办股份转让业务的市场。是指经中国证券业协会批准，由具有代办非上市公司股份转让业务资格的证券公司采用电子交易方式，为非上市公司提供的特别转让服务，其服务对象为中小型高新技术企业。三板市场的主要作用是发挥证券公司的中介机构作用，充分利用代办股份转让系统现有的证券公司网点体系，方便投资者的股份转让，为投资者提供高效率、标准化的登记和结算服务，保障转让秩序。

我国的三板市场经过多年的发展，已成为中国多层次证券市场体系的一部分，同时也为退市后的上市公司股份提供继续流通的场所。

2013 年 1 月 16 日，经国务院批准全国股份转让系统正式揭牌运营，"全国中小企业股份转让系统"即进入全国股份转让系统时代的"新三板"，内涵已发生质的改变，三板市场已实现从小范围、非公开性质的证券公司代办市场，到全国性公开证券交易场所的涅槃。

我国多层次资本市场进入快速发展阶段，新三板为处于初创期、成长期的高新企业开辟了一条新的融资渠道，能够为盈利模式较好的亏损企业筹集到所需资金，从而做大做强。同时，海外资本市场也为很多前景广阔、尚未盈利的企业提供了融资平台，海外上市的优势包括企业要求标准较低、发行速度较快；但劣势在于估值水平低于 A 股市场、上市成本较高（表3.3~表3.6）。

表3.3　国内四大股权交易市场特征比较

项目	主板（沪市）	中小板（深市）	创业板（深市）	全国股份转让系统
发行人	成熟大中型企业	前景较明确、收入增长快、盈利能力强、科技含量高的中小型规模企业	成长性强的中小企业	小企业、创新创业企业
投资人	最广泛		次广泛	机构投资者为主
流动性	强		较强	较差
融资功能	强			较差
券商介入程度	保荐＋经纪			主办＋做市商
风险收益	小→（渐大）→大			

表3.4　主板、中小板与创业板报上市标准的比较

内容	主板	创业板
主体资格	依法设立且核发存续的股份有限公司	
经营年限	连续三年的营业记录（有限责任公司按原账面净资产值折股整体变更为股份有限公司的，持续经营时间可以从有限责任公司成立之日起计算）	
盈利要求	标准一：最近三个会计年度净利润均为正数且累计超过人民币3000万元；最近三个会计年度经营活动产生的现金流量净额累计超过人民币5000万元 标准二：最近三个会计年度净利润均为正数且累计超过人民币3000万元；最近三个会计年度营业收入累计超过人民币3亿元（净利润以扣除非经常性损益前后较低者为计算依据）	标准一：（要有一定成长性但不设下限）最近两年连续盈利，最近两年净利润累计不少于1000万元，且持续增长 标准二：（标准放低同时对成长性设下线）最近一年盈利，且净利润不少于500万元，最近一年营业收入不少于5000万元，最近两年营业收入增长率不低于30%（净利润以扣除非经常性损益前后较低者为计算依据）
资产要求	最近一期末无形资产（扣除土地使用权、水面养殖权、采矿权等后）占净资产的比率不高于20%	最近一期末净资产不低于2000万元
股本要求	发行前股本总额不少于人民币3000万元（公司法规定：股份公司最低注册资本为500万元。法律、行政法规对股份公司的最低注册资本的最低限额有较高要求的从其规定；交易所一般规定申请股票在交易所上市要求不低于5000万元）	发行后股本总额不少于人民币3000万元（公司法规定：股份公司最低注册资本为500万元。法律、行政法规对股份公司的最低注册资本的最低限额有较高要求的从其规定）

表 3.5 新三板挂牌条件

股份转让系统挂牌条件（基本不设置任何业绩条件，甚至允许亏损企业挂牌）	1. 存续满 2 年，有限责任公司整体变更为股份公司的，从有限责任公司成立之日起计算
	2. 业务明确，具有持续经营能力
	3. 公司治理结构合理，运作规范
	4. 股权明细，股票发行和转让合法合规

表 3.6 选择在国内证券市场上市的优劣比较

优势	1. 相对于境外上市而言，（由于对境内监管及相关法律规定更熟悉一些，无需支付额外聘请投资机构的费用，加上国内上市的承销费用率较其他海外市场低等因素）企业在境内上市的直接成本较低
	2. 由于本地投资者对本地企业的相关信息获取方便，掌握得比较全面等因素，企业在国内上市可获得相对较高的认知度
劣势	1. 目前我国多层次资本市场体系尚不健全，国内证券市场对企业上市各种要求和限制比较多（在我国主板上市的审批手续复杂、时间漫长。首先需要经过一年的辅导期，然后是漫长的审批过程，最终真正上市的周期大约需要两到三年时间）
	2. 我国对于上市公司再融资实行了严格的行政审批制度，增加了企业在境内融资的时间成本，不能满足其多次融资的需求
	3. 国家管理部门和证监会规定的其他条件等人为调控所带来的不确定因素影响较大（致使企业在上市过程中，不能较为准确地对上市进度做出规划，因而从某种程度上形成了企业上市的不可预算成本）

综上情况，单从企业境内上市融资相关成本费用较低和公众对企业有较高认知度这两方面看，在境内上市是有一定优势的。但在实际操作中，由于上市审核非常严，时间周期也较长，不能满足竞争激烈的市场变化和企业对融资急切的需求。所以，在这种现实制度和上市融资企业多融资需求迫切等客观因素制约下，多数有上市融资需求的企业更倾向于选择去承担一定的成本，通过境外上市的途径来解决本身的资金问题。

（二）境外上市融资

境外上市分为直接上市和间接上市。

1. 境外直接上市

境外直接上市（首次公开发行上市，简称 IPO）是指国内公司向国外证券主管部门提出登记注册、申请发行股票（或其他衍生金融工具），由投资银行安排向当地证券交易所申请挂牌上市交易的一种融资方式。这也是企业境外上市所采用的最传统的方法。首次公开发行上市的工作主要包括国内重组、审批和境外申请上市。

中国证监会出台的《关于企业申请境外上市有关问题的通知》对拟境外上市的企业做出了严格的限制，俗称"四五六"规定。即净资产不少于 4 亿元人民币、集资金额不少于 5000 万美元、过去一年的税后利润不少于 6000 万元人民币等一系列条件。

一般来说，纺织服装企业能够满足这些硬性条件的不多。此外，IPO 的操作程序复杂，需要经过严格的境内、境外机构审批，财务审计成本较高。因此，从现实来看，能够以 IPO 方式直接在境外上市的纺织服装企业并不多见。

2. 境外间接上市

间接上市可以节约直接上市带来的资金、时间和人力成本。能实现以间接方式在境外上市的企业，其关键操作步骤是寻找或设立境外"壳"公司，然后将内地资产及业务注入到壳公司以达到上市融资的目的。

境外间接上市的方式可以分为三种：造壳上市、买壳上市和借壳上市（表3.7）。

造壳上市是指中国内地股东在境外离岸中心，如英属维尔京群岛、开曼群岛、巴哈马群岛、百慕大群岛等一些关税豁免或优惠地区注册一家公司，然后以现金收购或股权置换的方式取得内地公司资产的控制权，条件成熟后在境外IPO挂牌上市。这种方式的弊端在于企业最终采取IPO方式上市时，仍需面对"四五六"规定，对于纺织服装企业而言，成功率较低。

买壳上市又叫反向收购，指一家非上市公司（买壳公司）通过收购一些境外上市但业绩较差、筹资能力相对弱化的公司（壳）取得上市地位，然后通过"反向收购"的方式注入与买壳公司有关业务和资产，从而实现在境外间接上市的目的。买壳上市不但规避了IPO所面临的障碍，而且理论上该上市方式的成功率几乎是100%。但买壳公司对于壳公司的选择必须慎重，需要考虑壳公司的股价、股东人数、负债情况、业务是否与拟买壳企业主营业务相似等众多因素。纺织服装企业在美国OTCBB市场和中国香港主板市场较多采用买壳上市方式。

借壳上市是指未上市公司的母公司将主要资产注入到上市的子公司中，来实现母公司的上市。据了解，现实情况中，纺织服装企业利用借壳实现上市的不常见。

备注　在这里有必要明确另一个概念：红筹上市。具体是指企业通过在境外注册公司，以该境外公司通过以收购、股权置换等方式取得内地资产的控制权，然后境外公司在境外交易所完成上市，从而完成境内企业的间接上市。从概念可以看出，红筹上市包括上述的买壳、造壳和借壳上市模式，是纺织服装企业理想的上市融资方式。目前国内很多纺织服装企业都采用这种"红筹上市"模式完成境外上市。

表3.7　境外上市模式优缺点比较

	IPO	造壳	买壳
优点	直接进入市场，节省传递费用，有较高的制度	能按要求设计较满意的壳，降低成本和风险，避免与拟上市地的法律抵触	避开繁杂审批程序，时间占优，3~6个月
缺点	审批程序、期限较长（约1年半），存在法律差异，费用高	股权可能被低估	壳选择及之后的整合等实际操作过程存在一定不确定性

3. 境外各主要资本市场上市的要求

（1）美国各级证券市场的上市条件和利弊分析。美国各级证券市场的上市条件见表3.8和表3.9。美国拥有目前世界上最大最成熟的资本市场，其证券市场体现出多层次、为不同融资需求提供服务的鲜明特征。美国证券市场包括纽约证券交易所（NYSE）、美国证券交易所（AMEX）、世界上最大的电子交易市场纳斯达克自动报价与交易系统（NASDAQ），此外，还有电子板市场（OTCBB）等柜台交易市场。只要企业符合其中某一个市场的上市条件，就可以向美国证监会申请登记挂牌上市。美国证券市场的不同层级为不同条件的企业提供的更多了选择空间，实现了真正的"无缝市场"。

表 3.8　美国的证券市场具体条件比较　　　　　　　　　　　　　　　　单位：美元

市场名称	纽约证交所	纳斯达克全国市场	纳斯达克小资本市场	美国证交所	OTCBB
最低有形资产净值	6000 万	1500 万	500 万	400 万	无
税前净利要求	250 万或三年 650 万	100 万	75 万	75 万	无
最低发行市值要求	6000 万	800 万	500 万	300 万	无
最低发行股数要求	110 万股	110 万股	100 万股	100 万股	无
最低股东人数要求	2000 人、外国 5000 人	400 人	300 人	400 人	无
券商（做市商）	4 个	3 个	3 个	3 个	3 个
财报审计要求年限	两年	两年	两年	两年	两年
注册后核准时间	4～10 周	4～10 周	4～10 周	4～10 周	120 天

表 3.9　纽交所和纳斯达克上市条件比较

纽交所	不少于 5000 个存托凭证持有者，不少于 250 万股，市值不低于 1 亿美元	以下三项至少满足一项： 1. 收益标准：三年税前利润 1 亿美元，且最近两年利润不低于 2500 万美元 2. 流动资金标准：在全球拥有 5 亿美元资产，过去 12 个月营业收入不低于 1 亿美元，最近 3 年流动资产至少 1 亿美元 3. 净资产标准：全球净资产不低于 7.5 亿美元，最近一年收入不低于 7.5 亿美元
纳斯达克	上个会计年度最低为 75 万美元的税前所得；股票总市值不低于 7500 万美元；或者公司总资产、当年总收入不低于 7500 万美元；有 300 名以上股东，骨架不低于 5 美元/股	以下两项至少满足一项： 1. 不少于 1500 万美元的净资产额，最近 3 年中至少有一年税前营业收入不少于 100 万美元 2. 不少于 3000 万美元的净资产额，不少于 2 年的营业记录

结论：

从美国各层次市场要求的条件可以看出，适合我国纺织服装企业的市场主要是 NASDAQ 小资本市场和 OTCBB 市场。

纺织服装企业选择先在 OTCBB 借壳上市，经过一年左右的培育期，达到相关标准后，再转板 NYSE、AMEX 或 NASDAQ 市场，这个赴美上市的路径是非常可取的。

OTCBB 是由纳斯达克管理的股票交易系统，众多公司的股票先在该系统上市以获得发展资金，通过一段时间的扩张积累再向高一级的市场升级。OTCBB 具有一定的融资能力，OTCBB 市场基本没有初始挂牌标准，场内拥有大量已停滞运营的壳公司，企业可以反向收购的方式在 OTCBB 市场上市。与直接在 NYSE、AMEX 及 NASDAQ 上市相比，不仅成本小、耗费时间短，而且能保证100% 上市。并且等运营一段时间，企业的经营业绩及股票价格达到相关标准后还可升级至主板市场。大多数纺织服装企业选择先买壳登陆 OTCBB 市场，达到相关要求后，再转板至高一级市场交易。在 OTCBB 挂牌交易相对容易，因为 OTCBB 市场基本没有初始挂牌标准，适合规模较小而又迫切需要资金扶持的纺织服装企业上市融资。该市场的资金容量高达香港创业板的 10 倍左右，是目前美国真正意义上的创业板。

备注　值得提醒的是，由于 OTCBB 市场的股票流通性较差等原因，建议纺织服装企业在选择以买壳方式赴美上市时，要把 OTCBB 市场当作企业进军美国资本市场的起点，而非终点，因为通过 OTCBB 市场能够转板 NYSE、AMEX 或 NASDAQ 上市，远比在 OTCBB 市场直接上市融资对我国纺织服装企业的长远发展更有意义。

（2）新加坡主板市场及创业板市场的上市条件。

①新加坡证券交易所目前有两个交易板，包括主板和二板市场（SESDAQ）。

新加坡主板市场的上市标准主要是对税前盈利要求，企业满足以下三条标准中任意一条就可以：

标准一：要求企业近三年税前利润累计超过 750 万新元，并且每年均不低于 100 万新元；有三年营业记录；控股股东（包括上市时持有 5% 或以上的执行董事与高管人员）全部股份在上市之日起 6 个月内不能卖出。

标准二：要求企业税前利润近一年或两年累计超过 1000 万新元，控股股东股份锁定 6 个月（同标准一）。

标准三：仅要求公司上市市值不低于 8000 万新元，控股股东锁股期为上市之日起全部股份 6 个月内不能卖出，其次 6 个月内 50% 不能卖；在股权分布方面，需 25% 股份由至少 1000 名股东持有（如果市值超过新币 3 亿元，可酌减至最低 12%）。

拟在新加坡主板上市的企业的财务资料需要依照新加坡或国际会计准则编制。如果公司计划向公众募股，该公司必须向社会公布招股说明书；如果公司已经拥有足够的合适股东，并且有足够的资本，无需向公众募集股份，该公司必须准备一份与招募说明书类似的通告交给交易所，以备公众查询。近几年为公司带来利润的管理层基本不变，如有要员离开，公司需证明其离开不影响公司管理。

相比而言，新加坡二板市场即自动报价市场的上市条件要比一板市场宽松很多，更适合具有潜力的纺织服装企业上市融资。二板市场对上市公司的税前利润和上市市值均不做要求，唯一要求就是拟上市企业必须具有发展潜力。没有营业记录的公司必须证明其募集资金是用于项目或产品开发，且必须已进行充分研发。发行数量应不少于 15% 股份或 5 万股（取较高者），有不少于 500 名公众股东。所持业务在新加坡的公司，须有两名独立董事，业务不在新加坡的控股公司，须有两名常住新加坡的独立董事，一位全职在新加坡的执行董事，并且每季开一次会议。公司在新加坡二板市场上市满两年后，达到主板任一上市标准，即可转向主板市场。

②纺织服装企业在新加坡上市融资的利弊分析。在新加坡上市的优势主要是上市门槛和所需费用相对较低；新交所根据新型经济发展而设计上市标准，有利于新兴而且具有潜力的中国纺织服装高新企业在新加坡市场融资；在该市场上"中国概念"能得到更多的关注；但新加坡证券市场的规模相对较小，纺织服装企业在新加坡上市可以筹集的资金有限。适合在新加坡上市的企业是国内一些不希望等待审核、支付能力有限的纺织服装企业。

（3）中国香港主板市场及创业板市场的上市条件和利弊分析（表 3.10、表 3.11）。

表 3.10　中国香港主板、创业板上市具体要求比较

	要求	具体要求
主板	三年的营业记录，发行人及其业务必须为联交所认为适宜上市者。全部或大部分资产为现金或短期证券的，一般视为不适宜上市；申请上市前三年，公司需由基本相同管理层管理，最近一年控制权不变	以下三项至少满足一项： 1. 最近一年盈利不少于 2000 万元港币，前两年累计盈利不低于 3000 万元港币 2. 市值 20 亿港币以上，最近一年收入不少于 5 亿元港币，过去三年经营活动现金净流量不少于 1 亿元港币 3. 市值 40 亿元港币以上，最近一年收入不少于 5 亿元港币，上市时股东不少于 1000 名，市值不低于 2 亿元港币，其中公众持股市值不低于 5000 万元港币，公众持股不低于 25%；市值超过 40 亿元港币的，公众持股比例不低于 10%
创业板	公司需有 24 个月活跃业务记录；申请上市前两年，公司需由基本相同管理层管理，最近一年控制权不变	前两年经营活动现金净流入不低于 2000 万元港币。市值不少于 1 亿港币，不少于 100 名公众股东；市值 40 亿元港币以下的，最低公众持股为 25% 且金额不低于 3000 万元港币 市值 40 亿元港币以上的，最低公众持股为 20% 且金额不低于 10 亿元港币

表 3.11　中国香港上市融资的利弊分析

优势	一是中国香港作为 3 个重要海外市场中最接近中国内地的一个，在交通和交流上占有先机和优势
	二是中国香港与中国内地特殊的情结关系
	三是中国香港是亚洲乃至世界的金融中心，这也是吸引内地企业在香港资本市场上市的重要筹码
	四是在中国香港实现上市融资的途径多样化。在香港上市，除了可以采取传统的首次公开发行（IPO）之外，还可以采用反向收购（俗称买壳上市）方式获得上市融资
劣势	一是与美国相比，中国香港的证券市场规模要小很多，它的股市总市值大约只有美国纽约证券交易所（NYSE）的1/30，纳斯达克（NASDAQ）的1/4，股票年成交额远远低于纽约证券交易所和纳斯达克市场
	二是中国香港证券市场的市盈率较低，大概只有 13 倍，而在纽约证券交易所，市盈率一般可以达到 30 倍以上，在 NASDAQ 也有 20 倍以上。在其他条件相同的情况下，在中国香港上市募集的资金要小很多

内地企业采取 H 股的方式在中国香港直接公开发行上市需要同时满足中国证监会和香港联交所规定的上市条件。也就是说，内地企业在香港联交所主板市场以 IPO 方式上市，首先要满足中国证监会"456"的规定，即上市企业"净资产不少于 4 亿元人民币，筹资额不少于 5000 万美元，过去一年税后利润不少于 6000 万元人民币"。另外，在香港联交所上市的内地企业在财务状况上必须达到联交所提供的申请上市企业的财务状况测试标准，包括三个指标：一是盈利测试标准，即要求申请企业必须由实质上相同的所有者和管理层的拥有和管理，并具备足够长的营业记录；二是市值/收益测试标准，要求企业具备不少于 3 个财政年度的营业记录，上市前三年合计盈利不低于 5000 万港币，最近一个审计年度的收入（主营业务）至少为 5 亿港元，上市时的市值至少为 40 亿港元，上市时持有证券的人数至少为 1000 名；三是市值/收益/现金流量测试标准，该标准要求企业除了

满足上述市值/收益测试标准外，申请企业或有关集团在上市前的经营活动产生的 3 个财政年度的累计现金流量至少为 1 亿港元。

可以看出，证监会会根据申请境外上市企业的自身情况给予一定豁免，新修订的香港联交所上市规则允许那些具有很强盈利能力的企业在主板上市，我国纺织服装企业想要同时跨过证监会和香港联交所的上市门槛仍是非常困难的。大部分具有发展潜质的纺织服装企业可以选择以间接上市方式到中国香港创业板上市融资。

香港联交所创业板规定的上市条件有以下几个方面：业务性质属于香港联合交易所认为合适上市者；申请人需证明在上市文件日期之前 24 个月期间的活跃业绩记录；主要营业一项业务而并非两项或多项不相干的业务；预计上市市值需达港币 4600 万元；若公司在上市时的市值超过港币 10 亿元，则最低公众持股量为已发行股本的 20% 或市值港币 3000 万元，以较高者为准；公司在上市时的市值为港币 10 亿元或以上的，则最低公众持股量为 15% 或市值港币 2 亿元，以较高者为准；股东的数目视股票发行的规模和性质而定，上市时的股票最少要由 100 名人士持有；管理层股东及高持有量股东于上市时必须最少持有已发行股本的 35%。

（4）英国 AIM 市场。AIM（Alterncctive Investment Market）是伦敦证券交易所于 1995 年 6 月 19 日建立的专门为小规模、新成立和成长型的公司服务的市场，是继美国纳斯达克之后欧洲设立的第一个"二板"性质的股票市场，附属于伦敦证券交易所，但又具有相对独立性，与日本、新加坡的创业板市场有所区别。英国 AIM 的交易通过另类交易服务进行交易，实行做市商制度和竞争性报价制度。英国 AIM 除了对会计报表有规定要求外，没有其他上市条件，在上市的审查上也最为宽松。伦敦证券交易所不进行实质审查，上市担保由保荐人负责，强调保荐人的作用和上市公司的自律。

国际主要创业板市场优劣比较见表 3.12，部分境内外资本市场创业板上市条件比较见表 3.13。

表 3.12　国际主要创业板市场优劣比较

主要创业板市场	优势	劣势
美国	资金充足，流动性好，净壳多且成本低	IPO 费用高，文化背景差异大，中国企业在其市场认知度较低
中国香港	市场规模较大，流动性强，对中国内地公司认知度高	上市费用高，壳成本高，净壳少
新加坡	二板门槛低，上市成本低，上市周期短，语言文化差异小	规模较小，法规严，境内企业缺乏了解，上市运作存在风险
英国	世界金融中心，优惠政策多，市场优势强，竞争力强	境内企业缺乏了解
日本	上市标准相对宽松，筹资渠道较多	境内企业缺乏了解
加拿大	专为中小企业而设，上市门槛要求低，不要求业绩表现	境内企业缺乏了解
比利时	上市条件宽松，成功可能性大	境内企业缺乏了解

表 3.13 部分境内外资本市场创业板上市条件比较

比较项目	中国香港创业板	新加坡创业板	英国 AIM	中国深圳中小企业板
市场平均市盈率水平	较低	一般	一般	较高
市场流动性	较好	较差	一般	稍差
最低公众持股量	占已发股本至少20%	分析不少于15%股份或5万股（两者取较高者）	无要求	占已发股本至少25%；若公司股本总额超过4亿元人民币，公众持股至少10%
公众股东的最少数目	不少于100名	不少于500名	持有股票面值达到1000元人民币以上的股东人数不少于1000人	无要求
实收资本	无要求	无要求	无要求	不少于5000万元人民币
营运记录	2年续存	3年或以上经营记录，会计师报告中无重大保留意见	无要求	至少3年
盈利要求	无要求	无要求	主营业务2年或以上盈利记录	最近3个会计年度净利润为正且累计超过3000万元人民币；最近三个会计年度经营性现金流累计超过5000万元人民币或营业收入累计超过3亿元人民币

综上分析，成熟的国际资本市场发展时间较长，形成了完备的为各个发展阶段的企业提供融资便利的市场体系。并且，境外股票流通性强，增发股票融资的效率和效果优于境内市场。单纯从相对于内地审批制的上市规则上看，境外证券市场的注册制更客观公正、相关法制更成熟、监管更完善，这些都为纺织服装企业融资提供了较为宽松的环境。

境外资本市场筹资成本比较见表 3.14。

表 3.14 境外资本市场筹资成本比较

上市地点	中国香港创业板	美国纳斯达克	新加坡
承销费用率	2.5% ~ 3.5%	8% ~ 10%	3% ~ 4%
发行市盈率	25 ~ 40	20 ~ 30	12
上市周期	6 ~ 12 个月	5 ~ 8 个月	4 ~ 6 个月
维护成本	150 ~ 250 万元人民币	200 ~ 300 万元人民币	30 ~ 40 万美元

备注　直接费用 = 发行费用/集资额 × 100%

附录

一、上交所发行上市程序（图3.4）

依照《公司法》《证券法》以及中国证监会和交易所颁布的规章等有关规定，企业公开发行股票并上市应遵循以下程序：

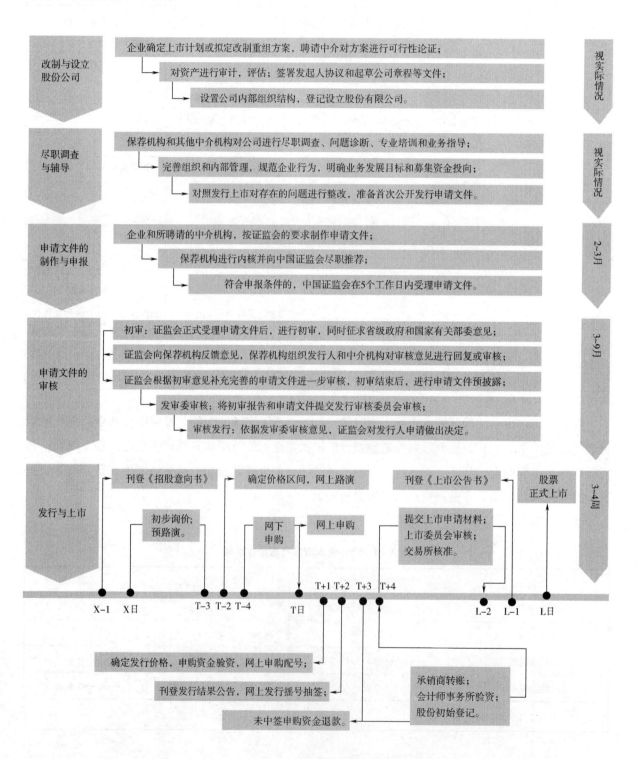

图3.4　企业上市程序

X 日—初步询价日　T 日—网上发行日　L 日—股票上市日

二、深交所发行上市程序（表3.15）

表3.15 深交所发行上市程序

工作阶段	工作内容	时间
改制与设立股份公司	企业拟定改制重组方案，聘请证券中介机构对方案进行可行性论证 对拟改制的资产进行审计、评估，签署发起人协议，起草公司章程等文件 设置公司内部组织机构，设立股份有限公司	视实际情况
尽职调查与辅导	向当地证监局申报辅导备案 保荐机构和其他中介对公司进行尽职调查、问题诊断、专业培训和业务指导 完善组织机构和内部管理，规范企业行为，明确业务发展目标和募集资金投向 对照发行上市条件对存在的问题进行整改，准备首次公开发行申请文件 当地证监局对辅导情况进行验收	视实际情况
申请文件的申报	企业和证券中介按照证监会的要求制作申请文件 保荐机构进行内核并向证监会尽职推荐 符合申报条件的，证监会在5个工作日内受理申请文件	2～3月
申请文件的审核	证监会对申请文件进行初审，如申报中小板还需征求发行人所在地省级人民政府和国家发改委意见，如申报创业板无需征求意见 证监会向保荐机构反馈意见，保荐机构组织发行人和中介机构对相关问题进行整改，对审核意见进行回复 证监会根据反馈回复继续审核，预披露申请文件，召开初审会，形成初审报告 证监会发审委召开会议对申请文件和初审报告进行审核，对是否同意发行人上市投票表决 依据发审委审核意见，证监会对发行人申请做出决定	3～9月
路演、询价与定价	发行人在指定报刊、网站全文披露招股说明书及发行公告等信息 主承销商与发行人组织路演，向投资者推介和询价，并确定发行价格	3～4周
发行与上市	根据证监会规定的发行方式公开发行股票 向证券交易所提交上市申请 在登记结算公司办理股份的托管与登记 在深交所挂牌上市	

企业取得中国证监会核准批文之后，在深交所发行上市的流程见图3.5。

三、申请新三板上市的流程

申请新三板挂牌流程，须与主办券商签订推荐上市流程协议，作为其推荐主办券商向协会进行推荐新三板上市流程。申请新三板上市流程主要包括：

1. 拟上市的有限公司进行股份制改革，整体变更为股份公司。新三板上市流程申请在新三板挂牌的主体须为非上市股份有限公司，故尚处于有限公司阶段的拟挂牌公司首先需要启动股改程序，

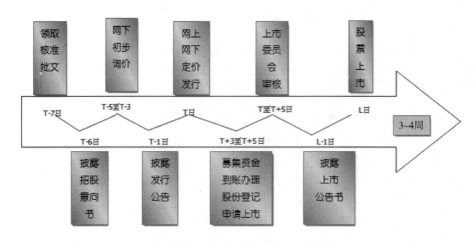

图 3.5　深交所发行上市流程图

T 日—发行日，L 日—股票上市日。

一般情况下，L 日介于 T+6 至 T+10 之间，全部发行、上市工作在 3~4 周内完成；发行人可以根据需要适当延长网下询价时间，但应于 T-3 日截止。

由有限公司以股改基准日经审计的净资产值整体折股变更为股份公司。

2. 主办券商对拟上市股份公司进行尽职调查，编制推荐挂牌备案文件，并承担推荐责任。主办券商推荐非上市公司股份挂牌新三板时，应勤勉尽责地进行尽职调查，认真编制推荐挂牌备案文件，并承担推荐责任。主办券商进行尽职调查时，应针对每家拟推荐的股份公司设立专门项目小组。项目小组应与会计师事务所、律师事务所等中介机构协调配合，完成相应的审计和法律调查工作后，根据《主办券商尽职调查工作指引》，对拟新三板上市公司历史上存在的诸如出资瑕疵、关联交易、同业竞争等重大问题提出解决方案，制作备案文件等申报材料。

3. 主办券商应设立内核机构，负责备案文件的审核。主办券商不仅应设立专门的项目小组，负责尽职调查，还应设立内核机构，负责备案文件的审核，发表审核意见。主办券商根据内核意见，决定是否向协会推荐该公司新三板上市。决定推荐的，应出具推荐报告（包括尽职调查情况、内核意见、推荐意见和提醒投资者注意事项等内容），并向协会报送备案文件。

4. 通过内核后，主办券商将备案文件上报至中国证券业协会审核。中国证券业协会负责审查主办券商报送的备案文件并做出是否备案的决定。证券业协会决定受理的，向其出具受理通知书并对备案文件进行审查，若有异议，则可以向主办券商提出书面或口头的反馈意见，由主办券商答复；若无异议，则向主办券商出具备案确认函。

四、申请新三板上市的流程细则解读

（一）公司董事会、股东大会决议公司申请股份到代办股份转让系统挂牌报价转让，应由公司董事会就申请股份挂牌报价转让事项形成决议，并提请股东大会审议，同时提请股东大会授权董事会办理相关事宜。

（二）申请股份报价转让试点企业资格公司要进行股份挂牌报价转让，须向北京市人民政府申请股份报价转让试点企业的资格。中关村科技园区管理委员会具体负责受理试点企业资格的申请。根据北京市《中关村科技园区非上市股份有限公司申请股份报价转让试点资格确认办法》规定，公司申请时要提交如下文件：

1. 公司设立批准文件；

2. 公司股份进入代办股份转让系统报价转让的申请；

3. 公司股东大会同意申请股份报价转让的决议；

4. 企业法人营业执照（副本）及公司章程；

5. 经律师事务所确认的合法有效的股东名册；

6. 高新技术企业认定文件。

同意申请的，中关村科技园区管理委员会在五个工作日内出具试点资格确认函。

（三）签订推荐挂牌报价转让协议公司需联系一家具有股份报价转让业务资格的公司，作为股份报价转让的主办报价券商，委托其推荐股份挂牌。此外，公司还应联系另一家具有股份报价转让业务资格的证券公司，作为副主办报价券商，当主办报价券商丧失报价转让业务资格时，由其担任主办报价券商，以免影响公司股份的报价转让。公司应与主办报价券商和副主办报价券商签订推荐挂牌报价转让协议，明确三方的权利与义务。

根据协议，主办报价券商主要责任为公司尽职调查、制作推荐挂牌备案文件、向协会推荐挂牌、督导公司挂牌后的信息披露等。

（四）配合主办报价券商尽职调查为使股份顺利地进入代办股份转让系统挂牌报价转让，公司须积极配合主办报价券商的尽职调查工作。主办券商要成立专门的项目小组，对园区公司进行尽职调查，全面、客观、真实地了解公司的财务状况、内控制度、公司治理、主营业务等事项，并出具尽职调查报告。项目小组完成尽职调查后，提请主办报价券商的内核机构审核。审核的主要内容为项目小组的尽职调查工作、园区公司拟披露的信息（股份报价转让说明书）是否符合要求。主办报价券商依据尽职调查和内核情况，决定是否向协会推荐挂牌。

（五）主办报价券商向协会报送推荐挂牌备案文件。主办报价券商决定向协会推荐挂牌的，出具推荐报告，并报送推荐挂牌备案文件。

（六）协会备案确认。协会在受理之日起六十个工作日内，对备案文件进行审查。审查的主要内容有：

1. 备案文件是否齐备；2. 主办报价券商是否已按照尽职调查工作指引的要求，对所推荐的公司进行了尽职调查；3. 园区公司拟披露的信息（股份报价转让说明书）是否符合信息披露规则的要求；4. 主办报价券商对备案文件是否履行了内核程序。

协会认为必要时，可对主办报价券商的尽职调查工作进行现场复核。

审查无异议的，向主办报价券商出具备案确认函。有异议的而决定不予备案的，向主办报价券商出具书面通知并说明原因。

（七）股份集中登记推荐挂牌备案文件在协会备案后，公司须与中国证券登记结算有限责任公司深圳分公司签订证券登记服务协议，办理全部股份的集中登记。初始登记的股份，须托管在主办报价券商处。公司可要求主办报价券商协助办理上述事项。

公司股东挂牌前所持股份分三批进入代办系统挂牌报价转让，每批进入的数量均为其所持股份的三分之一。进入的时间分别为挂牌之日、挂牌期满一年和两年。

（八）披露股份报价转让说明书、办理好股份的集中登记后，公司与主办报价券商协商，确定股份挂牌日期。在股份挂牌前，公司应在代办股份转让信息披露平台上发布股份报价转让说明书。说明书应包括以下内容：1. 公司基本情况；2. 公司董事、监事、高级管理人员、核心技术人员及其持股情况；3. 公司业务和技术情况；4. 公司业务发展目标及其风险因素；5. 公司治理情况；6. 公司财务会计信息；7. 北京市政府批准公司进行试点的情况。公司挂牌报价后，应履行持续信息披露义务，披露年度报告以及对股份价格有重大影响的临时报告。主办报价券商对所推荐的公司信息披露负有督导的职责。

五、申请新三板上市注意事项

（一）新三板上市风险

新三板可能带来巨大财富，但也可能让投资者面临风险：面对新三板上市评估新三板扩容可能带来的风险。在评估前的新三板挂牌的公司大多属于较优质的企业，投资风险相对较小。而在评估后的新三板挂牌的企业质量参差不齐，投资风险较大；我国仅规定新三板挂牌公司可参照上市公司信息披露标准来进行评估，自愿进行更为充分的信息披露。亦即，我国对新三板挂牌公司信息评估要求限制小，弹性大，投资风险更大；我国新三板现行股票交易以集合竞价方式进行集中配对成交，可能导致投资者面临买不到股票或卖不出股票的风险。

（二）新三板挂牌费用成本及优惠政策

与主板、中小板及创业板相比，企业申请在新三板挂牌转让的费用要低得多。费用一般在120万元左右（依据项目具体情况和主板券商的不同而上下浮动），在新三板市场挂牌后运作成本每年不到3万元。依据《中关村国家自主创新示范区支持企业改制上市资助资金管理办法》，企业可申请改制资助，每家企业支持20万元，企业进入股份报价转让系统挂牌的可获得50万元资金支持。主办券商推荐的园区企业取得《中国证券业协会挂牌报价文件备案确认函》后，每家券商可获得20万元资金支持。

（三）挂牌新三板时间

挂牌时间的长短最为重要的决定因素是企业的质地，另一个重要的因素是主办券商以及其他中介机构的团队和专业素养。新三板不存在排队候审的现象，由于采取备案制，没有复杂的审批程序，只要符合要求，向监管部门报送备案材料即可，一般来讲，从策划改制到挂牌，需要5~8个月。

（四）挂牌新三板以后公司控制权

控制权是否丧失主要取决于企业家自身的意愿，挂牌后，企业家既可以选择出售手中大部分股权获得创业回报，也可以选择继续持有或者出售少量股权，从而持续控制企业。

（五）主办券商有职能

1. 推荐挂牌。

①按照规定对拟推荐挂牌公司进行调查，出具调查报告。

②对拟推荐挂牌公司全体高级管理人员进行辅导和培训，使其了解相关法律、法规、规则和协议所规定的权利与义务。

③对拟推荐挂牌公司进行内部审核并出具内核意见。

④编制推荐挂牌备案文件。

2. 信息披露的督导。

①依据《全国中小企业股份转让系统挂牌公司信息披露细则》的规定，指导和督促挂牌公司真实、及时地进行信息披露。

②对所推荐挂牌公司信息披露文件进行形式审查，对拟披露或已披露信息的真实性提出合理性怀疑，必要时采取专项调查等措施。

③严格按照要求在指定网站（信息披露平台 www.neeq.com.cn）发布所推荐挂牌公司相关信息。

3. 代理投资者进行股份转让。

①诚实信用、勤勉尽责地开展报价转让业务。在代理投资者报价转让前，充分了解投资者的财务状况和投资需求，向其充分揭示股份报价转让业务的风险，对不宜参与报价转让业务的投资者尽劝阻义务。

②保证做好在营业场所为投资者揭示报价转让业务规则及相关信息的服务。

4. 投资者风险提示。

①投资者开户前，充分揭示风险。

②利用各种形式持续向投资者充分揭示投资风险。

③依据代理转让协议，对投资者股份转让时出现的违规行为，及时提出警示，并采取必要措施。

5. 企业如何选主办券商。

企业挂牌新三板要聘请主办券商，企业和主办券商之间是一种双向选择的关系，企业在选择主办券商时应该注意以下问题：

①主办券商的执业能力、执业经验和执业质量以及在行业中的地位。主办券商将提供改制、辅导、挂牌、挂牌后持续督导等一条龙服务。

②主办券商提供相关综合服务的能力。中小企业经常会面临多方面的问题，比如战略规划、股权激励、财务规范、税务筹划、融资困难等，企业应优先选择综合服务能力强的券商。

③主办券商对企业挂牌改制的重视程度、资源投入状况。

④主办券商与其他中介机构应该有良好的合作。主办券商在企业的挂牌工作中起统筹规划作用，主办券商选择的会计师事务所、律师事务所等中介机构的质量也影响到项目的进度和成败。

⑤合理的收费标准。

（六）新三板中的其他中介机构及作用

1. 会计师事务所。在改制过程中，负责财务规范整改并提出建议等工作；在挂牌过程中，要出具审计报告；在后续阶段，审计后续年度的财务报告。总之，新三板市场需要会计师事务所审计并出具相关报告，并提供咨询服务，协助主办券商完成尽职调查。

2. 律师事务所。在企业改制过程中，律师事务所主要负责起草相关法律文件、进行法律审核和出具法律意见书；在试点审批过程中，起草《进入代办股份转让系统资格申请书》；在推荐挂牌过程中，负责起草《推荐挂牌转让协议》；此外，负责后续报价转让、定向增资等过程中的相关法律事务。

3. 资产评估机构。对于需要改制的企业，需要专业的资产评估机构对公司的资产进行准确的评估，因此它是早期进入新三板辅佐公司挂牌的中介机构之一。

4. 科技咨询机构。由于挂牌新三板的企业多为科技型企业，因此适当的时候需要科技咨询机构提供信息支持和咨询服务。

六、企业借壳上市主要流程

（一）准备阶段

1. 拟定收购的上市公司（壳公司）标准，初选壳对象；

2. 聘请财务顾问等中介机构；

3. 股权转让双方经洽谈就壳公司股权收购、资产置换及职工安置方案达成原则性意向并签署保密协议；

4. 对壳公司及收购人的尽职调查；

5. 收购方、壳公司完成财务报告审计；

6. 完成对收购方拟置入资产、上市公司拟置出资产的评估；

7. 确定收购及资产置换最终方案；

8. 起草《股份转让协议》；

9. 起草《资产置换协议》；

10. 收购方董事会、股东会审议通过收购及资产置换方案决议；

11. 出让方董事会、股东会审议通过出让股份决议；

12. 出让方向结算公司提出拟转让股份查询及临时保管申请。

（二）协议签订及报批阶段

1. 收购方与出让方签订《股份转让协议》，收购方与上市公司签订《资产置换协议》；

2. 收购方签署《收购报告书》，并于两个工作日内，报送证券主管部门并摘要公告；

3. 出让方签署《权益变动报告书》，并于三个工作日内公告；

4. 壳公司刊登关于收购的提示性公告，并通知召开就本次收购的临时董事会；

5. 收购方签署并报送证监会《豁免要约收购申请报告》（同时准备《要约收购报告书》备用并做好融资安排，如不获豁免，则履行要约收购义务）；

6. 出让方向各上级国资主管部门报送国有股转让申请文件；

7. 壳公司召开董事会并签署《董事会报告书》，并在指定证券报纸刊登；

8. 壳公司签署《重大资产置换报告书（草案）》及摘要，并报送证监会，向交易所申请停牌，至发审委出具审核意见；

（三）收购及重组实施阶段

1. 证监会审核通过重大资产重组方案，在指定证券报纸全文刊登《重大资产置换报告书》，有关补充披露或修改的内容应做出特别提示（审核期约为报送文件后三个月内）；

2. 证监会对《收购报告书》审核无异议，在指定证券报纸刊登全文（审核期约为上述批文后一个月内）；

3. 国有股权转让获得国资委批准（审核期约为报送文件后三到六个月内）；

4. 证监会同意豁免要约收购（或国资委批文后）；

5. 转让双方向交易所申请股份转让确认；

6. 实施重大资产置换；

7. 办理股权过户；

8. 刊登完成资产置换、股权过户公告。

（四）收购后整理阶段

1. 召开壳公司董事会、监事会、股东大会、改组董事会、监事会、高管人员；

2. 按照《关于拟发行上市企业改制情况调查的通知》，向壳公司所在地证监局报送规范运作情况报告；

3. 聘请具有主承销商资格的证券公司进行辅导，并通过壳公司所在地证监局检查验收；

4. 申请发行新股或证券。

七、其他参考书籍资料

参考书下载地址：中国纺织规划研究会官网（http：//www.ctpra.com/）

第四篇

2010~2016年纺织服装类各主要上市公司运营发展情况图解

俞亦政　王春生

查阅说明

（1）本篇选用6组22项主要测评比对指标，以158家纺织服装为主营（或与纺织服装行业有重要关联）的上市公司为样本对象，通过表图演绎，希望能帮助读者比较快速、清晰地了解各类纺织服装上市公司运营发展情况。

（2）各组比对指标含义：

①净资产收益率图表：查看净资产收益率在行业中的水平情况，对比该企业净资产同比增长率、净利润同比增长率和经营活动产生的现金流量净额同比增长率（本组各项指标单位:%）；

②销售情况图表：分别查看销售净利率和销售成本率在行业中的水平情况，对比该企业销售毛利率（本组各指标单位:%）；

③现金流量图表：分别查看销售收现比（销售商品提供劳务收现/营业收入）和营业收入含金量（经营活动产生现金流量净额/营业收入）在行业中的水平情况（本组各指标单位:%）；

④负债、偿债图表：查看资产负债率和短期偿债能力在行业中的水平情况，对比该企业可变现能力（现金比率）（本组资产负债率指标单位:%）；

⑤营运周期和营运情况图表：查看对比营业周期水平，比对存货、应收账款、总资产及营运资本四组周转率情况（本组营业周期指标单位：天；四个周转率单位：次/年）；

⑥研发与存货图表：查看企业研发投入强度（研发总支出/主营业务收入）、产成品在总资产中占比在行业中的水平，比较本企业这两组指标年度变化情况（本组指标单位:%）。

（3）因考虑到直接发布业内各类上市公司A赛评估结果可能会引来一些人为借题操作，可能会造成资本市场纺织服装板块某些股票的估值波动。因此，为慎重起见，我们采用了6组独立的表图比对方法来帮助读者大致了解各企业运营发展绩效水平和综合测评比对情况。

方法是模拟演绎比较，即将行业均值作为比对标准，将158家企业（或选取若干同业同类企业组）通过组比对项数据的均差（标差）值的离散组合图来大致定位与判断测评企业运营发展效能水平。比如（图4.1、图4.2）所示综合比较示意图，即把158家企业各组均差（标差）值根据大小程度换算成标准均差系数，通过均差线（或标差线）与各企业离散偏差线来大致演绎判断。

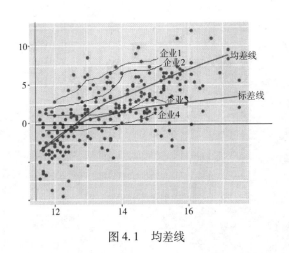

图4.1 均差线

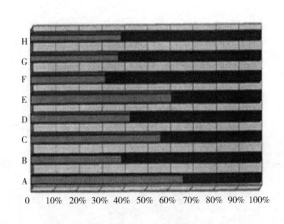

图4.2 离散偏差线

（4）本篇158家上市公司运营发展情况图表排列顺序是按照深、沪、新三板市场上市股票代码数值大小排序，以方便读者查找。

1. 常山股份 (000158. SZ)

年度	净资产收益率	净资产收益率（行业平均水平）	净资产同比增长率	净利润同比增长率	经营活动产生的现金流量净额同比增长率
2010	2.32	14.92	2.04	-26.79	73.68
2011	2.39	12.52	1.76	4.20	-518.05
2012	0.49	9.35	0.53	-79.54	32.58
2013	0.72	6.88	0.62	49.93	54.54
2014	0.99	6.80	1.29	38.31	316.74
2015	5.84	7.20	119.51	925.07	-509.64
2016	6.27	6.54	5.71	39.51	189.26

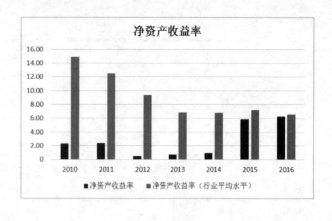

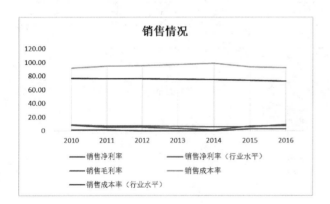

年度	销售净利率	销售净利率（行业水平）	销售毛利率	销售成本率	销售成本率（行业水平）
2010	1.48	8.73	8.46	91.54	76.68
2011	1.22	6.86	5.43	94.57	75.69
2012	0.23	7.11	5.10	94.90	75.97
2013	0.30	6.35	3.47	96.53	75.35
2014	0.37	5.98	1.20	98.80	74.56
2015	2.79	6.06	6.84	93.16	73.49
2016	3.16	9.17	7.60	92.40	72.75

年度	销售商品提供劳务收到的现金/营业收入	销售商品提供劳务收到的现金/营业收入（行业水平）	经营活动产生的现金流量净额/营业收入	经营活动产生的现金流量净额/营业收入（行业水平）
2010	112.48	103.93	1.16	5.63
2011	122.15	100.81	-3.82	4.46
2012	110.43	102.55	-2.41	8.41
2013	121.41	101.16	-0.94	3.12
2014	112.30	101.77	1.82	8.56
2015	102.34	102.87	-5.49	11.84
2016	103.65	100.96	3.98	5.08

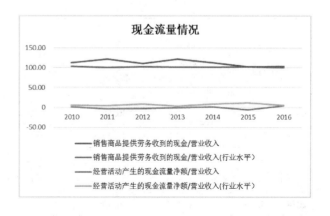

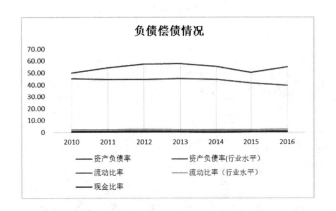

年度	资产负债率	资产负债率（行业水平）	流动比率	流动比率（行业水平）	现金比率
2010	49.94	45.38	1.02	2.41	0.42
2011	54.36	44.65	0.98	2.40	0.22
2012	57.54	44.62	1.19	2.58	0.31
2013	57.69	45.20	1.16	2.20	0.15
2014	55.45	44.71	0.93	2.26	0.09
2015	50.35	41.53	1.16	2.47	0.22
2016	55.14	39.43	1.32	2.69	0.35

年度	营业周期	营业周期（行业水平）	存货周转率	应收账款周转率	总资产周转率	营运资本周转率
2010	85.01	141.29	4.96	28.83	0.82	36.21
2011	79.17	178.15	5.04	46.25	0.94	−622.09
2012	86.70	234.84	4.41	69.94	0.91	23.68
2013	90.03	225.27	4.25	67.66	1.02	12.74
2014	85.39	225.37	4.43	86.52	1.16	58.96
2015	100.52	259.36	4.86	13.58	1.08	28.63
2016	121.13	248.90	5.17	6.99	0.92	8.24

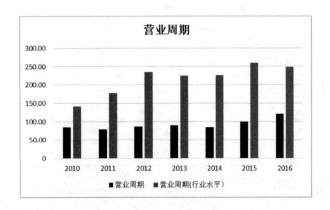

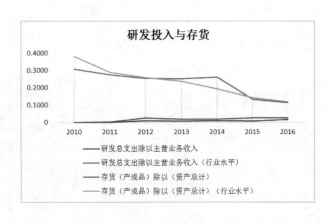

年度	研发总支出/主营业务收入	研发总支出/主营业务收入（行业水平）	存货（产成品）/（资产总计）	存货（产成品）/（资产总计）（行业水平）
2010	0	0	30.56%	38.08%
2011	0	0.22%	27.39%	28.78%
2012	0.98%	2.53%	25.35%	25.86%
2013	0.70%	1.87%	25.11%	23.69%
2014	0.95%	1.86%	26.10%	19.33%
2015	0.71%	2.52%	13.25%	14.17%
2016	1.68%	2.56%	11.32%	11.77%

2. 吉林化纤（000420.SZ）

年度	净资产收益率	净资产收益率（行业平均水平）	净资产同比增长率	净利润同比增长率	经营活动产生的现金流量净额同比增长率
2010	-9.24	14.92	-9.64	-974.48	138.23
2011	-44.47	12.52	-36.53	-257.29	-96.87
2012	1.93	9.35	0.46	102.75	1049.96
2013	-124.50	6.88	-76.38	-5156.90	-331.79
2014	11.64	6.80	711.79	99.59	56.40
2015	1.40	7.20	-2.11	138.63	-169.29
2016	1.53	6.54	177.88	824.15	30.27

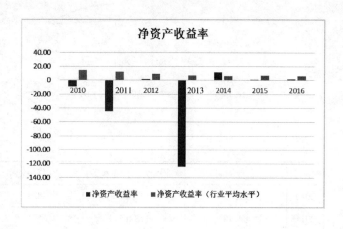

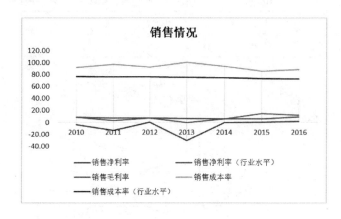

年度	销售净利率	销售净利率（行业水平）	销售毛利率	销售成本率	销售成本率（行业水平）
2010	-3.71	8.73	8.50	91.50	76.68
2011	-13.37	6.86	2.94	97.06	75.69
2012	0.55	7.11	7.48	92.52	75.97
2013	-30.87	6.35	-0.57	100.57	75.35
2014	-0.17	5.98	6.04	93.96	74.56
2015	0.24	6.06	14.55	85.45	73.49
2016	1.66	9.17	11.68	88.32	72.75

年度	销售商品提供劳务收到的现金/营业收入	销售商品提供劳务收到的现金/营业收入（行业水平）	经营活动产生的现金流量净额/营业收入	经营活动产生的现金流量净额/营业收入（行业水平）
2010	57.59	103.93	7.18	5.63
2011	75.65	100.81	0.23	4.46
2012	79.07	102.55	3.90	8.41
2013	55.07	101.16	-10.04	3.12
2014	61.52	101.77	-5.89	8.56
2015	50.90	102.87	-15.87	11.84
2016	56.49	100.96	-8.23	5.08

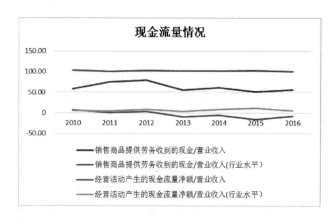

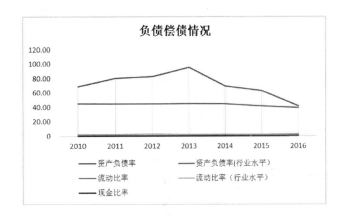

年度	资产负债率	资产负债率（行业水平）	流动比率	流动比率（行业水平）	现金比率
2010	68.68	45.38	0.65	2.41	0.20
2011	80.19	44.65	0.51	2.40	0.16
2012	82.54	44.62	0.67	2.58	0.23
2013	95.70	45.20	0.42	2.20	0.18
2014	69.21	44.71	0.57	2.26	0.24
2015	63.27	41.53	0.65	2.47	0.11
2016	41.72	39.43	1.04	2.69	0.48

年度	营业周期	营业周期（行业水平）	存货周转率	应收账款周转率	总资产周转率	营运资本周转率
2010	89.72	141.29	4.80	24.52	0.83	-3.73
2011	84.78	178.15	5.19	23.31	0.78	-2.95
2012	127.83	234.84	3.48	14.80	0.48	-1.75
2013	130.79	225.27	3.42	14.02	0.37	-1.13
2014	144.09	225.37	3.25	10.84	0.28	-0.84
2015	108.83	259.36	4.69	11.20	0.35	-1.60
2016	88.42	248.90	5.88	13.26	0.38	-6.09

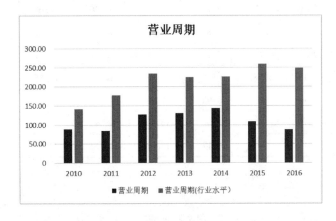

年度	研发总支出/主营业务收入	研发总支出/主营业务收入（行业水平）	存货（产成品）/资产总计	存货（产成品）/资产总计（行业水平）
2010	0	0	2.12%	38.08%
2011	0	0.22%	2.04%	28.78%
2012	0.27%	2.53%	1.79%	25.86%
2013	0.38%	1.87%	1.55%	23.69%
2014	0	1.86%	1.87%	19.33%
2015	0	2.52%	2.34%	14.17%
2016	0	2.56%	1.34%	11.77%

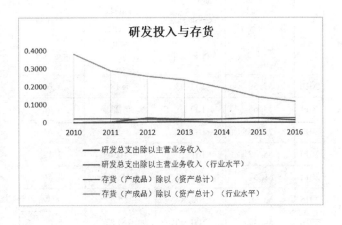

3. 友利控股（000584.SZ）

年度	净资产收益率	净资产收益率（行业平均水平）	净资产同比增长率	净利润同比增长率	经营活动产生的现金流量净额同比增长率
2010	7.99	14.92	8.06	433.10	498.01
2011	0.64	12.52	0.53	-92.79	-38.56
2012	2.69	9.35	0.41	176.86	-119.89
2013	21.34	6.88	23.86	1172.00	526.03
2014	8.49	6.80	-7.54	-60.49	-38.25
2015	1.37	7.20	1.40	-91.70	6.77
2016	-23.77	6.54	-21.41	-3799.19	-137.84

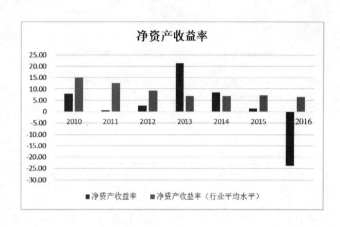

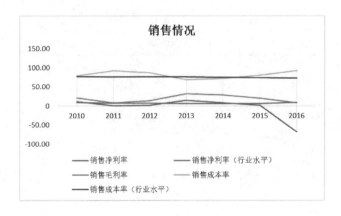

年度	销售净利率	销售净利率（行业水平）	销售毛利率	销售成本率	销售成本率（行业水平）
2010	11.67	8.73	20.97	79.03	76.68
2011	1.02	6.86	8.21	91.79	75.69
2012	2.09	7.11	13.47	86.53	75.97
2013	14.96	6.35	32.00	68.00	75.35
2014	8.12	5.98	29.02	70.98	74.56
2015	1.26	6.06	19.86	80.14	73.49
2016	-68.38	9.17	7.60	92.40	72.75

年度	销售商品提供劳务收到的现金/营业收入	销售商品提供劳务收到的现金/营业收入（行业水平）	经营活动产生的现金流量净额/营业收入	经营活动产生的现金流量净额/营业收入（行业水平）
2010	107.07	103.93	41.98	5.63
2011	123.43	100.81	31.23	4.46
2012	66.34	102.55	-4.61	8.41
2013	49.69	101.16	11.03	3.12
2014	63.22	101.77	9.35	8.56
2015	74.40	102.87	18.70	11.84
2016	56.23	100.96	-10.37	5.08

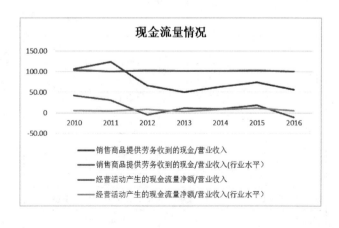

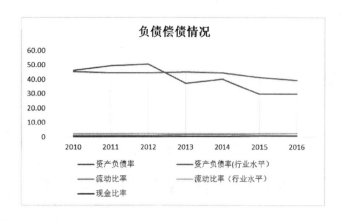

年度	资产负债率	资产负债率（行业水平）	流动比率	流动比率（行业水平）	现金比率
2010	46.35	45.38	1.28	2.41	0.31
2011	49.45	44.65	1.17	2.40	0.27
2012	50.72	44.62	1.19	2.58	0.17
2013	37.40	45.20	1.70	2.20	0.50
2014	40.29	44.71	1.73	2.26	0.51
2015	29.67	41.53	2.43	2.47	0.97
2016	29.91	39.43	2.70	2.69	0.97

年度	营业周期	营业周期（行业水平）	存货周转率	应收账款周转率	总资产周转率	营运资本周转率
2010	161.05	141.29	2.35	46.75	0.46	6.64
2011	327.10	178.15	1.13	48.89	0.32	3.25
2012	355.95	234.84	1.02	79.80	0.42	4.69
2013	259.01	225.27	1.40	159.27	0.76	4.29
2014	275.50	225.37	1.32	157.95	0.57	2.17
2015	390.70	259.36	0.93	95.25	0.33	1.02
2016	411.50	248.90	0.89	73.74	0.28	0.65

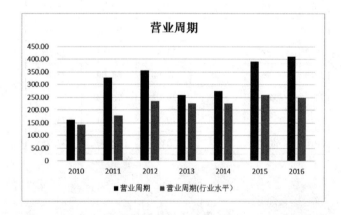

年度	研发总支出/主营业务收入	研发总支出/主营业务收入（行业水平）	存货（产成品）/（资产总计）	存货（产成品）/（资产总计）（行业水平）
2010	0	0	19.41%	38.08%
2011	0	0.22%	18.40%	28.78%
2012	0	2.53%	18.25%	25.86%
2013	0	1.87%	18.93%	23.69%
2014	0	1.86%	19.46%	19.33%
2015	0	2.52%	22.99%	14.17%
2016	0	2.56%	30.29%	11.77%

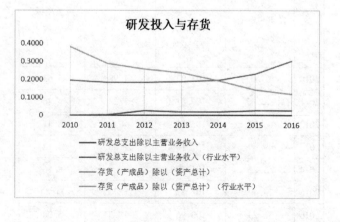

4. 京汉股份（000615.SZ）

年度	净资产收益率	净资产收益率（行业平均水平）	净资产同比增长率	净利润同比增长率	经营活动产生的现金流量净额同比增长率
2010	0.45	14.92	−7.19	−98.26	−329.24
2011	−12.78	12.52	−14.34	−2273.93	83.50
2012	0.68	9.35	3.18	105.79	682.77
2013	−5.67	6.88	−4.68	−969.12	−155.01
2014	2.56	6.80	28.66	142.83	333.98
2015	14.35	7.20	0.10	102.49	229.80
2016	6.47	6.54	2.86	−27.84	−54.48

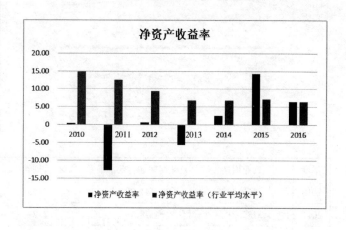

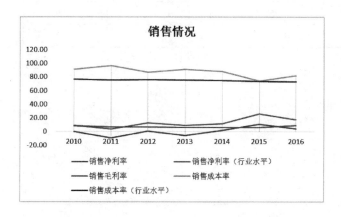

年度	销售净利率	销售净利率（行业水平）	销售毛利率	销售成本率	销售成本率（行业水平）
2010	0.49	8.73	9.07	90.93	76.68
2011	−9.57	6.86	3.79	96.21	75.69
2012	0.58	7.11	12.87	87.13	75.97
2013	−5.71	6.35	9.03	90.97	75.35
2014	2.27	5.98	11.95	88.05	74.56
2015	10.92	6.06	25.91	74.09	73.49
2016	4.48	9.17	17.75	82.25	72.75

年度	销售商品提供劳务收到的现金/营业收入	销售商品提供劳务收到的现金/营业收入（行业水平）	经营活动产生的现金流量净额/营业收入	经营活动产生的现金流量净额/营业收入（行业水平）
2010	111.53	103.93	−16.44	5.63
2011	114.25	100.81	−2.44	4.46
2012	124.43	102.55	14.86	8.41
2013	129.26	101.16	−9.27	3.12
2014	116.59	101.77	20.10	8.56
2015	157.61	102.87	75.13	11.84
2016	97.37	100.96	19.45	5.08

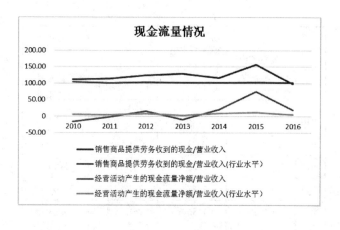

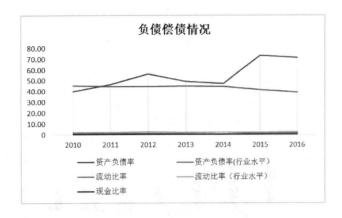

年度	资产负债率	资产负债率（行业水平）	流动比率	流动比率（行业水平）	现金比率
2010	40.24	45.38	1.38	2.41	0.33
2011	46.87	44.65	1.42	2.40	0.37
2012	56.48	44.62	1.12	2.58	0.27
2013	49.57	45.20	1.08	2.20	0.31
2014	47.63	44.71	0.63	2.26	0.27
2015	73.39	41.53	1.33	2.47	0.28
2016	71.31	39.43	1.51	2.69	0.23

年度	营业周期	营业周期（行业水平）	存货周转率	应收账款周转率	总资产周转率	营运资本周转率
2010	165.48	141.29	2.50	16.76	0.55	3.35
2011	185.21	178.15	2.21	16.23	0.64	4.23
2012	252.32	234.84	1.57	15.26	0.55	5.27
2013	227.61	225.27	1.85	10.85	0.48	9.28
2014	104.54	225.37	4.64	13.38	0.52	-7.46
2015	395.09	259.36	0.93	52.54	0.55	3.69
2016	402.48	248.90	0.90	79.21	0.60	2.43

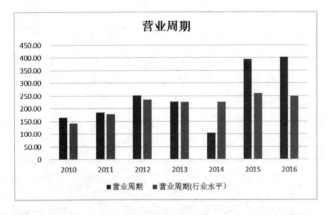

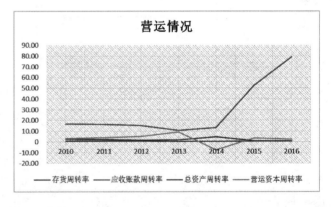

年度	研发总支出/主营业务收入	研发总支出/主营业务收入（行业水平）	存货（产成品）/（资产总计）	存货（产成品）/（资产总计）（行业水平）
2010	0	0	319.70%	38.08%
2011	0	0.22%	331.74%	28.78%
2012	0	2.53%	265.99%	25.86%
2013	0.48%	1.87%	323.84%	23.69%
2014	3.91%	1.86%	261.41%	19.33%
2015	1.00%	2.52%	53.10%	14.17%
2016	0.55%	2.56%	57.20%	11.77%

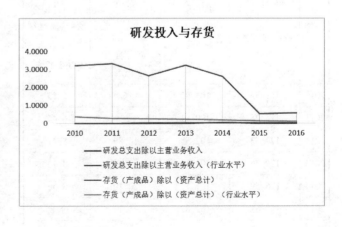

5. 经纬纺机（000666. SZ）

年度	净资产收益率	净资产收益率（行业平均水平）	净资产同比增长率	净利润同比增长率	经营活动产生的现金流量净额同比增长率
2010	8.46	14.92	11.14	557.17	225.30
2011	15.09	12.52	10.91	128.01	57.78
2012	11.71	9.35	38.36	18.74	8.48
2013	12.06	6.88	8.82	28.87	32.64
2014	10.12	6.80	9.32	12.43	4.23
2015	7.86	7.20	8.45	-0.83	-3.04
2016	8.52	6.54	10.87	10.84	-83.07

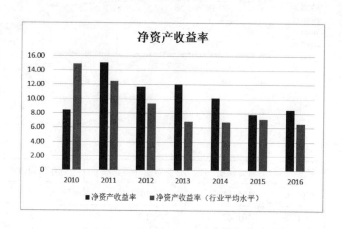

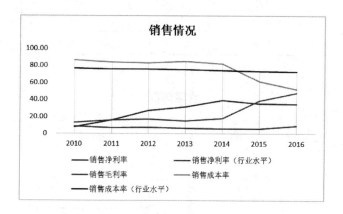

年度	销售净利率	销售净利率（行业水平）	销售毛利率	销售成本率	销售成本率（行业水平）
2010	8.04	8.73	13.30	86.70	76.68
2011	16.01	6.86	15.90	84.10	75.69
2012	27.30	7.11	17.06	82.94	75.97
2013	31.38	6.35	15.16	84.84	75.35
2014	39.13	5.98	17.72	82.28	74.56
2015	35.12	6.06	38.62	61.38	73.49
2016	34.86	9.17	47.72	52.28	72.75

年度	销售商品提供劳务收到的现金/营业收入	销售商品提供劳务收到的现金/营业收入（行业水平）	经营活动产生的现金流量净额/营业收入	经营活动产生的现金流量净额/营业收入（行业水平）
2010	79.95	103.93	16.49	5.63
2011	77.73	100.81	22.71	4.46
2012	76.82	102.55	35.39	8.41
2013	69.01	101.16	41.87	3.12
2014	99.21	101.77	48.40	8.56
2015	52.79	102.87	42.48	11.84
2016	57.28	100.96	6.44	5.08

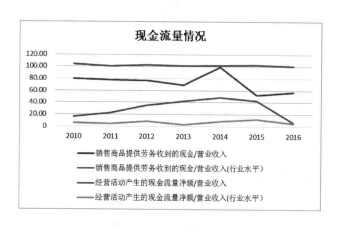

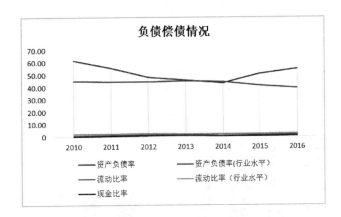

年度	资产负债率	资产负债率（行业水平）	流动比率	流动比率（行业水平）	现金比率
2010	61.92	45.38	1.11	2.41	0.40
2011	55.81	44.65	1.27	2.40	0.62
2012	48.12	44.62	1.83	2.58	1.12
2013	45.93	45.20	1.98	2.20	1.34
2014	43.61	44.71	2.02	2.26	0.68
2015	50.99	41.53	1.71	2.47	0.75
2016	55.08	39.43	1.76	2.69	0.96

年度	营业周期	营业周期（行业水平）	存货周转率	应收账款周转率	总资产周转率	营运资本周转率
2010	105.01	141.29	4.40	15.46	0.80	5.98
2011	101.02	178.15	4.57	16.21	0.84	8.00
2012	172.70	234.84	2.80	8.17	0.61	2.50
2013	164.93	225.27	3.10	7.36	0.61	1.73
2014	189.62	225.37	2.66	6.61	0.50	1.34
2015	217.90	259.36	2.26	6.16	0.42	1.30
2016	188.81	248.90	2.80	5.96	0.33	1.20

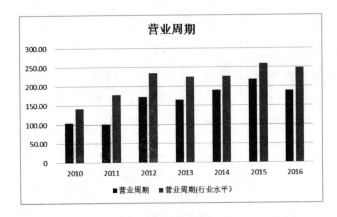

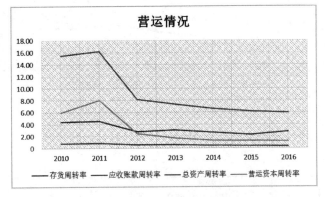

年度	研发总支出/主营业务收入	研发总支出/主营业务收入（行业水平）	存货（产成品）/资产总计	存货（产成品）/资产总计（行业水平）
2010	0	0	3.06%	38.08%
2011	0	0.22%	2.68%	28.78%
2012	2.46%	2.53%	2.23%	25.86%
2013	3.48%	1.87%	1.84%	23.69%
2014	3.75%	1.86%	1.63%	19.33%
2015	3.90%	2.52%	1.24%	14.17%
2016	3.19%	2.56%	0.98%	11.77%

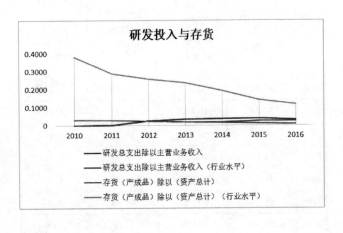

6. 恒天海龙 (000677.SZ)

年度	净资产收益率	净资产收益率（行业平均水平）	净资产同比增长率	净利润同比增长率	经营活动产生的现金流量净额同比增长率
2010	-32.37	14.92	-72.08	-523.45	-68.46
2011	0	12.52	-641.35	-155.42	-859.27
2012	0	9.35	191.56	188.96	13.27
2013	-40.03	6.88	-33.35	-129.76	113.05
2014	-140.02	6.80	-59.50	-42.47	-14.80
2015	22.95	7.20	25.92	113.69	65.39
2016	1.69	6.54	1.70	-72.34	-96.20

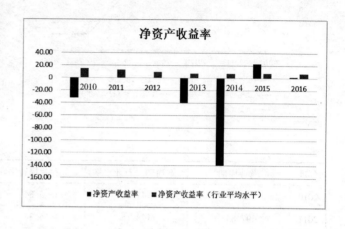

年度	销售净利率	销售净利率（行业水平）	销售毛利率	销售成本率	销售成本率（行业水平）
2010	-9.45	8.73	0.50	99.50	76.68
2011	-29.87	6.86	-3.73	103.73	75.69
2012	95.57	7.11	-14.25	114.25	75.97
2013	-12.78	6.35	-0.51	100.51	75.35
2014	-23.82	5.98	-1.54	101.54	74.56
2015	2.84	6.06	1.92	98.08	73.49
2016	3.35	9.17	15.39	84.61	72.75

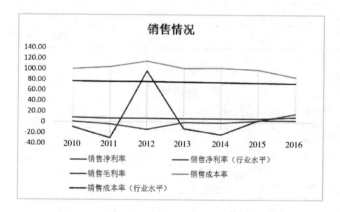

年度	销售商品提供劳务收到的现金/营业收入	销售商品提供劳务收到的现金/营业收入（行业水平）	经营活动产生的现金流量净额/营业收入	经营活动产生的现金流量净额/营业收入（行业水平）
2010	113.34	103.93	1.45	5.63
2011	115.55	100.81	-13.64	4.46
2012	79.21	102.55	-36.86	8.41
2013	114.47	101.16	2.16	3.12
2014	117.32	101.77	2.41	8.56
2015	114.95	102.87	3.47	11.84
2016	97.29	100.96	0.56	5.08

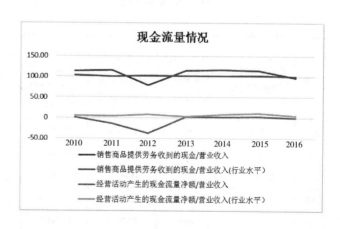

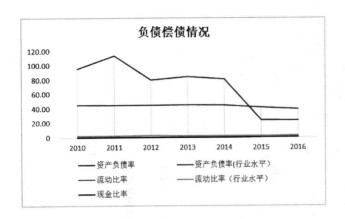

年度	资产负债率	资产负债率（行业水平）	流动比率	流动比率（行业水平）	现金比率
2010	95.58	45.38	0.46	2.41	0.19
2011	113.64	44.65	0.33	2.40	0.07
2012	79.78	44.62	0.28	2.58	0.02
2013	84.33	45.20	0.37	2.20	0.11
2014	81.15	44.71	0.36	2.26	0.10
2015	24.25	41.53	1.61	2.47	0.55
2016	23.83	39.43	1.86	2.69	0.59

年度	营业周期	营业周期（行业水平）	存货周转率	应收账款周转率	总资产周转率	营运资本周转率
2010	79.99	141.29	5.84	19.63	0.66	-1.70
2011	97.85	178.15	5.35	11.78	0.57	-1.15
2012	174.24	234.84	3.24	5.69	0.22	-0.40
2013	42.98	225.27	11.59	30.24	0.68	-1.31
2014	74.13	225.37	7.90	12.62	0.57	-1.16
2015	47.38	259.36	14.14	16.42	1.08	-3.24
2016	127.44	248.90	7.12	4.68	0.58	3.80

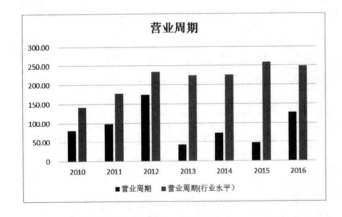

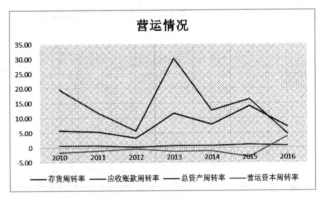

年度	研发总支出/主营业务收入	研发总支出/主营业务收入（行业水平）	存货（产成品）/（资产总计）	存货（产成品）/（资产总计）（行业水平）
2010	0	0	0.19%	38.08%
2011	0	0.22%	0.25%	28.78%
2012	5.54%	2.53%	0.40%	25.86%
2013	1.75%	1.87%	0.44%	23.69%
2014	1.88%	1.86%	0.49%	19.33%
2015	0.50%	2.52%	1.78%	14.17%
2016	4.09%	2.56%	1.74%	11.77%

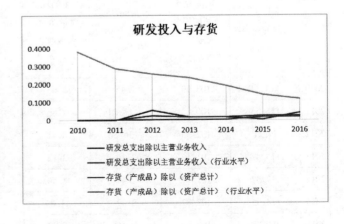

7. 华讯方舟 (000687.SZ)

年度	净资产收益率	净资产收益率（行业平均水平）	净资产同比增长率	净利润同比增长率	经营活动产生的现金流量净额同比增长率
2010	4.67	14.92	−17.58	−14.37	−79.99
2011	6.94	12.52	−4.91	23.65	−1702.84
2012	0.56	9.35	52.26	−85.63	12.69
2013	−10.60	6.88	−9.71	−1681.46	−68.08
2014	1.00	6.80	−4.36	108.66	165.52
2015	−21.88	7.20	−19.73	−1984.61	−512.10
2016	13.13	6.54	20.66	157.66	101.76

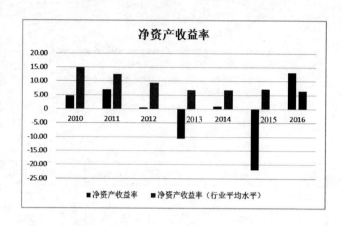

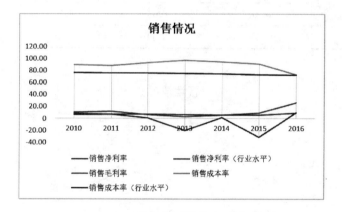

年度	销售净利率	销售净利率（行业水平）	销售毛利率	销售成本率	销售成本率（行业水平）
2010	6.66	8.73	10.53	89.47	76.68
2011	7.23	6.86	11.79	88.21	75.69
2012	1.16	7.11	6.84	93.16	75.97
2013	−20.23	6.35	2.87	97.13	75.35
2014	2.00	5.98	5.67	94.33	74.56
2015	−31.09	6.06	9.16	90.84	73.49
2016	9.82	9.17	26.73	73.27	72.75

年度	销售商品提供劳务收到的现金/营业收入	销售商品提供劳务收到的现金/营业收入（行业水平）	经营活动产生的现金流量净额/营业收入	经营活动产生的现金流量净额/营业收入（行业水平）
2010	71.90	103.93	0.62	5.63
2011	73.80	100.81	−8.77	4.46
2012	64.73	102.55	−8.54	8.41
2013	61.06	101.16	−15.85	3.12
2014	65.60	101.77	11.36	8.56
2015	93.26	102.87	−38.55	11.84
2016	100.88	100.96	0.37	5.08

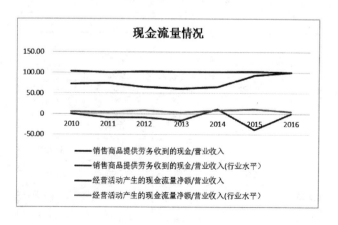

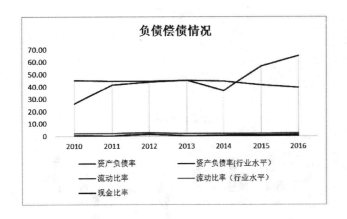

负债偿债情况

年度	资产负债率	资产负债率（行业水平）	流动比率	流动比率（行业水平）	现金比率
2010	26.22	45.38	2.18	2.41	0.72
2011	41.58	44.65	2.21	2.40	0.26
2012	43.84	44.62	3.06	2.58	1.53
2013	45.33	45.20	2.12	2.20	0.36
2014	36.65	44.71	1.85	2.26	0.52
2015	56.66	41.53	0.91	2.47	0.22
2016	65.14	39.43	1.65	2.69	0.81

年度	营业周期	营业周期（行业水平）	存货周转率	应收账款周转率	总资产周转率	营运资本周转率
2010	137.87	141.29	2.77	46.19	0.52	3.78
2011	150.65	178.15	2.55	37.95	0.57	2.33
2012	190.53	234.84	2.07	21.40	0.37	1.12
2013	197.33	225.27	2.04	17.07	0.28	0.95
2014	177.37	225.37	2.23	22.85	0.28	1.26
2015	91.11	259.36	5.50	14.01	0.34	4.77
2016	86.32	248.90	14.06	5.93	0.49	3.65

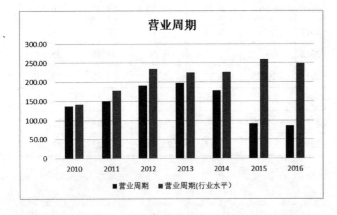

营业周期

营运情况

年度	研发总支出/主营业务收入	研发总支出/主营业务收入（行业水平）	存货（产成品）/资产总计	存货（产成品）/资产总计（行业水平）
2010	0	0	8.02%	38.08%
2011	0	0.22%	6.68%	28.78%
2012	1.55%	2.53%	4.28%	25.86%
2013	1.46%	1.87%	4.60%	23.69%
2014	3.32%	1.86%	4.86%	19.33%
2015	1.32%	2.52%	4.70%	14.17%
2016	4.23%	2.56%	3.14%	11.77%

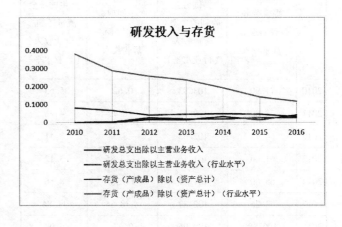

研发投入与存货

8. 恒逸石化 （000703.SZ）

年度	净资产收益率	净资产收益率（行业平均水平）	净资产同比增长率	净利润同比增长率	经营活动产生的现金流量净额同比增长率
2010	1.29	14.92	2.16	112.17	−12.32
2011	43.92	12.52	66.83	4.84	1.40
2012	6.08	9.35	−5.01	−81.94	−94.54
2013	7.94	6.88	6.08	10.71	21.59
2014	−6.74	6.80	−8.18	−178.96	902.72
2015	3.55	7.20	24.33	140.90	−78.19
2016	11.41	6.54	74.72	448.08	654.81

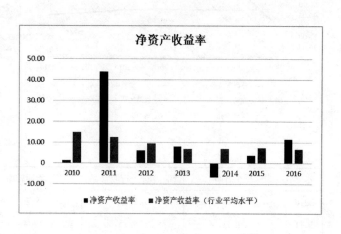

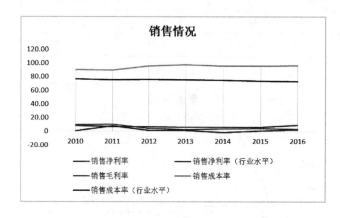

年度	销售净利率	销售净利率（行业水平）	销售毛利率	销售成本率	销售成本率（行业水平）
2010	1.10	8.73	9.59	90.41	76.68
2011	7.97	6.86	10.41	89.59	75.69
2012	1.39	7.11	4.31	95.69	75.97
2013	1.63	6.35	2.47	97.53	75.35
2014	−1.41	5.98	4.13	95.87	74.56
2015	0.53	6.06	4.36	95.64	73.49
2016	2.74	9.17	3.43	96.57	72.75

年度	销售商品提供劳务收到的现金/营业收入	销售商品提供劳务收到的现金/营业收入（行业水平）	经营活动产生的现金流量净额/营业收入	经营活动产生的现金流量净额/营业收入（行业水平）
2010	107.40	103.93	9.35	5.63
2011	91.24	100.81	8.97	4.46
2012	97.43	102.55	0.47	8.41
2013	81.08	101.16	0.61	3.12
2014	100.37	101.77	6.70	8.56
2015	112.85	102.87	1.35	11.84
2016	111.98	100.96	9.55	5.08

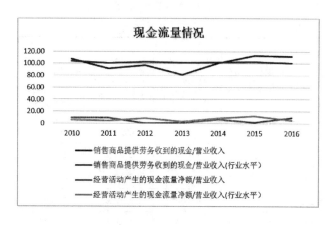

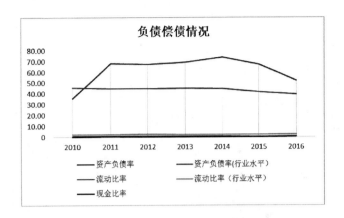

年度	资产负债率	资产负债率（行业水平）	流动比率	流动比率（行业水平）	现金比率
2010	35.59	45.38	0.72	2.41	0.10
2011	67.86	44.65	0.84	2.40	0.24
2012	67.10	44.62	0.69	2.58	0.09
2013	69.03	45.20	0.66	2.20	0.11
2014	73.76	44.71	0.65	2.26	0.17
2015	66.96	41.53	0.55	2.47	0.16
2016	52.01	39.43	0.83	2.69	0.34

年度	营业周期	营业周期（行业水平）	存货周转率	应收账款周转率	总资产周转率	营运资本周转率
2010	92.28	141.29	5.70	12.37	0.74	-6.51
2011	22.53	178.15	17.48	185.91	2.77	-28.63
2012	34.02	234.84	11.94	92.98	1.50	-10.64
2013	29.09	225.27	16.21	52.30	1.37	-6.72
2014	32.43	225.37	17.13	31.54	1.11	-4.85
2015	29.95	259.36	19.13	32.34	1.17	-4.43
2016	28.74	248.90	17.90	41.76	1.23	-6.73

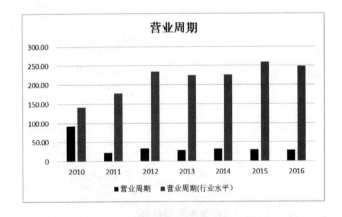

年度	研发总支出/主营业务收入	研发总支出/主营业务收入（行业水平）	存货（产成品）/（资产总计）	存货（产成品）/（资产总计）（行业水平）
2010	0	0	169.87%	38.08%
2011	0	0.22%	2.25%	28.78%
2012	0	2.53%	2.38%	25.86%
2013	0	1.87%	2.12%	23.69%
2014	0	1.86%	1.89%	19.33%
2015	0	2.52%	2.00%	14.17%
2016	0	2.56%	1.84%	11.77%

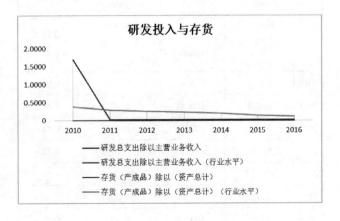

9. 鲁泰 A （000726. SZ）

年度	净资产收益率	净资产收益率（行业平均水平）	净资产同比增长率	净利润同比增长率	经营活动产生的现金流量净额同比增长率
2010	17.75	14.92	12.36	35.00	21.60
2011	18.13	12.52	15.48	9.45	-17.12
2012	13.57	9.35	3.59	-19.75	17.10
2013	17.90	6.88	13.65	45.26	24.22
2014	15.39	6.80	10.03	-5.81	-23.51
2015	10.66	7.20	3.77	-24.90	-7.60
2016	11.71	6.54	1.48	15.98	27.56

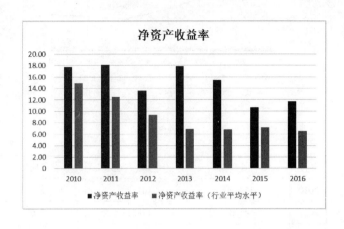

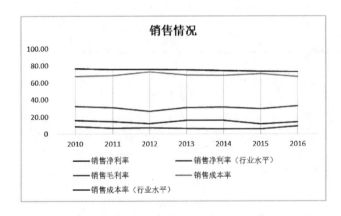

年度	销售净利率	销售净利率（行业水平）	销售毛利率	销售成本率	销售成本率（行业水平）
2010	16.22	8.73	32.53	67.47	76.68
2011	14.68	6.86	31.15	68.85	75.69
2012	12.13	7.11	26.86	73.14	75.97
2013	16.05	6.35	30.82	69.18	75.35
2014	15.87	5.98	31.36	68.64	74.56
2015	11.91	6.06	29.68	70.32	73.49
2016	14.26	9.17	33.05	66.95	72.75

年度	销售商品提供劳务收到的现金/营业收入	销售商品提供劳务收到的现金/营业收入（行业水平）	经营活动产生的现金流量净额/营业收入	经营活动产生的现金流量净额/营业收入（行业水平）
2010	105.64	103.93	24.00	5.63
2011	98.62	100.81	16.44	4.46
2012	103.43	102.55	19.83	8.41
2013	98.43	101.16	22.44	3.12
2014	100.31	101.77	18.03	8.56
2015	97.69	102.87	16.65	11.84
2016	98.16	100.96	21.91	5.08

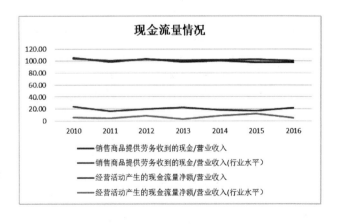

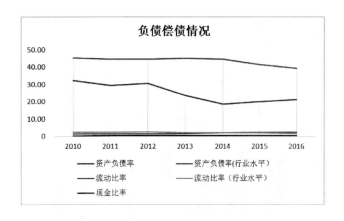

年度	资产负债率	资产负债率（行业水平）	流动比率	流动比率（行业水平）	现金比率
2010	32.42	45.38	1.37	2.41	0.31
2011	29.44	44.65	1.48	2.40	0.38
2012	30.65	44.62	1.34	2.58	0.39
2013	23.74	45.20	1.76	2.20	0.50
2014	18.68	44.71	2.06	2.26	0.46
2015	19.96	41.53	2.04	2.47	0.49
2016	21.20	39.43	1.92	2.69	0.39

年度	营业周期	营业周期（行业水平）	存货周转率	应收账款周转率	总资产周转率	营运资本周转率
2010	154.20	141.29	2.52	32.48	0.75	9.46
2011	145.31	178.15	2.67	34.08	0.82	6.68
2012	152.86	234.84	2.58	27.48	0.74	6.31
2013	147.84	225.27	2.69	25.48	0.78	5.91
2014	158.79	225.37	2.49	25.06	0.72	4.24
2015	158.83	259.36	2.48	26.00	0.70	3.81
2016	176.76	248.90	2.25	21.52	0.65	3.69

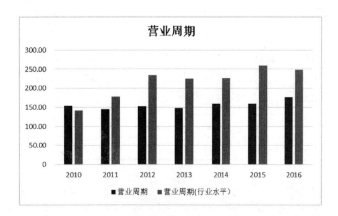

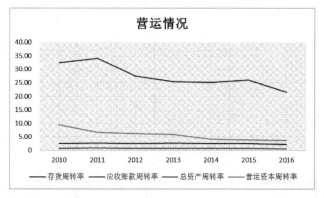

年度	研发总支出/主营业务收入	研发总支出/主营业务收入（行业水平）	存货（产成品）/（资产总计）	存货（产成品）/（资产总计）（行业水平）
2010	0	0	9.77%	38.08%
2011	0	0.22%	8.84%	28.78%
2012	4.27%	2.53%	8.40%	25.86%
2013	0	1.87%	8.15%	23.69%
2014	0	1.86%	7.94%	19.33%
2015	4.78%	2.52%	7.54%	14.17%
2016	4.85%	2.56%	7.28%	11.77%

10. *ST 三维 （000755.SZ）

年度	净资产收益率	净资产收益率（行业平均水平）	净资产同比增长率	净利润同比增长率	经营活动产生的现金流量净额同比增长率
2010	1.53	14.92	0.82	208.90	−204.00
2011	1.46	12.52	2.14	−88.41	−9.51
2012	−13.97	9.35	−12.84	−11007.39	130.41
2013	−21.65	6.88	−19.70	−18.51	−1696.52
2014	3.44	6.80	10.15	109.88	201.15
2015	−33.87	7.20	−29.41	−1201.59	−96.07
2016	−76.99	6.54	−55.60	−33.53	296.68

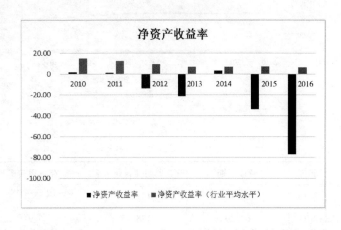

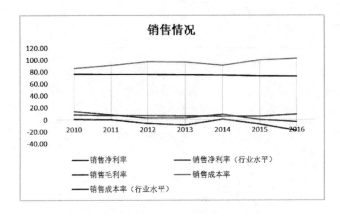

年度	销售净利率	销售净利率（行业水平）	销售毛利率	销售成本率	销售成本率（行业水平）
2010	1.16	8.73	14.06	85.94	76.68
2011	0.07	6.86	8.89	91.11	75.69
2012	−5.69	7.11	2.97	97.03	75.97
2013	−8.60	6.35	3.28	96.72	75.35
2014	0.80	5.98	9.14	90.86	74.56
2015	−6.93	6.06	0.05	99.95	73.49
2016	−18.00	9.17	−3.07	103.07	72.75

年度	销售商品提供劳务收到的现金/营业收入	销售商品提供劳务收到的现金/营业收入（行业水平）	经营活动产生的现金流量净额/营业收入	经营活动产生的现金流量净额/营业收入（行业水平）
2010	58.12	103.93	−2.38	5.63
2011	84.19	100.81	−1.34	4.46
2012	91.52	102.55	0.31	8.41
2013	103.82	101.16	−6.29	3.12
2014	92.37	101.77	6.02	8.56
2015	94.59	102.87	0.18	11.84
2016	87.96	100.96	1.43	5.08

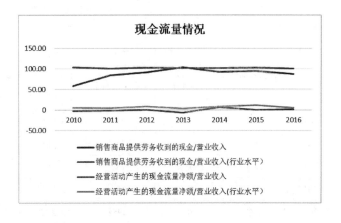

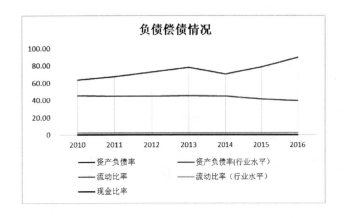

年度	资产负债率	资产负债率（行业水平）	流动比率	流动比率（行业水平）	现金比率
2010	63.69	45.38	0.53	2.41	0.14
2011	67.67	44.65	0.52	2.40	0.19
2012	72.60	44.62	0.44	2.58	0.16
2013	77.94	45.20	0.35	2.20	0.11
2014	70.28	44.71	0.40	2.26	0.17
2015	78.73	41.53	0.39	2.47	0.21
2016	89.77	39.43	0.30	2.69	0.16

年度	营业周期	营业周期（行业水平）	存货周转率	应收账款周转率	总资产周转率	营运资本周转率
2010	91.17	141.29	5.21	16.28	0.51	−2.23
2011	63.20	178.15	6.91	32.39	0.80	−2.87
2012	45.77	234.84	8.99	62.95	0.99	−3.03
2013	50.94	225.27	8.21	50.82	0.81	−2.06
2014	42.84	225.37	9.97	53.56	0.94	−2.29
2015	26.10	259.36	17.64	63.27	1.30	−3.16
2016	42.95	248.90	10.77	37.81	0.71	−1.41

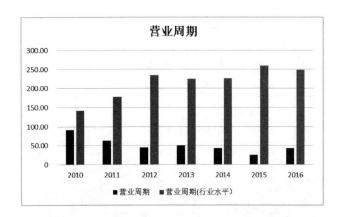

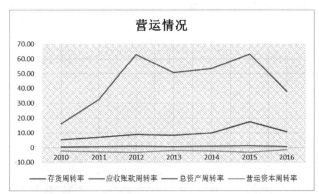

年度	研发总支出/主营业务收入	研发总支出/主营业务收入（行业水平）	存货（产成品）/（资产总计）	存货（产成品）/（资产总计）（行业水平）
2010	0	0	1.97%	38.08%
2011	0	0.22%	1.72%	28.78%
2012	2.72%	2.53%	1.73%	25.86%
2013	0	1.87%	1.85%	23.69%
2014	1.24%	1.86%	2.11%	19.33%
2015	0.94%	2.52%	2.16%	14.17%
2016	2.66%	2.56%	2.42%	11.77%

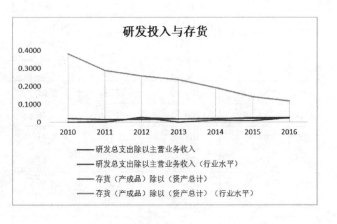

11. 三毛派神（000779.SZ）

年度	净资产收益率	净资产收益率（行业平均水平）	净资产同比增长率	净利润同比增长率	经营活动产生的现金流量净额同比增长率
2010	1.99	14.92	3.25	16.90	160.97
2011	2.36	12.52	2.39	22.12	-93.46
2012	-4.09	9.35	-4.01	-271.50	81.29
2013	-11.41	6.88	-10.80	-158.56	-1088.49
2014	0.04	6.80	3.67	130.23	-83.78
2015	-32.24	7.20	-27.77	-886.62	128.50
2016	6.19	6.54	6.39	116.62	96.24

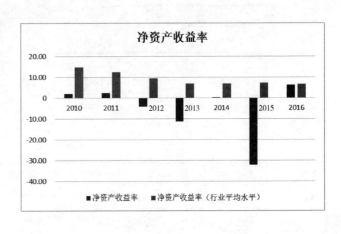

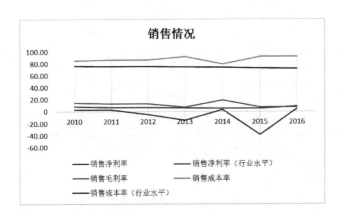

年度	销售净利率	销售净利率（行业水平）	销售毛利率	销售成本率	销售成本率（行业水平）
2010	2.83	8.73	14.51	85.49	76.68
2011	2.91	6.86	13.39	86.61	75.69
2012	-4.90	7.11	13.34	86.66	75.97
2013	-14.51	6.35	7.63	92.37	75.35
2014	3.64	5.98	19.65	80.35	74.56
2015	-38.21	6.06	7.77	92.23	73.49
2016	5.28	9.17	7.82	92.18	72.75

年度	销售商品提供劳务收到的现金/营业收入	销售商品提供劳务收到的现金/营业收入（行业水平）	经营活动产生的现金流量净额/营业收入	经营活动产生的现金流量净额/营业收入（行业水平）
2010	86.03	103.93	11.09	5.63
2011	89.33	100.81	0.61	4.46
2012	79.55	102.55	1.08	8.41
2013	72.19	101.16	-12.29	3.12
2014	71.83	101.77	-18.72	8.56
2015	81.78	102.87	7.13	11.84
2016	86.52	100.96	11.63	5.08

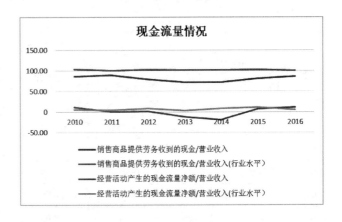

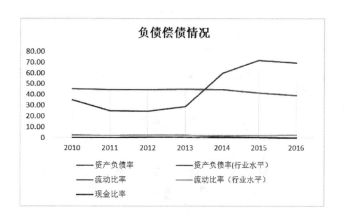

年度	资产负债率	资产负债率（行业水平）	流动比率	流动比率（行业水平）	现金比率
2010	35.23	45.38	2.70	2.41	0.55
2011	25.13	44.65	2.31	2.40	0.52
2012	24.59	44.62	2.52	2.58	0.57
2013	29.00	45.20	2.63	2.20	0.74
2014	59.69	44.71	1.26	2.26	0.39
2015	71.66	41.53	0.76	2.47	0.23
2016	69.50	39.43	0.42	2.69	0.09

年度	营业周期	营业周期（行业水平）	存货周转率	应收账款周转率	总资产周转率	营运资本周转率
2010	266.60	141.29	1.71	6.47	0.43	1.25
2011	240.28	178.15	1.86	7.66	0.57	1.71
2012	245.47	234.84	1.90	6.47	0.63	1.98
2013	276.42	225.27	1.86	4.34	0.58	1.55
2014	242.46	225.37	2.16	4.77	0.51	2.56
2015	274.78	259.36	2.00	3.79	0.29	−19.60
2016	225.74	248.90	2.32	5.12	0.34	−1.39

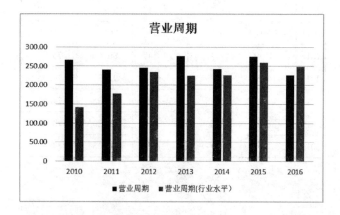

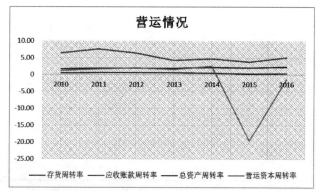

年度	研发总支出/主营业务收入	研发总支出/主营业务收入（行业水平）	存货（产成品）/（资产总计）	存货（产成品）/（资产总计）（行业水平）
2010	0	0	11.45%	38.08%
2011	0	0.22%	12.93%	28.78%
2012	0.70%	2.53%	13.56%	25.86%
2013	0	1.87%	14.32%	23.69%
2014	1.51%	1.86%	7.84%	19.33%
2015	0	2.52%	7.63%	14.17%
2016	0	2.56%	7.72%	11.77%

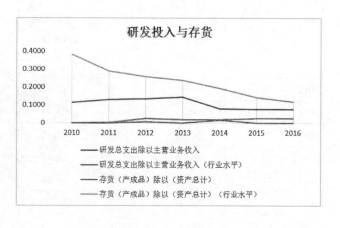

12. 美达股份（000782.SZ）

年度	净资产收益率	净资产收益率（行业平均水平）	净资产同比增长率	净利润同比增长率	经营活动产生的现金流量净额同比增长率
2010	11.16	14.92	10.83	591.20	-14.53
2011	13.51	12.52	12.19	39.83	-25.25
2012	3.45	9.35	1.98	-75.68	18.50
2013	1.01	6.88	-0.21	-77.57	-179.33
2014	-22.21	6.80	19.58	-3243.18	230.09
2015	3.90	7.20	1.97	119.84	-99.17
2016	-6.69	6.54	-7.23	-273.22	16697.3

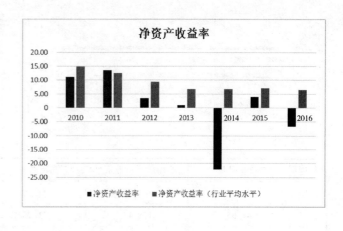

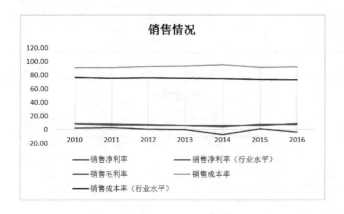

年度	销售净利率	销售净利率（行业水平）	销售毛利率	销售成本率	销售成本率（行业水平）
2010	2.55	8.73	8.97	91.03	76.68
2011	3.02	6.86	8.61	91.39	75.69
2012	0.88	7.11	7.15	92.85	75.97
2013	0.20	6.35	6.35	93.65	75.35
2014	-7.06	5.98	4.64	95.36	74.56
2015	1.65	6.06	8.14	91.86	73.49
2016	-3.37	9.17	7.68	92.32	72.75

年度	销售商品提供劳务收到的现金/营业收入	销售商品提供劳务收到的现金/营业收入（行业水平）	经营活动产生的现金流量净额/营业收入	经营活动产生的现金流量净额/营业收入（行业水平）
2010	100.12	103.93	7.22	5.63
2011	100.92	100.81	4.58	4.46
2012	108.54	102.55	6.53	8.41
2013	100.62	101.16	-5.33	3.12
2014	116.26	101.77	7.63	8.56
2015	111.38	102.87	0.07	11.84
2016	120.44	100.96	14.75	5.08

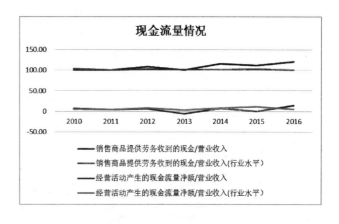

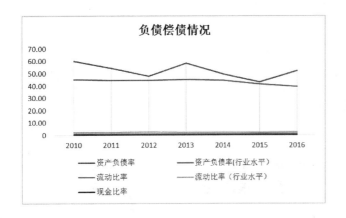

年度	资产负债率	资产负债率（行业水平）	流动比率	流动比率（行业水平）	现金比率
2010	60.21	45.38	0.97	2.41	0.29
2011	54.37	44.65	1.03	2.40	0.24
2012	48.10	44.62	1.00	2.58	0.26
2013	58.48	45.20	1.09	2.20	0.25
2014	49.68	44.71	1.05	2.26	0.29
2015	43.31	41.53	1.49	2.47	0.24
2016	52.40	39.43	1.34	2.69	0.34

年度	营业周期	营业周期（行业水平）	存货周转率	应收账款周转率	总资产周转率	营运资本周转率
2010	40.42	141.29	11.79	36.43	1.76	−29.39
2011	41.65	178.15	11.25	37.37	1.92	−1369.87
2012	49.27	234.84	9.01	38.60	1.71	208.12
2013	48.12	225.27	9.24	39.31	1.57	57.78
2014	54.61	225.37	8.45	29.98	1.30	36.92
2015	63.74	259.36	6.94	30.31	1.18	14.03
2016	74.77	248.90	6.03	23.84	1.00	6.87

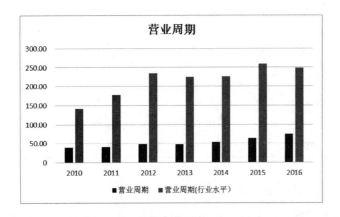

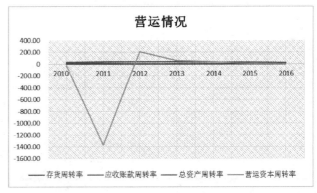

年度	研发总支出/主营业务收入	研发总支出/主营业务收入（行业水平）	存货（产成品）/（资产总计）	存货（产成品）/（资产总计）（行业水平）
2010	0	0	9.76%	38.08%
2011	0	0.22%	10.01%	28.78%
2012	4.15%	2.53%	11.24%	25.86%
2013	0	1.87%	9.04%	23.69%
2014	2.72%	1.86%	9.30%	19.33%
2015	3.20%	2.52%	10.30%	14.17%
2016	3.22%	2.56%	9.30%	11.77%

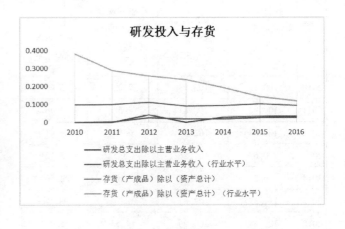

13. *ST 金宇（000803.SZ）

年度	净资产收益率	净资产收益率（行业平均水平）	净资产同比增长率	净利润同比增长率	经营活动产生的现金流量净额同比增长率
2010	−14.63	14.92	−13.63	−837.21	226.73
2011	2.88	12.52	5.35	117.98	−828.67
2012	6.60	9.35	9.40	152.15	19.77
2013	3.06	6.88	12.86	−47.11	−730.04
2014	2.52	6.80	2.55	−14.50	52.40
2015	−24.76	7.20	−22.03	−994.30	30.18
2016	−70.90	6.54	−47.85	−84.99	66.64

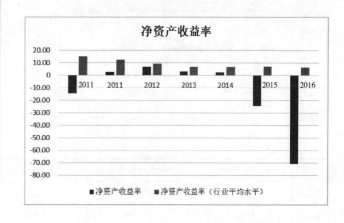

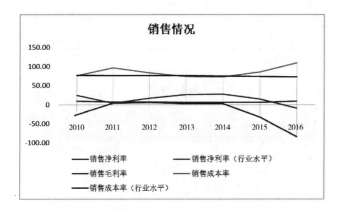

年度	销售净利率	销售净利率（行业水平）	销售毛利率	销售成本率	销售成本率（行业水平）
2010	−25.85	8.73	24.56	75.44	76.68
2011	3.67	6.86	3.64	96.36	75.69
2012	5.45	7.11	16.90	83.10	75.97
2013	2.46	6.35	26.38	73.62	75.35
2014	2.29	5.98	26.93	73.07	74.56
2015	−32.57	6.06	14.77	85.23	73.49
2016	−84.45	9.17	−9.03	109.03	72.75

年度	销售商品提供劳务收到的现金/营业收入	销售商品提供劳务收到的现金/营业收入（行业水平）	经营活动产生的现金流量净额/营业收入	经营活动产生的现金流量净额/营业收入（行业水平）
2010	61.59	103.93	2.72	5.63
2011	99.32	100.81	−15.65	4.46
2012	118.00	102.55	−7.39	8.41
2013	127.14	101.16	−52.36	3.12
2014	93.23	101.77	−27.07	8.56
2015	100.01	102.87	−30.12	11.84
2016	115.08	100.96	−14.08	5.08

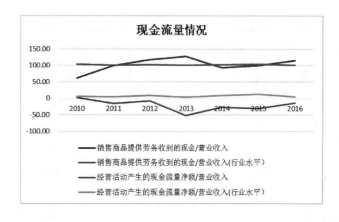

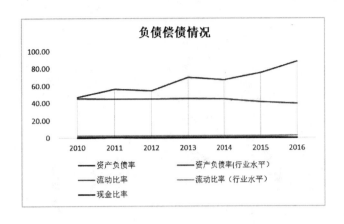

年度	资产负债率	资产负债率（行业水平）	流动比率	流动比率（行业水平）	现金比率
2010	46.87	45.38	0.92	2.41	0.05
2011	56.47	44.65	1.10	2.40	0.45
2012	54.37	44.62	1.23	2.58	0.15
2013	69.95	45.20	1.49	2.20	0.20
2014	66.93	44.71	1.47	2.26	0.09
2015	75.11	41.53	1.30	2.47	0.02
2016	88.32	39.43	0.47	2.69	0.01

年度	营业周期	营业周期（行业水平）	存货周转率	应收账款周转率	总资产周转率	营运资本周转率
2010	112.19	141.29	3.34	79.23	0.32	44.71
2011	191.37	178.15	2.04	23.89	0.36	29.76
2012	255.44	234.84	1.50	22.21	0.54	6.98
2013	578.39	225.27	0.63	38.18	0.46	2.08
2014	949.85	225.37	0.38	68.21	0.34	1.22
2015	1305.22	259.36	0.28	26.79	0.22	0.92
2016	998.88	248.90	0.37	19.26	0.15	-1.23

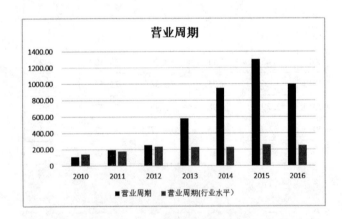

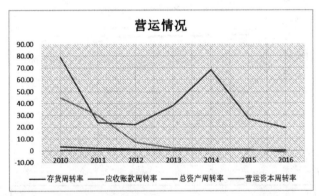

年度	研发总支出/主营业务收入	研发总支出/主营业务收入（行业水平）	存货（产成品）/（资产总计）	存货（产成品）/（资产总计）（行业水平）
2010	0	0	54.78%	38.08%
2011	0	0.22%	42.59%	28.78%
2012	0.08%	2.53%	40.81%	25.86%
2013	0	1.87%	23.80%	23.69%
2014	0	1.86%	25.54%	19.33%
2015	0	2.52%	24.66%	14.17%
2016	0	2.56%	22.23%	11.77%

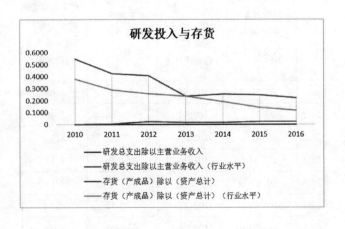

14. 华茂股份（000850.SZ）

年度	净资产收益率	净资产收益率（行业平均水平）	净资产同比增长率	净利润同比增长率	经营活动产生的现金流量净额同比增长率
2010	11.43	14.92	142.08	463.35	−135.87
2011	9.62	12.52	−38.93	−19.01	105.69
2012	12.57	9.35	35.58	11.90	9065.91
2013	6.47	6.88	−7.45	−47.15	−77.60
2014	12.52	6.80	25.92	103.26	−107.35
2015	1.84	7.20	40.57	−87.44	1811.61
2016	2.14	6.54	−12.52	44.06	25.13

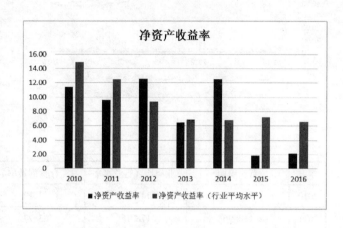

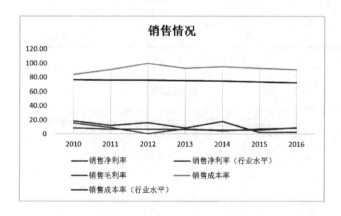

年度	销售净利率	销售净利率（行业水平）	销售毛利率	销售成本率	销售成本率（行业水平）
2010	18.75	8.73	15.96	84.04	76.68
2011	12.20	6.86	9.24	90.76	75.69
2012	16.14	7.11	0.45	99.55	75.97
2013	8.53	6.35	7.46	92.54	75.35
2014	18.01	5.98	5.03	94.97	74.56
2015	2.32	6.06	7.49	92.51	73.49
2016	3.29	9.17	9.00	91.00	72.75

年度	销售商品提供劳务收到的现金/营业收入	销售商品提供劳务收到的现金/营业收入（行业水平）	经营活动产生的现金流量净额/营业收入	经营活动产生的现金流量净额/营业收入（行业水平）
2010	118.84	103.93	−5.82	5.63
2011	98.70	100.81	0.27	4.46
2012	126.67	102.55	28.82	8.41
2013	118.87	101.16	6.46	3.12
2014	121.09	101.77	−0.49	8.56
2015	122.21	102.87	8.67	11.84
2016	116.97	100.96	10.65	5.08

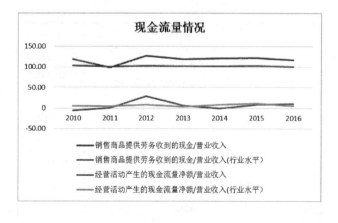

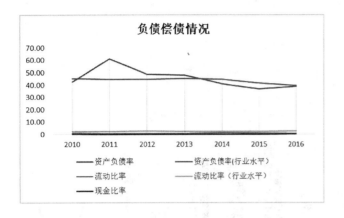

年度	资产负债率	资产负债率（行业水平）	流动比率	流动比率（行业水平）	现金比率
2010	42.50	45.38	0.89	2.41	0.18
2011	61.07	44.65	0.79	2.40	0.14
2012	48.50	44.62	0.65	2.58	0.13
2013	48.06	45.20	0.71	2.20	0.13
2014	40.70	44.71	1.31	2.26	0.10
2015	36.65	41.53	0.92	2.47	0.13
2016	38.95	39.43	0.66	2.69	0.16

年度	营业周期	营业周期（行业水平）	存货周转率	应收账款周转率	总资产周转率	营运资本周转率
2010	133.50	141.29	3.19	17.42	0.37	−5.72
2011	110.96	178.15	3.77	23.27	0.37	−7.69
2012	95.40	234.84	4.87	16.74	0.32	−4.00
2013	86.07	225.27	5.70	15.72	0.32	−4.27
2014	99.70	225.37	5.03	12.79	0.31	−258.34
2015	114.36	259.36	4.38	11.19	0.25	14.20
2016	109.59	248.90	4.51	12.10	0.24	−5.13

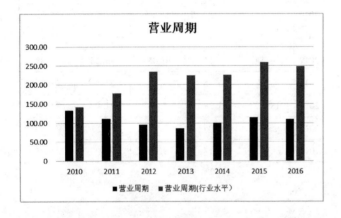

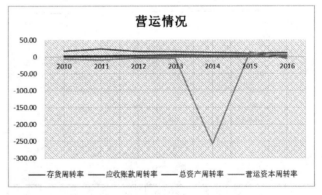

年度	研发总支出/主营业务收入	研发总支出/主营业务收入（行业水平）	存货（产成品）/（资产总计）	存货（产成品）/（资产总计）（行业水平）
2010	0	0	3.39%	38.08%
2011	0	0.22%	3.69%	28.78%
2012	3.17%	2.53%	3.50%	25.86%
2013	2.91%	1.87%	3.79%	23.69%
2014	2.48%	1.86%	3.50%	19.33%
2015	3.36%	2.52%	2.73%	14.17%
2016	2.81%	2.56%	3.00%	11.77%

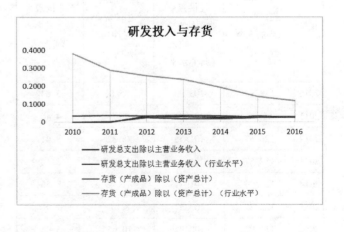

15. 华西股份（000936.SZ）

年度	净资产收益率	净资产收益率（行业平均水平）	净资产同比增长率	净利润同比增长率	经营活动产生的现金流量净额同比增长率
2010	13.62	14.92	48.27	95.46	447.09
2011	7.94	12.52	-5.02	-14.92	-91.20
2012	7.62	9.35	4.62	-9.66	-52.21
2013	2.42	6.88	-1.48	-62.88	717.96
2014	3.07	6.80	20.94	14.52	-261.02
2015	3.53	7.20	25.03	43.30	154.06
2016	15.88	6.54	76.61	543.35	135.00

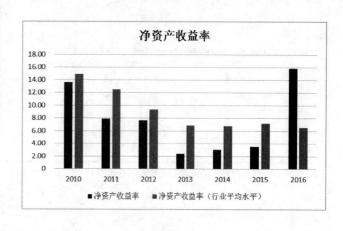

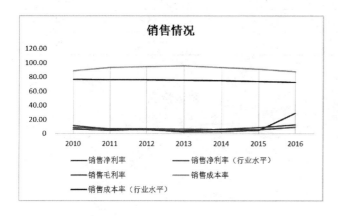

年度	销售净利率	销售净利率（行业水平）	销售毛利率	销售成本率	销售成本率（行业水平）
2010	6.27	8.73	11.43	88.57	76.68
2011	4.93	6.86	6.70	93.30	75.69
2012	5.90	7.11	5.56	94.44	75.97
2013	2.62	6.35	4.28	95.72	75.35
2014	3.22	5.98	6.38	93.62	74.56
2015	4.74	6.06	8.72	91.28	73.49
2016	28.85	9.17	12.64	87.36	72.75

年度	销售商品提供劳务收到的现金/营业收入	销售商品提供劳务收到的现金/营业收入（行业水平）	经营活动产生的现金流量净额/营业收入	经营活动产生的现金流量净额/营业收入（行业水平）
2010	108.43	103.93	10.19	5.63
2011	105.61	100.81	0.83	4.46
2012	110.38	102.55	0.52	8.41
2013	112.13	101.16	5.14	3.12
2014	108.33	101.77	-8.87	8.56
2015	115.26	102.87	4.92	11.84
2016	105.92	100.96	10.95	5.08

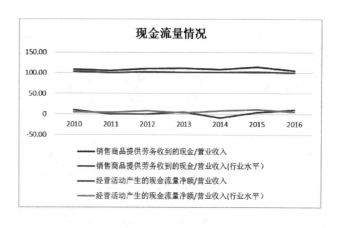

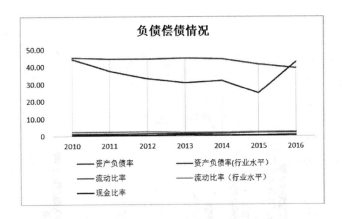

年度	资产负债率	资产负债率（行业水平）	流动比率	流动比率（行业水平）	现金比率
2010	44.38	45.38	1.30	2.41	0.48
2011	37.54	44.65	1.19	2.40	0.44
2012	33.26	44.62	1.46	2.58	0.56
2013	30.97	45.20	1.55	2.20	0.63
2014	32.07	44.71	1.60	2.26	0.43
2015	24.72	41.53	2.16	2.47	0.53
2016	43.02	39.43	2.26	2.69	0.81

年度	营业周期	营业周期（行业水平）	存货周转率	应收账款周转率	总资产周转率	营运资本周转率
2010	80.10	141.29	5.31	29.21	1.03	11.56
2011	55.48	178.15	8.09	32.83	1.07	11.22
2012	43.20	234.84	11.21	32.44	0.88	8.55
2013	54.50	225.27	8.54	29.17	0.76	5.04
2014	88.09	225.37	5.41	16.72	0.65	4.03
2015	117.34	259.36	4.13	11.94	0.55	2.64
2016	89.46	248.90	6.64	10.22	0.34	1.49

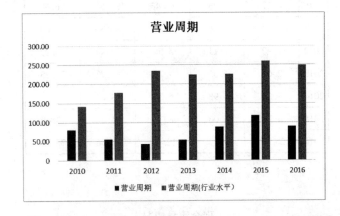

年度	研发总支出/主营业务收入	研发总支出/主营业务收入（行业水平）	存货（产成品）/（资产总计）	存货（产成品）/（资产总计）（行业水平）
2010	0	0	1.00%	38.08%
2011	0	0.22%	1.17%	28.78%
2012	0	2.53%	1.19%	25.86%
2013	0	1.87%	1.24%	23.69%
2014	0	1.86%	1.02%	19.33%
2015	0.09%	2.52%	0.91%	14.17%
2016	0.08%	2.56%	0.40%	11.77%

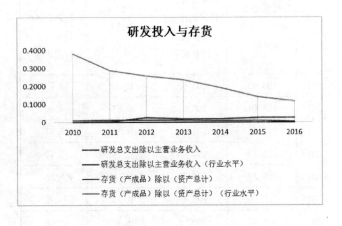

16. 新乡化纤（000949. SZ）

年度	净资产收益率	净资产收益率（行业平均水平）	净资产同比增长率	净利润同比增长率	经营活动产生的现金流量净额同比增长率
2010	8.64	14.92	31.72	47.02	−185.06
2011	0.33	12.52	−1.71	−95.78	−51.13
2012	−7.89	9.35	−7.59	−2360.99	509.46
2013	1.77	6.88	1.78	121.69	−133.17
2014	4.59	6.80	38.73	198.68	342.37
2015	5.64	7.20	4.47	52.61	−39.93
2016	4.12	6.54	42.09	−16.89	82.61

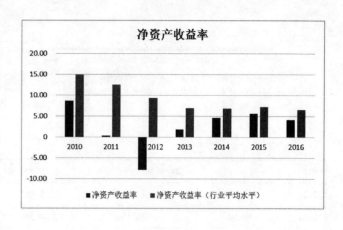

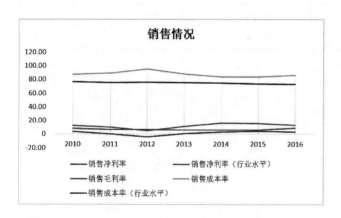

年度	销售净利率	销售净利率（行业水平）	销售毛利率	销售成本率	销售成本率（行业水平）
2010	4.11	8.73	12.68	87.32	76.68
2011	0.16	6.86	10.71	89.29	75.69
2012	−4.10	7.11	4.91	95.09	75.97
2013	0.93	6.35	11.77	88.23	75.35
2014	3.19	5.98	16.22	83.78	74.56
2015	4.51	6.06	16.06	83.94	73.49
2016	3.12	9.17	13.56	86.44	72.75

年度	销售商品提供劳务收到的现金/营业收入	销售商品提供劳务收到的现金/营业收入（行业水平）	经营活动产生的现金流量净额/营业收入	经营活动产生的现金流量净额/营业收入（行业水平）
2010	81.10	103.93	−3.16	5.63
2011	85.82	100.81	−4.28	4.46
2012	85.51	102.55	20.39	8.41
2013	83.14	101.16	−7.05	3.12
2014	89.63	101.77	19.67	8.56
2015	84.61	102.87	10.95	11.84
2016	92.10	100.96	16.67	5.08

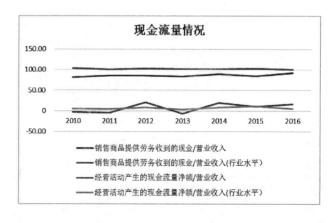

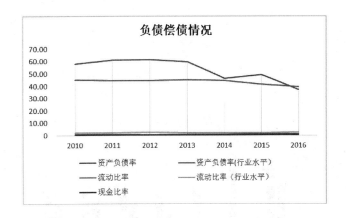

年度	资产负债率	资产负债率（行业水平）	流动比率	流动比率（行业水平）	现金比率
2010	58.02	45.38	0.89	2.41	0.26
2011	61.28	44.65	0.88	2.40	0.20
2012	61.50	44.62	0.75	2.58	0.17
2013	59.78	45.20	0.98	2.20	0.16
2014	46.09	44.71	0.89	2.26	0.23
2015	49.45	41.53	1.67	2.47	0.52
2016	37.29	39.43	1.43	2.69	0.52

年度	营业周期	营业周期（行业水平）	存货周转率	应收账款周转率	总资产周转率	营运资本周转率
2010	79.40	141.29	5.46	26.65	0.86	-7.49
2011	96.96	178.15	4.36	25.08	0.86	-14.56
2012	117.97	234.84	3.62	19.35	0.74	-7.61
2013	128.90	225.27	3.30	18.14	0.75	-10.44
2014	152.81	225.37	2.73	17.39	0.65	-24.63
2015	139.89	259.36	3.01	17.76	0.65	10.69
2016	106.55	248.90	4.18	17.59	0.69	5.17

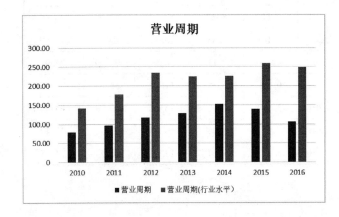

年度	研发总支出/主营业务收入	研发总支出/主营业务收入（行业水平）	存货（产成品）/资产总计	存货（产成品）/（资产总计）（行业水平）
2010	0	0	7.70%	38.08%
2011	0	0.22%	7.23%	28.78%
2012	3.52%	2.53%	7.78%	25.86%
2013	2.67%	1.87%	7.98%	23.69%
2014	3.06%	1.86%	7.70%	19.33%
2015	3.21%	2.52%	6.91%	14.17%
2016	3.12%	2.56%	6.04%	11.77%

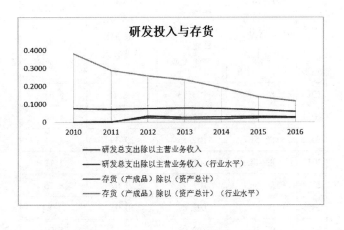

17. 欣龙控股（000955.SZ）

年度	净资产收益率	净资产收益率（行业平均水平）	净资产同比增长率	净利润同比增长率	经营活动产生的现金流量净额同比增长率
2010	1.28	14.92	1.29	-40.99	130.10
2011	-13.18	12.52	-12.62	-2082.35	28.75
2012	0.78	9.35	260.97	101.91	-84.38
2013	-7.95	6.88	-7.37	-9168.35	-570.93
2014	0.01	6.80	0.72	108.87	103.70
2015	-11.76	7.20	-8.48	-1746.03	-856.30
2016	5.04	6.54	15.61	135.58	-694.43

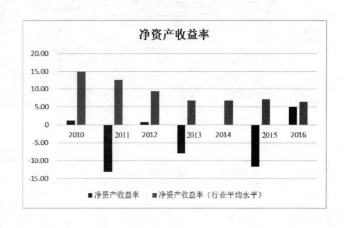

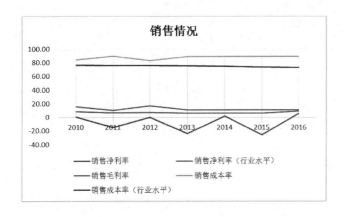

年度	销售净利率	销售净利率（行业水平）	销售毛利率	销售成本率	销售成本率（行业水平）
2010	0.73	8.73	15.51	84.49	76.68
2011	-14.75	6.86	10.02	89.98	75.69
2012	0.26	7.11	16.71	83.29	75.97
2013	-23.69	6.35	10.98	89.02	75.35
2014	1.83	5.98	10.79	89.21	74.56
2015	-25.80	6.06	10.88	89.12	73.49
2016	5.72	9.17	11.15	88.85	72.75

年度	销售商品提供劳务收到的现金/营业收入	销售商品提供劳务收到的现金/营业收入（行业水平）	经营活动产生的现金流量净额/营业收入	经营活动产生的现金流量净额/营业收入（行业水平）
2010	107.14	103.93	15.08	5.63
2011	103.63	100.81	19.76	4.46
2012	88.21	102.55	2.78	8.41
2013	99.94	101.16	-13.18	3.12
2014	97.01	101.77	0.42	8.56
2015	103.00	102.87	-2.75	11.84
2016	104.16	100.96	-13.62	5.08

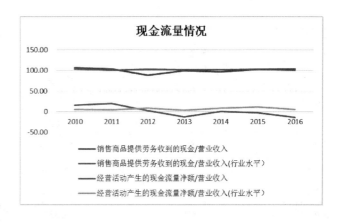

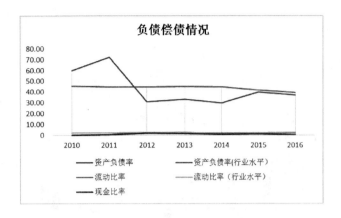

年度	资产负债率	资产负债率（行业水平）	流动比率	流动比率（行业水平）	现金比率
2010	59.88	45.38	0.41	2.41	0.14
2011	72.20	44.65	0.73	2.40	0.39
2012	31.00	44.62	2.18	2.58	1.77
2013	33.18	45.20	2.63	2.20	1.41
2014	29.59	44.71	1.57	2.26	0.91
2015	39.91	41.53	1.80	2.47	1.12
2016	36.85	39.43	1.73	2.69	0.53

年度	营业周期	营业周期（行业水平）	存货周转率	应收账款周转率	总资产周转率	营运资本周转率
2010	120.52	141.29	4.69	8.23	0.34	−1.39
2011	108.08	178.15	4.92	10.33	0.31	−1.58
2012	100.25	234.84	5.28	11.21	0.25	2.18
2013	107.14	225.27	5.37	8.98	0.22	0.76
2014	118.33	225.37	4.43	9.73	0.26	1.25
2015	128.08	259.36	4.06	9.11	0.29	1.84
2016	100.48	248.90	5.94	9.03	0.43	2.68

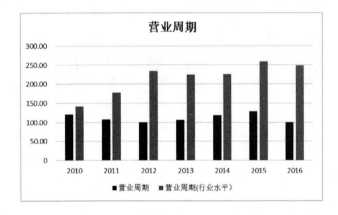

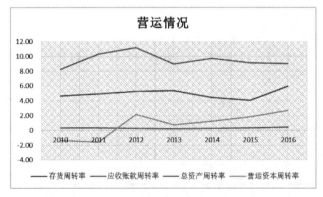

年度	研发总支出/主营业务收入	研发总支出/主营业务收入（行业水平）	存货（产成品）/（资产总计）	存货（产成品）/（资产总计）（行业水平）
2010	0	0	5.48%	38.08%
2011	0	0.22%	4.37%	28.78%
2012	1.51%	2.53%	3.00%	25.86%
2013	1.54%	1.87%	3.16%	23.69%
2014	3.02%	1.86%	3.18%	19.33%
2015	3.05%	2.52%	2.91%	14.17%
2016	2.58%	2.56%	2.68%	11.77%

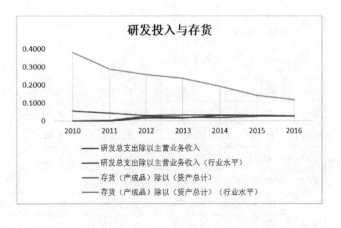

18. 高升控股 (000971.SZ)

年度	净资产收益率	净资产收益率（行业平均水平）	净资产同比增长率	净利润同比增长率	经营活动产生的现金流量净额同比增长率
2010	9.25	14.92	-35.22	126.37	-76.79
2011	-120.94	12.52	-97.54	-506.34	29.70
2012	43.60	9.35	1026.49	110.82	9.84
2013	-54.07	6.88	-30.96	-292.53	102.78
2014	16.18	6.80	2.43	126.60	-1775.70
2015	0.86	7.20	6728.75	-36.56	89.62
2016	5.59	6.54	115.54	4183.84	2195.34

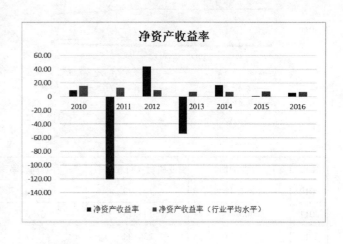

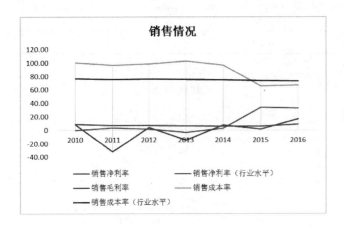

年度	销售净利率	销售净利率（行业水平）	销售毛利率	销售成本率	销售成本率（行业水平）
2010	8.59	8.73	-0.24	100.24	76.68
2011	-31.83	6.86	3.46	96.54	75.69
2012	3.93	7.11	1.66	98.34	75.97
2013	-14.68	6.35	-3.18	103.18	75.35
2014	7.81	5.98	2.94	97.06	74.56
2015	1.65	6.06	34.21	65.79	73.49
2016	16.74	9.17	32.90	67.10	72.75

年度	销售商品提供劳务收到的现金/营业收入	销售商品提供劳务收到的现金/营业收入（行业水平）	经营活动产生的现金流量净额/营业收入	经营活动产生的现金流量净额/营业收入（行业水平）
2010	114.12	103.93	-43.82	5.63
2011	127.58	100.81	-28.07	4.46
2012	133.99	102.55	-28.86	8.41
2013	103.38	101.16	1.56	3.12
2014	85.31	101.77	-52.30	8.56
2015	96.80	102.87	-1.81	11.84
2016	92.62	100.96	8.97	5.08

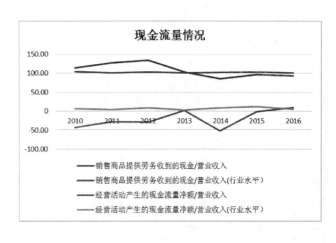

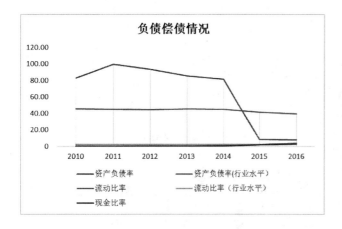

年度	资产负债率	资产负债率（行业水平）	流动比率	流动比率（行业水平）	现金比率
2010	83.08	45.38	0.41	2.41	0.03
2011	99.58	44.65	0.58	2.40	0.03
2012	93.42	44.62	0.32	2.58	0.14
2013	85.25	45.20	0.42	2.20	0.09
2014	81.49	44.71	0.62	2.26	0.13
2015	8.48	41.53	2.52	2.47	1.73
2016	8.02	39.43	3.64	2.69	2.65

年度	营业周期	营业周期（行业水平）	存货周转率	应收账款周转率	总资产周转率	营运资本周转率
2010	231.48	141.29	1.80	11.59	0.29	-0.54
2011	406.10	178.15	0.95	12.36	0.33	-0.78
2012	344.25	234.84	1.17	9.73	0.33	-0.72
2013	207.36	225.27	2.35	6.68	0.31	-0.53
2014	284.64	225.37	1.59	6.24	0.37	-0.90
2015	155.82	259.36	6.73	3.52	0.16	1.78
2016	83.94	248.90	0	4.29	0.24	1.35

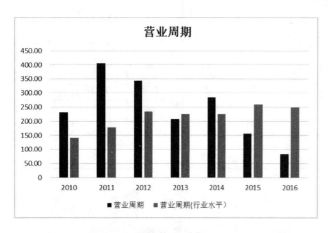

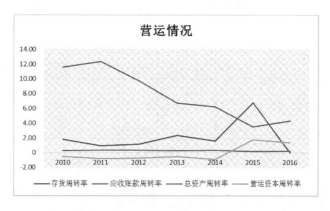

年度	研发总支出/主营业务收入	研发总支出/主营业务收入（行业水平）	存货（产成品）/（资产总计）	存货（产成品）/（资产总计）（行业水平）
2010	0	0	0	38.08%
2011	0	0.22%	0	28.78%
2012	0.29%	2.53%	0	25.86%
2013	0	1.87%	0	23.69%
2014	1.20%	1.86%	0	19.33%
2015	0.56%	2.52%	0	14.17%
2016	4.61%	2.56%	0	11.77%

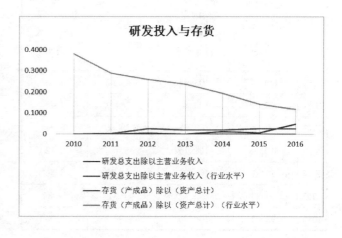

19. 春晖股份 （000976. SZ）

年度	净资产收益率	净资产收益率（行业平均水平）	净资产同比增长率	净利润同比增长率	经营活动产生的现金流量净额同比增长率
2010	10.06	14.92	10.58	184.33	186.99
2011	−29.34	12.52	−25.59	−367.37	−78.01
2012	2.42	9.35	2.48	107.21	−233.43
2013	−20.26	6.88	−18.40	−861.49	−252.12
2014	−64.40	6.80	−48.72	−116.39	209.93
2015	6.74	7.20	6.97	107.24	−41.30
2016	1.63	6.54	1398.49	85.19	−106.98

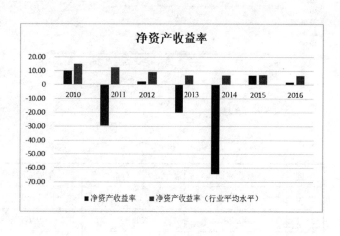

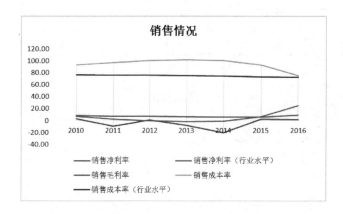

年度	销售净利率	销售净利率（行业水平）	销售毛利率	销售成本率	销售成本率（行业水平）
2010	3.17	8.73	6.99	93.01	76.68
2011	−9.01	6.86	2.67	97.33	75.69
2012	0.98	7.11	−0.43	100.43	75.97
2013	−7.95	6.35	−1.76	101.76	75.35
2014	−20.28	5.98	−0.90	100.90	74.56
2015	2.32	6.06	6.74	93.26	73.49
2016	1.53	9.17	24.78	75.22	72.75

年度	销售商品提供劳务收到的现金/营业收入	销售商品提供劳务收到的现金/营业收入（行业水平）	经营活动产生的现金流量净额/营业收入	经营活动产生的现金流量净额/营业收入（行业水平）
2010	113.25	103.93	5.19	5.63
2011	116.25	100.81	1.21	4.46
2012	114.82	102.55	−2.43	8.41
2013	109.59	101.16	−9.17	3.12
2014	120.64	101.77	11.88	8.56
2015	115.25	102.87	11.01	11.84
2016	99.69	100.96	−0.27	5.08

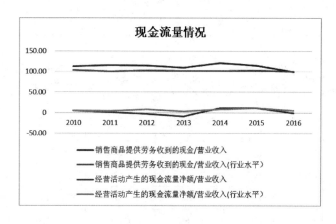

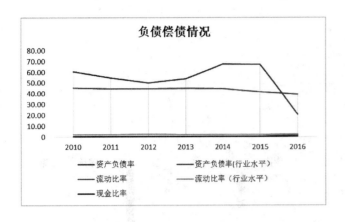

負債償債情況

年度	資産負債率	資産負債率（行業水平）	流動比率	流動比率（行業水平）	現金比率
2010	60.70	45.38	0.85	2.41	0.54
2011	54.90	44.65	0.80	2.40	0.47
2012	50.27	44.62	0.91	2.58	0.40
2013	53.99	45.20	0.79	2.20	0.20
2014	67.51	44.71	0.58	2.26	0.26
2015	67.26	41.53	0.69	2.47	0.40
2016	20.76	39.43	1.77	2.69	0.57

年度	營業周期	營業周期（行業水平）	存貨周轉率	應收賬款周轉率	總資產周轉率	營運資本周轉率
2010	50.78	141.29	7.69	91.41	1.24	-8.91
2011	40.28	178.15	9.66	120.18	1.35	-13.53
2012	43.82	234.84	8.75	135.29	1.19	-15.01
2013	48.39	225.27	8.34	68.91	1.22	-15.74
2014	46.26	225.37	9.04	56.00	1.28	-6.95
2015	64.79	259.36	6.64	34.05	0.93	-3.86
2016	96.38	248.90	6.85	8.22	0.71	7.67

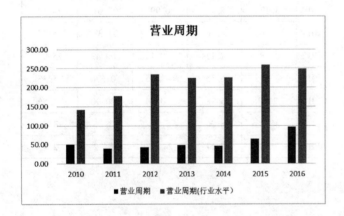

營業周期

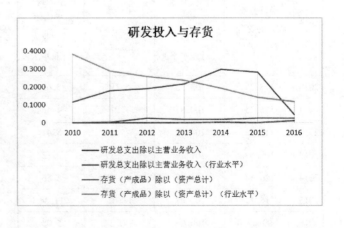

營運情況

年度	研發總支出/主營業務收入	研發總支出/主營業務收入（行業水平）	存貨（產成品）/（資產總計）	存貨（產成品）/（資產總計）（行業水平）
2010	0	0	11.53%	38.08%
2011	0	0.22%	17.78%	28.78%
2012	0.08%	2.53%	19.13%	25.86%
2013	0.08%	1.87%	21.62%	23.69%
2014	0.15%	1.86%	29.74%	19.33%
2015	0	2.52%	28.05%	14.17%
2016	1.04%	2.56%	4.55%	11.77%

研發投入與存貨

20. *ST 中绒 （000982.SZ）

年度	净资产收益率	净资产收益率（行业平均水平）	净资产同比增长率	净利润同比增长率	经营活动产生的现金流量净额同比增长率
2010	20.36	14.92	20.66	90.86	112.37
2011	23.66	12.52	100.98	123.13	-4077.53
2012	25.50	9.35	107.36	67.96	34.24
2013	15.25	6.88	15.41	0.65	-32.38
2014	2.37	6.80	114.92	-68.18	191.73
2015	-23.09	7.20	-20.31	-1079.46	-140.02
2016	-44.42	6.54	-35.87	-21.11	159.54

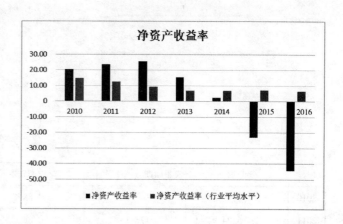

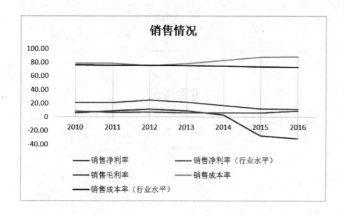

年度	销售净利率	销售净利率（行业水平）	销售毛利率	销售成本率	销售成本率（行业水平）
2010	6.33	8.73	20.91	79.09	76.68
2011	9.19	6.86	21.07	78.93	75.69
2012	11.52	7.11	24.98	75.02	75.97
2013	9.04	6.35	21.45	78.55	75.35
2014	2.88	5.98	16.96	83.04	74.56
2015	-27.59	6.06	12.10	87.90	73.49
2016	-32.04	9.17	11.65	88.35	72.75

年度	销售商品提供劳务收到的现金/营业收入	销售商品提供劳务收到的现金/营业收入（行业水平）	经营活动产生的现金流量净额/营业收入	经营活动产生的现金流量净额/营业收入（行业水平）
2010	102.42	103.93	1.31	5.63
2011	96.70	100.81	-33.93	4.46
2012	91.31	102.55	-16.64	8.41
2013	104.82	101.16	-17.18	3.12
2014	109.53	101.77	15.80	8.56
2015	94.47	102.87	-6.18	11.84
2016	114.60	100.96	3.53	5.08

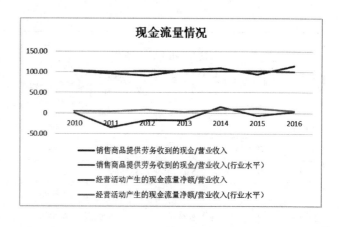

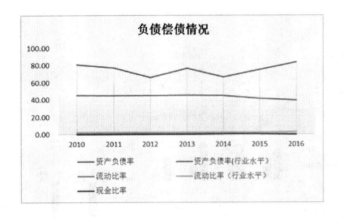

年度	资产负债率	资产负债率（行业水平）	流动比率	流动比率（行业水平）	现金比率
2010	80.89	45.38	1.05	2.41	0.07
2011	77.00	44.65	1.35	2.40	0.14
2012	66.01	44.62	1.40	2.58	0.16
2013	76.94	45.20	1.07	2.20	0.14
2014	66.69	44.71	1.17	2.26	0.24
2015	75.12	41.53	1.11	2.47	0.33
2016	83.82	39.43	0.65	2.69	0.08

年度	营业周期	营业周期（行业水平）	存货周转率	应收账款周转率	总资产周转率	营运资本周转率
2010	497.77	141.29	0.88	4.16	0.60	7.10
2011	485.04	178.15	0.88	4.65	0.62	4.15
2012	529.70	234.84	0.83	3.71	0.56	2.53
2013	511.10	225.27	0.87	3.72	0.46	4.19
2014	577.26	225.37	0.74	3.83	0.29	4.41
2015	520.62	259.36	0.88	3.17	0.24	3.66
2016	428.64	248.90	1.23	2.65	0.26	-3.66

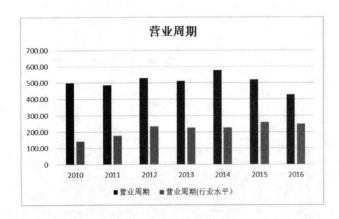

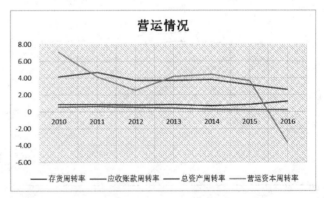

年度	研发总支出/主营业务收入	研发总支出/主营业务收入（行业水平）	存货（产成品）/（资产总计）	存货（产成品）/（资产总计）（行业水平）
2010	0	0	42.11%	38.08%
2011	0	0.22%	25.74%	28.78%
2012	0	2.53%	18.54%	25.86%
2013	0	1.87%	10.97%	23.69%
2014	0	1.86%	7.37%	19.33%
2015	0	2.52%	6.91%	14.17%
2016	0	2.56%	8.07%	11.77%

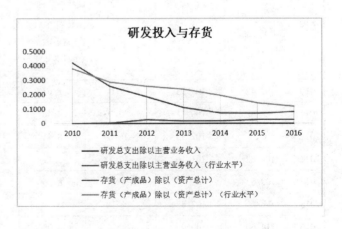

21. 伟星股份（002003.SZ）

年度	净资产收益率	净资产收益率（行业平均水平）	净资产同比增长率	净利润同比增长率	经营活动产生的现金流量净额同比增长率
2010	24.07	14.92	23.41	49.96	−12.77
2011	12.77	12.52	41.13	−23.35	−19.80
2012	10.21	9.35	−0.83	−14.01	79.72
2013	12.46	6.88	5.05	22.74	−12.19
2014	13.59	6.80	3.14	10.77	−6.41
2015	13.76	7.20	3.20	6.00	2.16
2016	14.52	6.54	19.86	26.19	−1.26

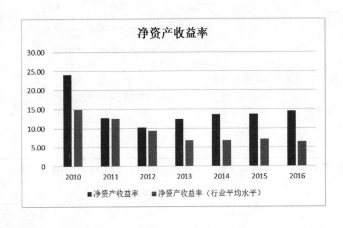

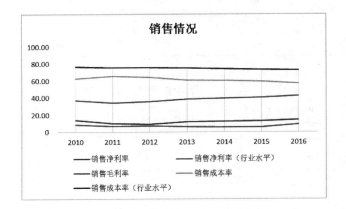

年度	销售净利率	销售净利率（行业水平）	销售毛利率	销售成本率	销售成本率（行业水平）
2010	14.30	8.73	37.01	62.99	76.68
2011	10.37	6.86	34.35	65.65	75.69
2012	9.29	7.11	35.88	64.12	75.97
2013	11.94	6.35	38.94	61.06	75.35
2014	12.68	5.98	39.66	60.34	74.56
2015	13.26	6.06	40.49	59.51	73.49
2016	14.42	9.17	42.80	57.20	72.75

年度	销售商品提供劳务收到的现金/营业收入	销售商品提供劳务收到的现金/营业收入（行业水平）	经营活动产生的现金流量净额/营业收入	经营活动产生的现金流量净额/营业收入（行业水平）
2010	113.81	103.93	15.31	5.63
2011	113.37	100.81	11.62	4.46
2012	112.75	102.55	21.76	8.41
2013	110.70	101.16	20.01	3.12
2014	110.14	101.77	17.95	8.56
2015	108.89	102.87	18.09	11.84
2016	101.02	100.96	15.40	5.08

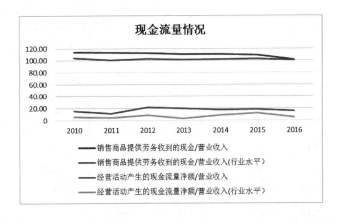

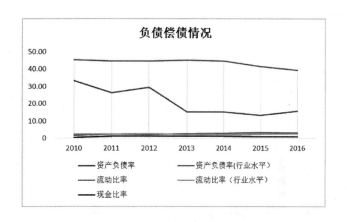

年度	资产负债率	资产负债率（行业水平）	流动比率	流动比率（行业水平）	现金比率
2010	33.23	45.38	1.56	2.41	0.55
2011	26.19	44.65	2.40	2.40	1.24
2012	29.33	44.62	2.08	2.58	1.18
2013	15.10	45.20	2.71	2.20	1.23
2014	15.13	44.71	2.89	2.26	1.29
2015	13.30	41.53	3.28	2.47	1.01
2016	15.55	39.43	3.11	2.69	1.05

年度	营业周期	营业周期（行业水平）	存货周转率	应收账款周转率	总资产周转率	营运资本周转率
2010	95.59	141.29	5.53	11.82	1.13	8.65
2011	100.14	178.15	5.14	11.97	0.94	4.17
2012	97.93	234.84	5.58	10.76	0.79	2.99
2013	95.71	225.27	6.04	9.98	0.79	3.13
2014	93.47	225.37	6.04	10.63	0.88	3.24
2015	99.32	259.36	5.53	10.51	0.87	2.97
2016	108.26	248.90	5.31	8.89	0.90	2.84

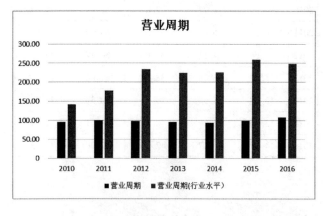

年度	研发总支出/主营业务收入	研发总支出/主营业务收入（行业水平）	存货（产成品）/（资产总计）	存货（产成品）/（资产总计）（行业水平）
2010	0	0	5.67%	38.08%
2011	0	0.22%	4.41%	28.78%
2012	2.14%	2.53%	4.26%	25.86%
2013	1.75%	1.87%	4.91%	23.69%
2014	2.43%	1.86%	4.78%	19.33%
2015	2.92%	2.52%	4.73%	14.17%
2016	3.36%	2.56%	3.81%	11.77%

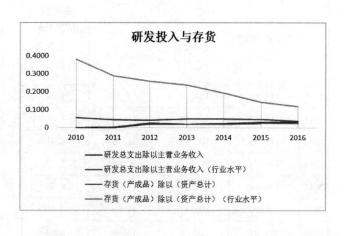

22. 精功科技 （002006.SZ）

年度	净资产收益率	净资产收益率（行业平均水平）	净资产同比增长率	净利润同比增长率	经营活动产生的现金流量净额同比增长率
2010	25.36	14.92	27.83	1283.91	44.73
2011	46.59	12.52	211.07	307.93	-98.89
2012	-16.91	9.35	-17.91	-151.50	-13191.4
2013	-21.39	6.88	-19.13	-0.11	110.26
2014	1.50	6.80	2.42	104.73	68.81
2015	1.85	7.20	2.06	45.76	207.30
2016	7.00	6.54	7.44	310.23	7.17

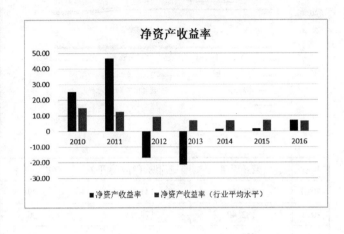

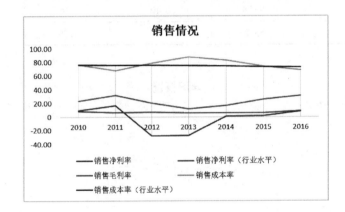

年度	销售净利率	销售净利率（行业水平）	销售毛利率	销售成本率	销售成本率（行业水平）
2010	9.91	8.73	23.54	76.46	76.68
2011	16.75	6.86	32.20	67.80	75.69
2012	-27.58	7.11	20.80	79.20	75.97
2013	-27.28	6.35	12.36	87.64	75.35
2014	1.07	5.98	16.81	83.19	74.56
2015	2.15	6.06	25.89	74.11	73.49
2016	8.24	9.17	31.09	68.91	72.75

年度	销售商品提供劳务收到的现金/营业收入	销售商品提供劳务收到的现金/营业收入（行业水平）	经营活动产生的现金流量净额/营业收入	经营活动产生的现金流量净额/营业收入（行业水平）
2010	124.93	103.93	22.99	5.63
2011	67.50	100.81	0.11	4.46
2012	103.71	102.55	-44.23	8.41
2013	88.36	101.16	4.49	3.12
2014	63.03	101.77	6.25	8.56
2015	99.37	102.87	26.59	11.84
2016	99.75	100.96	26.61	5.08

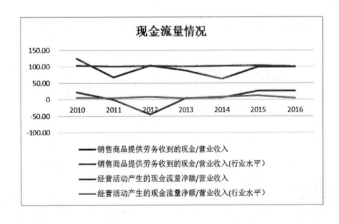

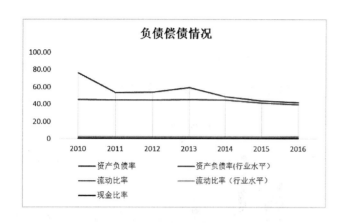

年度	资产负债率	资产负债率（行业水平）	流动比率	流动比率（行业水平）	现金比率
2010	76.23	45.38	0.91	2.41	0.32
2011	53.74	44.65	1.40	2.40	0.38
2012	54.01	44.62	1.33	2.58	0.32
2013	59.51	45.20	1.05	2.20	0.29
2014	48.86	44.71	1.41	2.26	0.42
2015	43.85	41.53	1.52	2.47	0.54
2016	41.96	39.43	1.64	2.69	0.48

年度	营业周期	营业周期（行业水平）	存货周转率	应收账款周转率	总资产周转率	营运资本周转率
2010	209.59	141.29	2.29	6.88	0.64	−7.94
2011	182.42	178.15	2.96	5.91	1.07	10.47
2012	632.40	234.84	0.94	1.43	0.30	1.56
2013	426.98	225.27	1.33	2.29	0.35	3.45
2014	253.95	225.37	2.21	3.94	0.49	4.59
2015	310.44	259.36	1.90	2.98	0.40	1.90
2016	295.92	248.90	1.85	3.55	0.44	1.79

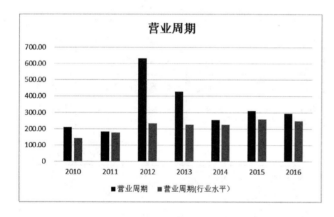

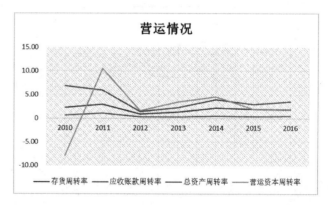

年度	研发总支出/主营业务收入	研发总支出/主营业务收入（行业水平）	存货（产成品）/（资产总计）	存货（产成品）/（资产总计）（行业水平）
2010	0	0	10.11%	38.08%
2011	0	0.22%	6.43%	28.78%
2012	7.52%	2.53%	7.84%	25.86%
2013	5.93%	1.87%	8.61%	23.69%
2014	3.89%	1.86%	10.41%	19.33%
2015	3.55%	2.52%	11.10%	14.17%
2016	3.84%	2.56%	10.71%	11.77%

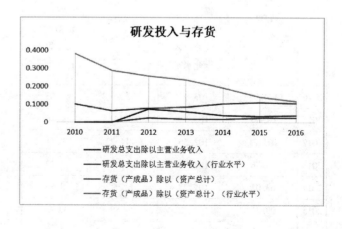

23. 霞客环保（002015.SZ）

年度	净资产收益率	净资产收益率（行业平均水平）	净资产同比增长率	净利润同比增长率	经营活动产生的现金流量净额同比增长率
2010	4.20	14.92	4.40	40.67	380.23
2011	3.41	12.52	44.67	12.60	-70.61
2012	0.93	9.35	0.93	-59.48	127.87
2013	-61.49	6.88	-47.03	-3280	-284.22
2014	0	6.80	-266.87	-201.13	-30.02
2015	0	7.20	150.14	109.03	79.23
2016	-13.31	6.54	-12.11	-137.93	35.94

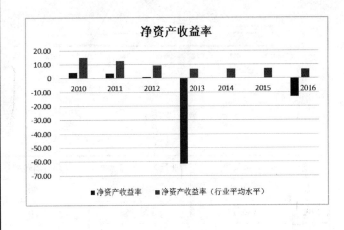

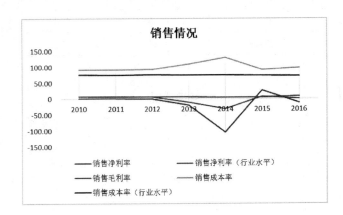

年度	销售净利率	销售净利率（行业水平）	销售毛利率	销售成本率	销售成本率（行业水平）
2010	1.78	8.73	8.47	91.53	76.68
2011	1.67	6.86	8.36	91.64	75.69
2012	0.73	7.11	7.19	92.81	75.97
2013	-19.24	6.35	-9.82	109.82	75.35
2014	-104.22	5.98	-30.71	130.71	74.56
2015	27.66	6.06	8.07	91.93	73.49
2016	-10.86	9.17	1.39	98.61	72.75

年度	销售商品提供劳务收到的现金/营业收入	销售商品提供劳务收到的现金/营业收入（行业水平）	经营活动产生的现金流量净额/营业收入	经营活动产生的现金流量净额/营业收入（行业水平）
2010	114.28	103.93	14.46	5.63
2011	82.35	100.81	3.54	4.46
2012	96.21	102.55	8.70	8.41
2013	82.55	101.16	-13.28	3.12
2014	53.22	101.77	-31.07	8.56
2015	100.74	102.87	-18.96	11.84
2016	81.69	100.96	-12.58	5.08

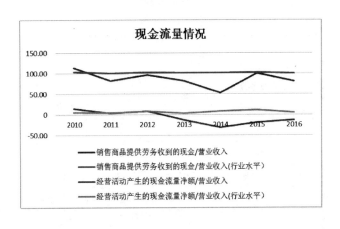

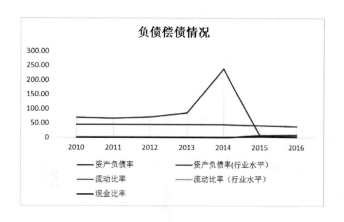

年度	资产负债率	资产负债率（行业水平）	流动比率	流动比率（行业水平）	现金比率
2010	69.10	45.38	1.04	2.41	0.34
2011	66.02	44.65	0.99	2.40	0.35
2012	71.53	44.62	0.83	2.58	0.30
2013	84.77	45.20	0.74	2.20	0.33
2014	239.40	44.71	0.23	2.26	0.01
2015	7.77	41.53	9.21	2.47	4.65
2016	6.53	39.43	10.52	2.69	1.31

年度	营业周期	营业周期（行业水平）	存货周转率	应收账款周转率	总资产周转率	营运资本周转率
2010	141.09	141.29	2.70	45.53	0.95	31.96
2011	136.77	178.15	2.80	44.97	0.90	168.36
2012	178.77	234.84	2.11	42.41	0.67	-9.60
2013	117.26	225.27	3.18	89.08	0.76	-4.79
2014	94.72	225.37	4.88	17.17	0.75	-2.03
2015	119.94	259.36	5.85	6.17	0.95	-2.05
2016	107.22	248.90	3.93	23.19	1.14	1.81

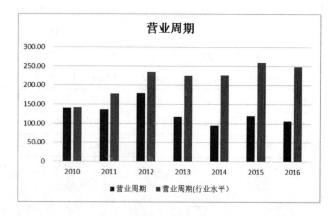

年度	研发总支出/主营业务收入	研发总支出/主营业务收入（行业水平）	存货（产成品）/（资产总计）	存货（产成品）/（资产总计）（行业水平）
2010	0	0	3.68%	38.08%
2011	0	0.22%	2.85%	28.78%
2012	13.80%	2.53%	2.37%	25.86%
2013	1.52%	1.87%	2.53%	23.69%
2014	0	1.86%	14.12%	19.33%
2015	0.07%	2.52%	18.63%	14.17%
2016	0.18%	2.56%	21.48%	11.77%

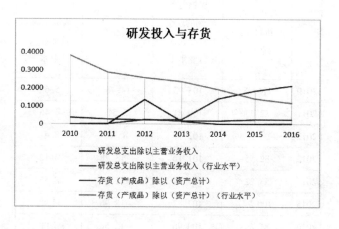

24. 中捷资源（002021. SZ）

年度	净资产收益率	净资产收益率（行业平均水平）	净资产同比增长率	净利润同比增长率	经营活动产生的现金流量净额同比增长率
2010	5.79	14.92	5.40	174.36	35.50
2011	7.69	12.52	7.32	32.12	-129.01
2012	2.10	9.35	0.95	-70.54	121.82
2013	4.32	6.88	2.38	107.35	233.18
2014	0.31	6.80	45.83	-79.10	504.78
2015	-35.20	7.20	-28.83	-4630.71	-126.24
2016	1.52	6.54	1.17	103.83	95.23

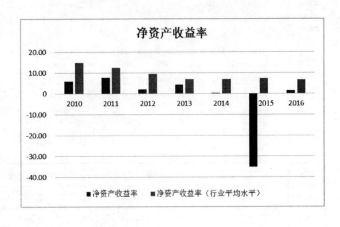

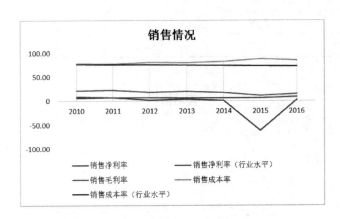

年度	销售净利率	销售净利率（行业水平）	销售毛利率	销售成本率	销售成本率（行业水平）
2010	6.50	8.73	21.63	78.37	76.68
2011	6.71	6.86	22.22	77.78	75.69
2012	2.34	7.11	18.54	81.46	75.97
2013	3.72	6.35	20.24	79.76	75.35
2014	0.88	5.98	17.33	82.67	74.56
2015	-61.71	6.06	11.71	88.29	73.49
2016	2.67	9.17	14.93	85.07	72.75

年度	销售商品提供劳务收到的现金/营业收入	销售商品提供劳务收到的现金/营业收入（行业水平）	经营活动产生的现金流量净额/营业收入	经营活动产生的现金流量净额/营业收入（行业水平）
2010	107.98	103.93	29.21	5.63
2011	108.24	100.81	-6.62	4.46
2012	86.11	102.55	1.71	8.41
2013	92.33	101.16	4.37	3.12
2014	144.35	101.77	29.97	8.56
2015	104.27	102.87	-12.15	11.84
2016	106.88	100.96	-0.65	5.08

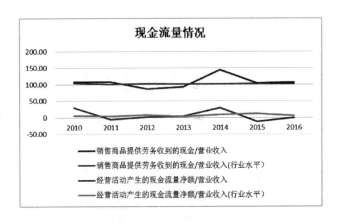

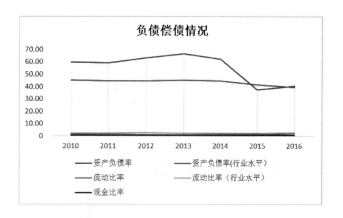

年度	资产负债率	资产负债率（行业水平）	流动比率	流动比率（行业水平）	现金比率
2010	59.92	45.38	1.27	2.41	0.62
2011	59.11	44.65	1.20	2.40	0.44
2012	63.03	44.62	1.02	2.58	0.37
2013	66.44	45.20	1.05	2.20	0.35
2014	62.18	44.71	1.25	2.26	0.48
2015	37.43	41.53	1.43	2.47	0.61
2016	40.47	39.43	2.05	2.69	0.58

年度	营业周期	营业周期（行业水平）	存货周转率	应收账款周转率	总资产周转率	营运资本周转率
2010	184.36	141.29	2.97	5.69	0.48	2.53
2011	211.20	178.15	2.46	5.55	0.52	3.78
2012	290.19	234.84	1.90	3.59	0.40	6.33
2013	252.93	225.27	2.31	3.71	0.45	20.17
2014	293.61	225.37	1.97	3.26	0.34	3.37
2015	324.52	259.36	1.76	2.99	0.26	1.63
2016	256.49	248.90	2.24	3.76	0.38	1.46

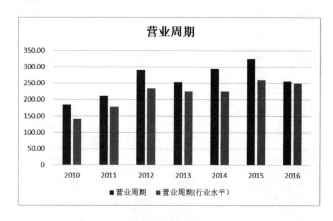

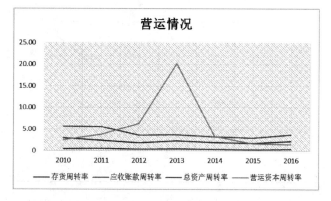

年度	研发总支出/主营业务收入	研发总支出/主营业务收入（行业水平）	存货（产成品）/（资产总计）	存货（产成品）/（资产总计）（行业水平）
2010	0	0	5.58%	38.08%
2011	0	0.22%	5.00%	28.78%
2012	7.00%	2.53%	4.47%	25.86%
2013	6.15%	1.87%	3.96%	23.69%
2014	2.32%	1.86%	3.20%	19.33%
2015	3.54%	2.52%	7.94%	14.17%
2016	2.92%	2.56%	7.49%	11.77%

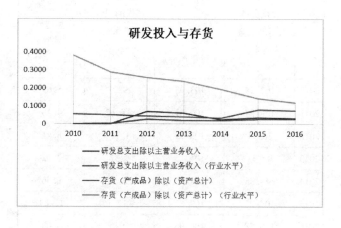

25. 七匹狼 （002029.SZ）

年度	净资产收益率	净资产收益率（行业平均水平）	净资产同比增长率	净利润同比增长率	经营活动产生的现金流量净额同比增长率
2010	19.12	14.92	16.51	33.12	-13.91
2011	23.16	12.52	23.42	43.43	-2.64
2012	18.06	9.35	116.18	36.46	73.70
2013	8.58	6.88	7.41	-33.29	55.92
2014	6.17	6.80	5.09	-22.01	12.25
2015	5.57	7.20	4.29	-4.86	-16.42
2016	5.24	6.54	3.51	-0.88	-8.07

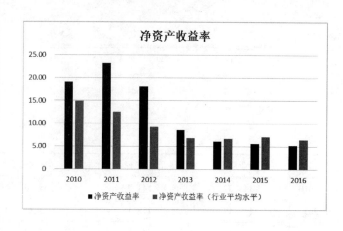

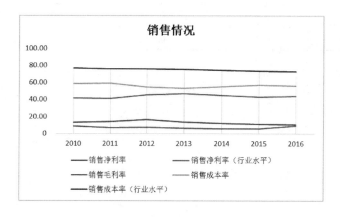

年度	销售净利率	销售净利率（行业水平）	销售毛利率	销售成本率	销售成本率（行业水平）
2010	13.15	8.73	41.60	58.40	76.68
2011	14.20	6.86	41.19	58.81	75.69
2012	16.27	7.11	45.48	54.52	75.97
2013	13.61	6.35	47.01	52.99	75.35
2014	12.31	5.98	44.74	55.26	74.56
2015	11.26	6.06	42.85	57.15	73.49
2016	10.52	9.17	43.93	56.07	72.75

年度	销售商品提供劳务收到的现金/营业收入	销售商品提供劳务收到的现金/营业收入（行业水平）	经营活动产生的现金流量净额/营业收入	经营活动产生的现金流量净额/营业收入（行业水平）
2010	98.82	103.93	11.79	5.63
2011	100.98	100.81	8.64	4.46
2012	88.85	102.55	12.60	8.41
2013	118.21	101.16	24.63	3.12
2014	129.96	101.77	32.07	8.56
2015	122.63	102.87	25.78	11.84
2016	118.69	100.96	22.32	5.08

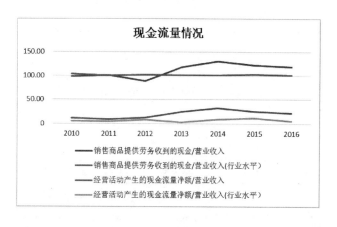

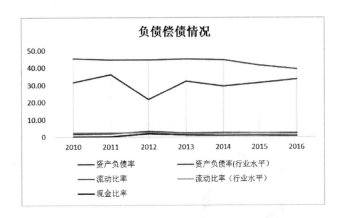

年度	资产负债率	资产负债率（行业水平）	流动比率	流动比率（行业水平）	现金比率
2010	31.66	45.38	1.78	2.41	0.19
2011	36.06	44.65	1.88	2.40	0.24
2012	21.67	44.62	3.47	2.58	1.92
2013	32.25	45.20	2.49	2.20	1.19
2014	29.36	44.71	2.64	2.26	1.07
2015	31.47	41.53	2.44	2.47	0.96
2016	33.63	39.43	2.12	2.69	0.70

年度	营业周期	营业周期（行业水平）	存货周转率	应收账款周转率	总资产周转率	营运资本周转率
2010	143.87	141.29	3.68	7.80	0.97	3.29
2011	149.47	178.15	3.31	8.84	1.04	3.62
2012	164.15	234.84	3.14	7.28	0.80	1.79
2013	218.13	225.27	2.40	5.27	0.45	0.92
2014	246.09	225.37	1.89	6.50	0.35	0.75
2015	241.03	259.36	1.79	8.96	0.35	0.77
2016	241.40	248.90	1.70	12.22	0.34	0.85

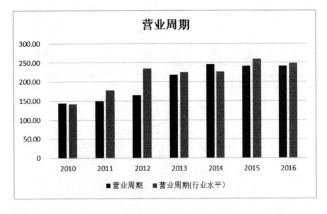

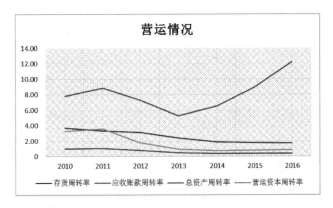

年度	研发总支出/主营业务收入	研发总支出/主营业务收入（行业水平）	存货（产成品）/（资产总计）	存货（产成品）/（资产总计）（行业水平）
2010	0	0	36.45%	38.08%
2011	0	0.22%	27.81%	28.78%
2012	4.07%	2.53%	16.03%	25.86%
2013	4.12%	1.87%	12.97%	23.69%
2014	3.45%	1.86%	12.84%	19.33%
2015	3.27%	2.52%	12.00%	14.17%
2016	2.80%	2.56%	11.21%	11.77%

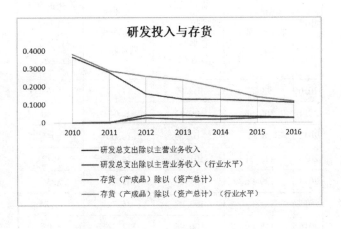

26. 美欣达 （002034. SZ）

年度	净资产收益率	净资产收益率（行业平均水平）	净资产同比增长率	净利润同比增长率	经营活动产生的现金流量净额同比增长率
2010	1. 87	14. 92	1. 89	− 60. 24	− 66. 34
2011	17. 50	12. 52	19. 18	737. 99	327. 09
2012	4. 17	9. 35	− 0. 77	− 87. 26	113. 87
2013	7. 60	6. 88	6. 27	70. 43	− 58. 25
2014	− 3. 48	6. 80	− 13. 16	− 248. 13	129. 05
2015	8. 58	7. 20	9. 27	190. 95	− 66. 73
2016	2. 76	6. 54	75. 06	− 44. 52	− 42. 25

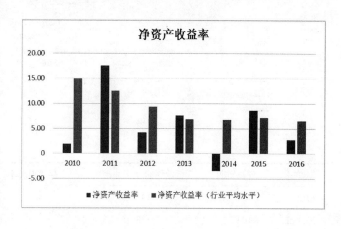

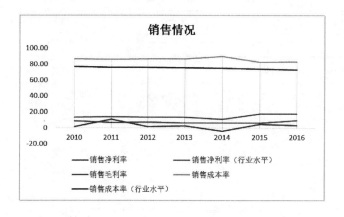

年度	销售净利率	销售净利率（行业水平）	销售毛利率	销售成本率	销售成本率（行业水平）
2010	1. 36	8. 73	13. 38	86. 62	76. 68
2011	10. 60	6. 86	13. 90	86. 10	75. 69
2012	1. 36	7. 11	13. 26	86. 74	75. 97
2013	2. 29	6. 35	13. 50	86. 50	75. 35
2014	− 4. 19	5. 98	10. 57	89. 43	74. 56
2015	4. 60	6. 06	17. 48	82. 52	73. 49
2016	2. 80	9. 17	17. 23	82. 77	72. 75

年度	销售商品提供劳务收到的现金/营业收入	销售商品提供劳务收到的现金/营业收入（行业水平）	经营活动产生的现金流量净额/营业收入	经营活动产生的现金流量净额/营业收入（行业水平）
2010	111. 49	103. 93	1. 43	5. 63
2011	106. 79	100. 81	5. 67	4. 46
2012	108. 75	102. 55	12. 24	8. 41
2013	114. 63	101. 16	5. 03	3. 12
2014	114. 59	101. 77	14. 24	8. 56
2015	103. 29	102. 87	5. 73	11. 84
2016	111. 80	100. 96	3. 63	5. 08

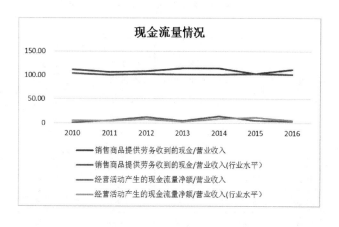

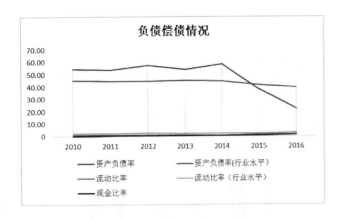

年度	资产负债率	资产负债率（行业水平）	流动比率	流动比率（行业水平）	现金比率
2010	54.24	45.38	0.91	2.41	0.11
2011	53.60	44.65	1.10	2.40	0.28
2012	57.51	44.62	0.98	2.58	0.37
2013	54.15	45.20	0.85	2.20	0.33
2014	58.29	44.71	0.66	2.26	0.26
2015	38.10	41.53	1.37	2.47	0.55
2016	22.29	39.43	2.98	2.69	1.28

年度	营业周期	营业周期（行业水平）	存货周转率	应收账款周转率	总资产周转率	营运资本周转率
2010	107.98	141.29	4.73	11.27	1.03	−14.34
2011	109.85	178.15	4.33	13.46	1.01	177.38
2012	113.73	234.84	4.51	10.60	0.88	46.84
2013	102.81	225.27	5.29	10.37	0.89	−20.62
2014	94.67	225.37	5.95	10.55	0.79	−6.19
2015	92.83	259.36	7.51	8.01	0.87	−13.91
2016	83.53	248.90	10.39	7.36	0.87	2.87

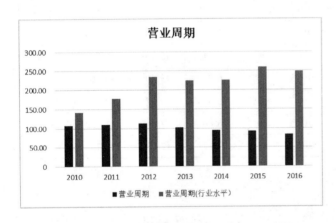

年度	研发总支出/主营业务收入	研发总支出/主营业务收入（行业水平）	存货（产成品）/（资产总计）	存货（产成品）/（资产总计）（行业水平）
2010	0	0	3.31%	38.08%
2011	0	0.22%	2.73%	28.78%
2012	3.32%	2.53%	2.56%	25.86%
2013	3.78%	1.87%	2.68%	23.69%
2014	2.56%	1.86%	3.13%	19.33%
2015	3.26%	2.52%	4.96%	14.17%
2016	4.30%	2.56%	3.63%	11.77%

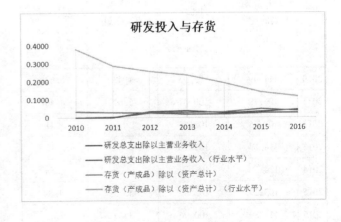

27. 联创电子 （002036. SZ）

年度	净资产收益率	净资产收益率（行业平均水平）	净资产同比增长率	净利润同比增长率	经营活动产生的现金流量净额同比增长率
2010	3.00	14.92	-3.32	125.02	-102.02
2011	5.41	12.52	2.01	67.99	19670.7
2012	4.27	9.35	0.92	-42.67	-35.78
2013	5.06	6.88	0.41	31.44	18.59
2014	3.40	6.80	84.13	-27.44	-44.20
2015	17.44	7.20	84.81	20.91	-18.19
2016	13.94	6.54	13.79	34.50	2591.63

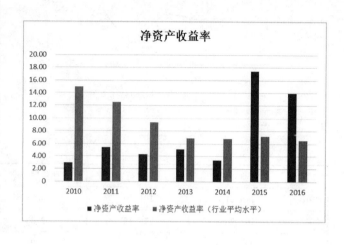

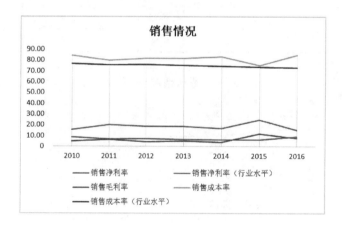

年度	销售净利率	销售净利率（行业水平）	销售毛利率	销售成本率	销售成本率（行业水平）
2010	4.90	8.73	15.70	84.30	76.68
2011	6.55	6.86	20.20	79.80	75.69
2012	4.05	7.11	18.50	81.50	75.97
2013	4.90	6.35	18.42	81.58	75.35
2014	3.80	5.98	16.85	83.15	74.56
2015	11.92	6.06	24.69	75.31	73.49
2016	7.71	9.17	15.31	84.69	72.75

年度	销售商品提供劳务收到的现金/营业收入	销售商品提供劳务收到的现金/营业收入（行业水平）	经营活动产生的现金流量净额/营业收入	经营活动产生的现金流量净额/营业收入（行业水平）
2010	104.51	103.93	-0.08	5.63
2011	105.25	100.81	12.81	4.46
2012	96.74	102.55	8.88	8.41
2013	87.83	101.16	9.69	3.12
2014	83.83	101.77	5.77	8.56
2015	85.10	102.87	0.40	11.84
2016	69.65	100.96	5.11	5.08

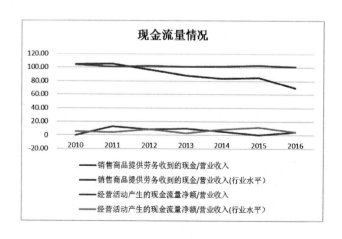

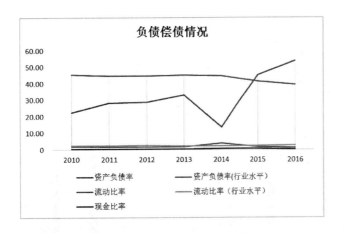

年度	资产负债率	资产负债率（行业水平）	流动比率	流动比率（行业水平）	现金比率
2010	22.35	45.38	1.89	2.41	0.31
2011	28.26	44.65	1.73	2.40	0.40
2012	28.76	44.62	1.69	2.58	0.38
2013	33.15	45.20	1.57	2.20	0.34
2014	13.64	44.71	3.84	2.26	0.63
2015	45.34	41.53	1.58	2.47	0.57
2016	53.83	39.43	1.12	2.69	0.23

年度	营业周期	营业周期（行业水平）	存货周转率	应收账款周转率	总资产周转率	营运资本周转率
2010	195.21	141.29	3.01	4.76	0.52	2.53
2011	192.20	178.15	2.80	5.65	0.61	3.03
2012	229.77	234.84	2.21	5.37	0.54	2.69
2013	230.62	225.27	2.19	5.43	0.57	2.99
2014	256.76	225.37	2.10	4.24	0.48	1.64
2015	181.43	259.36	3.35	4.87	0.75	2.91
2016	158.27	248.90	4.44	4.66	0.88	6.97

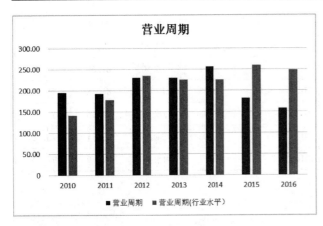

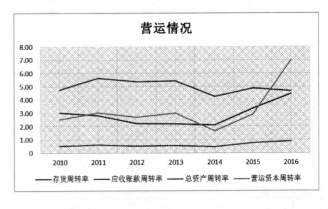

年度	研发总支出/主营业务收入	研发总支出/主营业务收入（行业水平）	存货（产成品）/资产总计	存货（产成品）/资产总计（行业水平）
2010	0	0	60.41%	38.08%
2011	0	0.22%	54.71%	28.78%
2012	0.17%	2.53%	54.85%	25.86%
2013	0.16%	1.87%	52.11%	23.69%
2014	0.91%	1.86%	44.21%	19.33%
2015	3.02%	2.52%	14.07%	14.17%
2016	4.35%	2.56%	10.43%	11.77%

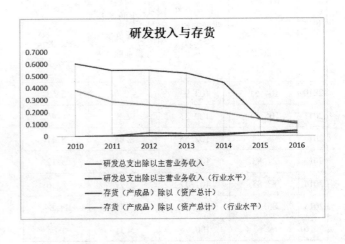

28. 华孚色纺（002042. SZ）

年度	净资产收益率	净资产收益率（行业平均水平）	净资产同比增长率	净利润同比增长率	经营活动产生的现金流量净额同比增长率
2010	24.66	14.92	101.27	120.98	60.76
2011	14.65	12.52	14.58	5.21	-537.66
2012	3.02	9.35	1.30	-76.83	141.78
2013	6.43	6.88	7.15	105.74	-50.59
2014	5.09	6.80	4.68	-11.37	-49.80
2015	9.46	7.20	7.77	103.07	-19.29
2016	12.43	6.54	9.06	51.02	772.77

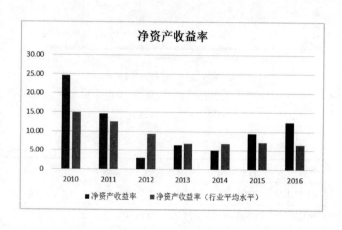

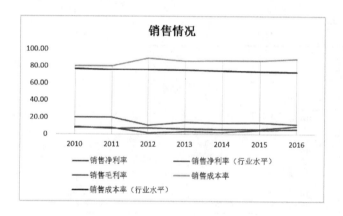

年度	销售净利率	销售净利率（行业水平）	销售毛利率	销售成本率	销售成本率（行业水平）
2010	7.86	8.73	19.72	80.28	76.68
2011	7.74	6.86	19.85	80.15	75.69
2012	1.60	7.11	10.77	89.23	75.97
2013	3.02	6.35	14.11	85.89	75.35
2014	2.73	5.98	13.36	86.64	74.56
2015	4.99	6.06	13.70	86.30	73.49
2016	5.80	9.17	11.70	88.30	72.75

年度	销售商品提供劳务收到的现金/营业收入	销售商品提供劳务收到的现金/营业收入（行业水平）	经营活动产生的现金流量净额/营业收入	经营活动产生的现金流量净额/营业收入（行业水平）
2010	113.56	103.93	5.40	5.63
2011	98.85	100.81	-22.13	4.46
2012	91.91	102.55	8.24	8.41
2013	95.87	101.16	3.74	3.12
2014	98.05	101.77	1.91	8.56
2015	95.31	102.87	1.39	11.84
2016	105.45	100.96	9.34	5.08

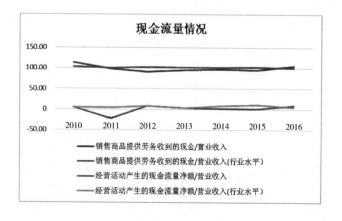

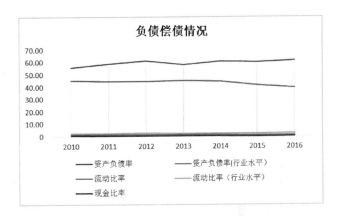

年度	资产负债率	资产负债率（行业水平）	流动比率	流动比率（行业水平）	现金比率
2010	55.88	45.38	1.32	2.41	0.50
2011	58.92	44.65	1.38	2.40	0.32
2012	61.09	44.62	1.18	2.58	0.16
2013	58.08	45.20	1.20	2.20	0.17
2014	60.84	44.71	1.17	2.26	0.26
2015	60.14	41.53	1.05	2.47	0.14
2016	61.50	39.43	0.99	2.69	0.19

年度	营业周期	营业周期（行业水平）	存货周转率	应收账款周转率	总资产周转率	营运资本周转率
2010	159.39	141.29	2.61	16.79	0.95	9.42
2011	206.49	178.15	2.03	12.44	0.76	4.26
2012	188.86	234.84	2.30	11.22	0.74	5.42
2013	179.54	225.27	2.51	9.91	0.78	8.53
2014	197.82	225.37	2.29	8.81	0.73	8.49
2015	192.90	259.36	2.31	9.70	0.75	13.99
2016	152.81	248.90	2.99	11.09	0.87	92.61

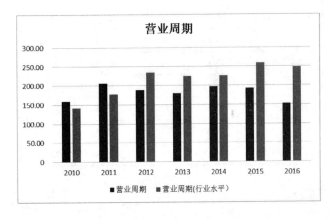

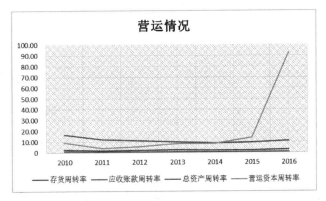

年度	研发总支出/主营业务收入	研发总支出/主营业务收入（行业水平）	存货（产成品）/（资产总计）	存货（产成品）/（资产总计）（行业水平）
2010	0	0	26.91%	38.08%
2011	0	0.22%	21.47%	28.78%
2012	0.82%	2.53%	20.07%	25.86%
2013	0.92%	1.87%	20.30%	23.69%
2014	1.54%	1.86%	18.14%	19.33%
2015	1.53%	2.52%	17.11%	14.17%
2016	1.58%	2.56%	14.62%	11.77%

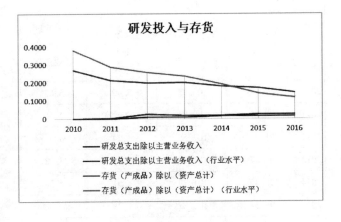

29. 美年健康 （002044.SZ）

年度	净资产收益率	净资产收益率（行业平均水平）	净资产同比增长率	净利润同比增长率	经营活动产生的现金流量净额同比增长率
2010	7.19	14.92	3.21	39.96	-81.74
2011	16.71	12.52	15.49	139.27	757.70
2012	15.47	9.35	9.98	0.95	5.15
2013	-1.37	6.88	-28.05	-167.37	-68.40
2014	13.42	6.80	11.02	199.83	14.09
2015	10.32	7.20	114.92	96.51	59.02
2016	10.63	6.54	8.38	32.27	114.37

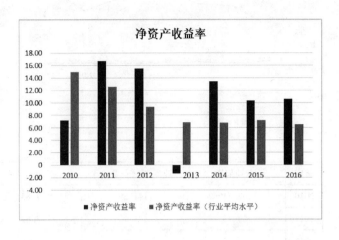

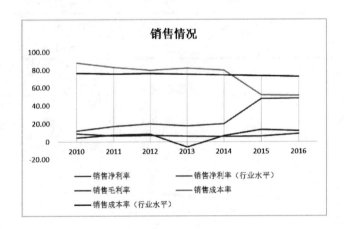

年度	销售净利率	销售净利率（行业水平）	销售毛利率	销售成本率	销售成本率（行业水平）
2010	4.40	8.73	12.10	87.90	76.68
2011	7.51	6.86	17.12	82.88	75.69
2012	8.52	7.11	20.08	79.92	75.97
2013	-5.95	6.35	17.72	82.28	75.35
2014	6.48	5.98	20.06	79.94	74.56
2015	13.62	6.06	47.95	52.05	73.49
2016	12.28	9.17	48.31	51.69	72.75

年度	销售商品提供劳务收到的现金/营业收入	销售商品提供劳务收到的现金/营业收入（行业水平）	经营活动产生的现金流量净额/营业收入	经营活动产生的现金流量净额/营业收入（行业水平）
2010	102.86	103.93	1.33	5.63
2011	96.79	100.81	8.17	4.46
2012	100.57	102.55	9.65	8.41
2013	107.94	101.16	3.45	3.12
2014	104.84	101.77	4.29	8.56
2015	95.51	102.87	15.70	11.84
2016	97.23	100.96	22.94	5.08

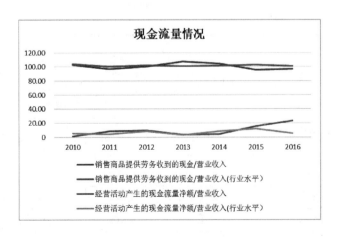

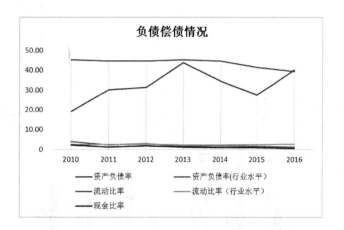

年度	资产负债率	资产负债率（行业水平）	流动比率	流动比率（行业水平）	现金比率
2010	19.18	45.38	3.95	2.41	2.32
2011	30.11	44.65	2.30	2.40	1.24
2012	31.42	44.62	2.91	2.58	1.77
2013	43.84	45.20	1.59	2.20	1.09
2014	34.45	44.71	1.76	2.26	0.88
2015	27.66	41.53	1.70	2.47	0.99
2016	40.16	39.43	1.13	2.69	0.53

年度	营业周期	营业周期（行业水平）	存货周转率	应收账款周转率	总资产周转率	营运资本周转率
2010	63.51	141.29	7.85	20.40	1.26	2.33
2011	63.73	178.15	8.69	16.12	1.56	3.52
2012	89.73	234.84	7.65	8.43	1.08	2.80
2013	75.71	225.27	9.23	9.81	1.05	3.28
2014	71.82	225.37	8.80	11.64	0.99	4.42
2015	65.42	259.36	24.70	7.08	0.81	4.50
2016	89.91	248.90	45.62	4.39	0.59	5.83

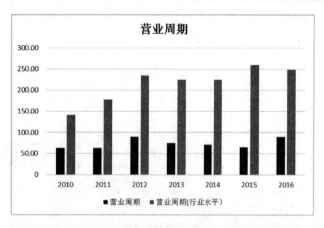

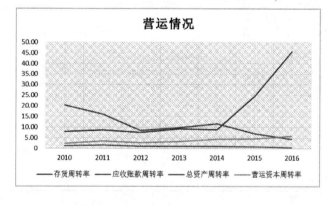

年度	研发总支出/主营业务收入	研发总支出/主营业务收入（行业水平）	存货（产成品）/（资产总计）	存货（产成品）/（资产总计）（行业水平）
2010	0	0	10.50%	38.08%
2011	0	0.22%	7.98%	28.78%
2012	0	2.53%	6.35%	25.86%
2013	0	1.87%	5.94%	23.69%
2014	0	1.86%	6.61%	19.33%
2015	0.08%	2.52%	1.01%	14.17%
2016	0.07%	2.56%	0.75%	11.77%

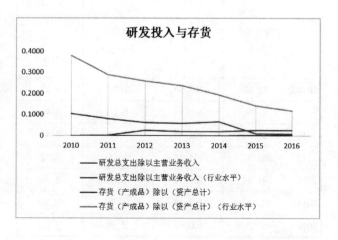

30. 华峰氨纶 (002064.SZ)

年度	净资产收益率	净资产收益率（行业平均水平）	净资产同比增长率	净利润同比增长率	经营活动产生的现金流量净额同比增长率
2010	21.08	14.92	20.52	197.87	-31.06
2011	3.07	12.52	-1.39	-84.12	49.18
2012	1.12	9.35	1.12	-63.76	-64.36
2013	15.74	6.88	12.25	1403.91	133.56
2014	17.48	6.80	68.93	48.38	221.85
2015	7.82	7.20	6.75	-38.12	-66.02
2016	-9.53	6.54	-10.09	-219.55	153.79

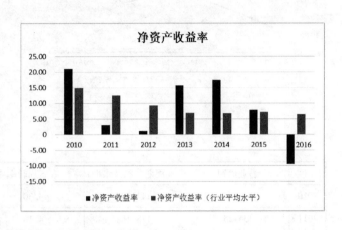

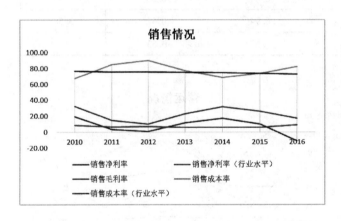

年度	销售净利率	销售净利率（行业水平）	销售毛利率	销售成本率	销售成本率（行业水平）
2010	19.65	8.73	32.27	67.73	76.68
2011	3.59	6.86	15.08	84.92	75.69
2012	1.07	7.11	9.99	90.01	75.97
2013	11.67	6.35	22.95	77.05	75.35
2014	17.39	5.98	31.64	68.36	74.56
2015	9.98	6.06	26.40	73.60	73.49
2016	-10.68	9.17	17.53	82.47	72.75

年度	销售商品提供劳务收到的现金/营业收入	销售商品提供劳务收到的现金/营业收入（行业水平）	经营活动产生的现金流量净额/营业收入	经营活动产生的现金流量净额/营业收入（行业水平）
2010	75.69	103.93	10.96	5.63
2011	96.47	100.81	18.82	4.46
2012	76.33	102.55	5.49	8.41
2013	66.52	101.16	9.34	3.12
2014	62.58	101.77	30.19	8.56
2015	64.12	102.87	9.51	11.84
2016	67.65	100.96	21.62	5.08

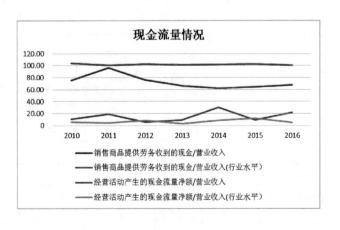

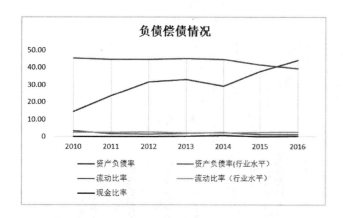

年度	资产负债率	资产负债率（行业水平）	流动比率	流动比率（行业水平）	现金比率
2010	14.55	45.38	3.25	2.41	0.11
2011	23.53	44.65	1.72	2.40	0.06
2012	31.69	44.62	1.45	2.58	0.09
2013	33.03	45.20	1.85	2.20	0.12
2014	29.12	44.71	2.30	2.26	0.63
2015	37.72	41.53	1.22	2.47	0.11
2016	44.02	39.43	1.12	2.69	0.16

年度	营业周期	营业周期（行业水平）	存货周转率	应收账款周转率	总资产周转率	营运资本周转率
2010	116.16	141.29	4.30	11.11	0.89	3.75
2011	135.55	178.15	4.18	7.28	0.69	2.84
2012	121.31	234.84	5.04	7.22	0.76	4.89
2013	96.81	225.27	6.04	9.67	0.91	5.10
2014	108.56	225.37	5.31	8.84	0.66	2.83
2015	135.71	259.36	4.29	6.94	0.52	3.58
2016	137.92	248.90	4.35	6.52	0.53	10.20

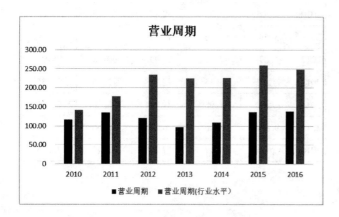

年度	研发总支出/主营业务收入	研发总支出/主营业务收入（行业水平）	存货（产成品）/（资产总计）	存货（产成品）/（资产总计）（行业水平）
2010	0	0	17.56%	38.08%
2011	0	0.22%	15.93%	28.78%
2012	2.04%	2.53%	14.07%	25.86%
2013	2.97%	1.87%	12.29%	23.69%
2014	0	1.86%	7.70%	19.33%
2015	2.81%	2.52%	6.34%	14.17%
2016	2.23%	2.56%	6.34%	11.77%

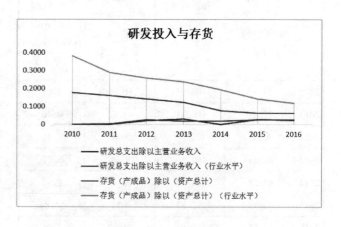

31. *ST 众和（002070. SZ）

年度	净资产收益率	净资产收益率（行业平均水平）	净资产同比增长率	净利润同比增长率	经营活动产生的现金流量净额同比增长率
2010	10.29	14.92	87.87	30.60	−77.77
2011	6.21	12.52	6.41	−18.67	1069.13
2012	3.59	9.35	3.13	−40.02	−26.44
2013	3.52	6.88	3.67	−6.55	−111.03
2014	1.09	6.80	−30.43	−80.18	1946.46
2015	−18.95	7.20	−17.16	−2084.58	−92.69
2016	−7.12	6.54	−6.63	67.93	1652.64

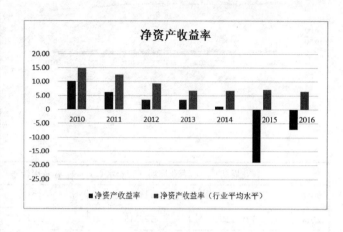

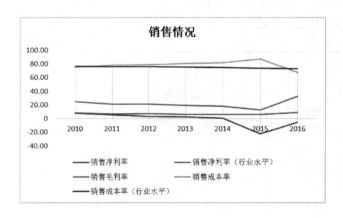

年度	销售净利率	销售净利率（行业水平）	销售毛利率	销售成本率	销售成本率（行业水平）
2010	7.86	8.73	24.72	75.28	76.68
2011	5.48	6.86	21.39	78.61	75.69
2012	3.38	7.11	21.22	78.78	75.97
2013	2.60	6.35	19.42	80.58	75.35
2014	0.61	5.98	18.23	81.77	74.56
2015	−21.98	6.06	12.94	87.06	73.49
2016	−5.48	9.17	32.73	67.27	72.75

年度	销售商品提供劳务收到的现金/营业收入	销售商品提供劳务收到的现金/营业收入（行业水平）	经营活动产生的现金流量净额/营业收入	经营活动产生的现金流量净额/营业收入（行业水平）
2010	115.16	103.93	0.61	5.63
2011	107.72	100.81	6.06	4.46
2012	109.39	102.55	4.58	8.41
2013	103.54	101.16	−0.42	3.12
2014	96.09	101.77	9.03	8.56
2015	153.06	102.87	1.21	11.84
2016	87.71	100.96	16.46	5.08

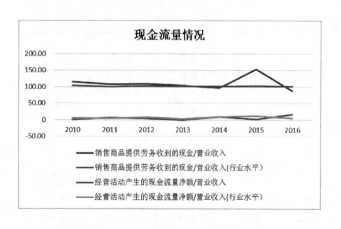

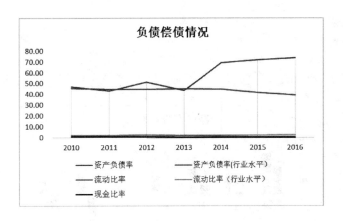

年度	资产负债率	资产负债率（行业水平）	流动比率	流动比率（行业水平）	现金比率
2010	47.14	45.38	1.69	2.41	0.69
2011	43.06	44.65	1.92	2.40	0.69
2012	51.24	44.62	1.14	2.58	0.38
2013	43.71	45.20	1.48	2.20	0.16
2014	68.96	44.71	0.97	2.26	0.07
2015	71.87	41.53	0.82	2.47	0.02
2016	73.71	39.43	0.66	2.69	0.02

年度	营业周期	营业周期（行业水平）	存货周转率	应收账款周转率	总资产周转率	营运资本周转率
2010	203.63	141.29	2.21	8.89	0.60	3.82
2011	195.62	178.15	2.27	9.64	0.62	2.20
2012	258.88	234.84	1.89	5.30	0.46	2.95
2013	272.33	225.27	1.99	3.96	0.47	4.32
2014	352.95	225.37	1.76	2.42	0.43	6.05
2015	639.85	259.36	0.96	1.36	0.24	-4.22
2016	572.66	248.90	0.92	1.98	0.33	-1.93

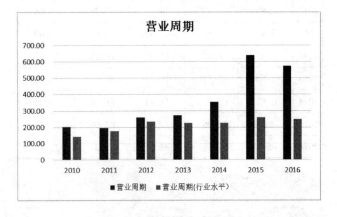

年度	研发总支出/主营业务收入	研发总支出/主营业务收入（行业水平）	存货（产成品）/（资产总计）	存货（产成品）/（资产总计）（行业水平）
2010	0	0	14.96%	38.08%
2011	0	0.22%	15.14%	28.78%
2012	4.85%	2.53%	9.08%	25.86%
2013	5.86%	1.87%	10.23%	23.69%
2014	2.42%	1.86%	10.33%	19.33%
2015	4.11%	2.52%	11.21%	14.17%
2016	2.75%	2.56%	11.16%	11.77%

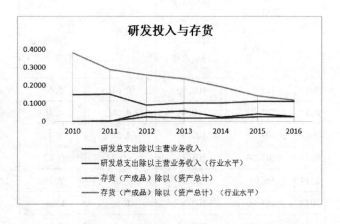

32. 凯瑞德 （002072. SZ）

年度	净资产收益率	净资产收益率（行业平均水平）	净资产同比增长率	净利润同比增长率	经营活动产生的现金流量净额同比增长率
2010	2.11	14.92	0.83	105.58	255.82
2011	-37.55	12.52	-32.29	-1612.88	-30.80
2012	2.30	9.35	8.23	105.24	31.79
2013	-30.34	6.88	-20.29	-1289.22	-61.19
2014	2.48	6.80	2.51	107.60	-179.49
2015	-78.76	7.20	-56.51	-2405.99	42.07
2016	16.19	6.54	17.61	113.56	71.81

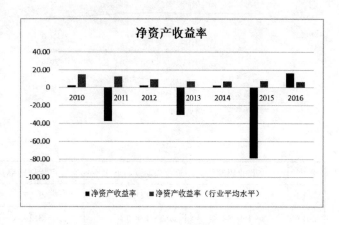

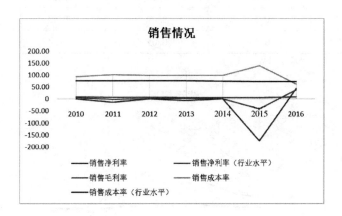

年度	销售净利率	销售净利率（行业水平）	销售毛利率	销售成本率	销售成本率（行业水平）
2010	0.80	8.73	6.41	93.59	76.68
2011	-13.92	6.86	-1.07	101.07	75.69
2012	0.46	7.11	1.61	98.39	75.97
2013	-6.95	6.35	1.68	98.32	75.35
2014	0.65	5.98	1.31	98.69	74.56
2015	-175.47	6.06	-40.03	140.03	73.49
2016	42.68	9.17	38.01	61.99	72.75

年度	销售商品提供劳务收到的现金/营业收入	销售商品提供劳务收到的现金/营业收入（行业水平）	经营活动产生的现金流量净额/营业收入	经营活动产生的现金流量净额/营业收入（行业水平）
2010	91.80	103.93	15.44	5.63
2011	94.15	100.81	12.28	4.46
2012	85.95	102.55	10.51	8.41
2013	113.18	101.16	5.13	3.12
2014	95.72	101.77	-5.00	8.56
2015	65.80	102.87	-34.07	11.84
2016	116.33	100.96	-17.24	5.08

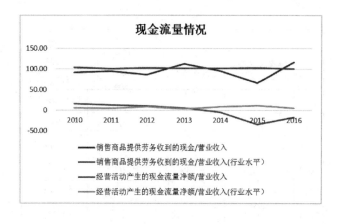

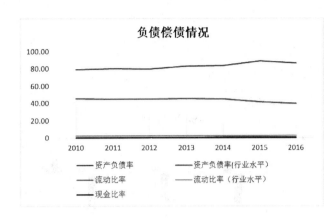

年度	资产负债率	资产负债率（行业水平）	流动比率	流动比率（行业水平）	现金比率
2010	79.31	45.38	0.57	2.41	0.16
2011	80.29	44.65	0.52	2.40	0.16
2012	79.63	44.62	0.57	2.58	0.13
2013	82.78	45.20	0.56	2.20	0.12
2014	83.21	44.71	0.85	2.26	0.12
2015	88.64	41.53	0.77	2.47	0
2016	86.31	39.43	0.77	2.69	0.02

年度	营业周期	营业周期（行业水平）	存货周转率	应收账款周转率	总资产周转率	营运资本周转率
2010	173.66	141.29	2.77	8.27	0.55	-1.60
2011	150.38	178.15	3.14	10.10	0.55	-1.67
2012	80.88	234.84	6.19	15.86	0.99	-2.92
2013	113.53	225.27	4.55	10.44	0.80	-2.30
2014	176.49	225.37	3.60	4.71	0.65	-2.73
2015	2147.13	259.36	0.44	0.27	0.07	-0.43
2016	3055.82	248.90	0.22	0.26	0.05	-0.24

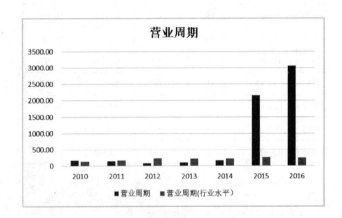

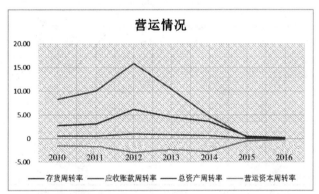

年度	研发总支出/主营业务收入	研发总支出/主营业务收入（行业水平）	存货（产成品）/资产总计	存货（产成品）/资产总计（行业水平）
2010	0	0	0	38.08%
2011	0	0.22%	0	28.78%
2012	136.92%	2.53%	0	25.86%
2013	82.77%	1.87%	0	23.69%
2014	0	1.86%	0	19.33%
2015	0	2.52%	0	14.17%
2016	0	2.56%	0	11.77%

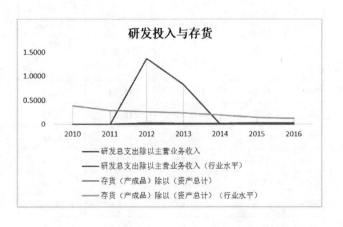

33. 孚日股份 （002083.SZ）

年度	净资产收益率	净资产收益率（行业平均水平）	净资产同比增长率	净利润同比增长率	经营活动产生的现金流量净额同比增长率
2010	6.97	14.92	7.23	74.62	142.39
2011	4.85	12.52	5.04	-26.08	-43.87
2012	0.40	9.35	-1.51	-88.42	67.56
2013	3.16	6.88	-0.74	479.38	26.94
2014	2.63	6.80	-0.63	-18.94	-85.58
2015	10.77	7.20	7.96	316.06	523.25
2016	12.13	6.54	6.60	21.80	31.26

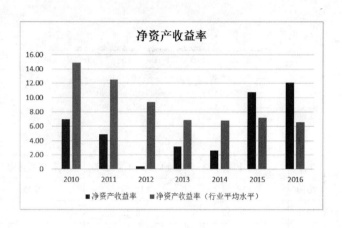

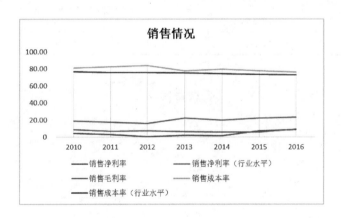

年度	销售净利率	销售净利率（行业水平）	销售毛利率	销售成本率	销售成本率（行业水平）
2010	4.40	8.73	18.70	81.30	76.68
2011	3.00	6.86	17.26	82.74	75.69
2012	0.36	7.11	15.97	84.03	75.97
2013	2.09	6.35	22.36	77.64	75.35
2014	1.66	5.98	20.05	79.95	74.56
2015	7.47	6.06	22.28	77.72	73.49
2016	8.70	9.17	23.43	76.57	72.75

年度	销售商品提供劳务收到的现金/营业收入	销售商品提供劳务收到的现金/营业收入（行业水平）	经营活动产生的现金流量净额/营业收入	经营活动产生的现金流量净额/营业收入（行业水平）
2010	110.46	103.93	19.49	5.63
2011	111.97	100.81	10.08	4.46
2012	112.62	102.55	17.43	8.41
2013	114.22	101.16	22.26	3.12
2014	108.43	101.77	3.15	8.56
2015	117.33	102.87	21.24	11.84
2016	113.66	100.96	26.66	5.08

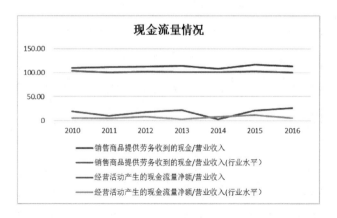

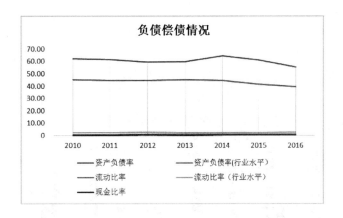

年度	资产负债率	资产负债率（行业水平）	流动比率	流动比率（行业水平）	现金比率
2010	62.21	45.38	0.67	2.41	0.12
2011	61.40	44.65	0.70	2.40	0.11
2012	59.38	44.62	0.87	2.58	0.15
2013	59.80	45.20	0.95	2.20	0.13
2014	64.33	44.71	0.86	2.26	0.18
2015	60.95	41.53	0.97	2.47	0.23
2016	55.22	39.43	1.08	2.69	0.17

年度	营业周期	营业周期（行业水平）	存货周转率	应收账款周转率	总资产周转率	营运资本周转率
2010	177.54	141.29	2.45	11.68	0.61	−3.20
2011	190.52	178.15	2.22	12.72	0.63	−3.69
2012	211.79	234.84	1.95	13.18	0.62	−5.43
2013	240.18	225.27	1.71	11.99	0.64	−15.04
2014	237.62	225.37	1.74	11.71	0.62	−11.39
2015	261.72	259.36	1.59	10.31	0.54	−10.82
2016	241.76	248.90	1.73	10.54	0.59	95.04

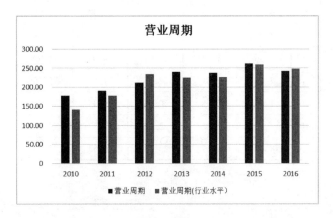

年度	研发总支出/主营业务收入	研发总支出/主营业务收入（行业水平）	存货（产成品）/（资产总计）	存货（产成品）/（资产总计）（行业水平）
2010	0	0	15.93%	38.08%
2011	0	0.22%	15.47%	28.78%
2012	3.07%	2.53%	16.52%	25.86%
2013	2.84%	1.87%	16.49%	23.69%
2014	2.74%	1.86%	14.72%	19.33%
2015	2.59%	2.52%	14.93%	14.17%
2016	2.55%	2.56%	16.06%	11.77%

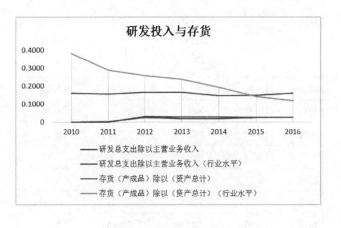

34. 新野纺织 （002087. SZ）

年度	净资产收益率	净资产收益率（行业平均水平）	净资产同比增长率	净利润同比增长率	经营活动产生的现金流量净额同比增长率
2010	6.39	14.92	51.89	193.67	-611.84
2011	5.91	12.52	4.82	13.48	294.70
2012	4.52	9.35	3.03	-21.63	-53.33
2013	4.38	6.88	4.63	-0.04	3.04
2014	4.41	6.80	2.72	3.33	-6.07
2015	5.96	7.20	5.34	41.59	-33.02
2016	8.34	6.54	45.81	76.97	-1.78

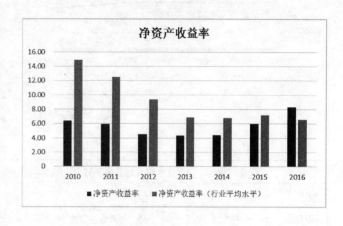

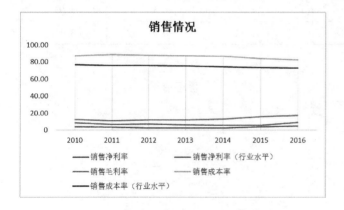

年度	销售净利率	销售净利率（行业水平）	销售毛利率	销售成本率	销售成本率（行业水平）
2010	3.74	8.73	12.43	87.57	76.68
2011	3.44	6.86	10.99	89.01	75.69
2012	2.54	7.11	11.94	88.06	75.97
2013	2.46	6.35	12.38	87.62	75.35
2014	2.44	5.98	13.08	86.92	74.56
2015	3.85	6.06	16.08	83.92	73.49
2016	5.08	9.17	17.58	82.43	72.75

年度	销售商品提供劳务收到的现金/营业收入	销售商品提供劳务收到的现金/营业收入（行业水平）	经营活动产生的现金流量净额/营业收入	经营活动产生的现金流量净额/营业收入（行业水平）
2010	116.30	103.93	-11.03	5.63
2011	110.86	100.81	17.41	4.46
2012	110.02	102.55	7.65	8.41
2013	87.64	101.16	7.63	3.12
2014	92.06	101.77	6.87	8.56
2015	92.65	102.87	5.14	11.84
2016	98.52	100.96	3.76	5.08

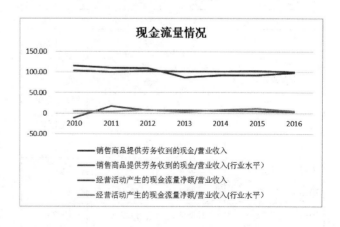

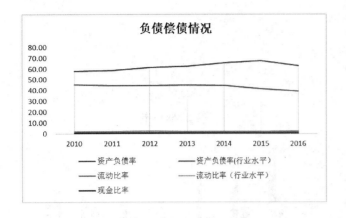

年度	资产负债率	资产负债率（行业水平）	流动比率	流动比率（行业水平）	现金比率
2010	57.97	45.38	1.23	2.41	0.28
2011	58.72	44.65	1.03	2.40	0.26
2012	61.48	44.62	1.33	2.58	0.27
2013	62.64	45.20	1.36	2.20	0.26
2014	65.62	44.71	1.58	2.26	0.32
2015	67.45	41.53	1.47	2.47	0.27
2016	62.81	39.43	1.46	2.69	0.45

年度	营业周期	营业周期（行业水平）	存货周转率	应收账款周转率	总资产周转率	营运资本周转率
2010	105.41	141.29	4.43	14.92	0.74	10.27
2011	107.08	178.15	4.17	17.30	0.72	11.69
2012	134.16	234.84	3.43	12.27	0.70	9.16
2013	148.87	225.27	3.32	8.89	0.68	4.80
2014	156.78	225.37	3.19	8.22	0.64	3.90
2015	204.29	259.36	2.34	7.14	0.52	3.00
2016	173.26	248.90	2.76	8.41	0.58	3.33

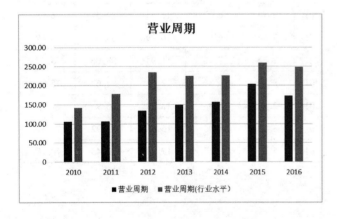

年度	研发总支出/主营业务收入	研发总支出/主营业务收入（行业水平）	存货（产成品）/（资产总计）	存货（产成品）/（资产总计）（行业水平）
2010	0	0	15.99%	38.08%
2011	0	0.22%	14.54%	28.78%
2012	1.00%	2.53%	13.57%	25.86%
2013	0	1.87%	12.58%	23.69%
2014	2.08%	1.86%	11.27%	19.33%
2015	3.26%	2.52%	10.13%	14.17%
2016	3.57%	2.56%	7.94%	11.77%

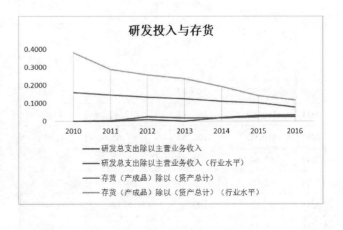

35. 江苏国泰（002091. SZ）

年度	净资产收益率	净资产收益率（行业平均水平）	净资产同比增长率	净利润同比增长率	经营活动产生的现金流量净额同比增长率
2010	21.00	14.92	18.04	20.77	-124.29
2011	19.76	12.52	17.40	9.43	794.37
2012	16.78	9.35	12.65	-1.28	48.71
2013	13.22	6.88	11.53	-8.36	-50.45
2014	14.21	6.80	12.58	15.26	-51.03
2015	14.73	7.20	13.65	15.26	-350.41
2016	19.17	6.54	41.27	38.52	124.05

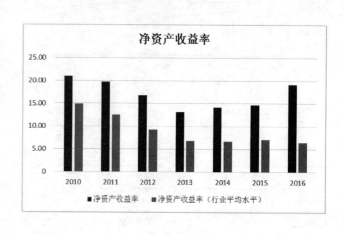

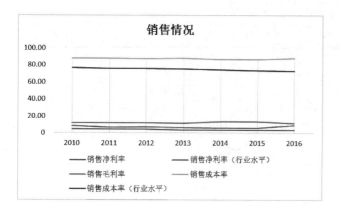

年度	销售净利率	销售净利率（行业水平）	销售毛利率	销售成本率	销售成本率（行业水平）
2010	4.86	8.73	12.06	87.94	76.68
2011	4.67	6.86	12.25	87.75	75.69
2012	4.30	7.11	12.34	87.66	75.97
2013	3.40	6.35	11.89	88.11	75.35
2014	3.62	5.98	13.43	86.57	74.56
2015	3.47	6.06	13.42	86.58	73.49
2016	3.53	9.17	11.89	88.11	72.75

年度	销售商品提供劳务收到的现金/营业收入	销售商品提供劳务收到的现金/营业收入（行业水平）	经营活动产生的现金流量净额/营业收入	经营活动产生的现金流量净额/营业收入（行业水平）
2010	100.18	103.93	-0.63	5.63
2011	103.86	100.81	3.86	4.46
2012	104.61	102.55	5.36	8.41
2013	103.32	101.16	2.29	3.12
2014	97.44	101.77	1.04	8.56
2015	98.34	102.87	-2.16	11.84
2016	103.26	100.96	4.56	5.08

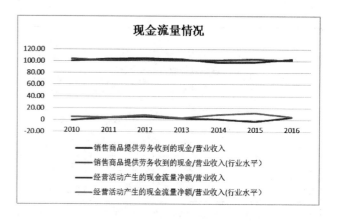

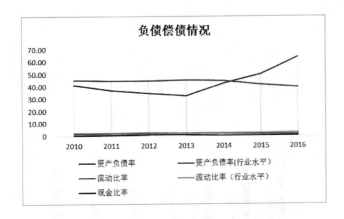

年度	资产负债率	资产负债率（行业水平）	流动比率	流动比率（行业水平）	现金比率
2010	41.10	45.38	1.79	2.41	0.44
2011	36.81	44.65	2.04	2.40	0.64
2012	34.30	44.62	2.29	2.58	0.85
2013	32.35	45.20	2.44	2.20	0.84
2014	42.39	44.71	1.92	2.26	0.49
2015	49.98	41.53	1.62	2.47	0.29
2016	63.65	39.43	1.26	2.69	0.45

年度	营业周期	营业周期（行业水平）	存货周转率	应收账款周转率	总资产周转率	营运资本周转率
2010	42.71	141.29	33.74	11.24	2.62	8.55
2011	49.60	178.15	24.26	10.36	2.56	7.44
2012	50.01	234.84	21.87	10.73	2.51	6.27
2013	46.58	225.27	24.27	11.34	2.69	6.18
2014	59.19	225.37	17.13	9.43	2.41	5.90
2015	70.07	259.36	14.75	7.88	2.20	6.56
2016	42.56	248.90	25.73	12.60	3.31	17.42

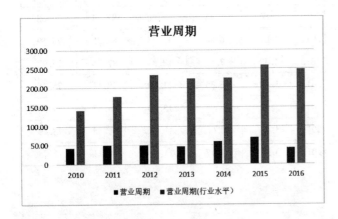

年度	研发总支出/主营业务收入	研发总支出/主营业务收入（行业水平）	存货（产成品）/（资产总计）	存货（产成品）/（资产总计）（行业水平）
2010	0	0	74.78%	38.08%
2011	0	0.22%	68.01%	28.78%
2012	0.08%	2.53%	62.73%	25.86%
2013	0.07%	1.87%	58.14%	23.69%
2014	0.41%	1.86%	43.76%	19.33%
2015	0.32%	2.52%	33.58%	14.17%
2016	0.14%	2.56%	8.85%	11.77%

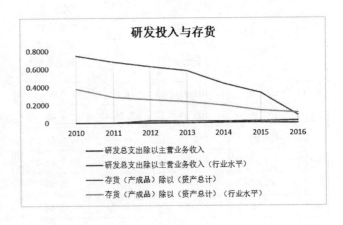

36. 浔兴股份 （002098．SZ）

年度	净资产收益率	净资产收益率（行业平均水平）	净资产同比增长率	净利润同比增长率	经营活动产生的现金流量净额同比增长率
2010	9.41	14.92	6.77	68.29	11.21
2011	10.76	12.52	5.68	16.72	−59.15
2012	5.95	9.35	−3.39	−46.46	205.73
2013	9.81	6.88	7.37	67.30	−11.58
2014	11.82	6.80	7.18	29.02	0.79
2015	10.10	7.20	51.60	−7.97	13.93
2016	10.94	6.54	8.49	64.65	−7.15

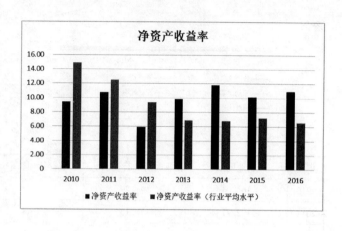

年度	销售净利率	销售净利率（行业水平）	销售毛利率	销售成本率	销售成本率（行业水平）
2010	5.73	8.73	24.17	75.83	76.68
2011	6.52	6.86	25.31	74.69	75.69
2012	3.88	7.11	27.02	72.98	75.97
2013	6.02	6.35	29.27	70.73	75.35
2014	7.45	5.98	29.99	70.01	74.56
2015	6.91	6.06	30.63	69.37	73.49
2016	10.08	9.17	33.04	66.96	72.75

年度	销售商品提供劳务收到的现金/营业收入	销售商品提供劳务收到的现金/营业收入（行业水平）	经营活动产生的现金流量净额/营业收入	经营活动产生的现金流量净额/营业收入（行业水平）
2010	95.28	103.93	13.67	5.63
2011	94.74	100.81	5.45	4.46
2012	89.95	102.55	18.50	8.41
2013	96.68	101.16	15.18	3.12
2014	97.11	101.77	14.67	8.56
2015	96.13	102.87	16.84	11.84
2016	93.17	100.96	13.86	5.08

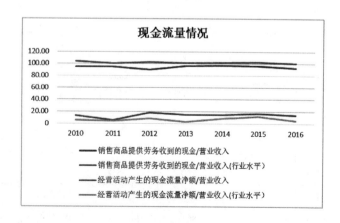

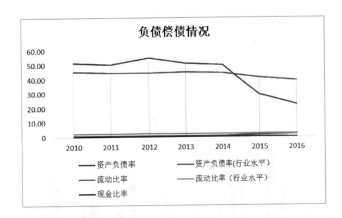

年度	资产负债率	资产负债率（行业水平）	流动比率	流动比率（行业水平）	现金比率
2010	51.55	45.38	0.94	2.41	0.19
2011	50.31	44.65	0.99	2.40	0.17
2012	54.91	44.62	0.85	2.58	0.21
2013	51.36	45.20	0.87	2.20	0.16
2014	50.12	44.71	0.88	2.26	0.16
2015	29.48	41.53	1.77	2.47	0.45
2016	22.71	39.43	2.19	2.69	0.31

年度	营业周期	营业周期（行业水平）	存货周转率	应收账款周转率	总资产周转率	营运资本周转率
2010	164.04	141.29	3.73	5.33	0.78	-23.13
2011	172.71	178.15	3.44	5.30	0.77	-43.95
2012	192.76	234.84	3.13	4.62	0.70	-17.10
2013	186.16	225.27	3.34	4.60	0.76	-10.72
2014	189.73	225.37	3.27	4.53	0.78	-12.42
2015	191.83	259.36	3.24	4.46	0.73	9.70
2016	177.56	248.90	3.62	4.61	0.80	3.68

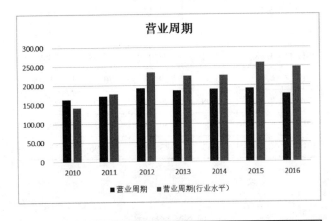

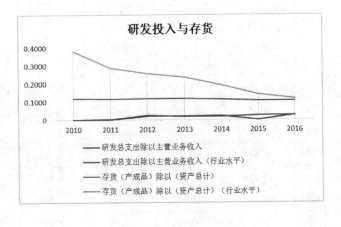

年度	研发总支出/主营业务收入	研发总支出/主营业务收入（行业水平）	存货（产成品）/资产总计	存货（产成品）/资产总计（行业水平）
2010	0	0	11.82%	38.08%
2011	0	0.22%	11.67%	28.78%
2012	2.01%	2.53%	11.88%	25.86%
2013	2.10%	1.87%	11.94%	23.69%
2014	2.24%	1.86%	11.43%	19.33%
2015	0	2.52%	10.66%	14.17%
2016	2.84%	2.56%	10.76%	11.77%

37. 南极电商（002127. SZ）

年度	净资产收益率	净资产收益率（行业平均水平）	净资产同比增长率	净利润同比增长率	经营活动产生的现金流量净额同比增长率
2010	17.55	14.92	98.87	139.76	102.83
2011	6.36	12.52	4.82	-52.66	-82.58
2012	-17.06	9.35	-16.45	-331.77	-285.17
2013	-75.07	6.88	-53.72	-175.31	901.06
2014	2.33	6.80	0.42	102.22	-113.03
2015	43.88	7.20	303.46	159.10	-10.95
2016	21.76	6.54	24.42	75.93	1133.40

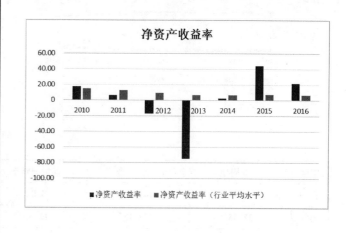

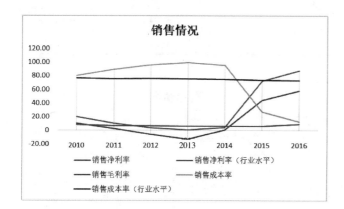

年度	销售净利率	销售净利率（行业水平）	销售毛利率	销售成本率	销售成本率（行业水平）
2010	10.20	8.73	19.90	80.10	76.68
2011	2.62	6.86	10.44	89.56	75.69
2012	-5.71	7.11	4.10	95.90	75.97
2013	-12.97	6.35	0.78	99.22	75.35
2014	0.76	5.98	4.53	95.47	74.56
2015	44.26	6.06	72.46	27.54	73.49
2016	58.17	9.17	87.23	12.77	72.75

年度	销售商品提供劳务收到的现金/营业收入	销售商品提供劳务收到的现金/营业收入（行业水平）	经营活动产生的现金流量净额/营业收入	经营活动产生的现金流量净额/营业收入（行业水平）
2010	115.54	103.93	13.52	5.63
2011	100.15	100.81	1.28	4.46
2012	104.67	102.55	-2.23	8.41
2013	135.56	101.16	14.72	3.12
2014	115.90	101.77	-5.04	8.56
2015	57.97	102.87	9.53	11.84
2016	104.78	100.96	87.79	5.08

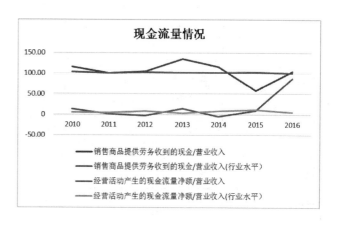

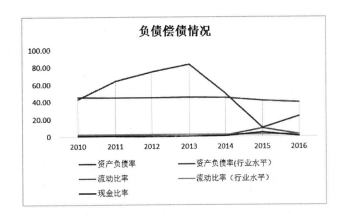

年度	资产负债率	资产负债率（行业水平）	流动比率	流动比率（行业水平）	现金比率
2010	43.03	45.38	1.22	2.41	0.66
2011	64.33	44.65	0.96	2.40	0.33
2012	74.82	44.62	0.86	2.58	0.12
2013	83.55	45.20	0.57	2.20	0.23
2014	49.48	44.71	1.64	2.26	0.81
2015	10.01	41.53	9.53	2.47	5.03
2016	23.57	39.43	2.77	2.69	0.98

年度	营业周期	营业周期（行业水平）	存货周转率	应收账款周转率	总资产周转率	营运资本周转率
2010	53.75	141.29	8.08	39.17	1.08	17.70
2011	37.45	178.15	11.35	62.91	1.15	71.32
2012	52.34	234.84	7.81	57.86	0.91	−17.31
2013	42.38	225.27	9.78	64.73	1.20	−7.42
2014	81.82	225.37	7.17	11.40	0.84	−6.30
2015	541.71	259.36	1.30	1.36	0.34	0.54
2016	561.85	248.90	1.06	1.61	0.30	0.52

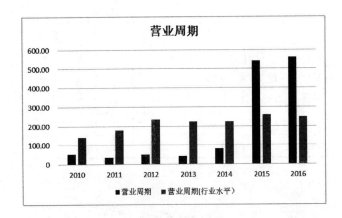

年度	研发总支出/主营业务收入	研发总支出/主营业务收入（行业水平）	存货（产成品）/（资产总计）	存货（产成品）/（资产总计）（行业水平）
2010	0	0	2.48%	38.08%
2011	0	0.22%	1.56%	28.78%
2012	18.56%	2.53%	1.32%	25.86%
2013	0	1.87%	1.88%	23.69%
2014	0	1.86%	5.79%	19.33%
2015	2.88%	2.52%	3.89%	14.17%
2016	3.37%	2.56%	2.61%	11.77%

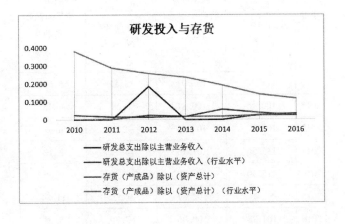

38. 宏达高科 （002144. SZ）

年度	净资产收益率	净资产收益率（行业平均水平）	净资产同比增长率	净利润同比增长率	经营活动产生的现金流量净额同比增长率
2010	8.71	14.92	288.49	254.39	224.24
2011	6.27	12.52	-2.96	75.03	-105.73
2012	9.81	9.35	13.98	63.28	1111.42
2013	4.99	6.88	48.24	-29.44	-16.45
2014	6.58	6.80	-7.50	44.59	47.66
2015	7.30	7.20	-0.81	6.25	-66.05
2016	5.94	6.54	-0.53	-19.49	244.09

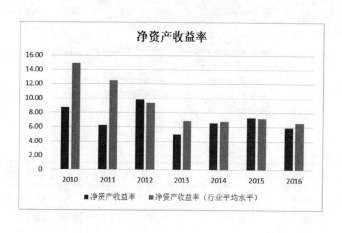

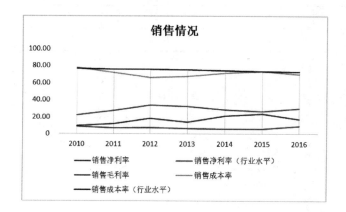

年度	销售净利率	销售净利率（行业水平）	销售毛利率	销售成本率	销售成本率（行业水平）
2010	9.83	8.73	22.13	77.87	76.68
2011	11.99	6.86	27.78	72.22	75.69
2012	18.31	7.11	33.92	66.08	75.97
2013	13.86	6.35	32.25	67.75	75.35
2014	21.54	5.98	28.49	71.51	74.56
2015	23.69	6.06	26.58	73.42	73.49
2016	17.63	9.17	30.08	69.92	72.75

年度	销售商品提供劳务收到的现金/营业收入	销售商品提供劳务收到的现金/营业收入（行业水平）	经营活动产生的现金流量净额/营业收入	经营活动产生的现金流量净额/营业收入（行业水平）
2010	125.30	103.93	40.61	5.63
2011	100.57	100.81	-1.62	4.46
2012	97.40	102.55	15.33	8.41
2013	105.66	101.16	13.75	3.12
2014	111.96	101.77	21.82	8.56
2015	101.06	102.87	7.67	11.84
2016	110.74	100.96	24.39	5.08

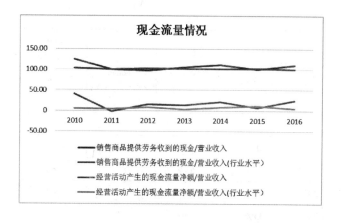

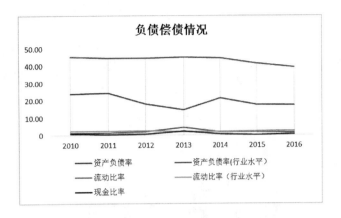

年度	资产负债率	资产负债率（行业水平）	流动比率	流动比率（行业水平）	现金比率
2010	23.92	45.38	1.47	2.41	0.94
2011	24.40	44.65	1.44	2.40	0.53
2012	18.13	44.62	2.05	2.58	0.79
2013	14.63	45.20	4.59	2.20	2.51
2014	21.51	44.71	1.83	2.26	0.72
2015	17.67	41.53	1.97	2.47	0.19
2016	17.35	39.43	1.76	2.69	0.69

年度	营业周期	营业周期（行业水平）	存货周转率	应收账款周转率	总资产周转率	营运资本周转率
2010	95.09	141.29	6.32	9.45	0.43	5.05
2011	83.18	178.15	8.10	9.29	0.40	4.86
2012	100.26	234.84	8.62	6.15	0.42	4.14
2013	122.37	225.27	7.39	4.89	0.32	1.51
2014	126.32	225.37	6.57	5.04	0.25	1.23
2015	133.22	259.36	6.90	4.44	0.25	1.90
2016	134.13	248.90	7.31	4.24	0.28	2.41

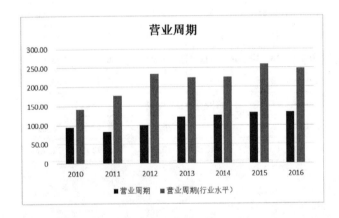

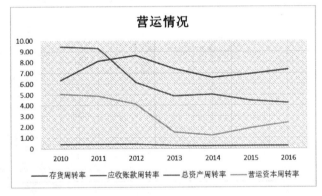

年度	研发总支出/主营业务收入	研发总支出/主营业务收入（行业水平）	存货（产成品）/（资产总计）	存货（产成品）/（资产总计）（行业水平）
2010	0	0	1.92%	38.08%
2011	0	0.22%	1.97%	28.78%
2012	2.45%	2.53%	1.87%	25.86%
2013	2.85%	1.87%	1.32%	23.69%
2014	3.35%	1.86%	1.31%	19.33%
2015	4.29%	2.52%	1.38%	14.17%
2016	3.76%	2.56%	1.40%	11.77%

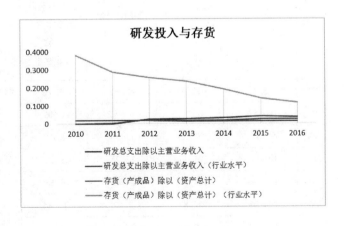

39. 报喜鸟 （002154. SZ）

年度	净资产收益率	净资产收益率（行业平均水平）	净资产同比增长率	净利润同比增长率	经营活动产生的现金流量净额同比增长率
2010	14.14	14.92	15.91	31.16	70.79
2011	18.42	12.52	16.96	48.15	-102.37
2012	20.08	9.35	21.77	30.46	6809.10
2013	6.04	6.88	-0.50	-66.01	-109.34
2014	5.02	6.80	4.00	-15.82	959.18
2015	3.63	7.20	2.59	-25.45	-19.60
2016	-14.90	6.54	-14.24	-487.10	-9.74

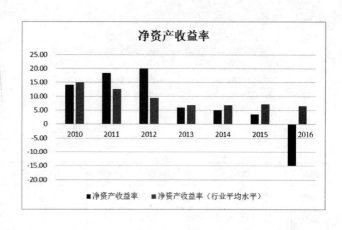

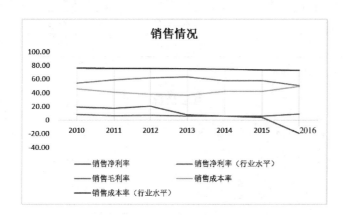

年度	销售净利率	销售净利率（行业水平）	销售毛利率	销售成本率	销售成本率（行业水平）
2010	19.29	8.73	54.19	45.81	76.68
2011	17.73	6.86	58.87	41.13	75.69
2012	20.81	7.11	62.14	37.86	75.97
2013	7.90	6.35	63.18	36.82	75.35
2014	5.90	5.98	57.86	42.14	74.56
2015	4.46	6.06	57.97	42.03	73.49
2016	-19.28	9.17	50.68	49.32	72.75

年度	销售商品提供劳务收到的现金/营业收入	销售商品提供劳务收到的现金/营业收入（行业水平）	经营活动产生的现金流量净额/营业收入	经营活动产生的现金流量净额/营业收入（行业水平）
2010	124.90	103.93	23.88	5.63
2011	106.65	100.81	-0.35	4.46
2012	117.72	102.55	21.16	8.41
2013	115.96	101.16	-2.21	3.12
2014	104.99	101.77	16.82	8.56
2015	98.40	102.87	13.72	11.84
2016	112.41	100.96	13.82	5.08

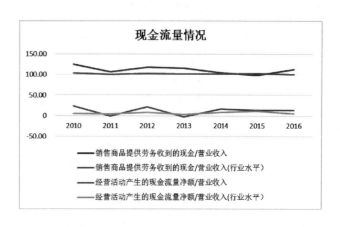

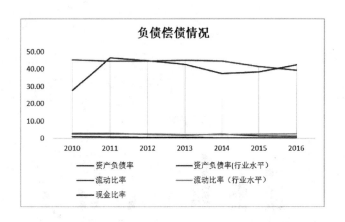

年度	资产负债率	资产负债率（行业水平）	流动比率	流动比率（行业水平）	现金比率
2010	27.70	45.38	2.89	2.41	0.89
2011	46.50	44.65	2.82	2.40	0.65
2012	44.75	44.62	2.34	2.58	0.52
2013	42.76	45.20	2.01	2.20	0.36
2014	37.31	44.71	2.44	2.26	0.27
2015	38.30	41.53	1.54	2.47	0.20
2016	42.37	39.43	1.24	2.69	0.20

年度	营业周期	营业周期（行业水平）	存货周转率	应收账款周转率	总资产周转率	营运资本周转率
2010	261.68	141.29	1.74	6.51	0.55	1.15
2011	275.08	178.15	1.91	4.13	0.61	1.47
2012	396.52	234.84	1.32	2.92	0.51	1.46
2013	586.23	225.27	0.77	2.97	0.43	1.55
2014	511.74	225.37	0.84	4.37	0.51	1.85
2015	504.23	259.36	0.86	4.30	0.50	2.24
2016	428.75	248.90	1.05	4.25	0.46	3.80

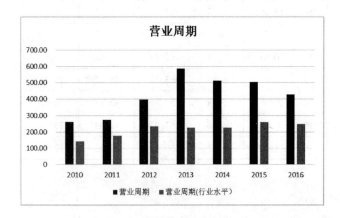

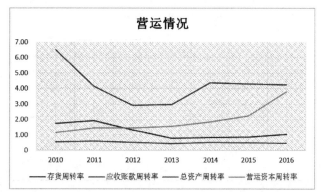

年度	研发总支出/主营业务收入	研发总支出/主营业务收入（行业水平）	存货（产成品）/（资产总计）	存货（产成品）/（资产总计）（行业水平）
2010	0	0	30.14%	38.08%
2011	0	0.22%	19.02%	28.78%
2012	2.62%	2.53%	16.29%	25.86%
2013	0	1.87%	16.94%	23.69%
2014	2.33%	1.86%	17.87%	19.33%
2015	1.77%	2.52%	17.14%	14.17%
2016	1.67%	2.56%	18.67%	11.77%

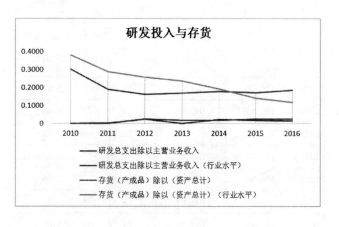

40. 澳洋科技 （002172. SZ）

年度	净资产收益率	净资产收益率（行业平均水平）	净资产同比增长率	净利润同比增长率	经营活动产生的现金流量净额同比增长率
2010	9.99	14.92	39.61	-45.27	-154.21
2011	-77.37	12.52	-59.23	-760.50	-216.62
2012	6.35	9.35	8.51	105.16	272.10
2013	3.45	6.88	8.10	-46.19	-56.14
2014	-18.25	6.80	-18.83	-683.94	107.32
2015	14.72	7.20	52.59	214.14	-43.20
2016	21.84	6.54	16.82	156.13	65.85

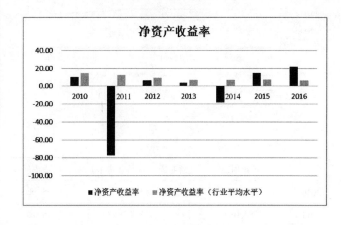

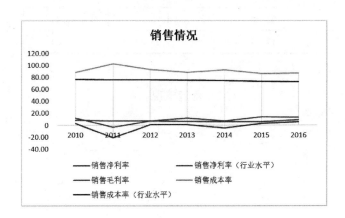

年度	销售净利率	销售净利率（行业水平）	销售毛利率	销售成本率	销售成本率（行业水平）
2010	3.23	8.73	11.90	88.10	76.68
2011	-21.24	6.86	-2.88	102.88	75.69
2012	1.18	7.11	6.91	93.09	75.97
2013	0.69	6.35	11.70	88.30	75.35
2014	-4.49	5.98	7.30	92.70	74.56
2015	2.80	6.06	13.77	86.23	73.49
2016	5.61	9.17	13.08	86.92	72.75

年度	销售商品提供劳务收到的现金/营业收入	销售商品提供劳务收到的现金/营业收入（行业水平）	经营活动产生的现金流量净额/营业收入	经营活动产生的现金流量净额/营业收入（行业水平）
2010	113.12	103.93	-2.62	5.63
2011	113.34	100.81	-8.27	4.46
2012	123.98	102.55	15.32	8.41
2013	38.58	101.16	7.28	3.12
2014	40.22	101.77	16.88	8.56
2015	68.88	102.87	8.79	11.84
2016	69.63	100.96	11.38	5.08

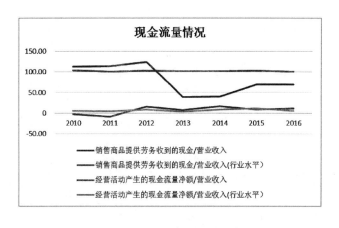

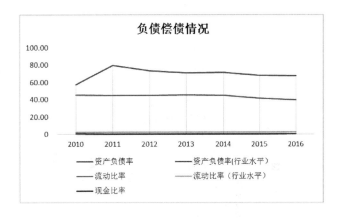

年度	资产负债率	资产负债率（行业水平）	流动比率	流动比率（行业水平）	现金比率
2010	57.34	45.38	0.96	2.41	0.26
2011	79.76	44.65	0.58	2.40	0.13
2012	73.36	44.62	0.51	2.58	0.12
2013	70.77	45.20	0.57	2.20	0.14
2014	71.61	44.71	0.41	2.26	0.13
2015	67.89	41.53	0.56	2.47	0.19
2016	67.57	39.43	0.70	2.69	0.26

年度	营业周期	营业周期（行业水平）	存货周转率	应收账款周转率	总资产周转率	营运资本周转率
2010	76.44	141.29	5.06	67.57	1.08	−18.74
2011	68.08	178.15	5.76	64.43	0.99	−6.16
2012	54.43	234.84	7.21	79.46	1.08	−3.26
2013	50.14	225.27	8.08	64.68	1.13	−3.49
2014	46.96	225.37	8.89	55.84	1.12	−3.20
2015	47.64	259.36	11.16	23.38	1.26	−3.74
2016	55.00	248.90	10.59	17.14	1.25	−5.24

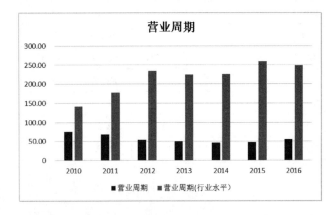

年度	研发总支出/主营业务收入	研发总支出/主营业务收入（行业水平）	存货（产成品）/（资产总计）	存货（产成品）/（资产总计）（行业水平）
2010	0	0	6.98%	38.08%
2011	0	0.22%	7.86%	28.78%
2012	0.04%	2.53%	9.65%	25.86%
2013	0.09%	1.87%	9.97%	23.69%
2014	0.09%	1.86%	11.90%	19.33%
2015	0.06%	2.52%	7.74%	14.17%
2016	0.05%	2.56%	6.90%	11.77%

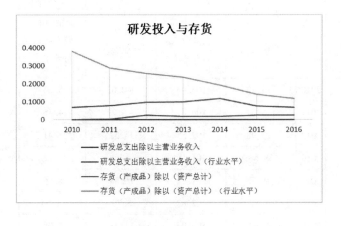

41. 如意集团 （002193. SZ）

年度	净资产收益率	净资产收益率（行业平均水平）	净资产同比增长率	净利润同比增长率	经营活动产生的现金流量净额同比增长率
2010	19. 34	14. 92	18. 06	118. 93	141. 83
2011	17. 05	12. 52	16. 13	10. 93	25. 89
2012	10. 85	9. 35	10	−42. 09	44. 44
2013	11. 66	6. 88	9. 29	19. 58	−32. 04
2014	6. 15	6. 80	3. 40	−23. 49	100. 92
2015	3. 32	7. 20	−0. 69	−43. 68	1. 50
2016	3. 63	6. 54	1. 23	12. 18	−14. 65

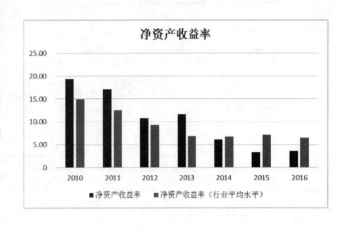

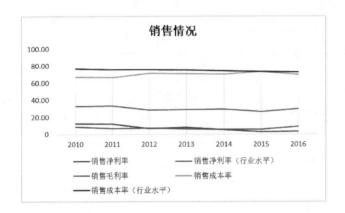

年度	销售净利率	销售净利率（行业水平）	销售毛利率	销售成本率	销售成本率（行业水平）
2010	12. 45	8. 73	32. 87	67. 13	76. 68
2011	11. 96	6. 86	33. 22	66. 78	75. 69
2012	6. 99	7. 11	28. 59	71. 41	75. 97
2013	8. 12	6. 35	29. 11	70. 89	75. 35
2014	5. 57	5. 98	29. 48	70. 52	74. 56
2015	3. 20	6. 06	26. 65	73. 35	73. 49
2016	3. 49	9. 17	30. 15	69. 85	72. 75

年度	销售商品提供劳务收到的现金/营业收入	销售商品提供劳务收到的现金/营业收入（行业水平）	经营活动产生的现金流量净额/营业收入	经营活动产生的现金流量净额/营业收入（行业水平）
2010	112. 14	103. 93	17. 81	5. 63
2011	112. 36	100. 81	19. 29	4. 46
2012	118. 24	102. 55	28. 11	8. 41
2013	105. 89	101. 16	18. 55	3. 12
2014	117. 88	101. 77	31. 71	8. 56
2015	109. 02	102. 87	32. 85	11. 84
2016	116. 06	100. 96	25. 75	5. 08

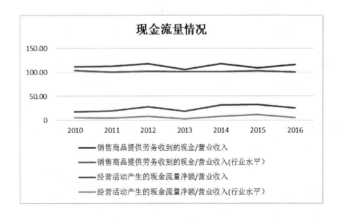

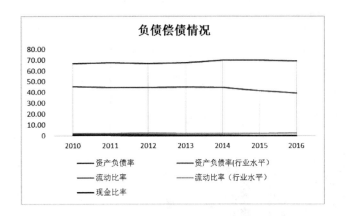

年度	资产负债率	资产负债率（行业水平）	流动比率	流动比率（行业水平）	现金比率
2010	66.79	45.38	1.13	2.41	0.27
2011	67.53	44.65	0.97	2.40	0.20
2012	66.65	44.62	1.00	2.58	0.12
2013	67.36	45.20	0.88	2.20	0.12
2014	69.91	44.71	0.61	2.26	0.08
2015	69.79	41.53	0.55	2.47	0.09
2016	69.03	39.43	0.48	2.69	0.15

年度	营业周期	营业周期（行业水平）	存货周转率	应收账款周转率	总资产周转率	营运资本周转率
2010	171.09	141.29	2.75	8.94	0.50	84.39
2011	175.43	178.15	2.57	10.26	0.48	33.58
2012	186.80	234.84	2.35	10.69	0.42	−49.86
2013	182.56	225.27	2.41	10.93	0.38	−13.33
2014	162.36	225.37	2.76	11.34	0.38	−2.93
2015	160.90	259.36	3.06	8.34	0.34	−1.59
2016	150.09	248.90	3.35	8.42	0.37	−1.33

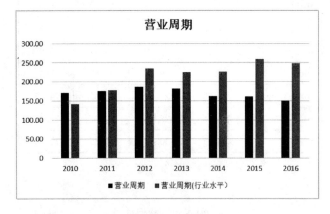

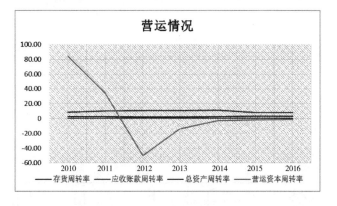

年度	研发总支出/主营业务收入	研发总支出/主营业务收入（行业水平）	存货（产成品）/（资产总计）	存货（产成品）/（资产总计）（行业水平）
2010	0	0	6.99%	38.08%
2011	0	0.22%	5.93%	28.78%
2012	0.15%	2.53%	5.43%	25.86%
2013	0.14%	1.87%	4.64%	23.69%
2014	0.08%	1.86%	4.12%	19.33%
2015	0.11%	2.52%	4.07%	14.17%
2016	0.46%	2.56%	4.00%	11.77%

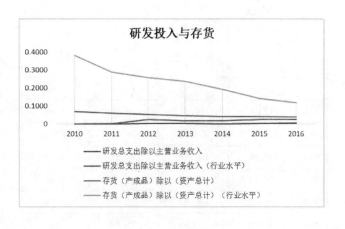

42. 方正电机 （002196.SZ）

年度	净资产收益率	净资产收益率（行业平均水平）	净资产同比增长率	净利润同比增长率	经营活动产生的现金流量净额同比增长率
2010	8.67	14.92	5.89	415.71	-63.02
2011	14.08	12.52	10.40	74.43	128.43
2012	6.88	9.35	1.00	-48.38	1.18
2013	1.26	6.88	105.99	-73.33	72.77
2014	1.55	6.80	30.72	87.32	-9.67
2015	6.23	7.20	174.42	462.02	-47.72
2016	5.17	6.54	4.89	87.94	-0.73

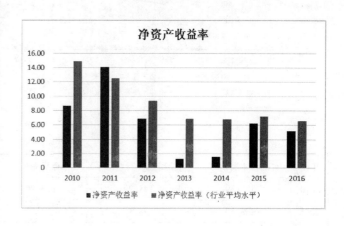

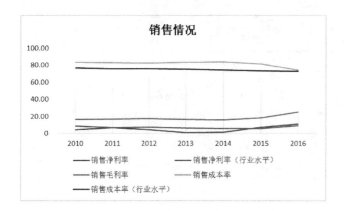

年度	销售净利率	销售净利率（行业水平）	销售毛利率	销售成本率	销售成本率（行业水平）
2010	4.39	8.73	16.52	83.48	76.68
2011	6.83	6.86	17.04	82.96	75.69
2012	4.29	7.11	17.49	82.51	75.97
2013	1.12	6.35	16.43	83.57	75.35
2014	1.64	5.98	16.08	83.92	74.56
2015	7.21	6.06	18.23	81.77	73.49
2016	11.32	9.17	25.38	74.62	72.75

年度	销售商品提供劳务收到的现金/营业收入	销售商品提供劳务收到的现金/营业收入（行业水平）	经营活动产生的现金流量净额/营业收入	经营活动产生的现金流量净额/营业收入（行业水平）
2010	84.11	103.93	3.76	5.63
2011	113.30	100.81	7.66	4.46
2012	95.85	102.55	9.42	8.41
2013	100.88	101.16	15.89	3.12
2014	105.48	101.77	11.23	8.56
2015	93.92	102.87	4.60	11.84
2016	86.18	100.96	3.46	5.08

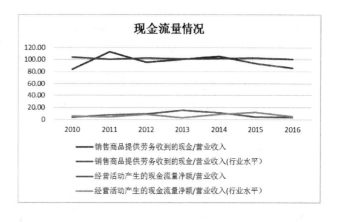

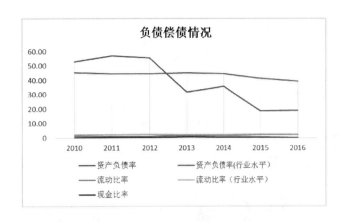

年度	资产负债率	资产负债率（行业水平）	流动比率	流动比率（行业水平）	现金比率
2010	52.93	45.38	1.38	2.41	0.33
2011	57.12	44.65	1.24	2.40	0.23
2012	55.56	44.62	1.11	2.58	0.13
2013	31.70	45.20	2.12	2.20	0.88
2014	35.75	44.71	1.71	2.26	0.51
2015	18.75	41.53	2.35	2.47	0.55
2016	19.01	39.43	2.19	2.69	0.27

年度	营业周期	营业周期（行业水平）	存货周转率	应收账款周转率	总资产周转率	营运资本周转率
2010	188.39	141.29	3.76	3.88	0.96	4.61
2011	208.50	178.15	3.00	4.06	0.92	5.74
2012	271.35	234.84	2.10	3.60	0.70	7.31
2013	252.14	225.27	2.22	3.99	0.62	2.84
2014	237.45	225.37	2.38	4.17	0.57	2.03
2015	258.44	259.36	2.42	3.28	0.39	1.74
2016	255.92	248.90	2.57	3.10	0.37	1.75

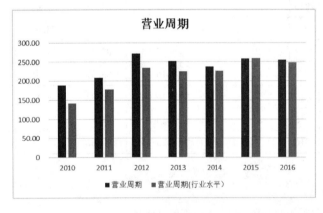

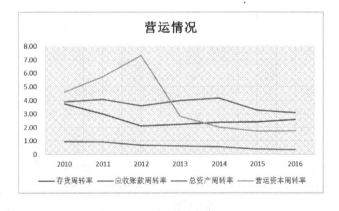

年度	研发总支出/主营业务收入	研发总支出/主营业务收入（行业水平）	存货（产成品）/（资产总计）	存货（产成品）/（资产总计）（行业水平）
2010	0	0	23.52%	38.08%
2011	0	0.22%	19.41%	28.78%
2012	1.66%	2.53%	19.92%	25.86%
2013	1.84%	1.87%	14.86%	23.69%
2014	3.53%	1.86%	10.55%	19.33%
2015	3.07%	2.52%	4.86%	14.17%
2016	4.42%	2.56%	4.62%	11.77%

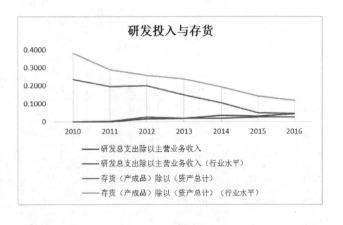

43. 海利得 （002206.SZ）

年度	净资产收益率	净资产收益率（行业平均水平）	净资产同比增长率	净利润同比增长率	经营活动产生的现金流量净额同比增长率
2010	15.21	14.92	12.14	8.39	137.88
2011	11.26	12.52	91.99	30.51	-19.82
2012	4.40	9.35	-4.44	-56.79	-57.44
2013	5.14	6.88	1.28	16.49	14.08
2014	7.18	6.80	2.53	43.83	206.65
2015	9.52	7.20	3.83	36.72	3.43
2016	10.49	6.54	31.42	29.50	37.77

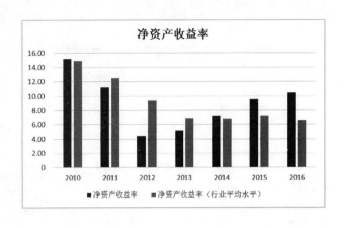

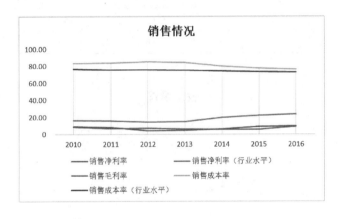

年度	销售净利率	销售净利率（行业水平）	销售毛利率	销售成本率	销售成本率（行业水平）
2010	9.26	8.73	16.62	83.38	76.68
2011	8.49	6.86	16.14	83.86	75.69
2012	4.43	7.11	14.65	85.35	75.97
2013	4.68	6.35	15.24	84.76	75.35
2014	6.33	5.98	19.86	80.14	74.56
2015	9.33	6.06	22.10	77.90	73.49
2016	9.99	9.17	23.70	76.30	72.75

年度	销售商品提供劳务收到的现金/营业收入	销售商品提供劳务收到的现金/营业收入（行业水平）	经营活动产生的现金流量净额/营业收入	经营活动产生的现金流量净额/营业收入（行业水平）
2010	103.74	103.93	17.59	5.63
2011	103.87	100.81	9.90	4.46
2012	107.77	102.55	5.09	8.41
2013	101.13	101.16	5.27	3.12
2014	104.21	101.77	15.19	8.56
2015	103.51	102.87	16.94	11.84
2016	102.49	100.96	19.29	5.08

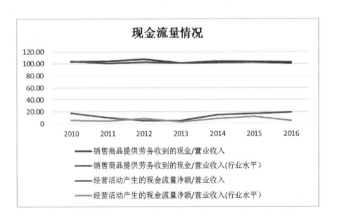

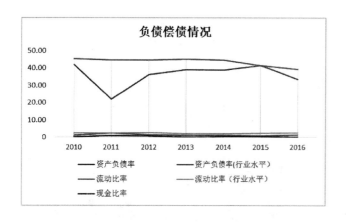

年度	资产 负债率	资产 负债率 （行业水平）	流动 比率	流动 比率 （行业水平）	现金 比率
2010	42.05	45.38	1.12	2.41	0.25
2011	21.90	44.65	2.44	2.40	1.00
2012	36.16	44.62	1.40	2.58	0.69
2013	38.96	45.20	1.26	2.20	0.33
2014	38.74	44.71	1.23	2.26	0.57
2015	41.58	41.53	1.01	2.47	0.47
2016	33.47	39.43	1.48	2.69	0.29

年度	营业周期	营业周期（行业水平）	存货周转率	应收账款周转率	总资产周转率	营运资本周转率
2010	91.89	141.29	6.41	10.07	1.05	14.49
2011	90.86	178.15	5.96	11.82	1.05	5.48
2012	123.38	234.84	4.35	8.85	0.68	3.24
2013	129.56	225.27	4.25	8.01	0.68	5.76
2014	130.93	225.37	4.46	7.18	0.69	7.57
2015	137.55	259.36	4.45	6.35	0.61	14.20
2016	121.72	248.90	5.06	7.12	0.66	7.69

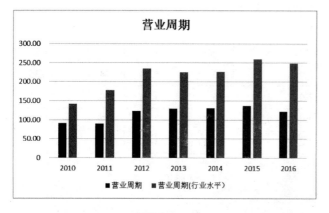

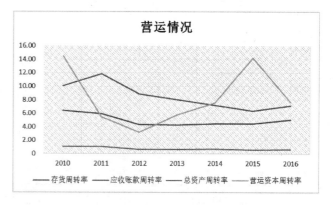

年度	研发总支出/ 主营业务收入	研发总支出/ 主营业务收入 （行业水平）	存货 （产成品）/ （资产总计）	存货 （产成品）/ （资产总计） （行业水平）
2010	0	0	13.35%	38.08%
2011	0	0.22%	9.36%	28.78%
2012	2.86%	2.53%	8.00%	25.86%
2013	3.87%	1.87%	7.56%	23.69%
2014	4.26%	1.86%	7.39%	19.33%
2015	4.65%	2.52%	6.78%	14.17%
2016	3.94%	2.56%	5.88%	11.77%

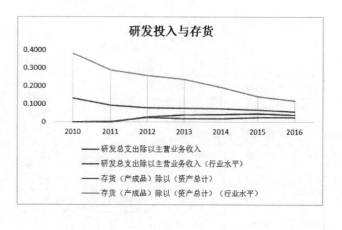

44. 奥特佳 （002239. SZ）

年度	净资产收益率	净资产收益率（行业平均水平）	净资产同比增长率	净利润同比增长率	经营活动产生的现金流量净额同比增长率
2010	1.98	14.92	0.13	-68.72	-10.08
2011	1.98	12.52	1.13	0.68	-61.10
2012	1.86	9.35	0.99	-5.20	35.72
2013	9.40	6.88	11.97	433.53	-158.82
2014	1.82	6.80	3.98	-89.13	375.29
2015	9.00	7.20	506.97	3747.18	178.99
2016	10.55	6.54	27.78	101.80	247.45

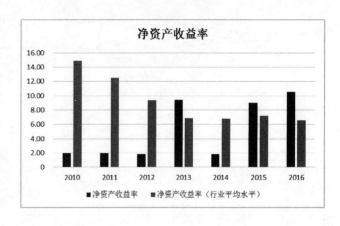

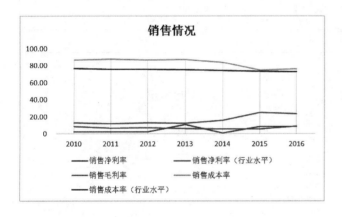

年度	销售净利率	销售净利率（行业水平）	销售毛利率	销售成本率	销售成本率（行业水平）
2010	2.51	8.73	13.04	86.96	76.68
2011	2.54	6.86	11.92	88.08	75.69
2012	2.45	7.11	12.94	87.06	75.97
2013	11.27	6.35	12.56	87.44	75.35
2014	1.29	5.98	15.85	84.15	74.56
2015	8.99	6.06	25.29	74.71	73.49
2016	8.61	9.17	23.58	76.42	72.75

年度	销售商品提供劳务收到的现金/营业收入	销售商品提供劳务收到的现金/营业收入（行业水平）	经营活动产生的现金流量净额/营业收入	经营活动产生的现金流量净额/营业收入（行业水平）
2010	100.59	103.93	14.67	5.63
2011	97.86	100.81	5.73	4.46
2012	105.59	102.55	7.92	8.41
2013	96.02	101.16	-4.02	3.12
2014	96.43	101.77	11.64	8.56
2015	87.63	102.87	5.88	11.84
2016	95.10	100.96	9.71	5.08

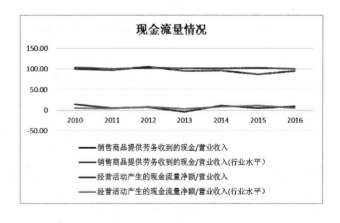

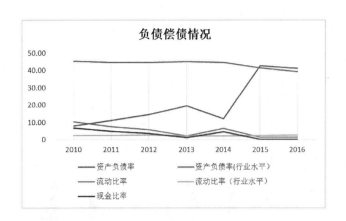

年度	资产负债率	资产负债率（行业水平）	流动比率	流动比率（行业水平）	现金比率
2010	7.98	45.38	10.28	2.41	6.78
2011	11.18	44.65	7.48	2.40	4.88
2012	14.50	44.62	5.88	2.58	3.54
2013	19.53	45.20	2.13	2.20	1.09
2014	12.09	44.71	6.57	2.26	4.55
2015	42.63	41.53	1.43	2.47	0.27
2016	41.28	39.43	1.49	2.69	0.30

年度	营业周期	营业周期（行业水平）	存货周转率	应收账款周转率	总资产周转率	营运资本周转率
2010	148.12	141.29	5.27	4.51	0.70	0.94
2011	131.22	178.15	7.19	4.44	0.70	1.01
2012	127.72	234.84	7.27	4.60	0.66	1.16
2013	108.39	225.27	7.94	5.71	0.66	1.96
2014	127.38	225.37	7.25	4.63	0.59	1.36
2015	150.35	259.36	5.05	4.55	0.67	3.45
2016	151.72	248.90	5.10	4.44	0.70	4.42

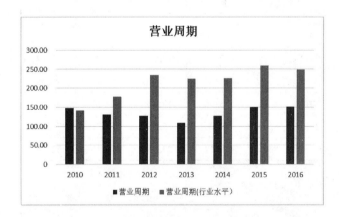

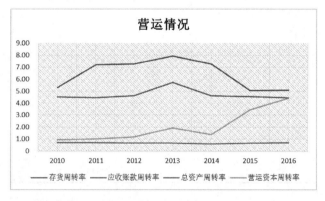

年度	研发总支出/主营业务收入	研发总支出/主营业务收入（行业水平）	存货（产成品）/（资产总计）	存货（产成品）/（资产总计）（行业水平）
2010	0	0	101.04%	38.08%
2011	0	0.22%	96.43%	28.78%
2012	0	2.53%	91.91%	25.86%
2013	0	1.87%	71.84%	23.69%
2014	0	1.86%	81.17%	19.33%
2015	3.23%	2.52%	8.69%	14.17%
2016	2.12%	2.56%	6.98%	11.77%

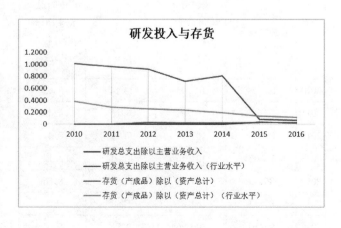

45. 泰和新材 (002254.SZ)

年度	净资产收益率	净资产收益率（行业平均水平）	净资产同比增长率	净利润同比增长率	经营活动产生的现金流量净额同比增长率
2010	15.70	14.92	10.19	127.64	−27.74
2011	8.49	12.52	−3.63	−47.72	−107.90
2012	2.76	9.35	−3.25	−68.48	663.00
2013	5.15	6.88	7.92	109.70	67.13
2014	8.42	6.80	8.83	77.90	150.99
2015	4.99	7.20	3.45	−34.98	−69.02
2016	2.99	6.54	3.05	−41.47	230.79

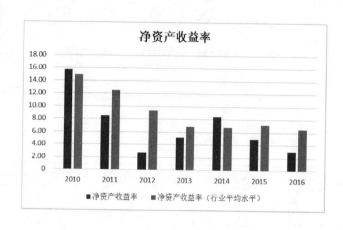

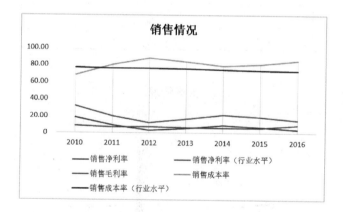

年度	销售净利率	销售净利率（行业水平）	销售毛利率	销售成本率	销售成本率（行业水平）
2010	18.31	8.73	31.73	68.27	76.68
2011	9.27	6.86	19.85	80.15	75.69
2012	2.94	7.11	12.31	87.69	75.97
2013	5.33	6.35	16.59	83.41	75.35
2014	9.45	5.98	21.28	78.72	74.56
2015	6.83	6.06	19.13	80.87	73.49
2016	4.04	9.17	15.16	84.84	72.75

年度	销售商品提供劳务收到的现金/营业收入	销售商品提供劳务收到的现金/营业收入（行业水平）	经营活动产生的现金流量净额/营业收入	经营活动产生的现金流量净额/营业收入（行业水平）
2010	82.77	103.93	11.43	5.63
2011	70.73	100.81	−0.87	4.46
2012	73.08	102.55	4.95	8.41
2013	74.94	101.16	7.16	3.12
2014	83.28	101.77	17.90	8.56
2015	71.37	102.87	6.16	11.84
2016	76.97	100.96	20.61	5.08

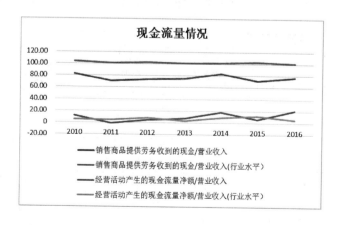

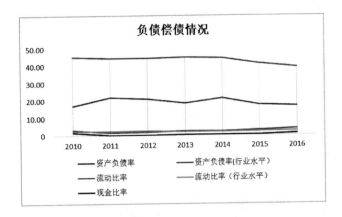

年度	资产负债率	资产负债率（行业水平）	流动比率	流动比率（行业水平）	现金比率
2010	17.20	45.38	3.21	2.41	1.59
2011	21.93	44.65	1.73	2.40	0.29
2012	21.00	44.62	1.97	2.58	0.21
2013	18.69	45.20	2.55	2.20	0.45
2014	21.53	44.71	2.39	2.26	0.44
2015	17.62	41.53	3.24	2.47	0.44
2016	16.88	39.43	3.94	2.69	1.23

年度	营业周期	营业周期（行业水平）	存货周转率	应收账款周转率	总资产周转率	营运资本周转率
2010	68.64	141.29	6.15	35.76	0.71	1.94
2011	82.06	178.15	4.98	36.90	0.67	2.90
2012	91.42	234.84	4.57	28.58	0.68	4.36
2013	80.17	225.27	5.33	28.49	0.79	3.64
2014	87.21	225.37	5.06	22.42	0.73	2.71
2015	122.18	259.36	4.06	10.75	0.62	1.97
2016	116.66	248.90	4.53	9.66	0.61	1.57

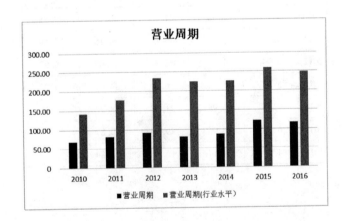

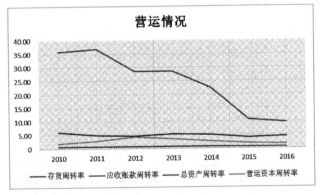

年度	研发总支出/主营业务收入	研发总支出/主营业务收入（行业水平）	存货（产成品）/（资产总计）	存货（产成品）/（资产总计）（行业水平）
2010	0	0	7.33%	38.08%
2011	0	0.22%	7.21%	28.78%
2012	5.70%	2.53%	7.57%	25.86%
2013	6.90%	1.87%	7.25%	23.69%
2014	3.74%	1.86%	6.40%	19.33%
2015	4.06%	2.52%	6.50%	14.17%
2016	3.45%	2.56%	6.40%	11.77%

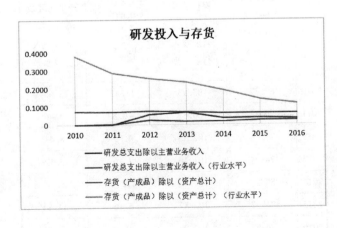

46. 新华都（002264.SZ）

年度	净资产收益率	净资产收益率（行业平均水平）	净资产同比增长率	净利润同比增长率	经营活动产生的现金流量净额同比增长率
2010	14.63	14.92	13.38	11.74	36.70
2011	22.91	12.52	105.50	113.83	62.14
2012	12.89	9.35	13.06	9.61	-2.52
2013	-20.09	6.88	-21.42	-274.88	-62.06
2014	3.48	6.80	3.54	109.39	-222.83
2015	-43.12	7.20	-35.47	-2087.92	59.08
2016	3.37	6.54	149.72	112.41	-90.71

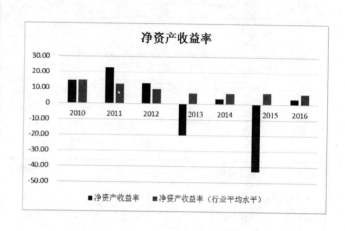

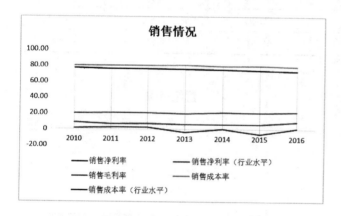

年度	销售净利率	销售净利率（行业水平）	销售毛利率	销售成本率	销售成本率（行业水平）
2010	1.48	8.73	20.07	79.93	76.68
2011	2.43	6.86	20.33	79.67	75.69
2012	2.27	7.11	20.34	79.66	75.97
2013	-3.58	6.35	19.71	80.29	75.35
2014	0.35	5.98	21.21	78.79	74.56
2015	-6.08	6.06	20.47	79.53	73.49
2016	0.73	9.17	21.61	78.39	72.75

年度	销售商品提供劳务收到的现金/营业收入	销售商品提供劳务收到的现金/营业收入（行业水平）	经营活动产生的现金流量净额/营业收入	经营活动产生的现金流量净额/营业收入（行业水平）
2010	117.29	103.93	6.85	5.63
2011	117.07	100.81	8.52	4.46
2012	113.77	102.55	6.95	8.41
2013	111.04	101.16	2.38	3.12
2014	98.95	101.77	-3.08	8.56
2015	107.25	102.87	-1.36	11.84
2016	104.73	100.96	-2.51	5.08

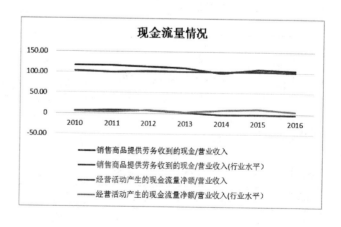

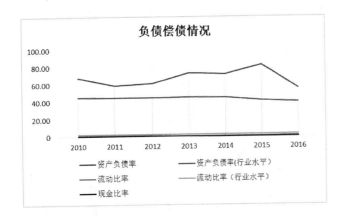

年度	资产负债率	资产负债率（行业水平）	流动比率	流动比率（行业水平）	现金比率
2010	68.24	45.38	0.92	2.41	0.28
2011	58.89	44.65	1.20	2.40	0.55
2012	61.39	44.62	1.13	2.58	0.51
2013	73.48	45.20	0.69	2.20	0.24
2014	71.91	44.71	0.65	2.26	0.15
2015	82.31	41.53	0.59	2.47	0.10
2016	55.23	39.43	1.00	2.69	0.13

年度	营业周期	营业周期（行业水平）	存货周转率	应收账款周转率	总资产周转率	营运资本周转率
2010	42.66	141.29	8.59	478.18	2.74	−61.99
2011	45.36	178.15	8.06	530.50	2.46	47.85
2012	46.70	234.84	7.83	503.16	2.14	22.26
2013	43.76	225.27	8.35	540.12	2.05	−25.18
2014	47.05	225.37	7.76	557.10	1.88	−7.89
2015	50.54	259.36	7.23	476.95	1.80	−6.15
2016	58.44	248.90	6.79	66.63	1.85	−11.41

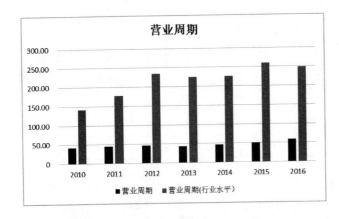

年度	研发总支出/主营业务收入	研发总支出/主营业务收入（行业水平）	存货（产成品）/（资产总计）	存货（产成品）/（资产总计）（行业水平）
2010	0	0	47.17%	38.08%
2011	0	0.22%	30.13%	28.78%
2012	0	2.53%	24.99%	25.86%
2013	0	1.87%	22.38%	23.69%
2014	0	1.86%	23.03%	19.33%
2015	0	2.52%	24.14%	14.17%
2016	0	2.56%	22.68%	11.77%

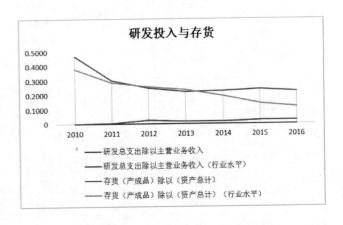

47. 美邦服饰 （002269. SZ）

年度	净资产收益率	净资产收益率（行业平均水平）	净资产同比增长率	净利润同比增长率	经营活动产生的现金流量净额同比增长率
2010	24.00	14.92	11.36	25.42	-223.03
2011	33.00	12.52	23.87	59.13	192.70
2012	21.00	9.35	0.14	-29.55	192.48
2013	11.00	6.88	-8.66	-52.27	-65.55
2014	4.00	6.80	-3.64	-64.08	34.34
2015	-13.00	7.20	-14.64	-396.57	-113.99
2016	1.00	6.54	1.22	108.37	277.11

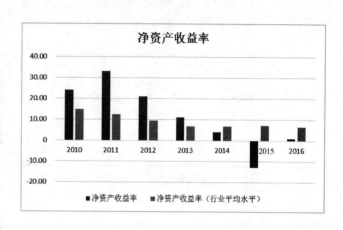

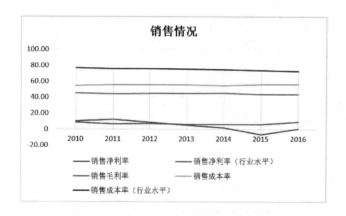

年度	销售净利率	销售净利率（行业水平）	销售毛利率	销售成本率	销售成本率（行业水平）
2010	10.10	8.73	45.41	54.59	76.68
2011	12.13	6.86	44.17	55.83	75.69
2012	8.93	7.11	44.55	55.45	75.97
2013	5.14	6.35	44.63	55.37	75.35
2014	2.20	5.98	45.17	54.83	74.56
2015	-6.86	6.06	44.02	55.98	73.49
2016	0.55	9.17	43.74	56.26	72.75

年度	销售商品提供劳务收到的现金/营业收入	销售商品提供劳务收到的现金/营业收入（行业水平）	经营活动产生的现金流量净额/营业收入	经营活动产生的现金流量净额/营业收入（行业水平）
2010	112.74	103.93	-14.05	5.63
2011	114.86	100.81	9.82	4.46
2012	124.70	102.55	30.04	8.41
2013	118.56	101.16	12.47	3.12
2014	118.55	101.77	19.97	8.56
2015	117.59	102.87	-2.94	11.84
2016	116.87	100.96	5.03	5.08

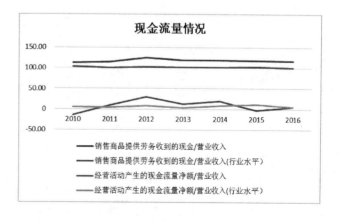

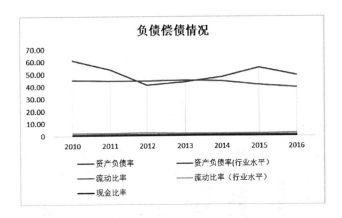

年度	资产负债率	资产负债率（行业水平）	流动比率	流动比率（行业水平）	现金比率
2010	61.21	45.38	1.09	2.41	0.21
2011	53.55	44.65	1.21	2.40	0.23
2012	41.03	44.62	1.29	2.58	0.22
2013	43.73	45.20	1.70	2.20	0.50
2014	47.95	44.71	1.49	2.26	0.57
2015	55.37	41.53	1.35	2.47	0.40
2016	49.22	39.43	1.31	2.69	0.33

年度	营业周期	营业周期（行业水平）	存货周转率	应收账款周转率	总资产周转率	营运资本周转率
2010	185.55	141.29	2.37	10.63	1.07	10.56
2011	203.52	178.15	2.17	9.50	1.14	13.77
2012	186.66	234.84	2.31	11.69	1.20	10.53
2013	165.65	225.27	2.44	20.11	1.15	6.80
2014	164.60	225.37	2.41	23.89	0.97	4.90
2015	182.88	259.36	2.13	26.09	0.90	5.61
2016	198.67	248.90	1.98	21.82	0.99	6.89

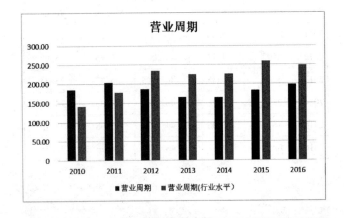

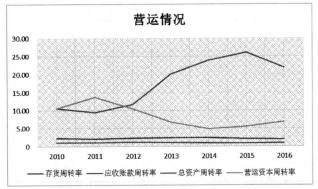

年度	研发总支出/主营业务收入	研发总支出/主营业务收入（行业水平）	存货（产成品）/资产总计	存货（产成品）/资产总计（行业水平）
2010	0	0	21.30%	38.08%
2011	0	0.22%	20.59%	28.78%
2012	0	2.53%	26.10%	25.86%
2013	1.31%	1.87%	27.26%	23.69%
2014	1.47%	1.86%	26.17%	19.33%
2015	3.21%	2.52%	26.29%	14.17%
2016	3.60%	2.56%	29.55%	11.77%

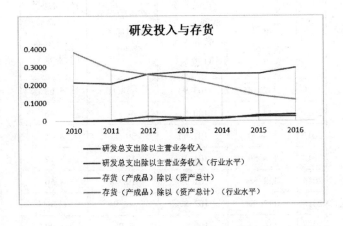

48. 星期六 （002291.SZ）

年度	净资产收益率	净资产收益率（行业平均水平）	净资产同比增长率	净利润同比增长率	经营活动产生的现金流量净额同比增长率
2010	7.09	14.92	6.78	−11.88	−190.74
2011	6.58	12.52	7.16	−0.87	17.46
2012	3.55	9.35	1.24	−43.11	16.53
2013	2.12	6.88	2.14	−36.18	39.02
2014	2.20	6.80	2.12	6.98	165.55
2015	1.30	7.20	9.64	−38.11	−37.25
2016	1.14	6.54	1.28	−11.94	226.07

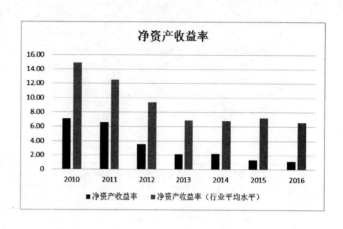

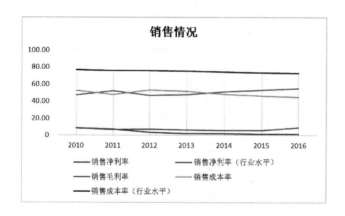

年度	销售净利率	销售净利率（行业水平）	销售毛利率	销售成本率	销售成本率（行业水平）
2010	8.78	8.73	47.38	52.62	76.68
2011	7.38	6.86	52.21	47.79	75.69
2012	3.60	7.11	46.75	53.25	75.97
2013	1.96	6.35	48.10	51.90	75.35
2014	2.20	5.98	51.44	48.56	74.56
2015	1.46	6.06	53.40	46.61	73.49
2016	1.42	9.17	54.89	45.11	72.75

年度	销售商品提供劳务收到的现金/营业收入	销售商品提供劳务收到的现金/营业收入（行业水平）	经营活动产生的现金流量净额/营业收入	经营活动产生的现金流量净额/营业收入（行业水平）
2010	101.87	103.93	−17.11	5.63
2011	105.86	100.81	−11.97	4.46
2012	108.35	102.55	−8.59	8.41
2013	115.16	101.16	−4.45	3.12
2014	116.76	101.77	3.06	8.56
2015	121.42	102.87	2.06	11.84
2016	114.33	100.96	7.43	5.08

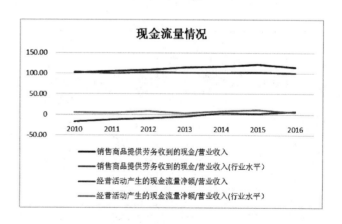

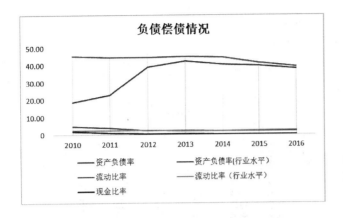

负债偿债情况

年度	资产负债率	资产负债率（行业水平）	流动比率	流动比率（行业水平）	现金比率
2010	18.73	45.38	4.71	2.41	1.85
2011	23.00	44.65	3.87	2.40	0.96
2012	39.16	44.62	2.34	2.58	0.43
2013	42.41	45.20	2.29	2.20	0.39
2014	40.51	44.71	2.28	2.26	0.20
2015	39.80	41.53	2.21	2.47	0.22
2016	38.19	39.43	2.19	2.69	0.18

年度	营业周期	营业周期（行业水平）	存货周转率	应收账款周转率	总资产周转率	营运资本周转率
2010	390.10	141.29	1.18	4.26	0.63	0.91
2011	490.08	178.15	0.94	3.39	0.70	1.04
2012	528.31	234.84	0.91	2.75	0.67	1.20
2013	550.92	225.27	0.86	2.72	0.67	1.40
2014	679.41	225.37	0.67	2.47	0.62	1.30
2015	821.72	259.36	0.54	2.29	0.56	1.20
2016	975.33	248.90	0.45	2.09	0.49	1.07

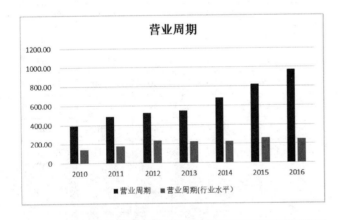

营业周期

营运情况

年度	研发总支出/主营业务收入	研发总支出/主营业务收入（行业水平）	存货（产成品）/（资产总计）	存货（产成品）/（资产总计）（行业水平）
2010	0	0	82.43%	38.08%
2011	0	0.22%	72.56%	28.78%
2012	0.76%	2.53%	55.91%	25.86%
2013	0.78%	1.87%	51.76%	23.69%
2014	1.32%	1.86%	52.53%	19.33%
2015	1.00%	2.52%	48.99%	14.17%
2016	1.09%	2.56%	49.66%	11.77%

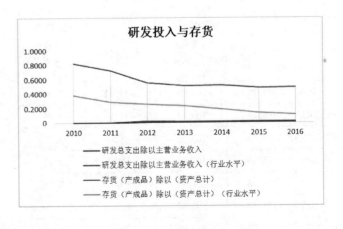

研发投入与存货

49. 罗莱生活 （002293. SZ）

年度	净资产收益率	净资产收益率（行业平均水平）	净资产同比增长率	净利润同比增长率	经营活动产生的现金流量净额同比增长率
2010	15. 25	14. 92	10. 49	43. 09	− 1. 50
2011	24. 18	12. 52	11. 78	53. 92	131. 71
2012	21. 71	9. 35	14. 65	2. 16	− 19. 56
2013	16. 60	6. 88	12. 32	− 13. 07	67. 89
2014	17. 56	6. 80	14. 11	19. 88	22. 81
2015	16. 63	7. 20	5. 41	6. 26	− 33. 17
2016	12. 05	6. 54	7. 14	− 19. 92	48. 85

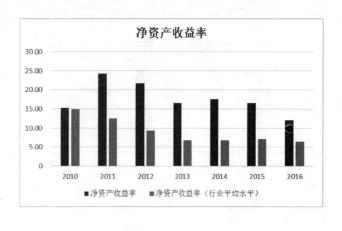

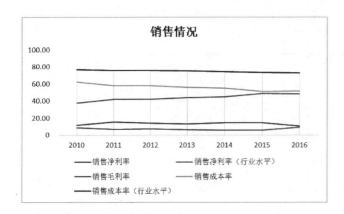

年度	销售净利率	销售净利率（行业水平）	销售毛利率	销售成本率	销售成本率（行业水平）
2010	11. 65	8. 73	37. 80	62. 20	76. 68
2011	15. 70	6. 86	42. 18	57. 82	75. 69
2012	14. 02	7. 11	42. 22	57. 78	75. 97
2013	13. 16	6. 35	43. 98	56. 02	75. 35
2014	14. 42	5. 98	44. 86	55. 14	74. 56
2015	14. 51	6. 06	48. 96	51. 04	73. 49
2016	10. 75	9. 17	48. 46	51. 54	72. 75

年度	销售商品提供劳务收到的现金/营业收入	销售商品提供劳务收到的现金/营业收入（行业水平）	经营活动产生的现金流量净额/营业收入	经营活动产生的现金流量净额/营业收入（行业水平）
2010	114. 84	103. 93	7. 27	5. 63
2011	116. 59	100. 81	12. 86	4. 46
2012	115. 56	102. 55	9. 04	8. 41
2013	118. 68	101. 16	16. 39	3. 12
2014	120. 01	101. 77	18. 40	8. 56
2015	112. 73	102. 87	11. 64	11. 84
2016	116. 95	100. 96	16. 03	5. 08

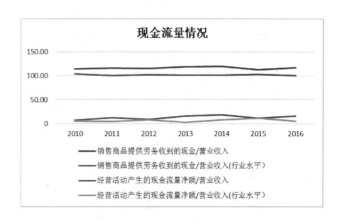

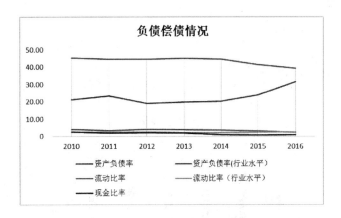

年度	资产负债率	资产负债率（行业水平）	流动比率	流动比率（行业水平）	现金比率
2010	21.30	45.38	4.16	2.41	2.65
2011	23.35	44.65	3.48	2.40	1.99
2012	19.13	44.62	4.08	2.58	2.14
2013	19.66	45.20	3.90	2.20	1.82
2014	20.15	44.71	3.68	2.26	1.04
2015	23.80	41.53	3.02	2.47	0.72
2016	31.56	39.43	2.40	2.69	0.95

年度	营业周期	营业周期（行业水平）	存货周转率	应收账款周转率	总资产周转率	营运资本周转率
2010	130.81	141.29	3.15	21.93	1.06	1.48
2011	146.62	178.15	2.82	18.83	1.18	1.90
2012	150.43	234.84	2.77	17.40	1.21	2.08
2013	186.66	225.27	2.17	17.32	1.01	1.76
2014	174.67	225.37	2.31	19.13	0.96	1.75
2015	182.62	259.36	2.30	13.73	0.88	1.76
2016	178.13	248.90	2.46	11.24	0.82	1.88

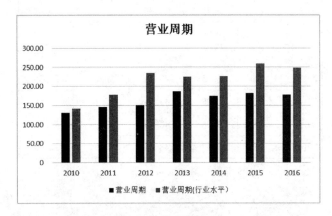

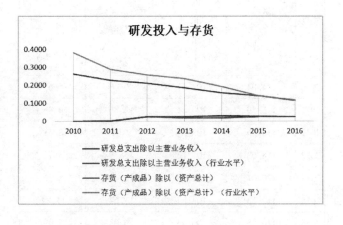

年度	研发总支出/主营业务收入	研发总支出/主营业务收入（行业水平）	存货（产成品）/（资产总计）	存货（产成品）/（资产总计）（行业水平）
2010	0	0	26.27%	38.08%
2011	0	0.22%	22.89%	28.78%
2012	2.63%	2.53%	21.06%	25.86%
2013	2.56%	1.87%	18.63%	23.69%
2014	3.03%	1.86%	15.82%	19.33%
2015	2.88%	2.52%	14.14%	14.17%
2016	2.60%	2.56%	11.71%	11.77%

50. 富安娜 (002327.SZ)

年度	净资产收益率	净资产收益率（行业平均水平）	净资产同比增长率	净利润同比增长率	经营活动产生的现金流量净额同比增长率
2010	11.78	14.92	7.32	48.37	-148.58
2011	17.45	12.52	10.67	61.98	437.24
2012	18.93	9.35	22.16	25.78	112.57
2013	19.09	6.88	19.16	21.00	-51.60
2014	19.06	6.80	20.13	19.56	100.06
2015	16.33	7.20	5.71	6.55	-33.23
2016	15.74	6.54	16.28	9.42	44.29

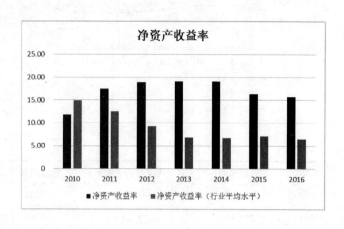

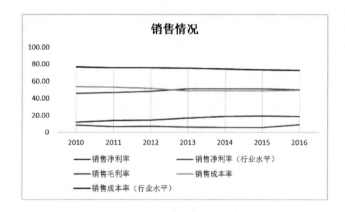

年度	销售净利率	销售净利率（行业水平）	销售毛利率	销售成本率	销售成本率（行业水平）
2010	11.97	8.73	46.11	53.89	76.68
2011	14.24	6.86	47.04	52.96	75.69
2012	14.65	7.11	48.45	51.55	75.97
2013	16.90	6.35	51.38	48.62	75.35
2014	19.12	5.98	51.32	48.68	74.56
2015	19.17	6.06	51.05	48.95	73.49
2016	18.99	9.17	50.24	49.76	72.75

年度	销售商品提供劳务收到的现金/营业收入	销售商品提供劳务收到的现金/营业收入（行业水平）	经营活动产生的现金流量净额/营业收入	经营活动产生的现金流量净额/营业收入（行业水平）
2010	115.39	103.93	-5.88	5.63
2011	107.04	100.81	14.57	4.46
2012	111.50	102.55	25.33	8.41
2013	116.25	101.16	11.69	3.12
2014	134.18	101.77	22.12	8.56
2015	132.08	102.87	13.90	11.84
2016	130.28	100.96	18.16	5.08

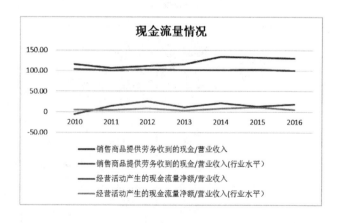

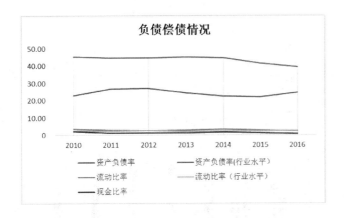

年度	资产负债率	资产负债率（行业水平）	流动比率	流动比率（行业水平）	现金比率
2010	22.90	45.38	3.71	2.41	2.11
2011	26.89	44.65	2.78	2.40	1.22
2012	27.10	44.62	2.68	2.58	1.24
2013	24.37	45.20	2.98	2.20	1.25
2014	22.40	44.71	3.27	2.26	1.59
2015	21.85	41.53	2.86	2.47	1.22
2016	24.59	39.43	2.45	2.69	0.66

年度	营业周期	营业周期（行业水平）	存货周转率	应收账款周转率	总资产周转率	营运资本周转率
2010	199.07	141.29	1.88	48.48	0.79	1.24
2011	227.95	178.15	1.65	36.09	0.92	1.78
2012	199.98	234.84	1.92	28.89	0.94	2.10
2013	213.61	225.27	1.79	27.92	0.84	1.84
2014	220.62	225.37	1.74	27.17	0.76	1.58
2015	210.38	259.36	1.92	15.49	0.73	1.67
2016	222.90	248.90	1.96	9.12	0.72	1.96

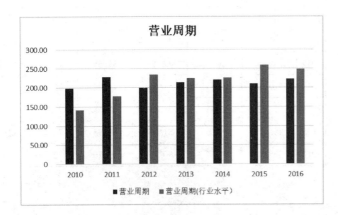

年度	研发总支出/主营业务收入	研发总支出/主营业务收入（行业水平）	存货（产成品）/（资产总计）	存货（产成品）/（资产总计）（行业水平）
2010	0	0	34.80%	38.08%
2011	0	0.22%	29.82%	28.78%
2012	0.78%	2.53%	24.34%	25.86%
2013	0.83%	1.87%	21.19%	23.69%
2014	1.20%	1.86%	18.10%	19.33%
2015	1.47%	2.52%	17.24%	14.17%
2016	1.38%	2.56%	14.31%	11.77%

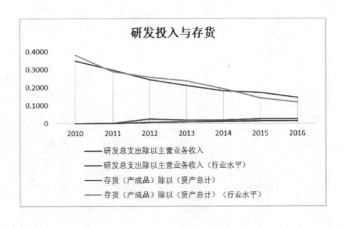

51. 联发股份 （002394. SZ）

年度	净资产收益率	净资产收益率（行业平均水平）	净资产同比增长率	净利润同比增长率	经营活动产生的现金流量净额同比增长率
2010	11. 04	14. 92	256. 99	24. 34	− 35. 42
2011	15. 00	12. 52	12. 49	36. 87	135. 24
2012	10. 58	9. 35	7. 66	− 21. 82	− 9. 58
2013	11. 94	6. 88	8. 70	21. 36	7. 78
2014	11. 97	6. 80	6. 83	8. 34	82. 61
2015	11. 00	7. 20	1. 67	− 6. 71	− 20. 38
2016	14. 19	6. 54	7. 60	30. 49	− 42. 39

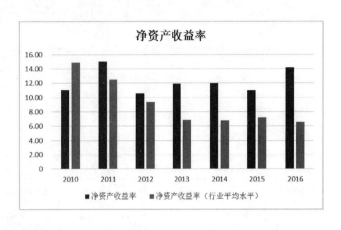

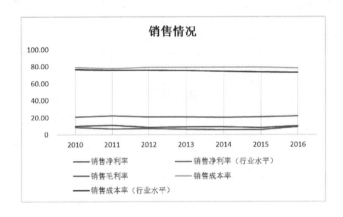

年度	销售净利率	销售净利率（行业水平）	销售毛利率	销售成本率	销售成本率（行业水平）
2010	10. 05	8. 73	20. 73	79. 27	76. 68
2011	11. 14	6. 86	22. 20	77. 80	75. 69
2012	8. 78	7. 11	20. 80	79. 20	75. 97
2013	9. 07	6. 35	20. 74	79. 26	75. 35
2014	9. 29	5. 98	20. 60	79. 40	74. 56
2015	8. 45	6. 06	20. 62	79. 38	73. 49
2016	10. 26	9. 17	21. 90	78. 10	72. 75

年度	销售商品提供劳务收到的现金/营业收入	销售商品提供劳务收到的现金/营业收入（行业水平）	经营活动产生的现金流量净额/营业收入	经营活动产生的现金流量净额/营业收入（行业水平）
2010	102. 77	103. 93	6. 67	5. 63
2011	102. 53	100. 81	12. 71	4. 46
2012	107. 03	102. 55	11. 58	8. 41
2013	105. 76	101. 16	10. 63	3. 12
2014	82. 06	101. 77	18. 35	8. 56
2015	96. 95	102. 87	14. 25	11. 84
2016	102. 04	100. 96	7. 63	5. 08

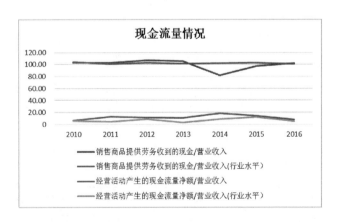

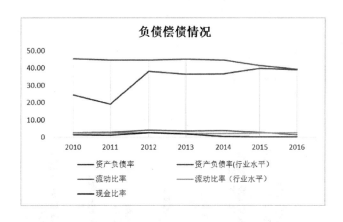

年度	资产负债率	资产负债率（行业水平）	流动比率	流动比率（行业水平）	现金比率
2010	24.45	45.38	2.58	2.41	1.49
2011	19.15	44.65	2.81	2.40	1.28
2012	38.05	44.62	4.08	2.58	2.61
2013	36.44	45.20	3.72	2.20	1.87
2014	36.65	44.71	3.81	2.26	0.52
2015	39.74	41.53	3.00	2.47	0.25
2016	39.00	39.43	1.38	2.69	0.16

年度	营业周期	营业周期（行业水平）	存货周转率	应收账款周转率	总资产周转率	营运资本周转率
2010	88.00	141.29	6.11	12.38	1.17	5.05
2011	98.82	178.15	5.03	13.22	1.06	2.96
2012	111.82	234.84	4..57	10.91	0.85	1.96
2013	116.22	225.27	4.38	10.57	0.82	1.82
2014	116.99	225.37	4.53	9.61	0.82	1.83
2015	105.66	259.36	5.25	9.72	0.79	1.78
2016	108.96	248.90	4.91	10.10	0.81	2.95

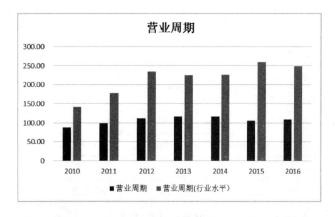

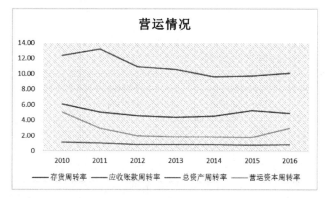

年度	研发总支出/主营业务收入	研发总支出/主营业务收入（行业水平）	存货（产成品）/（资产总计）	存货（产成品）/（资产总计）（行业水平）
2010	0	0	12.81%	38.08%
2011	0	0.22%	12.21%	28.78%
2012	2.12%	2.53%	8.51%	25.86%
2013	2.27%	1.87%	8.07%	23.69%
2014	2.67%	1.86%	7.55%	19.33%
2015	2.63%	2.52%	7.24%	14.17%
2016	2.91%	2.56%	6.85%	11.77%

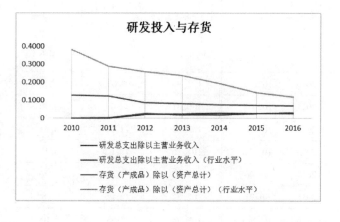

52. 梦洁股份 （002397. SZ）

年度	净资产收益率	净资产收益率（行业平均水平）	净资产同比增长率	净利润同比增长率	经营活动产生的现金流量净额同比增长率
2010	12.09	14.92	387.99	3.40	-222.15
2011	10.58	12.52	6.30	20.33	202.03
2012	5.24	9.35	2.53	-49.32	-99.01
2013	8.65	6.88	4.96	75.54	14907.9
2014	12.17	6.80	8.78	50.98	69.70
2015	11.65	7.20	9.23	5.13	-70.31
2016	6.87	6.54	3.26	-36.46	74.51

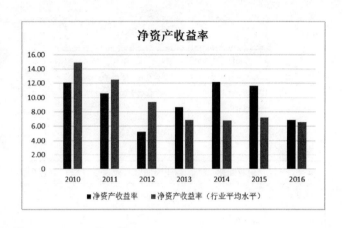

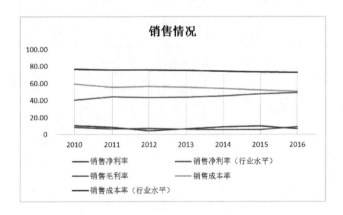

年度	销售净利率	销售净利率（行业水平）	销售毛利率	销售成本率	销售成本率（行业水平）
2010	10.76	8.73	40.63	59.37	76.68
2011	8.84	6.86	44.43	55.57	75.69
2012	4.68	7.11	43.42	56.58	75.97
2013	6.92	6.35	44.19	55.81	75.35
2014	9.50	5.98	45.63	54.37	74.56
2015	10.30	6.06	47.79	52.21	73.49
2016	6.87	9.17	49.41	50.59	72.75

年度	销售商品提供劳务收到的现金/营业收入	销售商品提供劳务收到的现金/营业收入（行业水平）	经营活动产生的现金流量净额/营业收入	经营活动产生的现金流量净额/营业收入（行业水平）
2010	117.00	103.93	-10.21	5.63
2011	112.75	100.81	7.11	4.46
2012	118.33	102.55	0.07	8.41
2013	112.55	101.16	9.31	3.12
2014	111.19	101.77	14.36	8.56
2015	105.53	102.87	4.40	11.84
2016	122.54	100.96	8.05	5.08

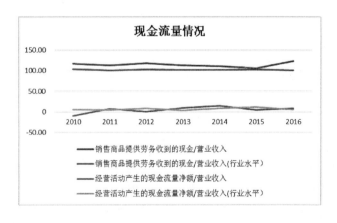

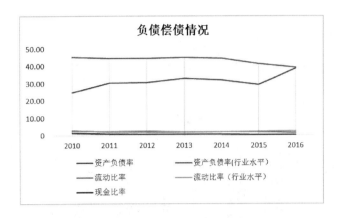

年度	资产负债率	资产负债率（行业水平）	流动比率	流动比率（行业水平）	现金比率
2010	24.87	45.38	2.89	2.41	1.41
2011	30.41	44.65	2.20	2.40	0.90
2012	30.71	44.62	2.12	2.58	0.70
2013	32.94	45.20	1.98	2.20	0.62
2014	32.15	44.71	2.06	2.26	0.69
2015	29.35	41.53	2.19	2.47	0.49
2016	38.85	39.43	1.75	2.69	0.40

年度	营业周期	营业周期（行业水平）	存货周转率	应收账款周转率	总资产周转率	营运资本周转率
2010	213.91	141.29	1.84	19.77	0.85	2.82
2011	219.18	178.15	1.86	14.20	0.85	2.08
2012	264.16	234.84	1.56	10.88	0.76	2.17
2013	264.18	225.27	1.55	11.48	0.85	2.60
2014	257.29	225.37	1.70	7.97	0.86	2.69
2015	284.90	259.36	1.72	4.75	0.79	2.39
2016	359.38	248.90	1.39	3.61	0.65	2.24

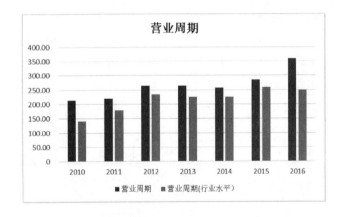

年度	研发总支出/主营业务收入	研发总支出/主营业务收入（行业水平）	存货（产成品）/（资产总计）	存货（产成品）/（资产总计）（行业水平）
2010	0	0	38.25%	38.08%
2011	0	0.22%	33.37%	28.78%
2012	2.69%	2.53%	32.45%	25.86%
2013	3.11%	1.87%	29.92%	23.69%
2014	3.51%	1.86%	27.83%	19.33%
2015	3.17%	2.52%	26.41%	14.17%
2016	3.22%	2.56%	20.93%	11.77%

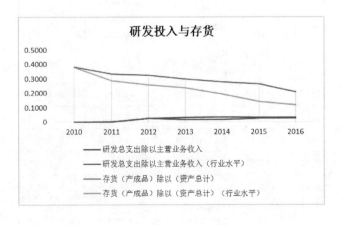

53. 嘉欣丝绸（002404. SZ）

年度	净资产收益率	净资产收益率（行业平均水平）	净资产同比增长率	净利润同比增长率	经营活动产生的现金流量净额同比增长率
2010	9.51	14.92	200.96	18.18	-68.77
2011	7.73	12.52	4.11	12.19	117.92
2012	7.80	9.35	4.61	-4.32	-90.77
2013	6.33	6.88	2.13	-13.99	68.46
2014	6.29	6.80	1.87	1.97	25.95
2015	4.67	7.20	-0.15	-27.81	537.51
2016	7.83	6.54	3.20	63.79	-60.15

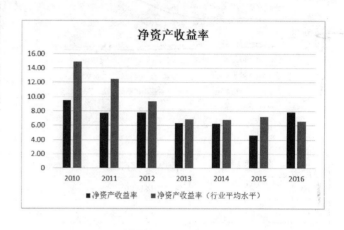

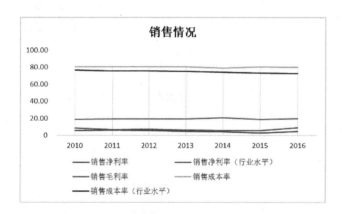

年度	销售净利率	销售净利率（行业水平）	销售毛利率	销售成本率	销售成本率（行业水平）
2010	5.86	8.73	19.09	80.91	76.68
2011	6.48	6.86	19.48	80.52	75.69
2012	5.88	7.11	19.45	80.55	75.97
2013	4.84	6.35	19.48	80.52	75.35
2014	4.46	5.98	20.63	79.37	74.56
2015	3.21	6.06	19.12	80.88	73.49
2016	4.70	9.17	19.72	80.28	72.75

年度	销售商品提供劳务收到的现金/营业收入	销售商品提供劳务收到的现金/营业收入（行业水平）	经营活动产生的现金流量净额/营业收入	经营活动产生的现金流量净额/营业收入（行业水平）
2010	102.88	103.93	3.69	5.63
2011	105.99	100.81	7.93	4.46
2012	105.37	102.55	0.69	8.41
2013	101.86	101.16	1.12	3.12
2014	101.65	101.77	1.27	8.56
2015	106.24	102.87	8.09	11.84
2016	102.22	100.96	2.88	5.08

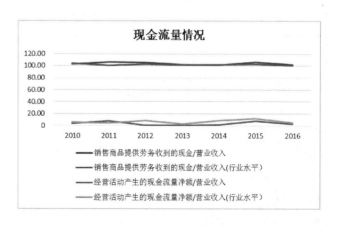

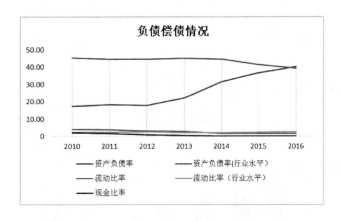

年度	资产负债率	资产负债率（行业水平）	流动比率	流动比率（行业水平）	现金比率
2010	17.26	45.38	4.06	2.41	2.19
2011	18.22	44.65	3.87	2.40	1.78
2012	17.93	44.62	3.18	2.58	0.93
2013	22.14	45.20	2.81	2.20	0.49
2014	31.71	44.71	1.73	2.26	0.26
2015	36.54	41.53	1.62	2.47	0.20
2016	40.27	39.43	1.58	2.69	0.18

年度	营业周期	营业周期（行业水平）	存货周转率	应收账款周转率	总资产周转率	营运资本周转率
2010	82.22	141.29	8.74	8.78	1.39	4.49
2011	94.34	178.15	7.11	8.23	1.10	2.30
2012	112.93	234.84	5.08	8.55	1.10	2.60
2013	145.53	225.27	3.51	8.39	1.09	2.91
2014	147.40	225.37	3.67	7.28	1.08	3.81
2015	144.40	259.36	3.98	6.66	0.99	4.60
2016	133.19	248.90	4.32	7.23	1.03	4.63

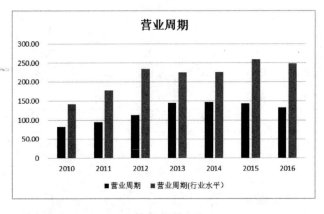

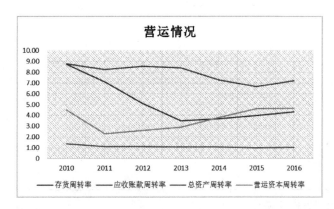

年度	研发总支出/主营业务收入	研发总支出/主营业务收入（行业水平）	存货（产成品）/资产总计	存货（产成品）/资产总计（行业水平）
2010	0	0	21.35%	38.08%
2011	0	0.22%	20.05%	28.78%
2012	0.98%	2.53%	19.31%	25.86%
2013	0.99%	1.87%	17.89%	23.69%
2014	1.05%	1.86%	15.58%	19.33%
2015	1.06%	2.52%	14.80%	14.17%
2016	1.12%	2.56%	13.54%	11.77%

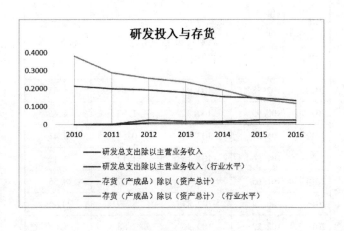

54. 凯撒文化（002425. SZ）

年度	净资产收益率	净资产收益率（行业平均水平）	净资产同比增长率	净利润同比增长率	经营活动产生的现金流量净额同比增长率
2010	11. 32	14. 92	248. 78	2. 46	− 188. 43
2011	6. 46	12. 52	4. 60	− 2. 02	3. 13
2012	4. 05	9. 35	3. 02	− 26. 50	157. 29
2013	2. 28	6. 88	56. 75	− 32. 99	339. 15
2014	0. 45	6. 80	− 0. 01	− 95. 24	− 16. 74
2015	4. 42	7. 20	34. 77	3185. 94	− 23. 73
2016	5. 30	6. 54	72. 96	173. 18	467. 31

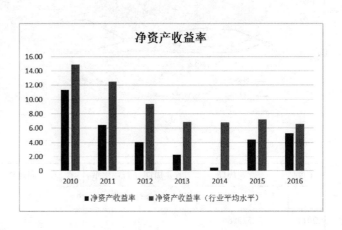

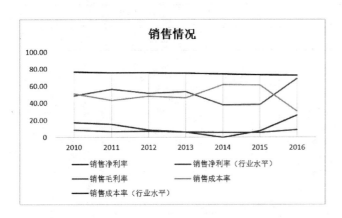

年度	销售净利率	销售净利率（行业水平）	销售毛利率	销售成本率	销售成本率（行业水平）
2010	17. 70	8. 73	48. 81	51. 19	76. 68
2011	15. 70	6. 86	56. 72	43. 28	75. 69
2012	9. 01	7. 11	51. 70	48. 30	75. 97
2013	6. 34	6. 35	53. 48	46. 52	75. 35
2014	0. 28	5. 98	38. 36	61. 64	74. 56
2015	7. 93	6. 06	38. 57	61. 43	73. 49
2016	26. 34	9. 17	69. 15	30. 85	72. 75

年度	销售商品提供劳务收到的现金/营业收入	销售商品提供劳务收到的现金/营业收入（行业水平）	经营活动产生的现金流量净额/营业收入	经营活动产生的现金流量净额/营业收入（行业水平）
2010	101. 17	103. 93	− 10. 64	5. 63
2011	116. 53	100. 81	− 9. 33	4. 46
2012	108. 04	102. 55	4. 17	8. 41
2013	112. 91	101. 16	19. 24	3. 12
2014	106. 13	101. 77	14. 98	8. 56
2015	96. 71	102. 87	9. 78	11. 84
2016	115. 97	100. 96	67. 49	5. 08

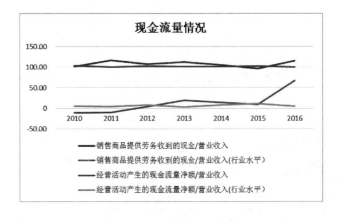

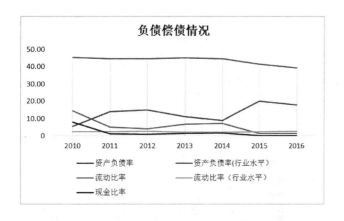

年度	资产负债率	资产负债率（行业水平）	流动比率	流动比率（行业水平）	现金比率
2010	5.49	45.38	14.55	2.41	7.83
2011	14.00	44.65	4.99	2.40	1.19
2012	15.02	44.62	4.14	2.58	0.96
2013	10.99	45.20	6.66	2.20	1.49
2014	9.01	44.71	7.23	2.26	1.69
2015	20.06	41.53	1.41	2.47	0.13
2016	17.79	39.43	1.43	2.69	0.34

年度	营业周期	营业周期（行业水平）	存货周转率	应收账款周转率	总资产周转率	营运资本周转率
2010	321.67	141.29	1.36	6.28	0.59	0.83
2011	575.81	178.15	0.71	5.25	0.40	0.63
2012	559.88	234.84	0.73	5.62	0.45	0.90
2013	658.70	225.27	0.61	4.93	0.34	0.64
2014	474.33	225.37	0.87	5.91	0.31	0.55
2015	403.97	259.36	1.09	4.82	0.28	1.09
2016	766.36	248.90	0.56	2.87	0.15	2.11

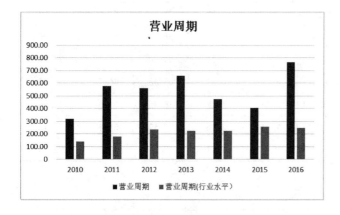

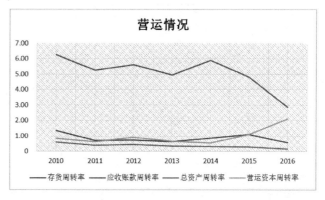

年度	研发总支出/主营业务收入	研发总支出/主营业务收入（行业水平）	存货（产成品）/（资产总计）	存货（产成品）/（资产总计）（行业水平）
2010	0	0	25.47%	38.08%
2011	0	0.22%	21.12%	28.78%
2012	1.29%	2.53%	19.42%	25.86%
2013	1.05%	1.87%	13.57%	23.69%
2014	0.72%	1.86%	13.46%	19.33%
2015	0	2.52%	8.98%	14.17%
2016	4.80%	2.56%	5.70%	11.77%

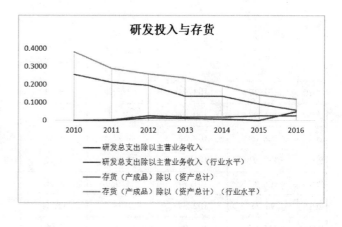

55. 尤夫股份 (002427. SZ)

年度	净资产收益率	净资产收益率（行业平均水平）	净资产同比增长率	净利润同比增长率	经营活动产生的现金流量净额同比增长率
2010	9.30	14.92	215.32	−10.77	−285.96
2011	3.77	12.52	1.87	−48.66	−12.14
2012	1.38	9.35	−0.36	−91.29	18.72
2013	1.77	6.88	2.20	514.48	−125.01
2014	9.23	6.80	9.42	555.61	301.51
2015	6.28	7.20	96.51	1.43	−33.71
2016	7.80	6.54	4.36	80.52	35.12

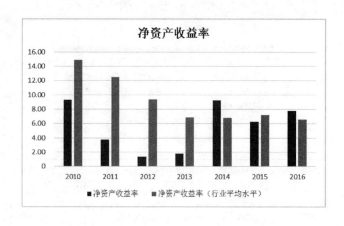

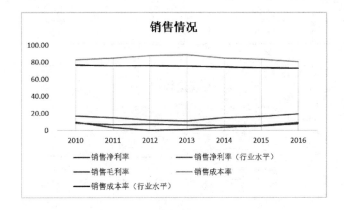

年度	销售净利率	销售净利率（行业水平）	销售毛利率	销售成本率	销售成本率（行业水平）
2010	9.85	8.73	17.14	82.86	76.68
2011	3.66	6.86	14.82	85.18	75.69
2012	0.28	7.11	12.22	87.78	75.97
2013	0.89	6.35	11.03	88.97	75.35
2014	4.14	5.98	15.13	84.87	74.56
2015	5.19	6.06	16.27	83.73	73.49
2016	7.64	9.17	19.31	80.69	72.75

年度	销售商品提供劳务收到的现金/营业收入	销售商品提供劳务收到的现金/营业收入（行业水平）	经营活动产生的现金流量净额/营业收入	经营活动产生的现金流量净额/营业收入（行业水平）
2010	84.22	103.93	−17.95	5.63
2011	73.11	100.81	−14.57	4.46
2012	72.07	102.55	−10.38	8.41
2013	52.16	101.16	−12.12	3.12
2014	79.93	101.77	17.32	8.56
2015	86.94	102.87	14.20	11.84
2016	110.05	100.96	15.63	5.08

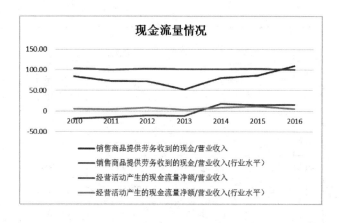

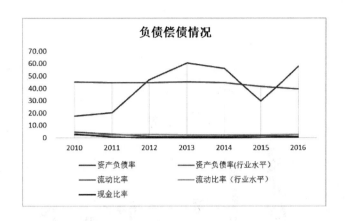

年度	资产负债率	资产负债率（行业水平）	流动比率	流动比率（行业水平）	现金比率
2010	17.69	45.38	4.84	2.41	2.94
2011	20.10	44.65	2.92	2.40	0.61
2012	47.09	44.62	0.90	2.58	0.10
2013	60.47	45.20	0.86	2.20	0.11
2014	56.10	44.71	0.92	2.26	0.11
2015	29.75	41.53	1.76	2.47	0.24
2016	57.78	39.43	0.88	2.69	0.45

年度	营业周期	营业周期（行业水平）	存货周转率	应收账款周转率	总资产周转率	营运资本周转率
2010	91.45	141.29	7.96	7.79	0.73	1.64
2011	106.58	178.15	5.48	8.80	0.66	1.53
2012	127.57	234.84	4.41	7.83	0.59	5.23
2013	108.07	225.27	5.31	8.95	0.80	−13.23
2014	101.79	225.37	5.80	9.06	0.98	−16.82
2015	124.07	259.36	4.80	7.33	0.72	7.36
2016	129.38	248.90	5.87	5.29	0.56	19.12

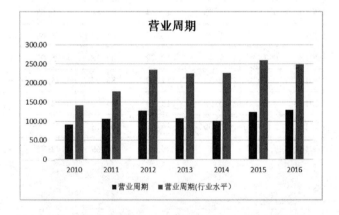

年度	研发总支出/主营业务收入	研发总支出/主营业务收入（行业水平）	存货（产成品）/（资产总计）	存货（产成品）/（资产总计）（行业水平）
2010	0	0	15.77%	38.08%
2011	0	0.22%	15.01%	28.78%
2012	1.39%	2.53%	9.96%	25.86%
2013	2.70%	1.87%	7.28%	23.69%
2014	3.40%	1.86%	7.34%	19.33%
2015	2.95%	2.52%	6.06%	14.17%
2016	3.67%	2.56%	3.24%	11.77%

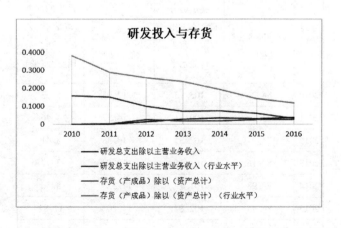

56. 希努尔 （002485. SZ）

年度	净资产收益率	净资产收益率（行业平均水平）	净资产同比增长率	净利润同比增长率	经营活动产生的现金流量净额同比增长率
2010	17. 20	14. 92	316. 90	29. 40	− 54. 91
2011	10. 43	12. 52	5. 33	38. 59	− 15. 11
2012	7. 10	9. 35	2. 04	− 29. 75	− 90. 82
2013	3. 59	6. 88	0. 37	− 48. 95	490. 65
2014	− 2. 36	6. 80	− 2. 96	− 165. 26	− 32. 71
2015	1. 15	7. 20	1. 16	148. 48	400. 79
2016	0. 38	6. 54	0. 38	− 66. 93	− 65. 22

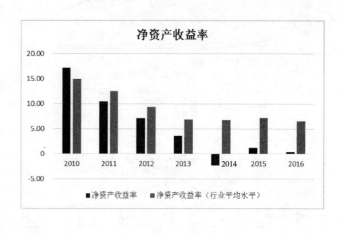

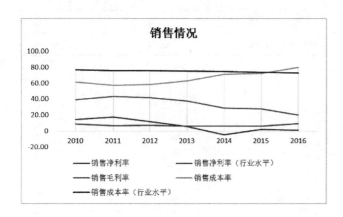

年度	销售净利率	销售净利率（行业水平）	销售毛利率	销售成本率	销售成本率（行业水平）
2010	14. 32	8. 73	38. 88	61. 12	76. 68
2011	17. 34	6. 86	43. 05	56. 95	75. 69
2012	11. 86	7. 11	41. 59	58. 41	75. 97
2013	5. 67	6. 35	37. 35	62. 65	75. 35
2014	− 4. 53	5. 98	28. 88	71. 12	74. 56
2015	2. 23	6. 06	27. 64	72. 36	73. 49
2016	1. 07	9. 17	19. 97	80. 03	72. 75

年度	销售商品提供劳务收到的现金/营业收入	销售商品提供劳务收到的现金/营业收入（行业水平）	经营活动产生的现金流量净额/营业收入	经营活动产生的现金流量净额/营业收入（行业水平）
2010	110. 47	103. 93	9. 81	5. 63
2011	109. 95	100. 81	7. 28	4. 46
2012	99. 22	102. 55	0. 65	8. 41
2013	92. 54	101. 16	3. 59	3. 12
2014	105. 10	101. 77	2. 96	8. 56
2015	113. 54	102. 87	15. 06	11. 84
2016	124. 33	100. 96	7. 62	5. 08

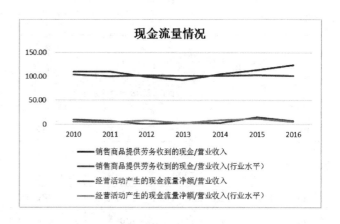

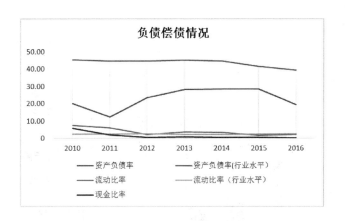

年度	资产负债率	资产负债率（行业水平）	流动比率	流动比率（行业水平）	现金比率
2010	19.90	45.38	7.42	2.41	5.70
2011	12.21	44.65	5.91	2.40	1.80
2012	23.37	44.62	2.12	2.58	0.40
2013	28.20	45.20	3.70	2.20	0.81
2014	28.38	44.71	3.26	2.26	0.52
2015	28.45	41.53	1.64	2.47	0.56
2016	19.18	39.43	2.22	2.69	0.15

年度	营业周期	营业周期（行业水平）	存货周转率	应收账款周转率	总资产周转率	营运资本周转率
2010	164.57	141.29	2.57	14.54	0.61	1.23
2011	187.72	178.15	2.31	11.19	0.50	0.83
2012	251.75	234.84	1.93	5.53	0.49	1.25
2013	289.91	225.27	2.03	3.20	0.47	1.54
2014	351.61	225.37	2.01	2.09	0.37	1.18
2015	330.31	259.36	2.20	2.16	0.37	1.62
2016	415.65	248.90	1.65	1.82	0.27	1.40

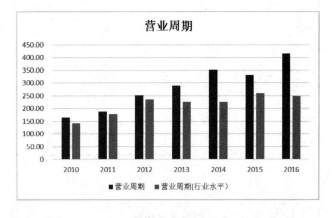

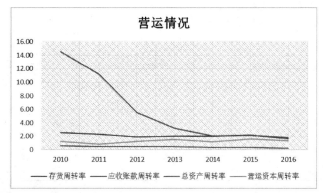

年度	研发总支出/主营业务收入	研发总支出/主营业务收入（行业水平）	存货（产成品）/（资产总计）	存货（产成品）/（资产总计）（行业水平）
2010	0	0	7.12%	38.08%
2011	0	0.22%	7.40%	28.78%
2012	5.33%	2.53%	6.33%	25.86%
2013	5.49%	1.87%	5.91%	23.69%
2014	0	1.86%	6.08%	19.33%
2015	3.21%	2.52%	6.00%	14.17%
2016	3.17%	2.56%	6.75%	11.77%

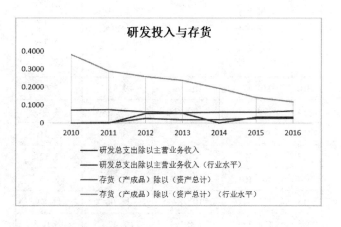

57. 嘉麟杰 (002486.SZ)

年度	净资产收益率	净资产收益率（行业平均水平）	净资产同比增长率	净利润同比增长率	经营活动产生的现金流量净额同比增长率
2010	13.10	14.92	194.84	43.32	-42.81
2011	7.99	12.52	4.69	18.35	47.81
2012	4.18	9.35	1.35	-47.98	26.66
2013	9.92	6.88	8.30	157.26	-4.42
2014	2.70	6.80	-0.87	-76.08	-9.34
2015	-10.56	7.20	-10.95	-570.74	-97.97
2016	1.29	6.54	1.59	101.88	730.75

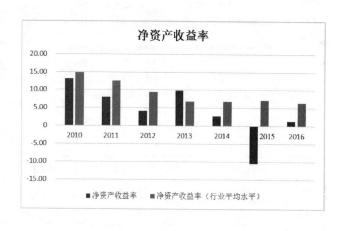

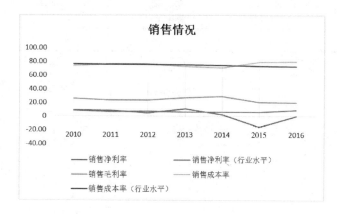

年度	销售净利率	销售净利率（行业水平）	销售毛利率	销售成本率	销售成本率（行业水平）
2010	9.06	8.73	25.89	74.11	76.68
2011	8.59	6.86	23.50	76.50	75.69
2012	4.72	7.11	23.60	76.40	75.97
2013	10.97	6.35	27.40	72.60	75.35
2014	2.70	5.98	29.11	70.89	74.56
2015	-15.80	6.06	20.49	79.51	73.49
2016	0.29	9.17	20.15	79.85	72.75

年度	销售商品提供劳务收到的现金/营业收入	销售商品提供劳务收到的现金/营业收入（行业水平）	经营活动产生的现金流量净额/营业收入	经营活动产生的现金流量净额/营业收入（行业水平）
2010	103.95	103.93	6.29	5.63
2011	105.48	100.81	7.45	4.46
2012	100.06	102.55	9.95	8.41
2013	98.59	101.16	8.60	3.12
2014	98.90	101.77	8.01	8.56
2015	103.89	102.87	0.20	11.84
2016	105.90	100.96	1.62	5.08

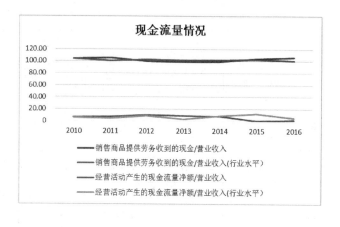

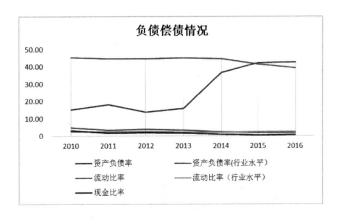

年度	资产负债率	资产负债率（行业水平）	流动比率	流动比率（行业水平）	现金比率
2010	15.21	45.38	4.77	2.41	3.07
2011	17.98	44.65	3.39	2.40	1.79
2012	13.76	44.62	3.80	2.58	1.89
2013	15.98	45.20	3.40	2.20	1.56
2014	36.73	44.71	2.43	2.26	0.99
2015	42.12	41.53	2.01	2.47	0.54
2016	42.59	39.43	1.87	2.69	0.61

年度	营业周期	营业周期（行业水平）	存货周转率	应收账款周转率	总资产周转率	营运资本周转率
2010	123.21	141.29	4.05	10.47	0.86	1.94
2011	135.30	178.15	3.29	13.89	0.77	1.54
2012	152.87	234.84	2.86	13.28	0.72	1.75
2013	145.32	225.27	3.20	11.00	0.77	1.99
2014	157.55	225.37	3.26	7.66	0.60	1.97
2015	173.74	259.36	3.38	5.36	0.43	2.11
2016	158.00	248.90	3.79	5.71	0.45	3.00

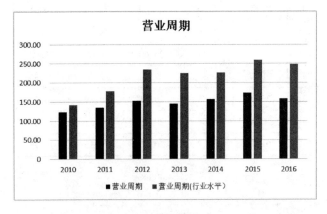

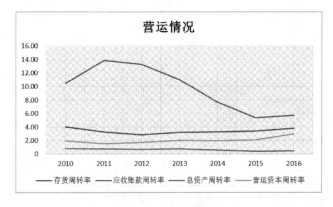

年度	研发总支出/主营业务收入	研发总支出/主营业务收入（行业水平）	存货（产成品）/（资产总计）	存货（产成品）/（资产总计）（行业水平）
2010	0	0	6.65%	38.08%
2011	0	0.22%	6.15%	28.78%
2012	3.25%	2.53%	6.41%	25.86%
2013	3.49%	1.87%	5.77%	23.69%
2014	3.07%	1.86%	4.28%	19.33%
2015	0	2.52%	4.41%	14.17%
2016	3.19%	2.56%	4.35%	11.77%

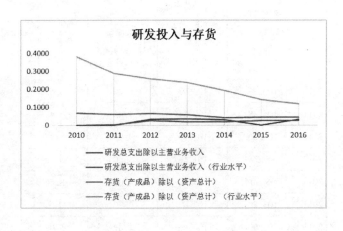

58. 荣盛石化 （002493. SZ）

年度	净资产收益率	净资产收益率（行业平均水平）	净资产同比增长率	净利润同比增长率	经营活动产生的现金流量净额同比增长率
2010	55.12	14.92	251.10	96.76	132.56
2011	25.09	12.52	19.64	0.54	-92.18
2012	3.67	9.35	-4.23	-82.81	460.48
2013	3.35	6.88	3.28	-21.45	-325.50
2014	-5.11	6.80	-6.66	-298.68	271.85
2015	5.25	7.20	64.70	148.11	-128.84
2016	16.36	6.54	17.22	578.08	363.49

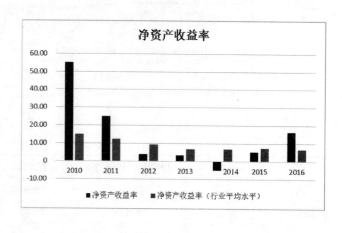

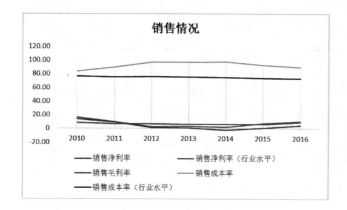

年度	销售净利率	销售净利率（行业水平）	销售毛利率	销售成本率	销售成本率（行业水平）
2010	14.08	8.73	16.34	83.66	76.68
2011	9.36	6.86	10.14	89.86	75.69
2012	1.61	7.11	2.73	97.27	75.97
2013	1.03	6.35	3.03	96.97	75.35
2014	-1.89	5.98	2.30	97.70	74.56
2015	1.01	6.06	7.29	92.71	73.49
2016	4.30	9.17	10.34	89.66	72.75

年度	销售商品提供劳务收到的现金/营业收入	销售商品提供劳务收到的现金/营业收入（行业水平）	经营活动产生的现金流量净额/营业收入	经营活动产生的现金流量净额/营业收入（行业水平）
2010	62.34	103.93	13.83	5.63
2011	59.93	100.81	0.72	4.46
2012	81.40	102.55	4.02	8.41
2013	83.47	101.16	-7.36	3.12
2014	86.69	101.77	11.67	8.56
2015	91.46	102.87	-3.73	11.84
2016	114.79	100.96	6.20	5.08

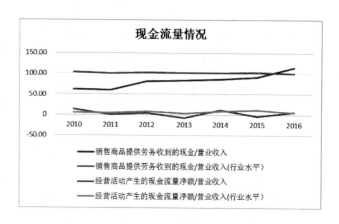

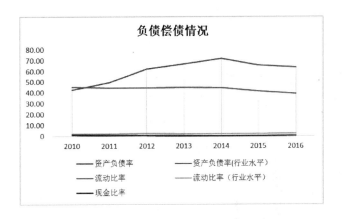

年度	资产负债率	资产负债率（行业水平）	流动比率	流动比率（行业水平）	现金比率
2010	42.86	45.38	1.49	2.41	0.98
2011	49.76	44.65	1.23	2.40	0.48
2012	62.24	44.62	0.81	2.58	0.26
2013	66.79	45.20	0.70	2.20	0.17
2014	71.63	44.71	0.39	2.26	0.15
2015	65.62	41.53	0.53	2.47	0.15
2016	63.63	39.43	0.76	2.69	0.19

年度	营业周期	营业周期（行业水平）	存货周转率	应收账款周转率	总资产周转率	营运资本周转率
2010	23.98	141.29	15.60	399.20	1.46	24.62
2011	22.97	178.15	21.40	58.59	1.58	12.63
2012	31.45	234.84	15.59	43.06	1.16	−64.12
2013	29.83	225.27	15.11	60.03	1.13	−7.53
2014	26.68	225.37	16.10	83.37	1.08	−3.66
2015	30.43	259.36	13.19	114.62	0.84	−2.52
2016	23.66	248.90	17.53	115.36	1.16	−6.04

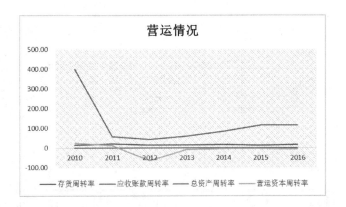

年度	研发总支出/主营业务收入	研发总支出/主营业务收入（行业水平）	存货（产成品）/（资产总计）	存货（产成品）/（资产总计）（行业水平）
2010	0	0	5.15%	38.08%
2011	0	0.22%	3.71%	28.78%
2012	0.31%	2.53%	2.75%	25.86%
2013	0.31%	1.87%	2.30%	23.69%
2014	0.47%	1.86%	2.13%	19.33%
2015	0.82%	2.52%	1.74%	14.17%
2016	1.45%	2.56%	1.60%	11.77%

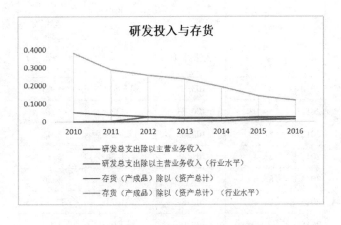

59. 华斯股份 （002494.SZ）

年度	净资产收益率	净资产收益率（行业平均水平）	净资产同比增长率	净利润同比增长率	经营活动产生的现金流量净额同比增长率
2010	15.40	14.92	292.02	40.97	-387.45
2011	7.04	12.52	5.92	16.73	280.20
2012	7.75	9.35	6.75	14.65	-105.13
2013	8.48	6.88	6.01	15.06	1478.94
2014	7.28	6.80	35.69	18.38	-460.47
2015	1.29	7.20	0.92	-86.23	117.72
2016	1.00	6.54	41.83	-23.72	1.89

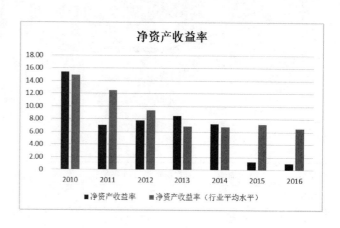

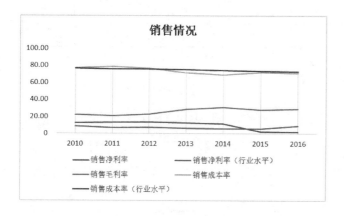

年度	销售净利率	销售净利率（行业水平）	销售毛利率	销售成本率	销售成本率（行业水平）
2010	12.74	8.73	22.51	77.49	76.68
2011	13.07	6.86	21.04	78.96	75.69
2012	13.59	7.11	22.97	77.03	75.97
2013	12.70	6.35	28.46	71.54	75.35
2014	11.52	5.98	31.14	68.86	74.56
2015	2.33	6.06	28.12	71.88	73.49
2016	2.01	9.17	28.92	71.08	72.75

年度	销售商品提供劳务收到的现金/营业收入	销售商品提供劳务收到的现金/营业收入（行业水平）	经营活动产生的现金流量净额/营业收入	经营活动产生的现金流量净额/营业收入（行业水平）
2010	102.27	103.93	-14.46	5.63
2011	105.33	100.81	22.90	4.46
2012	99.79	102.55	-1.06	8.41
2013	91.02	101.16	11.92	3.12
2014	62.27	101.77	-32.90	8.56
2015	91.77	102.87	8.57	11.84
2016	90.58	100.96	9.87	5.08

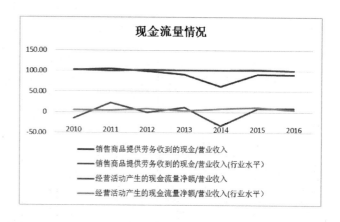

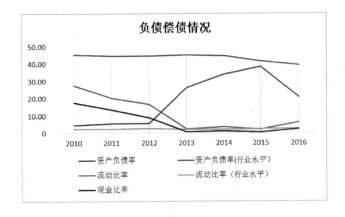

负债偿债情况

年度	资产负债率	资产负债率（行业水平）	流动比率	流动比率（行业水平）	现金比率
2010	4.50	45.38	27.57	2.41	17.60
2011	5.60	44.65	20.30	2.40	13.42
2012	5.63	44.62	16.62	2.58	8.99
2013	26.40	45.20	2.30	2.20	0.76
2014	34.04	44.71	3.71	2.26	1.22
2015	38.35	41.53	2.04	2.47	0.45
2016	20.83	39.43	6.22	2.69	2.32

年度	营业周期	营业周期（行业水平）	存货周转率	应收账款周转率	总资产周转率	营运资本周转率
2010	257.11	141.29	1.52	17.50	0.67	0.86
2011	254.52	178.15	1.49	26.62	0.49	0.56
2012	252.95	234.84	1.52	23.16	0.49	0.66
2013	266.57	225.27	1.49	14.38	0.51	1.21
2014	315.00	225.37	1.31	8.74	0.47	1.38
2015	546.87	259.36	0.77	4.56	0.26	0.85
2016	579.81	248.90	0.71	4.72	0.21	0.69

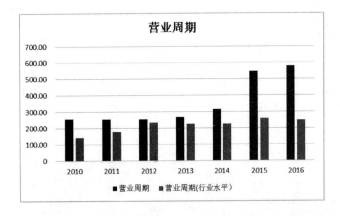

营业周期

营运情况

年度	研发总支出/主营业务收入	研发总支出/主营业务收入（行业水平）	存货（产成品）/（资产总计）	存货（产成品）/（资产总计）（行业水平）
2010	0	0	47.24%	38.08%
2011	0	0.22%	41.32%	28.78%
2012	4.05%	2.53%	38.92%	25.86%
2013	4.79%	1.87%	29.82%	23.69%
2014	2.25%	1.86%	19.78%	19.33%
2015	2.89%	2.52%	18.41%	14.17%
2016	2.59%	2.56%	16.76%	11.77%

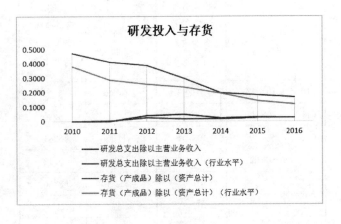

研发投入与存货

60. 搜于特（002503.SZ）

年度	净资产收益率	净资产收益率（行业平均水平）	净资产同比增长率	净利润同比增长率	经营活动产生的现金流量净额同比增长率
2010	24.00	14.92	11.36	25.42	-223.03
2011	33.00	12.52	23.87	59.13	192.70
2012	21.00	9.35	0.14	-29.55	192.48
2013	11.00	6.88	-8.66	-52.27	-65.55
2014	4.00	6.80	-3.64	-64.08	34.34
2015	-13.00	7.20	-14.64	-396.57	-113.99
2016	1.00	6.54	1.22	108.37	277.11

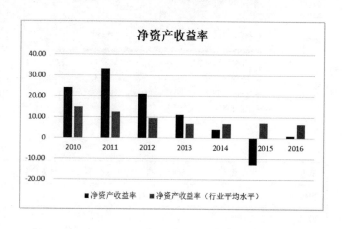

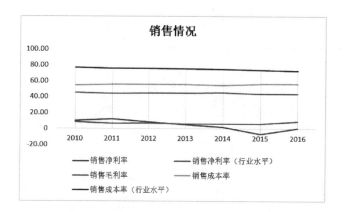

年度	销售净利率	销售净利率（行业水平）	销售毛利率	销售成本率	销售成本率（行业水平）
2010	10.10	8.73	45.41	54.59	76.68
2011	12.13	6.86	44.17	55.83	75.69
2012	8.93	7.11	44.55	55.45	75.97
2013	5.14	6.35	44.63	55.37	75.35
2014	2.20	5.98	45.17	54.83	74.56
2015	-6.86	6.06	44.02	55.98	73.49
2016	0.55	9.17	43.74	56.26	72.75

年度	销售商品提供劳务收到的现金/营业收入	销售商品提供劳务收到的现金/营业收入（行业水平）	经营活动产生的现金流量净额/营业收入	经营活动产生的现金流量净额/营业收入（行业水平）
2010	112.74	103.93	-14.05	5.63
2011	114.86	100.81	9.82	4.46
2012	124.70	102.55	30.04	8.41
2013	118.56	101.16	12.47	3.12
2014	118.55	101.77	19.97	8.56
2015	117.59	102.87	-2.94	11.84
2016	116.87	100.96	5.03	5.08

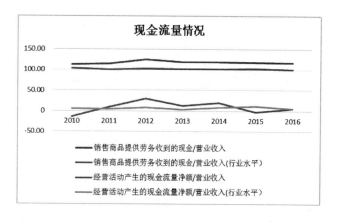

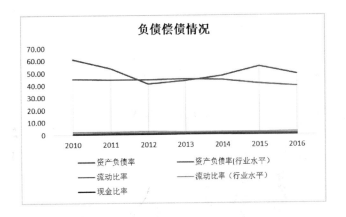

年度	资产负债率	资产负债率（行业水平）	流动比率	流动比率（行业水平）	现金比率
2010	61.21	45.38	1.09	2.41	0.21
2011	53.55	44.65	1.21	2.40	0.23
2012	41.03	44.62	1.29	2.58	0.22
2013	43.73	45.20	1.70	2.20	0.50
2014	47.95	44.71	1.49	2.26	0.57
2015	55.37	41.53	1.35	2.47	0.40
2016	49.22	39.43	1.31	2.69	0.33

年度	营业周期	营业周期（行业水平）	存货周转率	应收账款周转率	总资产周转率	营运资本周转率
2010	185.55	141.29	2.37	10.63	1.07	10.56
2011	203.52	178.15	2.17	9.50	1.14	13.77
2012	186.66	234.84	2.31	11.69	1.20	10.53
2013	165.65	225.27	2.44	20.11	1.15	6.80
2014	164.60	225.37	2.41	23.89	0.97	4.90
2015	182.88	259.36	2.13	26.09	0.90	5.61
2016	198.67	248.90	1.98	21.82	0.99	6.89

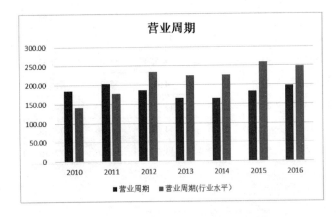

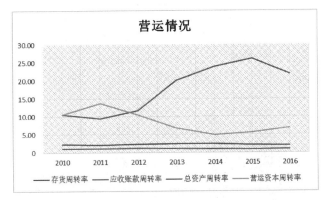

年度	研发总支出/主营业务收入	研发总支出/主营业务收入（行业水平）	存货（产成品）/（资产总计）	存货（产成品）/（资产总计）（行业水平）
2010	0	0	21.30%	38.08%
2011	0	0.22%	20.59%	28.78%
2012	0	2.53%	26.10%	25.86%
2013	1.31%	1.87%	27.26%	23.69%
2014	1.47%	1.86%	26.17%	19.33%
2015	3.21%	2.52%	26.29%	14.17%
2016	3.60%	2.56%	29.55%	11.77%

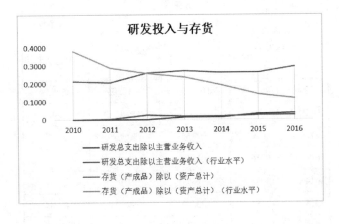

61. 旷达科技 (002516. SZ)

年度	净资产收益率	净资产收益率（行业平均水平）	净资产同比增长率	净利润同比增长率	经营活动产生的现金流量净额同比增长率
2010	21.20	14.92	269.84	51.66	-4.95
2011	8.00	12.52	7.20	8.88	-28.93
2012	8.03	9.35	5.03	8.31	390.09
2013	8.34	6.88	6.81	11.08	-43.21
2014	9.23	6.80	6.74	14.83	20.65
2015	12.55	7.20	12.88	47.66	16.06
2016	12.07	6.54	70.84	18.68	145.99

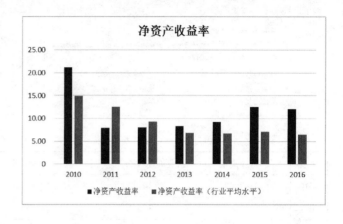

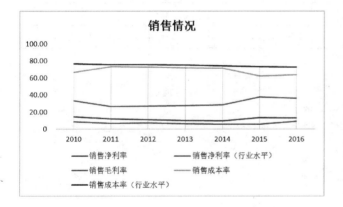

年度	销售净利率	销售净利率（行业水平）	销售毛利率	销售成本率	销售成本率（行业水平）
2010	14.54	8.73	33.52	66.48	76.68
2011	12.11	6.86	26.66	73.34	75.69
2012	11.38	7.11	27.26	72.74	75.97
2013	10.45	6.35	27.84	72.16	75.35
2014	9.81	5.98	28.54	71.46	74.56
2015	13.57	6.06	37.52	62.48	73.49
2016	13.02	9.17	36.30	63.70	72.75

年度	销售商品提供劳务收到的现金/营业收入	销售商品提供劳务收到的现金/营业收入（行业水平）	经营活动产生的现金流量净额/营业收入	经营活动产生的现金流量净额/营业收入（行业水平）
2010	67.00	103.93	7.25	5.63
2011	60.24	100.81	3.94	4.46
2012	93.35	102.55	16.76	8.41
2013	59.13	101.16	7.87	3.12
2014	72.03	101.77	7.76	8.56
2015	73.11	102.87	8.44	11.84
2016	74.59	100.96	16.79	5.08

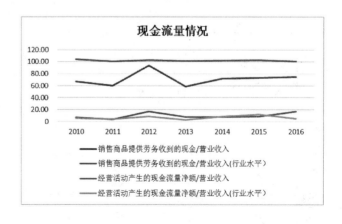

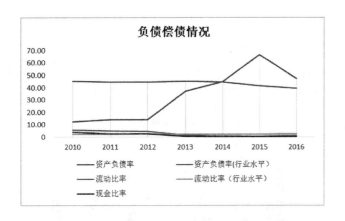

年度	资产负债率	资产负债率（行业水平）	流动比率	流动比率（行业水平）	现金比率
2010	12.48	45.38	5.84	2.41	3.94
2011	14.03	44.65	5.00	2.40	2.65
2012	14.32	44.62	4.86	2.58	2.58
2013	37.16	45.20	1.61	2.20	0.72
2014	44.75	44.71	1.15	2.26	0.38
2015	66.58	41.53	0.78	2.47	0.27
2016	47.17	39.43	1.20	2.69	0.37

年度	营业周期	营业周期（行业水平）	存货周转率	应收账款周转率	总资产周转率	营运资本周转率
2010	147.58	141.29	4.84	4.91	0.60	1.59
2011	153.99	178.15	4.75	4.61	0.58	1.00
2012	164.63	234.84	4.79	4.02	0.62	1.12
2013	158.99	225.27	5.62	3.79	0.59	1.66
2014	157.49	225.37	5.47	3.93	0.55	4.16
2015	203.53	259.36	3.80	3.31	0.37	−7.81
2016	218.44	248.90	4.32	2.67	0.34	−20.43

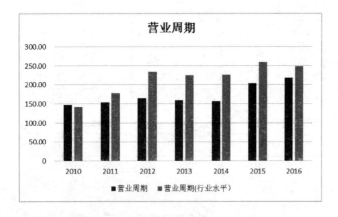

年度	研发总支出/主营业务收入	研发总支出/主营业务收入（行业水平）	存货（产成品）/（资产总计）	存货（产成品）/（资产总计）（行业水平）
2010	0	0	16.55%	38.08%
2011	0	0.22%	15.09%	28.78%
2012	1.34%	2.53%	14.30%	25.86%
2013	1.20%	1.87%	9.74%	23.69%
2014	1.73%	1.86%	8.05%	19.33%
2015	1.77%	2.52%	4.24%	14.17%
2016	1.25%	2.56%	3.98%	11.77%

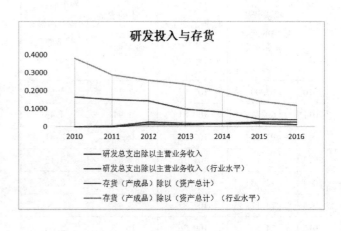

62. 恺英网络（002517.SZ）

年度	净资产收益率	净资产收益率（行业平均水平）	净资产同比增长率	净利润同比增长率	经营活动产生的现金流量净额同比增长率
2010	19.53	14.92	316.46	12.11	−87.46
2011	6.71	12.52	2.24	4.78	−476.81
2012	10.08	9.35	7.49	57.86	330.04
2013	0.70	6.88	0.71	−93.04	−82.97
2014	−8.42	6.80	−8.08	−1252.87	−155.35
2015	72.08	7.20	1699.49	951.43	682.69
2016	46.98	6.54	341.53	3.50	−20.99

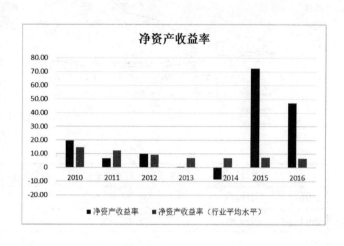

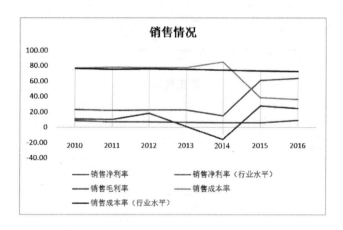

年度	销售净利率	销售净利率（行业水平）	销售毛利率	销售成本率	销售成本率（行业水平）
2010	10.69	8.73	23.13	76.87	76.68
2011	10.12	6.86	22.06	77.94	75.69
2012	18.46	7.11	22.63	77.37	75.97
2013	1.31	6.35	22.53	77.47	75.35
2014	−15.76	5.98	15.18	84.82	74.56
2015	27.91	6.06	61.19	38.82	73.49
2016	24.84	9.17	63.52	36.48	72.75

年度	销售商品提供劳务收到的现金/营业收入	销售商品提供劳务收到的现金/营业收入（行业水平）	经营活动产生的现金流量净额/营业收入	经营活动产生的现金流量净额/营业收入（行业水平）
2010	107.63	103.93	2.50	5.63
2011	80.33	100.81	−8.52	4.46
2012	81.42	102.55	22.64	8.41
2013	81.22	101.16	3.76	3.12
2014	94.22	101.77	−2.16	8.56
2015	96.27	102.87	27.50	11.84
2016	102.20	100.96	18.68	5.08

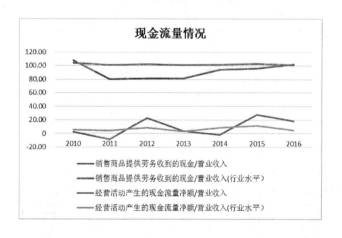

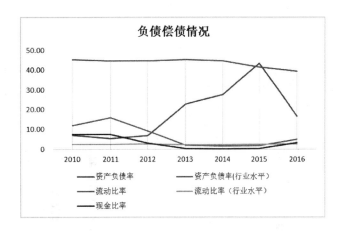

年度	资产负债率	资产负债率（行业水平）	流动比率	流动比率（行业水平）	现金比率
2010	7.18	45.38	12.03	2.41	7.57
2011	5.35	44.65	16.01	2.40	7.59
2012	6.83	44.62	9.11	2.58	3.11
2013	22.74	45.20	2.01	2.20	0.34
2014	27.56	44.71	1.69	2.26	0.23
2015	43.31	41.53	1.87	2.47	0.33
2016	16.54	39.43	4.90	2.69	3.24

年度	营业周期	营业周期（行业水平）	存货周转率	应收账款周转率	总资产周转率	营运资本周转率
2010	180.74	141.29	3.41	4.78	0.77	1.27
2011	189.91	178.15	3.25	4.54	0.62	0.78
2012	244.52	234.84	2.58	3.42	0.51	0.76
2013	267.66	225.27	2.49	2.92	0.45	1.24
2014	288.57	225.37	2.42	2.57	0.40	2.12
2015	62.35	259.36	15.30	9.28	2.14	7.26
2016	59.59	248.90	0	6.04	1.00	1.74

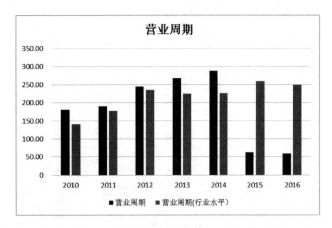

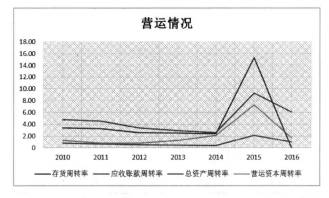

年度	研发总支出/主营业务收入	研发总支出/主营业务收入（行业水平）	存货（产成品）/（资产总计）	存货（产成品）/（资产总计）（行业水平）
2010	0	0	0	38.08%
2011	0	0.22%	0	28.78%
2012	0.49%	2.53%	0	25.86%
2013	0.41%	1.87%	0	23.69%
2014	3.54%	1.86%	0	19.33%
2015	0	2.52%	0	14.17%
2016	0	2.56%	0	11.77%

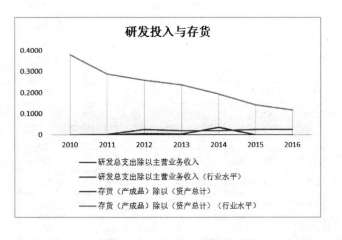

63. 森马服饰 （002563.SZ）

年度	净资产收益率	净资产收益率（行业平均水平）	净资产同比增长率	净利润同比增长率	经营活动产生的现金流量净额同比增长率
2010	66.57	14.92	99.79	45.83	-21.57
2011	20.35	12.52	287.22	22.26	-53.53
2012	9.82	9.35	1.17	-37.81	173.42
2013	11.41	6.88	2.96	18.54	34.61
2014	13.35	6.80	5.23	20.65	-45.28
2015	15.43	7.20	8.62	23.39	14.38
2016	14.92	6.54	8.20	4.45	-1.64

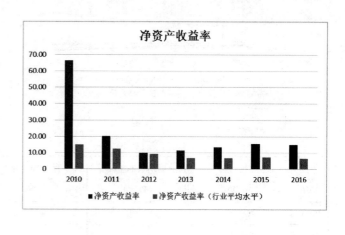

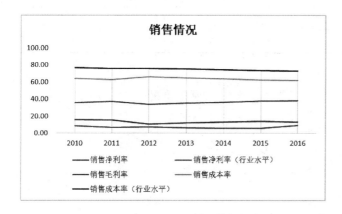

年度	销售净利率	销售净利率（行业水平）	销售毛利率	销售成本率	销售成本率（行业水平）
2010	15.92	8.73	35.79	64.21	76.68
2011	15.76	6.86	37.38	62.62	75.69
2012	10.77	7.11	33.76	66.24	75.97
2013	12.36	6.35	35.35	64.65	75.35
2014	13.35	5.98	36.06	63.94	74.56
2015	14.20	6.06	37.66	62.34	73.49
2016	13.15	9.17	38.36	61.64	72.75

年度	销售商品提供劳务收到的现金/营业收入	销售商品提供劳务收到的现金/营业收入（行业水平）	经营活动产生的现金流量净额/营业收入	经营活动产生的现金流量净额/营业收入（行业水平）
2010	115.17	103.93	12.95	5.63
2011	109.73	100.81	4.87	4.46
2012	119.13	102.55	14.64	8.41
2013	119.89	101.16	19.09	3.12
2014	115.06	101.77	9.35	8.56
2015	114.39	102.87	9.22	11.84
2016	116.00	100.96	8.04	5.08

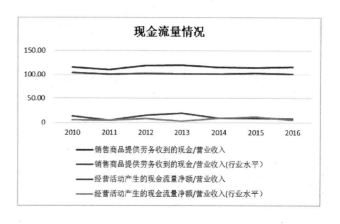

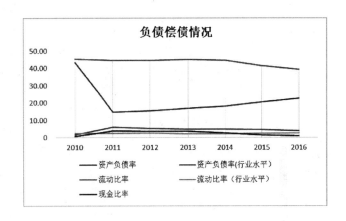

年度	资产负债率	资产负债率（行业水平）	流动比率	流动比率（行业水平）	现金比率
2010	43.38	45.38	1.76	2.41	0.66
2011	14.75	44.65	5.98	2.40	3.94
2012	15.35	44.62	5.24	2.58	3.72
2013	16.78	45.20	4.90	2.20	3.49
2014	18.00	44.71	4.87	2.26	2.57
2015	20.54	41.53	4.56	2.47	1.41
2016	22.78	39.43	3.89	2.69	1.06

年度	营业周期	营业周期（行业水平）	存货周转率	应收账款周转率	总资产周转率	营运资本周转率
2010	79.20	141.29	5.00	50.10	2.27	7.97
2011	100.22	178.15	4.56	16.91	1.23	2.08
2012	119.40	234.84	4.29	10.15	0.77	1.20
2013	108.00	225.27	4.70	11.47	0.77	1.31
2014	104.99	225.37	5.33	9.63	0.81	1.39
2015	129.96	259.36	4.48	7.25	0.86	1.51
2016	162.64	248.90	3.46	6.14	0.87	1.63

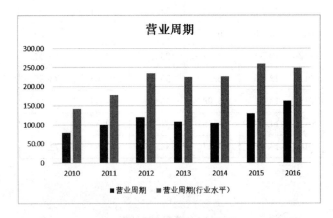

年度	研发总支出/主营业务收入	研发总支出/主营业务收入（行业水平）	存货（产成品）/（资产总计）	存货（产成品）/（资产总计）（行业水平）
2010	0	0	62.26%	38.08%
2011	0	0.22%	24.21%	28.78%
2012	0.51%	2.53%	23.76%	25.86%
2013	0.62%	1.87%	22.68%	23.69%
2014	0	1.86%	21.24%	19.33%
2015	1.42%	2.52%	18.90%	14.17%
2016	2.55%	2.56%	17.02%	11.77%

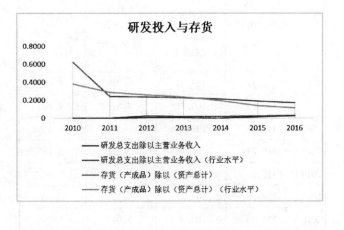

64. 步森股份（002569.SZ）

年度	净资产收益率	净资产收益率（行业平均水平）	净资产同比增长率	净利润同比增长率	经营活动产生的现金流量净额同比增长率
2010	22.82	14.92	25.76	29.06	−55.37
2011	11.40	12.52	182.81	25.32	−196.73
2012	6.72	9.35	5.30	−23.98	122.95
2013	0.99	6.88	−0.53	−85.56	−732.55
2014	−18.38	6.80	−16.84	−1877.88	72.00
2015	2.24	7.20	2.27	111.03	284.21
2016	1.26	6.54	1.27	−42.62	−50.82

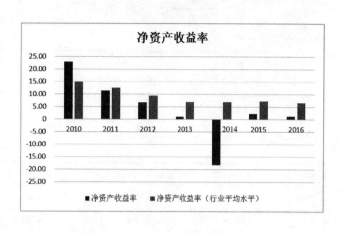

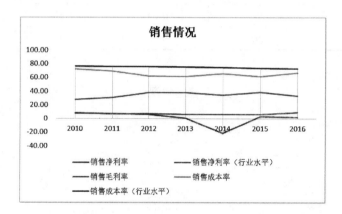

年度	销售净利率	销售净利率（行业水平）	销售毛利率	销售成本率	销售成本率（行业水平）
2010	7.85	8.73	27.87	72.13	76.68
2011	7.39	6.86	30.56	69.44	75.69
2012	6.15	7.11	37.78	62.22	75.97
2013	0.89	6.35	38.27	61.73	75.35
2014	−21.38	5.98	34.21	65.79	74.56
2015	2.83	6.06	38.82	61.18	73.49
2016	1.77	9.17	33.08	66.92	72.75

年度	销售商品提供劳务收到的现金/营业收入	销售商品提供劳务收到的现金/营业收入（行业水平）	经营活动产生的现金流量净额/营业收入	经营活动产生的现金流量净额/营业收入（行业水平）
2010	108.20	103.93	7.07	5.63
2011	105.66	100.81	−5.14	4.46
2012	116.22	102.55	1.29	8.41
2013	107.54	101.16	−8.19	3.12
2014	118.28	101.77	−3.10	8.56
2015	113.46	102.87	6.84	11.84
2016	101.34	100.96	3.66	5.08

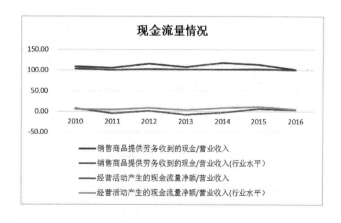

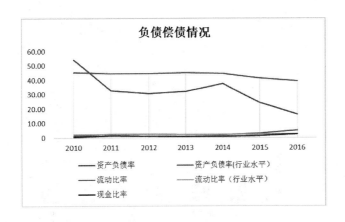

年度	资产负债率	资产负债率（行业水平）	流动比率	流动比率（行业水平）	现金比率
2010	54.13	45.38	1.42	2.41	0.61
2011	32.68	44.65	2.65	2.40	1.41
2012	30.74	44.62	2.51	2.58	1.19
2013	32.19	45.20	2.33	2.20	0.88
2014	37.66	44.71	1.93	2.26	0.77
2015	24.22	41.53	3.21	2.47	1.39
2016	16.26	39.43	5.31	2.69	2.64

年度	营业周期	营业周期（行业水平）	存货周转率	应收账款周转率	总资产周转率	营运资本周转率
2010	127.17	141.29	4.81	6.88	1.31	5.95
2011	138.94	178.15	4.10	7.04	1.09	2.52
2012	223.77	234.84	2.26	5.59	0.75	1.49
2013	267.74	225.27	1.76	5.72	0.73	1.63
2014	343.56	225.37	1.35	4.67	0.56	1.43
2015	386.36	259.36	1.14	5.10	0.54	1.23
2016	357.56	248.90	1.26	5.09	0.56	0.92

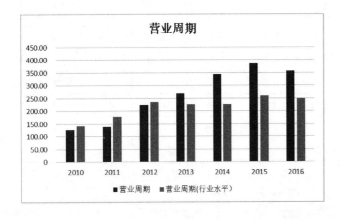

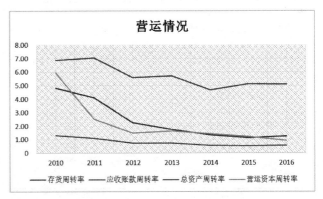

年度	研发总支出/主营业务收入	研发总支出/主营业务收入（行业水平）	存货（产成品）/（资产总计）	存货（产成品）/（资产总计）（行业水平）
2010	0	0	33.09%	38.08%
2011	0	0.22%	17.17%	28.78%
2012	2.08%	2.53%	16.77%	25.86%
2013	1.84%	1.87%	16.49%	23.69%
2014	0	1.86%	18.24%	19.33%
2015	1.86%	2.52%	21.69%	14.17%
2016	1.49%	2.56%	23.67%	11.77%

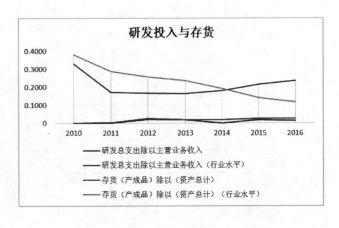

65. 朗姿股份 （002612.SZ）

年度	净资产收益率	净资产收益率（行业平均水平）	净资产同比增长率	净利润同比增长率	经营活动产生的现金流量净额同比增长率
2010	57.01	14.92	71.01	68.63	154.33
2011	22.47	12.52	686.47	37.17	-58.86
2012	10.59	9.35	6.70	10.85	-94.89
2013	10.26	6.88	2.36	1.06	290.68
2014	5.06	6.80	-3.38	-48.14	175.01
2015	3.25	7.20	3.07	-38.58	324.72
2016	6.90	6.54	5.98	146.92	-12.19

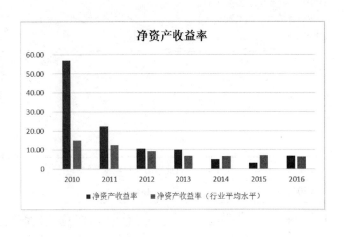

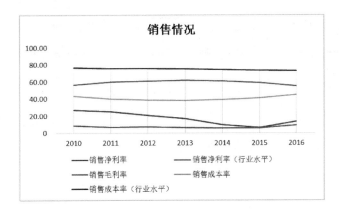

年度	销售净利率	销售净利率（行业水平）	销售毛利率	销售成本率	销售成本率（行业水平）
2010	27.21	8.73	56.71	43.29	76.68
2011	24.95	6.86	59.96	40.04	75.69
2012	20.70	7.11	61.10	38.90	75.97
2013	16.95	6.35	61.72	38.28	75.35
2014	9.81	5.98	60.66	39.34	74.56
2015	6.51	6.06	58.99	41.01	73.49
2016	13.44	9.17	54.96	45.04	72.75

年度	销售商品提供劳务收到的现金/营业收入	销售商品提供劳务收到的现金/营业收入（行业水平）	经营活动产生的现金流量净额/营业收入	经营活动产生的现金流量净额/营业收入（行业水平）
2010	115.53	103.93	28.12	5.63
2011	125.46	100.81	7.73	4.46
2012	112.37	102.55	0.30	8.41
2013	108.04	101.16	0.94	3.12
2014	112.69	101.77	2.87	8.56
2015	114.96	102.87	13.18	11.84
2016	104.06	100.96	9.68	5.08

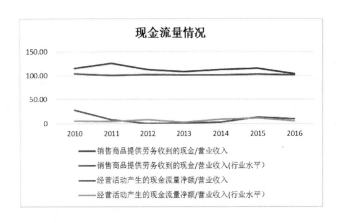

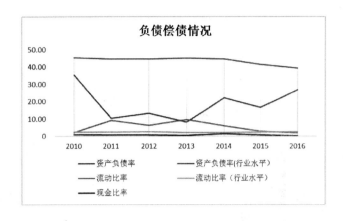

年度	资产负债率	资产负债率（行业水平）	流动比率	流动比率（行业水平）	现金比率
2010	35.49	45.38	2.16	2.41	0.97
2011	10.48	44.65	9.18	2.40	0.64
2012	13.32	44.62	6.28	2.58	0.59
2013	8.11	45.20	9.73	2.20	0.58
2014	22.17	44.71	6.12	2.26	1.39
2015	16.63	41.53	2.97	2.47	0.78
2016	26.75	39.43	1.82	2.69	0.28

年度	营业周期	营业周期（行业水平）	存货周转率	应收账款周转率	总资产周转率	营运资本周转率
2010	148.64	141.29	2.65	27.90	1.56	3.33
2011	219.70	178.15	1.79	19.54	0.60	0.76
2012	364.80	234.84	1.06	13.56	0.45	0.58
2013	414.09	225.27	0.93	12.43	0.53	0.76
2014	454.57	225.37	0.85	11.04	0.45	0.71
2015	432.82	259.36	0.90	11.18	0.40	0.88
2016	397.05	248.90	1.07	5.87	0.38	1.54

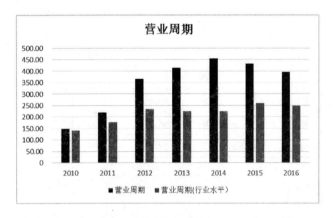

年度	研发总支出/主营业务收入	研发总支出/主营业务收入（行业水平）	存货（产成品）/（资产总计）	存货（产成品）/（资产总计）（行业水平）
2010	0	0	144.07%	38.08%
2011	0	0.22%	25.42%	28.78%
2012	3.44%	2.53%	23.07%	25.86%
2013	4.23%	1.87%	23.89%	23.69%
2014	4.91%	1.86%	20.94%	19.33%
2015	5.59%	2.52%	21.76%	14.17%
2016	4.74%	2.56%	13.72%	11.77%

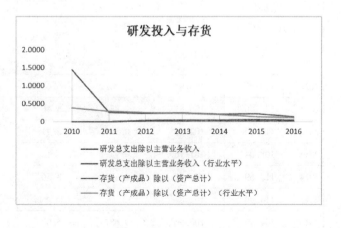

66. 棒杰股份 (002634.SZ)

年度	净资产收益率	净资产收益率（行业平均水平）	净资产同比增长率	净利润同比增长率	经营活动产生的现金流量净额同比增长率
2010	28.98	14.92	33.88	86.20	224.62
2011	22.94	12.52	197.83	16.72	12.93
2012	8.39	9.35	4.27	-13.57	-36.33
2013	5.93	6.88	1.86	-27.21	24.76
2014	6.76	6.80	29.66	16.30	62.45
2015	5.13	7.20	1.66	39.38	0.82
2016	6.16	6.54	2.27	1.26	49.65

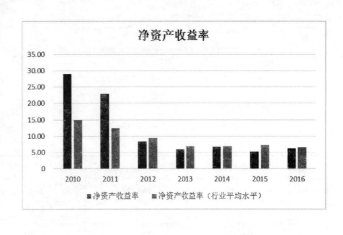

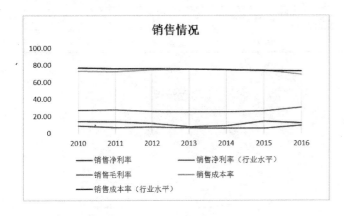

年度	销售净利率	销售净利率（行业水平）	销售毛利率	销售成本率	销售成本率（行业水平）
2010	13.87	8.73	27.28	72.72	76.68
2011	13.43	6.86	27.74	72.26	75.69
2012	11.52	7.11	25.71	74.29	75.97
2013	7.75	6.35	25.06	74.94	75.35
2014	9.02	5.98	25.17	74.83	74.56
2015	14.24	6.06	26.01	73.99	73.49
2016	12.21	9.17	30.73	69.27	72.75

年度	销售商品提供劳务收到的现金/营业收入	销售商品提供劳务收到的现金/营业收入（行业水平）	经营活动产生的现金流量净额/营业收入	经营活动产生的现金流量净额/营业收入（行业水平）
2010	98.39	103.93	22.36	5.63
2011	106.28	100.81	20.95	4.46
2012	103.97	102.55	13.24	8.41
2013	101.76	101.16	15.27	3.12
2014	105.05	101.77	24.81	8.56
2015	104.91	102.87	28.34	11.84
2016	101.80	100.96	35.92	5.08

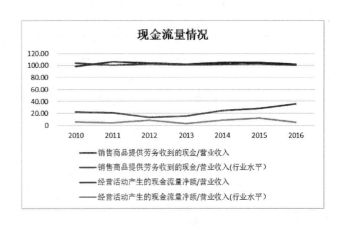

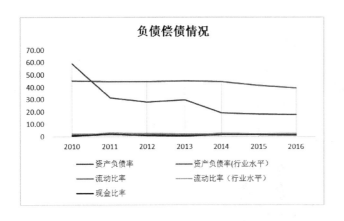

年度	资产负债率	资产负债率（行业水平）	流动比率	流动比率（行业水平）	现金比率
2010	59.18	45.38	1.25	2.41	0.50
2011	31.52	44.65	2.87	2.40	1.90
2012	27.86	44.62	2.19	2.58	0.92
2013	29.64	45.20	1.60	2.20	0.60
2014	19.18	44.71	2.70	2.26	1.59
2015	18.27	41.53	2.39	2.47	1.68
2016	18.01	39.43	2.41	2.69	1.33

年度	营业周期	营业周期（行业水平）	存货周转率	应收账款周转率	总资产周转率	营运资本周转率
2010	156.60	141.29	3.27	7.73	0.80	18.06
2011	153.80	178.15	3.57	6.81	0.65	2.16
2012	199.63	234.84	2.60	5.88	0.51	1.47
2013	221.12	225.27	2.22	6.13	0.54	2.39
2014	192.53	225.37	2.54	7.09	0.50	2.01
2015	168.53	259.36	2.91	8.04	0.37	1.32
2016	119.87	248.90	4.14	10.91	0.38	1.53

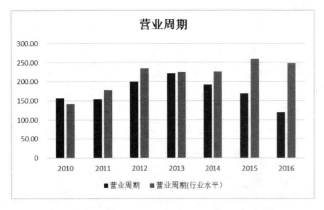

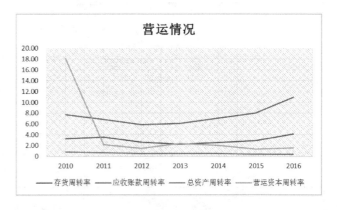

年度	研发总支出/主营业务收入	研发总支出/主营业务收入（行业水平）	存货（产成品）/（资产总计）	存货（产成品）/（资产总计）（行业水平）
2010	0	0	5.23%	38.08%
2011	0	0.22%	2.95%	28.78%
2012	2.97%	2.53%	2.98%	25.86%
2013	2.97%	1.87%	2.85%	23.69%
2014	3.30%	1.86%	2.53%	19.33%
2015	4.11%	2.52%	1.84%	14.17%
2016	3.70%	2.56%	1.83%	11.77%

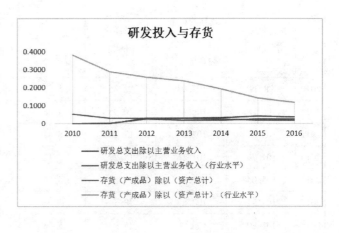

67. 跨境通 （002640. SZ）

年度	净资产收益率	净资产收益率（行业平均水平）	净资产同比增长率	净利润同比增长率	经营活动产生的现金流量净额同比增长率
2010	33.04	14.92	39.80	52.21	-42.80
2011	36.75	12.52	308.25	58.05	1129.61
2012	8.10	9.35	7.34	-25.47	-366.22
2013	4.62	6.88	3.91	-44.05	63.58
2014	4.18	6.80	163.43	0.16	72.86
2015	8.81	7.20	11.66	480.51	1.41
2016	13.55	6.54	105.81	157.29	-8085.09

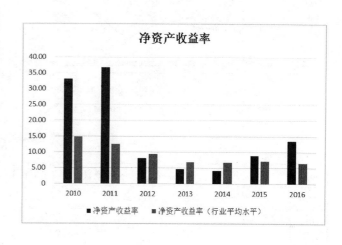

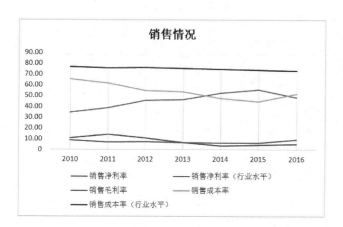

年度	销售净利率	销售净利率（行业水平）	销售毛利率	销售成本率	销售成本率（行业水平）
2010	10.77	8.73	34.52	65.48	76.68
2011	14.09	6.86	38.59	61.41	75.69
2012	10.54	7.11	45.45	54.55	75.97
2013	6.41	6.35	46.34	53.66	75.35
2014	3.40	5.98	52.52	47.48	74.56
2015	4.20	6.06	55.60	44.40	73.49
2016	5.01	9.17	48.34	51.66	72.75

年度	销售商品提供劳务收到的现金/营业收入	销售商品提供劳务收到的现金/营业收入（行业水平）	经营活动产生的现金流量净额/营业收入	经营活动产生的现金流量净额/营业收入（行业水平）
2010	113.74	103.93	1.01	5.63
2011	107.18	100.81	10.25	4.46
2012	89.26	102.55	-27.36	8.41
2013	84.64	101.16	-10.84	3.12
2014	93.27	101.77	-1.56	8.56
2015	103.84	102.87	-0.33	11.84
2016	84.61	100.96	-12.41	5.08

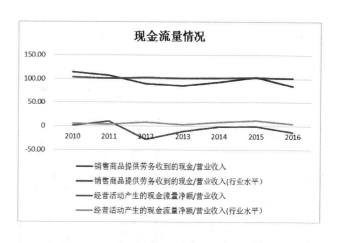

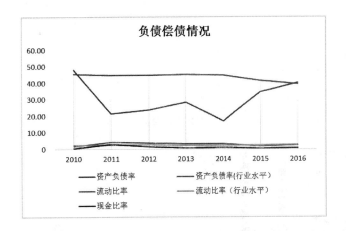

年度	资产 负债率	资产 负债率 （行业水平）	流动 比率	流动 比率 （行业水平）	现金 比率
2010	47.94	45.38	1.58	2.41	0.48
2011	21.36	44.65	4.22	2.40	3.01
2012	23.69	44.62	3.74	2.58	1.36
2013	28.30	45.20	3.07	2.20	0.73
2014	16.92	44.71	3.13	2.26	0.90
2015	34.56	41.53	1.78	2.47	0.48
2016	40.22	39.43	2.36	2.69	0.63

年度	营业周期	营业周期（行业水平）	存货周转率	应收账款周转率	总资产周转率	营运资本周转率
2010	140.32	141.29	3.52	9.44	1.48	5.77
2011	140.14	178.15	3.90	7.54	0.89	1.55
2012	234.90	234.84	2.79	3.40	0.58	0.87
2013	387.64	225.27	1.90	1.82	0.48	0.78
2014	336.68	225.37	1.84	2.56	0.53	1.25
2015	142.13	259.36	3.19	12.35	1.49	4.91
2016	155.61	248.90	2.61	20.50	1.67	4.22

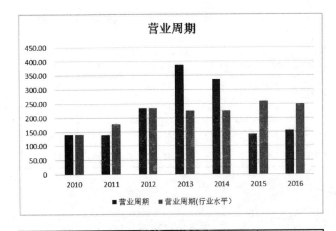

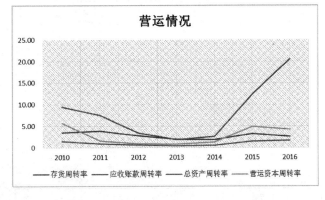

年度	研发总支出/ 主营业务收入	研发总支出/ 主营业务收入 （行业水平）	存货 （产成品）/ 资产总计	存货 （产成品）/ （资产总计） （行业水平）
2010	0	0	871.10%	38.08%
2011	0	0.22%	324.09%	28.78%
2012	0.04%	2.53%	291.02%	25.86%
2013	0.05%	1.87%	263.17%	23.69%
2014	0.36%	1.86%	116.71%	19.33%
2015	0.14%	2.52%	82.41%	14.17%
2016	0.59%	2.56%	36.20%	11.77%

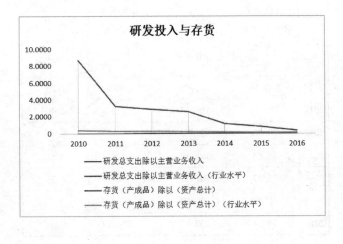

68. 摩登大道 (002656. SZ)

年度	净资产收益率	净资产收益率（行业平均水平）	净资产同比增长率	净利润同比增长率	经营活动产生的现金流量净额同比增长率
2010	39.42	14.92	48.90	62.45	57.78
2011	43.32	12.52	54.98	67.72	42.65
2012	18.90	9.35	269.35	61.79	-69.72
2013	12.60	6.88	9.76	-16.38	-138.86
2014	1.21	6.80	-1.62	-91.53	431.56
2015	0.84	7.20	-1.63	-165.63	2.29
2016	-20.59	6.54	44.15	-3953.21	-387.74

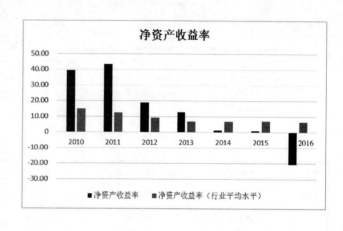

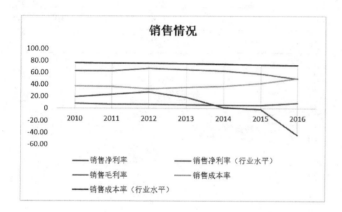

年度	销售净利率	销售净利率（行业水平）	销售毛利率	销售成本率	销售成本率（行业水平）
2010	19.34	8.73	62.62	37.38	76.68
2011	23.70	6.86	62.98	37.02	75.69
2012	27.81	7.11	66.75	33.25	75.97
2013	18.51	6.35	64.74	35.26	75.35
2014	1.79	5.98	62.50	37.50	74.56
2015	-1.14	6.06	57.80	42.20	73.49
2016	-44.21	9.17	49.57	50.43	72.75

年度	销售商品提供劳务收到的现金/营业收入	销售商品提供劳务收到的现金/营业收入（行业水平）	经营活动产生的现金流量净额/营业收入	经营活动产生的现金流量净额/营业收入（行业水平）
2010	111.59	103.93	22.62	5.63
2011	109.47	100.81	23.57	4.46
2012	96.23	102.55	5.18	8.41
2013	95.54	101.16	-1.60	3.12
2014	122.32	101.77	6.06	8.56
2015	110.94	102.87	5.99	11.84
2016	108.62	100.96	-16.56	5.08

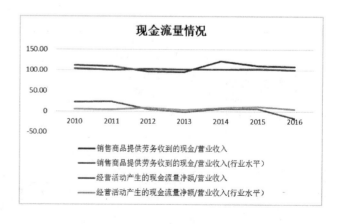

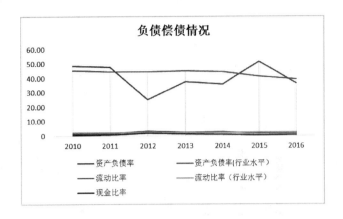

年度	资产负债率	资产负债率（行业水平）	流动比率	流动比率（行业水平）	现金比率
2010	48.64	45.38	1.57	2.41	0.68
2011	47.78	44.65	1.73	2.40	0.77
2012	25.17	44.62	3.35	2.58	2.12
2013	37.71	45.20	2.69	2.20	1.36
2014	35.85	44.71	2.97	2.26	1.12
2015	51.38	41.53	1.70	2.47	0.59
2016	36.41	39.43	2.12	2.69	0.85

年度	营业周期	营业周期（行业水平）	存货周转率	应收账款周转率	总资产周转率	营运资本周转率
2010	281.03	141.29	1.40	15.59	1.01	3.39
2011	289.38	178.15	1.38	13.05	0.95	2.98
2012	395.74	234.84	1.02	8.13	0.60	1.16
2013	508.05	225.27	0.82	5.21	0.44	0.87
2014	689.51	225.37	0.60	4.01	0.34	0.80
2015	631.03	259.36	0.65	4.46	0.30	1.10
2016	505.04	248.90	0.84	4.74	0.26	1.31

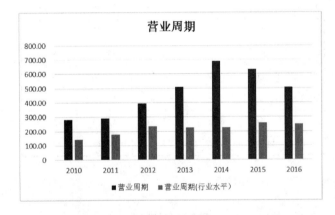

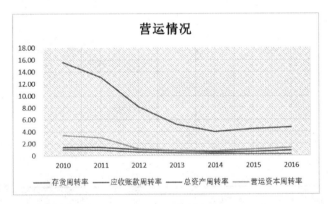

年度	研发总支出/主营业务收入	研发总支出/主营业务收入（行业水平）	存货（产成品）/（资产总计）	存货（产成品）/（资产总计）（行业水平）
2010	0	0	110.36%	38.08%
2011	0	0.22%	72.40%	28.78%
2012	2.03%	2.53%	27.73%	25.86%
2013	2.00%	1.87%	19.95%	23.69%
2014	2.82%	1.86%	20.90%	19.33%
2015	2.46%	2.52%	15.25%	14.17%
2016	2.98%	2.56%	14.52%	11.77%

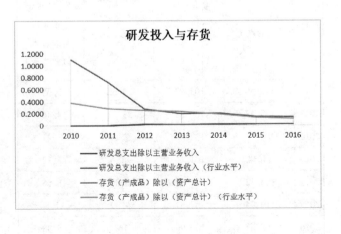

69. 兴业科技 （002674. SZ）

年度	净资产收益率	净资产收益率（行业平均水平）	净资产同比增长率	净利润同比增长率	经营活动产生的现金流量净额同比增长率
2010	23.81	14.92	27.03	32.42	-7.37
2011	22.47	12.52	17.37	15.42	4.25
2012	13.81	9.35	139.14	18.24	-90.54
2013	12.08	6.88	10.40	22.04	-1286.9
2014	7.60	6.80	4.17	-32.41	256.52
2015	0.83	7.20	-1.63	-88.91	-149.95
2016	3.42	6.54	48.68	374.58	619.02

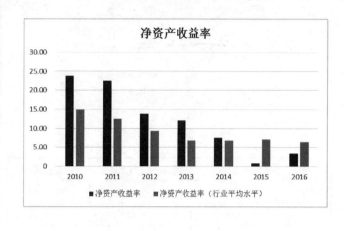

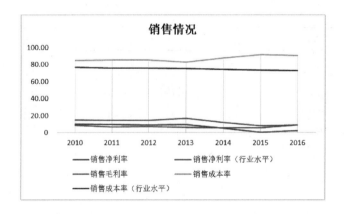

年度	销售净利率	销售净利率（行业水平）	销售毛利率	销售成本率	销售成本率（行业水平）
2010	10.23	8.73	14.99	85.01	76.68
2011	9.60	6.86	14.45	85.55	75.69
2012	9.42	7.11	14.43	85.57	75.97
2013	9.97	6.35	17.13	82.87	75.35
2014	5.37	5.98	12.09	87.91	74.56
2015	0.56	6.06	8.27	91.73	73.49
2016	2.46	9.17	9.19	90.81	72.75

年度	销售商品提供劳务收到的现金/营业收入	销售商品提供劳务收到的现金/营业收入（行业水平）	经营活动产生的现金流量净额/营业收入	经营活动产生的现金流量净额/营业收入（行业水平）
2010	116.23	103.93	8.50	5.63
2011	118.58	100.81	7.21	4.46
2012	97.70	102.55	0.57	8.41
2013	95.25	101.16	-5.82	3.12
2014	101.19	101.77	7.26	8.56
2015	109.50	102.87	-3.44	11.84
2016	114.11	100.96	16.39	5.08

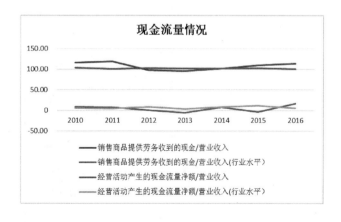

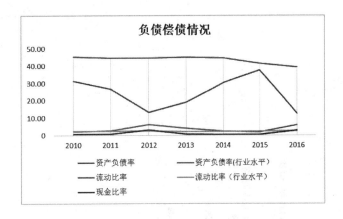

年度	资产负债率	资产负债率(行业水平)	流动比率	流动比率(行业水平)	现金比率
2010	31.27	45.38	2.28	2.41	0.68
2011	26.77	44.65	2.64	2.40	0.66
2012	13.21	44.62	6.34	2.58	3.14
2013	19.00	45.20	4.06	2.20	0.80
2014	30.29	44.71	2.38	2.26	0.45
2015	37.64	41.53	1.96	2.47	0.41
2016	12.47	39.43	6.00	2.69	2.91

年度	营业周期	营业周期（行业水平）	存货周转率	应收账款周转率	总资产周转率	营运资本周转率
2010	101.78	141.29	3.83	45.53	1.57	3.95
2011	91.63	178.15	4.24	53.33	1.67	3.98
2012	113.95	234.84	3.49	33.48	1.27	2.07
2013	168.06	225.27	2.54	13.66	1.01	1.58
2014	172.29	225.37	2.65	9.83	1.06	2.15
2015	189.45	259.36	2.46	8.37	0.97	2.50
2016	161.15	248.90	2.93	9.36	0.98	2.01

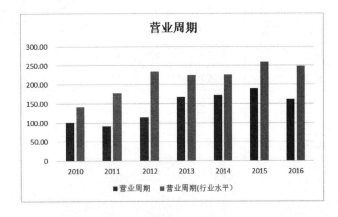

年度	研发总支出/主营业务收入	研发总支出/主营业务收入（行业水平）	存货（产成品）/（资产总计）	存货（产成品）/（资产总计）（行业水平）
2010	0	0	40.07%	38.08%
2011	0	0.22%	36.38%	28.78%
2012	1.86%	2.53%	18.03%	25.86%
2013	2.12%	1.87%	15.24%	23.69%
2014	0	1.86%	12.59%	19.33%
2015	2.80%	2.52%	11.45%	14.17%
2016	2.81%	2.56%	10.87%	11.77%

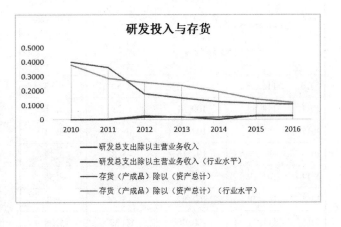

70. 乔治白 (002687. SZ)

年度	净资产收益率	净资产收益率（行业平均水平）	净资产同比增长率	净利润同比增长率	经营活动产生的现金流量净额同比增长率
2010	27.96	14.92	18.72	78.56	364.13
2011	29.98	12.52	23.52	30.07	58.17
2012	16.00	9.35	173.17	1.34	−30.48
2013	6.88	6.88	1.71	−31.45	110.62
2014	8.39	6.80	3.36	23.18	−21.48
2015	6.24	7.20	−0.97	−24.89	−10.39
2016	6.40	6.54	0.98	12.80	39.01

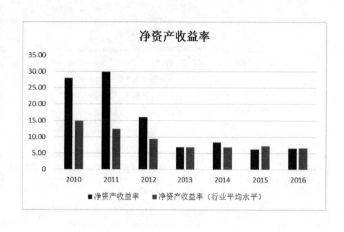

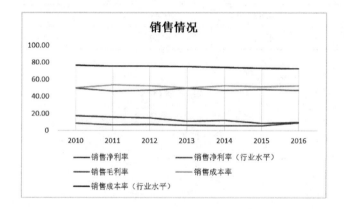

年度	销售净利率	销售净利率（行业水平）	销售毛利率	销售成本率	销售成本率（行业水平）
2010	17.40	8.73	49.94	50.06	76.68
2011	15.98	6.86	46.43	53.57	75.69
2012	14.90	7.11	47.43	52.57	75.97
2013	11.25	6.35	49.67	50.33	75.35
2014	12.25	5.98	47.37	52.63	74.56
2015	9.02	6.06	48.16	51.84	73.49
2016	9.73	9.17	47.53	52.47	72.75

年度	销售商品提供劳务收到的现金/营业收入	销售商品提供劳务收到的现金/营业收入（行业水平）	经营活动产生的现金流量净额/营业收入	经营活动产生的现金流量净额/营业收入（行业水平）
2010	115.24	103.93	13.69	5.63
2011	114.21	100.81	15.30	4.46
2012	104.03	102.55	9.78	8.41
2013	128.87	101.16	22.69	3.12
2014	114.47	101.77	15.75	8.56
2015	110.41	102.87	13.84	11.84
2016	107.25	100.96	18.39	5.08

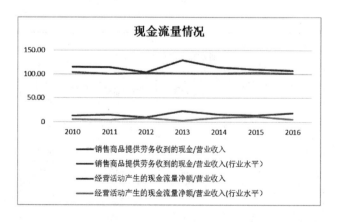

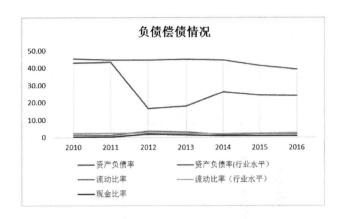

年度	资产负债率	资产负债率（行业水平）	流动比率	流动比率（行业水平）	现金比率
2010	43.00	45.38	1.37	2.41	0.21
2011	43.45	44.65	1.20	2.40	0.19
2012	16.70	44.62	3.68	2.58	1.91
2013	18.09	45.20	3.01	2.20	1.54
2014	26.26	44.71	1.79	2.26	0.88
2015	24.33	41.53	2.18	2.47	0.87
2016	24.07	39.43	2.21	2.69	0.95

年度	营业周期	营业周期（行业水平）	存货周转率	应收账款周转率	总资产周转率	营运资本周转率
2010	219.37	141.29	2.74	4.09	0.97	5.86
2011	198.30	178.15	2.83	5.07	1.06	9.15
2012	212.24	234.84	2.73	4.49	0.73	2.40
2013	255.59	225.27	2.22	3.85	0.50	1.30
2014	222.35	225.37	2.39	5.04	0.51	1.91
2015	243.90	259.36	2.20	4.47	0.49	2.17
2016	258.30	248.90	2.05	4.34	0.50	1.99

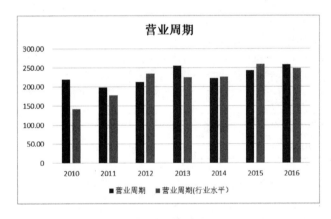

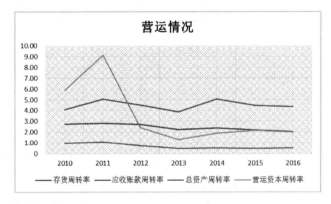

年度	研发总支出/主营业务收入	研发总支出/主营业务收入（行业水平）	存货（产成品）/（资产总计）	存货（产成品）/（资产总计）（行业水平）
2010	0	0	24.57%	38.08%
2011	0	0.22%	19.73%	28.78%
2012	0.79%	2.53%	10.64%	25.86%
2013	2.97%	1.87%	10.29%	23.69%
2014	4.06%	1.86%	8.78%	19.33%
2015	2.73%	2.52%	8.82%	14.17%
2016	2.82%	2.56%	8.61%	11.77%

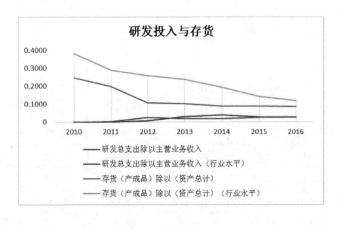

71. 美盛文化 （002699.SZ）

年度	净资产收益率	净资产收益率（行业平均水平）	净资产同比增长率	净利润同比增长率	经营活动产生的现金流量净额同比增长率
2010	47.48	14.92	62.27	109.58	3.77
2011	32.35	12.52	43.14	3.23	84.51
2012	16.04	9.35	272.34	1.49	45.52
2013	6.52	6.88	−0.69	−15.54	−23.48
2014	14.56	6.80	8.41	137.00	−145.25
2015	13.69	7.20	65.47	29.60	329.59
2016	11.08	6.54	196.19	47.73	−25.79

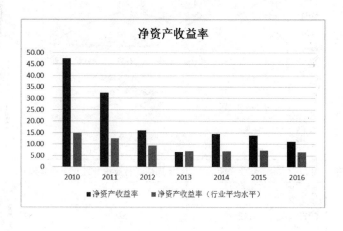

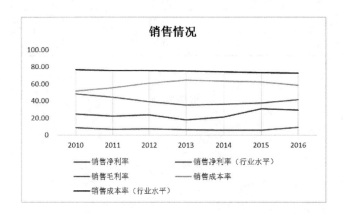

年度	销售净利率	销售净利率（行业水平）	销售毛利率	销售成本率	销售成本率（行业水平）
2010	24.53	8.73	48.51	51.49	76.68
2011	22.21	6.86	44.50	55.50	75.69
2012	23.90	7.11	39.29	60.71	75.97
2013	17.91	6.35	35.44	64.56	75.35
2014	21.52	5.98	36.49	63.51	74.56
2015	31.16	6.06	37.71	62.29	73.49
2016	29.67	9.17	41.66	58.34	72.75

年度	销售商品提供劳务收到的现金/营业收入	销售商品提供劳务收到的现金/营业收入（行业水平）	经营活动产生的现金流量净额/营业收入	经营活动产生的现金流量净额/营业收入（行业水平）
2010	85.69	103.93	12.69	5.63
2011	101.76	100.81	20.53	4.46
2012	103.76	102.55	31.69	8.41
2013	102.41	101.16	21.51	3.12
2014	93.71	101.77	−4.93	8.56
2015	102.59	102.87	12.66	11.84
2016	100.80	100.96	6.05	5.08

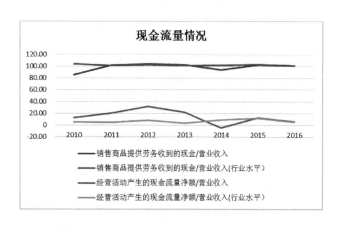

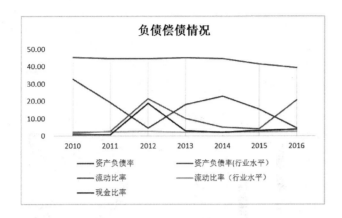

年度	资产负债率	资产负债率（行业水平）	流动比率	流动比率（行业水平）	现金比率
2010	32.90	45.38	1.73	2.41	0.62
2011	19.26	44.65	2.68	2.40	0.76
2012	4.59	44.62	21.48	2.58	18.77
2013	18.03	45.20	10.12	2.20	2.99
2014	22.93	44.71	4.96	2.26	2.24
2015	15.35	41.53	4.14	2.47	3.15
2016	4.54	39.43	20.83	2.69	3.86

年度	营业周期	营业周期（行业水平）	存货周转率	应收账款周转率	总资产周转率	营运资本周转率
2010	76.92	141.29	13.58	7.14	1.26	7.13
2011	112.33	178.15	7.52	5.59	1.09	4.41
2012	131.17	234.84	5.27	5.73	0.46	0.74
2013	152.94	225.27	3.57	6.90	0.31	0.51
2014	181.29	225.37	2.49	9.78	0.51	1.07
2015	246.93	259.36	1.90	6.21	0.35	0.80
2016	168.61	248.90	3.17	6.55	0.25	0.39

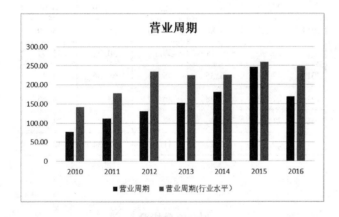

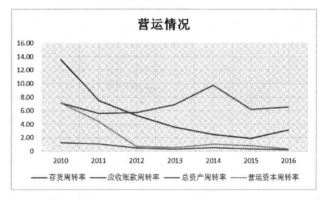

年度	研发总支出/主营业务收入	研发总支出/主营业务收入（行业水平）	存货（产成品）/资产总计	存货（产成品）/（资产总计）（行业水平）
2010	0	0	62.50%	38.08%
2011	0	0.22%	52.54%	28.78%
2012	0.57%	2.53%	16.64%	25.86%
2013	0.72%	1.87%	14.06%	23.69%
2014	1.18%	1.86%	11.76%	19.33%
2015	2.17%	2.52%	8.21%	14.17%
2016	2.89%	2.56%	3.11%	11.77%

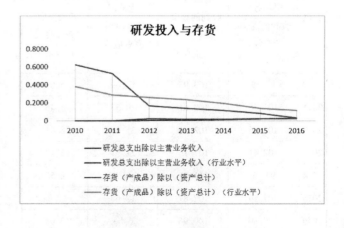

72. 金轮股份 （002722.SZ）

年度	净资产收益率	净资产收益率（行业平均水平）	净资产同比增长率	净利润同比增长率	经营活动产生的现金流量净额同比增长率
2010	20.12	14.92	22.11	110.67	98.60
2011	23.96	12.52	19.13	40.71	16.84
2012	17.86	9.35	14.98	-12.22	-29.56
2013	14.66	6.88	11.97	-6.54	10.88
2014	6.45	6.80	58.37	-29.69	14.45
2015	10.61	7.20	111.40	81.77	25.72
2016	8.26	6.54	41.53	102.15	-185.06

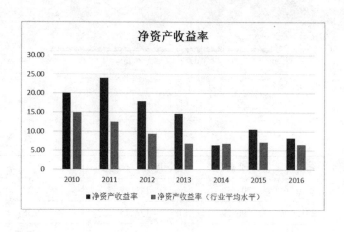

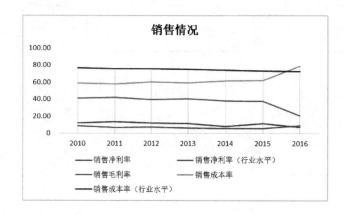

年度	销售净利率	销售净利率（行业水平）	销售毛利率	销售成本率	销售成本率（行业水平）
2010	11.96	8.73	41.20	58.80	76.68
2011	13.85	6.86	42.06	57.94	75.69
2012	12.26	7.11	39.55	60.45	75.97
2013	11.70	6.35	40.63	59.37	75.35
2014	8.53	5.98	38.09	61.91	74.56
2015	11.63	6.06	37.51	62.49	73.49
2016	7.18	9.17	20.86	79.14	72.75

年度	销售商品提供劳务收到的现金/营业收入	销售商品提供劳务收到的现金/营业收入（行业水平）	经营活动产生的现金流量净额/营业收入	经营活动产生的现金流量净额/营业收入（行业水平）
2010	120.21	103.93	14.73	5.63
2011	110.25	100.81	14.16	4.46
2012	100.28	102.55	10.05	8.41
2013	105.41	101.16	11.39	3.12
2014	113.53	101.77	13.52	8.56
2015	111.65	102.87	12.75	11.84
2016	115.22	100.96	-3.31	5.08

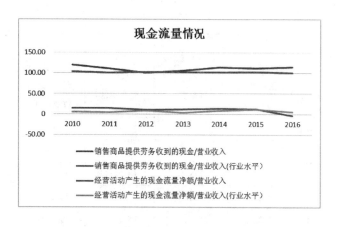

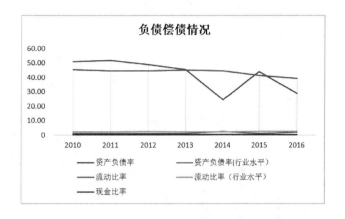

年度	资产负债率	资产负债率（行业水平）	流动比率	流动比率（行业水平）	现金比率
2010	50.84	45.38	1.06	2.41	0.22
2011	51.85	44.65	1.01	2.40	0.21
2012	49.04	44.62	1.12	2.58	0.20
2013	45.49	45.20	1.27	2.20	0.17
2014	24.64	44.71	2.59	2.26	0.44
2015	43.98	41.53	1.20	2.47	0.23
2016	28.88	39.43	1.97	2.69	0.28

年度	营业周期	营业周期（行业水平）	存货周转率	应收账款周转率	总资产周转率	营运资本周转率
2010	204.82	141.29	2.37	6.77	0.81	30.38
2011	196.99	178.15	2.38	7.83	0.82	57.43
2012	205.00	234.84	2.53	5.75	0.71	23.25
2013	223.90	225.27	2.57	4.30	0.66	7.35
2014	236.15	225.37	2.46	4.00	0.58	2.19
2015	327.18	259.36	1.69	3.16	0.37	2.27
2016	143.92	248.90	4.16	6.28	0.78	4.19

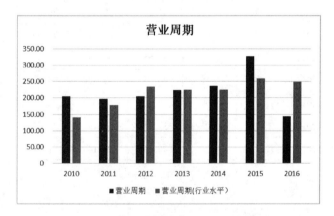

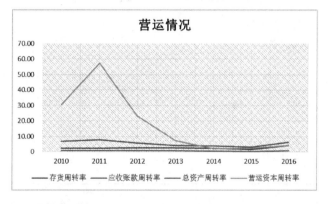

年度	研发总支出/主营业务收入	研发总支出/主营业务收入（行业水平）	存货（产成品）/（资产总计）	存货（产成品）/（资产总计）（行业水平）
2010	0	0	24.10%	38.08%
2011	0	0.22%	19.82%	28.78%
2012	0.82%	2.53%	18.24%	25.86%
2013	0.85%	1.87%	17.41%	23.69%
2014	3.36%	1.86%	15.20%	19.33%
2015	2.32%	2.52%	5.35%	14.17%
2016	0.91%	2.56%	4.80%	11.77%

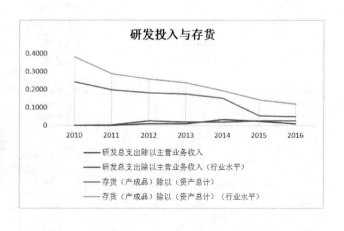

73. 多喜爱 （002761. SZ）

年度	净资产收益率	净资产收益率（行业平均水平）	净资产同比增长率	净利润同比增长率	经营活动产生的现金流量净额同比增长率
2010	0	14.92	0	0	0
2011	33.35	12.52	0	0	0
2012	30.57	9.35	36.09	30.83	−21.04
2013	18.06	6.88	19.86	−25.12	−24.63
2014	11.67	6.80	12.40	−25.17	90.63
2015	7.15	7.20	54.33	−17.60	−67.11
2016	3.35	6.54	2.60	−42.33	−22.07

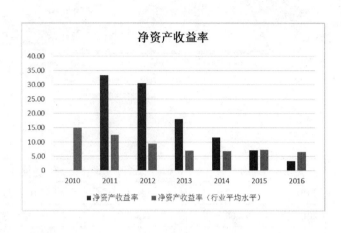

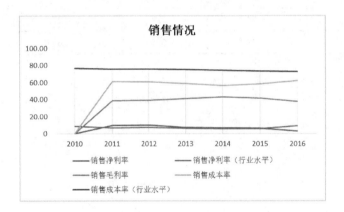

年度	销售净利率	销售净利率（行业水平）	销售毛利率	销售成本率	销售成本率（行业水平）
2010	0	8.73	0	0	76.68
2011	9.57	6.86	38.58	61.42	75.69
2012	10.10	7.11	39.23	60.77	75.97
2013	7.44	6.35	40.93	59.07	75.35
2014	6.73	5.98	43.22	56.78	74.56
2015	6.24	6.06	41.60	58.40	73.49
2016	3.21	9.17	37.65	62.35	72.75

年度	销售商品提供劳务收到的现金/营业收入	销售商品提供劳务收到的现金/营业收入（行业水平）	经营活动产生的现金流量净额/营业收入	经营活动产生的现金流量净额/营业收入（行业水平）
2010	0	103.93	0	5.63
2011	116.70	100.81	13.25	4.46
2012	120.37	102.55	8.44	8.41
2013	113.19	101.16	6.25	3.12
2014	114.90	101.77	14.41	8.56
2015	115.20	102.87	5.34	11.84
2016	118.28	100.96	3.70	5.08

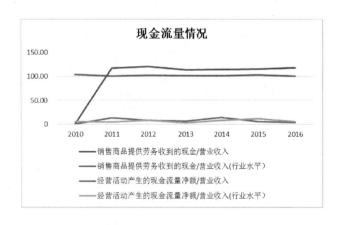

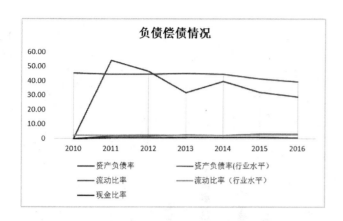

年度	资产负债率	资产负债率（行业水平）	流动比率	流动比率（行业水平）	现金比率
2010	0	45.38	0	2.41	0
2011	54.07	44.65	1.61	2.40	0.63
2012	46.46	44.62	1.79	2.58	0.52
2013	31.83	45.20	2.56	2.20	0.88
2014	39.72	44.71	2.31	2.26	0.95
2015	32.04	41.53	3.15	2.47	0.81
2016	28.96	39.43	3.26	2.69	0.65

年度	营业周期	营业周期（行业水平）	存货周转率	应收账款周转率	总资产周转率	营运资本周转率
2010	0	141.29	0	0	0	0
2011	93.38	178.15	4.02	92.04	2.65	8.06
2012	183.93	234.84	2.02	62.14	1.51	4.32
2013	196.41	225.27	1.92	42.38	1.47	3.42
2014	216.26	225.37	1.82	20	1.11	2.54
2015	245.82	259.36	1.64	13.74	0.74	1.73
2016	219.78	248.90	1.82	16.33	0.73	1.68

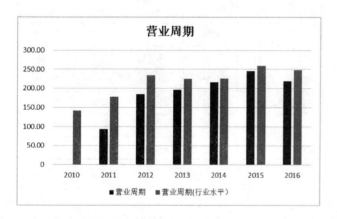

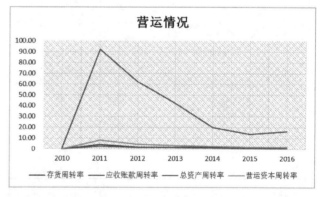

年度	研发总支出/主营业务收入	研发总支出/主营业务收入（行业水平）	存货（产成品）/资产总计	存货（产成品）/资产总计（行业水平）
2010	0	0	0	38.08%
2011	0	0.22%	33.51%	28.78%
2012	0	2.53%	28.70%	25.86%
2013	0	1.87%	30.49%	23.69%
2014	4.49%	1.86%	23.99%	19.33%
2015	4.36%	2.52%	17.52%	14.17%
2016	5.38%	2.56%	17.85%	11.77%

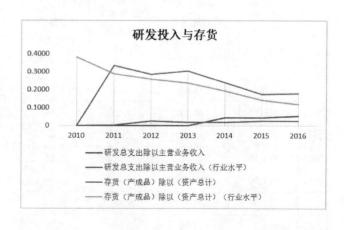

74. 金发拉比 (002762. SZ)

年度	净资产收益率	净资产收益率（行业平均水平）	净资产同比增长率	净利润同比增长率	经营活动产生的现金流量净额同比增长率
2010	0	14.92	0	0	0
2011	35.81	12.52	0	0	0
2012	35.12	9.35	42.61	40.29	3.89
2013	32.62	6.88	32.74	26.59	18.37
2014	27.37	6.80	25.60	7.95	89.08
2015	11.30	7.20	116.39	−27.09	−68.66
2016	8.34	6.54	6.45	5.81	131.01

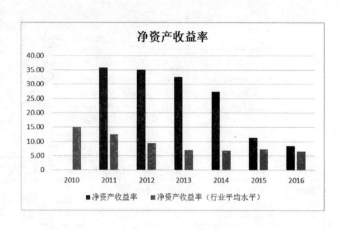

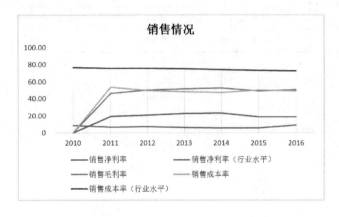

年度	销售净利率	销售净利率（行业水平）	销售毛利率	销售成本率	销售成本率（行业水平）
2010	0	8.73	0	0	76.68
2011	19.22	6.86	46.53	53.47	75.69
2012	20.71	7.11	50.38	49.62	75.97
2013	22.97	6.35	51.59	48.41	75.35
2014	23.18	5.98	52.70	47.30	74.56
2015	18.91	6.06	49.55	50.45	73.49
2016	18.88	9.17	50.92	49.08	72.75

年度	销售商品提供劳务收到的现金/营业收入	销售商品提供劳务收到的现金/营业收入（行业水平）	经营活动产生的现金流量净额/营业收入	经营活动产生的现金流量净额/营业收入（行业水平）
2010	0	103.93	0	5.63
2011	120.52	100.81	18.69	4.46
2012	114.50	102.55	14.91	8.41
2013	110.65	101.16	15.46	3.12
2014	112.52	101.77	27.33	8.56
2015	115.11	102.87	9.58	11.84
2016	113.33	100.96	20.89	5.08

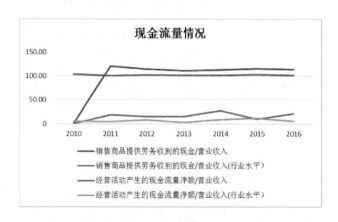

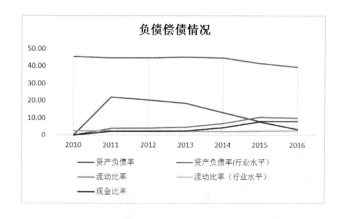

年度	资产负债率	资产负债率（行业水平）	流动比率	流动比率（行业水平）	现金比率
2010	0	45.38	0	2.41	0
2011	22.00	44.65	3.78	2.40	2.13
2012	20.14	44.62	4.02	2.58	2.10
2013	18.34	45.20	4.61	2.20	2.32
2014	13.07	44.71	6.64	2.26	4.26
2015	7.87	41.53	10.47	2.47	7.82
2016	7.96	39.43	9.86	2.69	3.45

年度	营业周期	营业周期（行业水平）	存货周转率	应收账款周转率	总资产周转率	营运资本周转率
2010	0	141.29	0	0	0	0
2011	89.65	178.15	4.28	65.44	2.46	4.03
2012	182.63	234.84	2.07	42.48	1.34	2.20
2013	232.08	225.27	1.65	26.14	1.14	1.79
2014	231.15	225.37	1.72	16.19	0.99	1.41
2015	258.84	259.36	1.59	11.14	0.54	0.73
2016	300.98	248.90	1.36	10.08	0.41	0.57

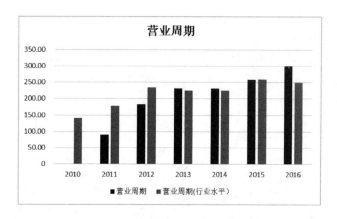

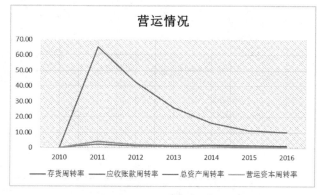

年度	研发总支出/主营业务收入	研发总支出/主营业务收入（行业水平）	存货（产成品）/资产总计	存货（产成品）/资产总计（行业水平）
2010	0	0	0	38.08%
2011	0	0.22%	62.02%	28.78%
2012	0	2.53%	44.53%	25.86%
2013	0	1.87%	34.30%	23.69%
2014	0	1.86%	29.07%	19.33%
2015	0.87%	2.52%	14.24%	14.17%
2016	3.10%	2.56%	13.36%	11.77%

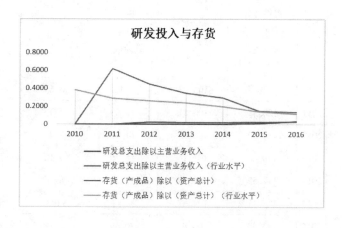

75. 汇洁股份 （002763. SZ）

年度	净资产收益率	净资产收益率（行业平均水平）	净资产同比增长率	净利润同比增长率	经营活动产生的现金流量净额同比增长率
2010	0	14.92	0	0	0
2011	28.47	12.52	0	0	0
2012	20.80	9.35	23.22	-3.61	222.45
2013	18.88	6.88	15.86	8.17	76.13
2014	20.03	6.80	16.24	22.08	-28.54
2015	15.02	7.20	109.40	24.63	19.36
2016	11.76	6.54	7.88	19.69	-5.38

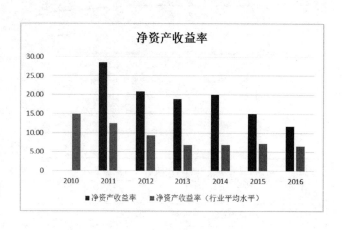

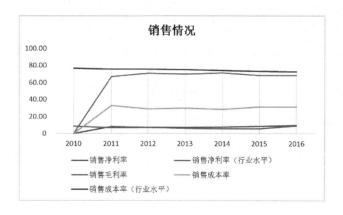

年度	销售净利率	销售净利率（行业水平）	销售毛利率	销售成本率	销售成本率（行业水平）
2010	0	8.73	0	0	76.68
2011	8.24	6.86	67.19	32.81	75.69
2012	7.48	7.11	71.07	28.93	75.97
2013	7.34	6.35	70.19	29.81	75.35
2014	8.03	5.98	71.54	28.46	74.56
2015	8.77	6.06	68.68	31.32	73.49
2016	9.67	9.17	68.39	31.61	72.75

年度	销售商品提供劳务收到的现金/营业收入	销售商品提供劳务收到的现金/营业收入（行业水平）	经营活动产生的现金流量净额/营业收入	经营活动产生的现金流量净额/营业收入（行业水平）
2010	0	103.93	0	5.63
2011	105.45	100.81	-9.65	4.46
2012	108.90	102.55	11.13	8.41
2013	111.50	101.16	17.79	3.12
2014	110.95	101.77	11.39	8.56
2015	112.95	102.87	11.91	11.84
2016	112.35	100.96	10.38	5.08

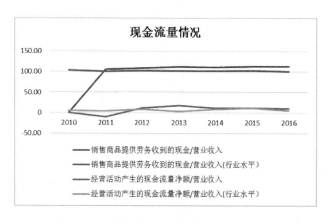

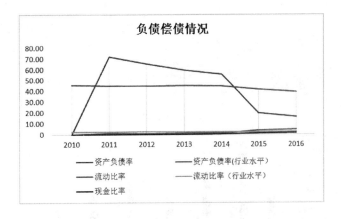

年度	资产负债率	资产负债率（行业水平）	流动比率	流动比率（行业水平）	现金比率
2010	0	45.38	0	2.41	0
2011	71.70	44.65	1.03	2.40	0.16
2012	65.30	44.62	0.94	2.58	0.13
2013	59.45	45.20	1.02	2.20	0.17
2014	55.67	44.71	1.14	2.26	0.20
2015	19.57	41.53	3.83	2.47	1.16
2016	16.28	39.43	4.70	2.69	1.56

年度	营业周期	营业周期（行业水平）	存货周转率	应收账款周转率	总资产周转率	营运资本周转率
2010	0	141.29	0	0	0	0
2011	274.92	178.15	1.45	13.84	1.66	81.57
2012	577.30	234.84	0.68	7.38	0.88	−123.13
2013	488.37	225.27	0.81	8.53	0.97	−87.51
2014	461.99	225.37	0.85	9.46	1.05	23.39
2015	395.46	259.36	1.00	10.26	1.08	3.69
2016	379.85	248.90	1.03	11.64	1.06	2.14

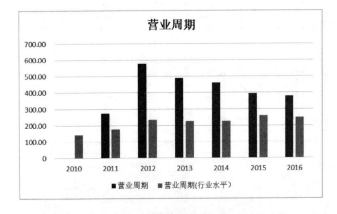

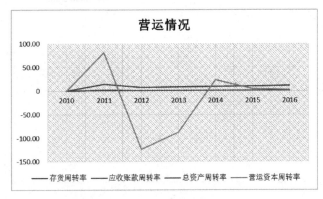

年度	研发总支出/主营业务收入	研发总支出/主营业务收入（行业水平）	存货（产成品）/（资产总计）	存货（产成品）/（资产总计）（行业水平）
2010	0	0	0	38.08%
2011	0	0.22%	37.58%	28.78%
2012	0	2.53%	37.39%	25.86%
2013	0	1.87%	37.71%	23.69%
2014	0	1.86%	35.47%	19.33%
2015	2.80%	2.52%	30.52%	14.17%
2016	2.81%	2.56%	29.08%	11.77%

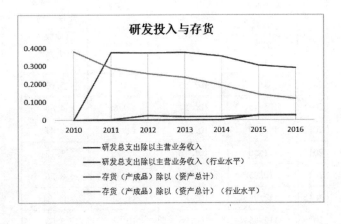

76. 柏堡龙 （002776. SZ）

年度	净资产收益率	净资产收益率（行业平均水平）	净资产同比增长率	净利润同比增长率	经营活动产生的现金流量净额同比增长率
2010	2010	0	14.92	0	0
2011	2011	57.64	12.52	0	0
2012	2012	36.08	9.35	44.03	54.91
2013	2013	29.41	6.88	0.67	12.79
2014	2014	30.58	6.80	36.09	5.39
2015	2015	17.96	7.20	145.39	12.99
2016	2016	9.85	6.54	108.40	-2.44

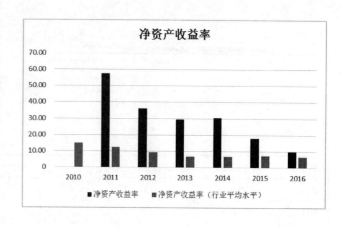

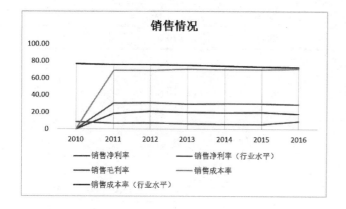

年度	销售净利率	销售净利率（行业水平）	销售毛利率	销售成本率	销售成本率（行业水平）
2010	0	8.73	0	0	76.68
2011	18.37	6.86	30.72	69.28	75.69
2012	20.70	7.11	30.96	69.04	75.97
2013	19.74	6.35	29.29	70.71	75.35
2014	19.53	5.98	29.85	70.15	74.56
2015	20	6.06	30.16	69.84	73.49
2016	18.08	9.17	29.20	70.80	72.75

年度	销售商品提供劳务收到的现金/营业收入	销售商品提供劳务收到的现金/营业收入（行业水平）	经营活动产生的现金流量净额/营业收入	经营活动产生的现金流量净额/营业收入（行业水平）
2010	0	103.93	0	5.63
2011	82.07	100.81	10.21	4.46
2012	76.47	102.55	10.11	8.41
2013	84.86	101.16	21.36	3.12
2014	96.54	101.77	26.05	8.56
2015	99.73	102.87	30.81	11.84
2016	109.23	100.96	17.31	5.08

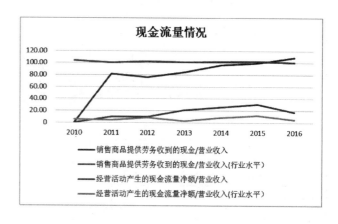

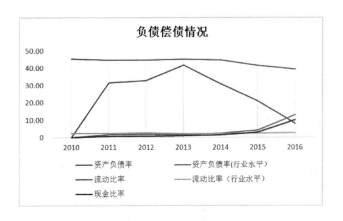

年度	资产 负债率	资产 负债率 （行业水平）	流动 比率	流动 比率 （行业水平）	现金 比率
2010	0	45.38	0	2.41	0
2011	31.56	44.65	1.60	2.40	0.64
2012	32.90	44.62	1.83	2.58	0.69
2013	41.70	45.20	1.73	2.20	0.89
2014	30.83	44.71	2.42	2.26	1.41
2015	21.10	41.53	4.15	2.47	2.85
2016	8.03	39.43	12.95	2.69	10.15

年度	营业周期	营业周期（行业水平）	存货周转率	应收账款周转率	总资产周转率	营运资本周转率
2010	0	141.29	0	0	0	0
2011	35.34	178.15	15.59	29.39	2.12	11.21
2012	85.33	234.84	6.17	13.34	1.18	4.93
2013	105.08	225.27	5.32	9.61	1.09	3.77
2014	107.82	225.37	5.48	8.55	1.00	2.70
2015	104.26	259.36	5.66	8.86	0.66	1.13
2016	92.66	248.90	6.58	9.49	0.37	0.51

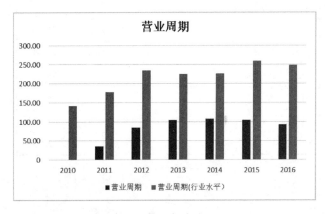

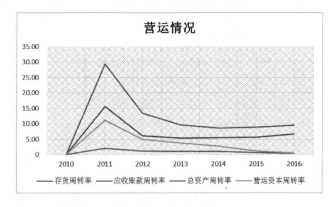

年度	研发总支出/ 主营业务收入	研发总支出/ 主营业务收入 （行业水平）	存货 （产成品）/ （资产总计）	存货 （产成品）/ （资产总计） （行业水平）
2010	0	0	0	38.08%
2011	0	0.22%	13.22%	28.78%
2012	0	2.53%	9.00%	25.86%
2013	0	1.87%	7.77%	23.69%
2014	3.85%	1.86%	6.77%	19.33%
2015	3.68%	2.52%	3.15%	14.17%
2016	3.59%	2.56%	1.76%	11.77%

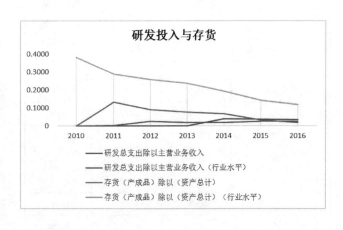

77. 三夫户外（002780.SZ）

年度	净资产收益率	净资产收益率（行业平均水平）	净资产同比增长率	净利润同比增长率	经营活动产生的现金流量净额同比增长率
2010	0	14.92	0	0	0
2011	31.98	12.52	0	0	0
2012	20.44	9.35	22.76	-17.44	1621.07
2013	19.61	6.88	19.41	17.28	-91.05
2014	14.44	6.80	10.48	-14.53	420.64
2015	14.46	7.20	82.21	10.60	-33.86
2016	9.42	6.54	8.81	14.88	-107.99

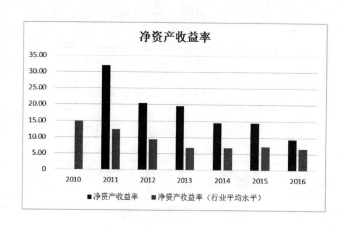

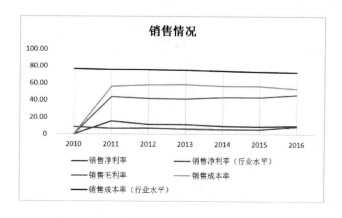

年度	销售净利率	销售净利率（行业水平）	销售毛利率	销售成本率	销售成本率（行业水平）
2010	0	8.73	0	0	76.68
2011	15.50	6.86	44.11	55.89	75.69
2012	11.78	7.11	41.97	58.03	75.97
2013	11.48	6.35	41.60	58.40	75.35
2014	9.55	5.98	43.60	56.40	74.56
2015	9.40	6.06	43.63	56.37	73.49
2016	10.02	9.17	46.23	53.77	72.75

年度	销售商品提供劳务收到的现金/营业收入	销售商品提供劳务收到的现金/营业收入（行业水平）	经营活动产生的现金流量净额/营业收入	经营活动产生的现金流量净额/营业收入（行业水平）
2010	0	103.93	0	5.63
2011	117.15	100.81	0.99	4.46
2012	127.89	102.55	15.70	8.41
2013	119.09	101.16	1.17	3.12
2014	116.83	101.77	5.92	8.56
2015	114.48	102.87	3.48	11.84
2016	114.20	100.96	-0.26	5.08

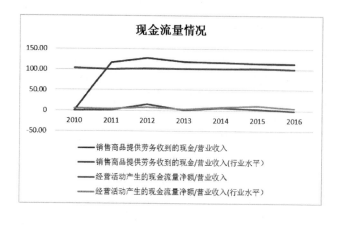

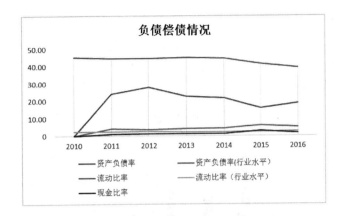

年度	资产负债率	资产负债率（行业水平）	流动比率	流动比率（行业水平）	现金比率
2010	0	45.38	0	2.41	0
2011	24.13	44.65	4.05	2.40	0.99
2012	27.92	44.62	3.52	2.58	1.25
2013	22.68	45.20	4.06	2.20	1.13
2014	21.63	44.71	4.27	2.26	1.20
2015	15.92	41.53	6.02	2.47	2.99
2016	18.84	39.43	5.11	2.69	1.71

年度	营业周期	营业周期（行业水平）	存货周转率	应收账款周转率	总资产周转率	营运资本周转率
2010	0	141.29	0	0	0	0
2011	156.79	178.15	2.31	287.74	2.70	3.67
2012	292.01	234.84	1.24	138.61	1.28	1.79
2013	272.40	225.27	1.34	93.16	1.29	1.85
2014	300.76	225.37	1.24	32.55	1.21	1.72
2015	297.55	259.36	1.32	14.61	0.96	1.26
2016	330.32	248.90	1.26	8.25	0.78	0.99

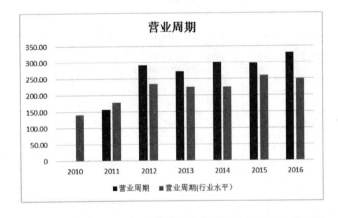

年度	研发总支出/主营业务收入	研发总支出/主营业务收入（行业水平）	存货（产成品）/（资产总计）	存货（产成品）/（资产总计）（行业水平）
2010	0	0	0	38.08%
2011	0	0.22%	96.31%	28.78%
2012	0	2.53%	74.54%	25.86%
2013	0	1.87%	66.96%	23.69%
2014	0	1.86%	61.43%	19.33%
2015	0	2.52%	36.17%	14.17%
2016	3.29%	2.56%	32.09%	11.77%

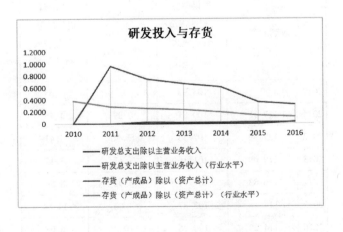

78. 比音勒芬 （002832. SZ）

年度	净资产收益率	净资产收益率（行业平均水平）	净资产同比增长率	净利润同比增长率	经营活动产生的现金流量净额同比增长率
2010	0	14.92	0	0	0
2011	46.01	12.52	0	0	0
2012	51.49	9.35	69.35	85.41	137.16
2013	38.59	6.88	47.81	16.76	44.96
2014	30.70	6.80	36.27	12.13	14.89
2015	26.46	7.20	30.50	14.59	17.72
2016	22.35	6.54	143.56	7.64	-24.40

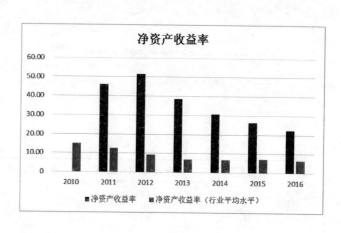

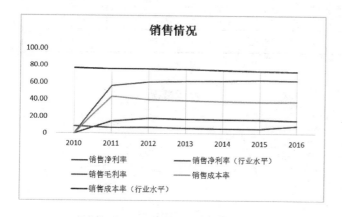

年度	销售净利率	销售净利率（行业水平）	销售毛利率	销售成本率	销售成本率（行业水平）
2010	0	8.73	0	0	76.68
2011	14.57	6.86	56.24	43.76	75.69
2012	18.01	7.11	60.24	39.76	75.97
2013	16.90	6.35	61.14	38.86	75.35
2014	16.55	5.98	62.07	37.93	74.56
2015	16.35	6.06	62.67	37.33	73.49
2016	15.75	9.17	62.28	37.72	72.75

年度	销售商品提供劳务收到的现金/营业收入	销售商品提供劳务收到的现金/营业收入（行业水平）	经营活动产生的现金流量净额/营业收入	经营活动产生的现金流量净额/营业收入（行业水平）
2010	0	103.93	0	5.63
2011	117.11	100.81	9.78	4.46
2012	109.87	102.55	15.46	8.41
2013	114.24	101.16	18.02	3.12
2014	110.83	101.77	18.07	8.56
2015	112.75	102.87	18.34	11.84
2016	114.14	100.96	12.41	5.08

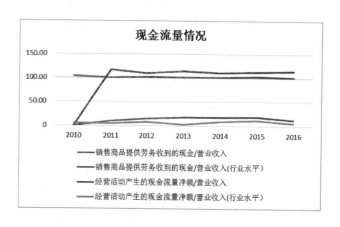

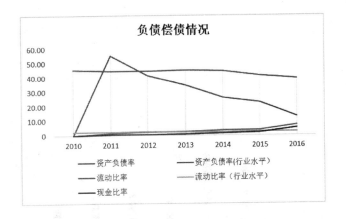

年度	资产负债率	资产负债率（行业水平）	流动比率	流动比率（行业水平）	现金比率
2010	0	45.38	0	2.41	0
2011	55.18	44.65	1.55	2.40	0.49
2012	41.38	44.62	2.18	2.58	0.53
2013	34.59	45.20	2.59	2.20	0.94
2014	25.99	44.71	3.33	2.26	1.50
2015	22.99	41.53	3.82	2.47	2.02
2016	12.87	39.43	7.22	2.69	5.09

年度	营业周期	营业周期（行业水平）	存货周转率	应收账款周转率	总资产周转率	营运资本周转率
2010	0	141.29	0	0	0	0
2011	157.64	178.15	2.44	34.72	2.30	7.58
2012	250.26	234.84	1.57	17.12	1.50	4.08
2013	249.53	225.27	1.57	18.25	1.43	3.02
2014	255.77	225.37	1.51	21.67	1.30	2.31
2015	249.09	259.36	1.56	20.12	1.23	1.95
2016	268.89	248.90	1.44	18.82	0.78	1.04

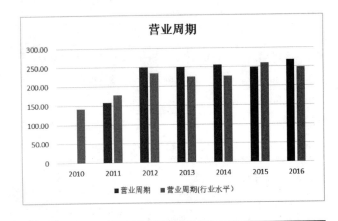

年度	研发总支出/主营业务收入	研发总支出/主营业务收入（行业水平）	存货（产成品）/（资产总计）	存货（产成品）/（资产总计）（行业水平）
2010	0	0	0	38.08%
2011	0	0.22%	90.34%	28.78%
2012	0	2.53%	69.77%	25.86%
2013	0	1.87%	52.67%	23.69%
2014	0	1.86%	43.73%	19.33%
2015	0	2.52%	34.87%	14.17%
2016	3.74%	2.56%	16.20%	11.77%

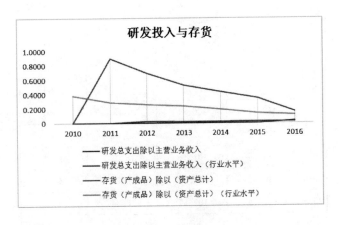

79. 安奈儿 （002875.SZ）

年度	净资产收益率	净资产收益率（行业平均水平）	净资产同比增长率	净利润同比增长率	经营活动产生的现金流量净额同比增长率
2010	0	14.92	0	0	0
2011	0	12.52	0	0	0
2012	34.39	9.35	0	0	0
2013	36.80	6.88	11.99	42.28	96.46
2014	41.56	6.80	52.46	40.73	405.36
2015	27.54	7.20	24.36	-10.21	-43.24
2016	24.35	6.54	27.72	11.58	7.18

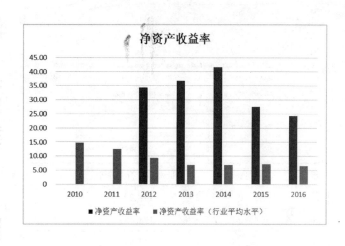

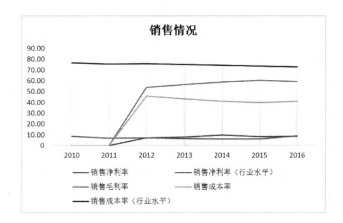

年度	销售净利率	销售净利率（行业水平）	销售毛利率	销售成本率	销售成本率（行业水平）
2010	0	8.73	0	0	76.68
2011	0	6.86	0	0	75.69
2012	7.13	7.11	54.04	45.96	75.97
2013	7.95	6.35	56.67	43.33	75.35
2014	9.96	5.98	58.95	41.05	74.56
2015	8.44	6.06	60.28	39.72	73.49
2016	8.60	9.17	59.10	40.90	72.75

年度	销售商品提供劳务收到的现金/营业收入	销售商品提供劳务收到的现金/营业收入（行业水平）	经营活动产生的现金流量净额/营业收入	经营活动产生的现金流量净额/营业收入（行业水平）
2010	0	103.93	0	5.63
2011	0	100.81	0	4.46
2012	115.33	102.55	1.83	8.41
2013	113.25	101.16	2.82	3.12
2014	119.35	101.77	12.69	8.56
2015	115.81	102.87	6.80	11.84
2016	116.36	100.96	6.65	5.08

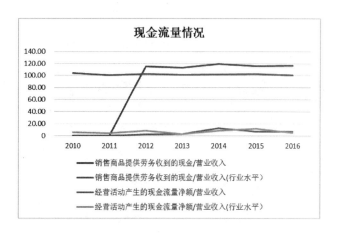

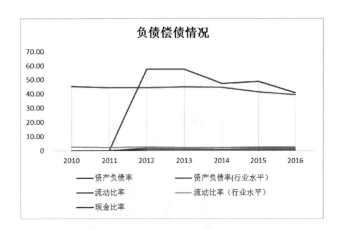

年度	资产负债率	资产负债率（行业水平）	流动比率	流动比率（行业水平）	现金比率
2010	0	45.38	0	2.41	0
2011	0	44.65	0	2.40	0
2012	57.51	44.62	1.62	2.58	0.42
2013	57.61	45.20	1.62	2.20	0.37
2014	47.57	44.71	1.97	2.26	0.61
2015	48.95	41.53	1.81	2.47	0.38
2016	41.07	39.43	1.68	2.69	0.40

年度	营业周期	营业周期（行业水平）	存货周转率	应收账款周转率	总资产周转率	营运资本周转率
2010	0	141.29	0	0	0	0
2011	0	178.15	0	0	0	0
2012	129.79	234.84	3.07	28.89	3.50	9.74
2013	229.06	225.27	1.76	14.99	2.10	5.87
2014	241.36	225.37	1.64	16.07	2.00	4.83
2015	258.89	259.36	1.50	18.45	1.69	4.50
2016	245.35	248.90	1.59	18.37	1.56	5.34

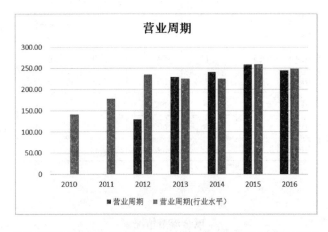

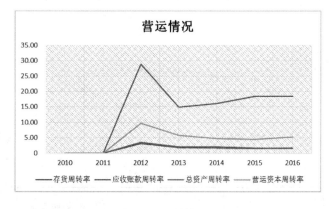

年度	研发总支出/主营业务收入	研发总支出/主营业务收入（行业水平）	存货（产成品）/（资产总计）	存货（产成品）/（资产总计）（行业水平）
2010	0	0	0	38.08%
2011	0	0.22%	0	28.78%
2012	0	2.53%	75.30%	25.86%
2013	0	1.87%	67.09%	23.69%
2014	0	1.86%	54.43%	19.33%
2015	0	2.52%	42.62%	14.17%
2016	0	2.56%	38.51%	11.77%

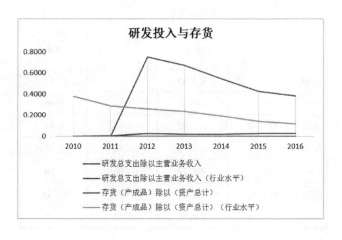

80. 探路者（300005.SZ）

年度	净资产收益率	净资产收益率（行业平均水平）	净资产同比增长率	净利润同比增长率	经营活动产生的现金流量净额同比增长率
2010	11.35	14.92	9.16	22.40	72.72
2011	19.48	12.52	21.50	98.81	53.98
2012	24.15	9.35	32.19	57.07	73.55
2013	27.31	6.88	29.07	43.45	-2.85
2014	26.04	6.80	20.58	16.82	33.28
2015	19.90	7.20	14.35	-10.35	-78.72
2016	7.51	6.54	95.16	-55.61	359.18

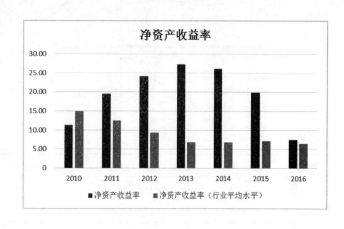

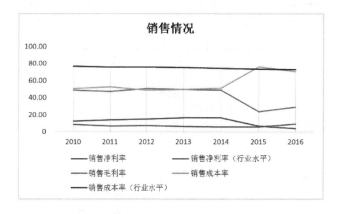

年度	销售净利率	销售净利率（行业水平）	销售毛利率	销售成本率	销售成本率（行业水平）
2010	12.42	8.73	49.05	50.95	76.68
2011	14.22	6.86	47.53	52.47	75.69
2012	15.22	7.11	50.94	49.06	75.97
2013	16.70	6.35	50.02	49.98	75.35
2014	16.44	5.98	48.84	51.16	74.56
2015	6.64	6.06	23.81	76.19	73.49
2016	3.90	9.17	29.26	70.74	72.75

年度	销售商品提供劳务收到的现金/营业收入	销售商品提供劳务收到的现金/营业收入（行业水平）	经营活动产生的现金流量净额/营业收入	经营活动产生的现金流量净额/营业收入（行业水平）
2010	119.12	103.93	19.37	5.63
2011	116.58	100.81	17.18	4.46
2012	112.46	102.55	20.32	8.41
2013	111.67	101.16	15.10	3.12
2014	114.47	101.77	16.96	8.56
2015	106.91	102.87	1.63	11.84
2016	111.95	100.96	9.88	5.08

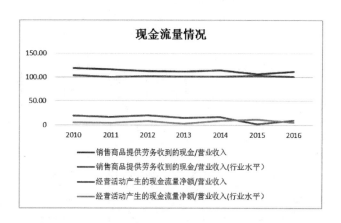

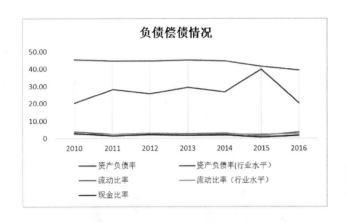

年度	资产负债率	资产负债率（行业水平）	流动比率	流动比率（行业水平）	现金比率
2010	20.35	45.38	3.84	2.41	2.98
2011	28.32	44.65	2.41	2.40	1.52
2012	25.85	44.62	2.89	2.58	2.09
2013	29.48	45.20	2.65	2.20	1.67
2014	26.75	44.71	2.90	2.26	1.89
2015	39.73	41.53	1.66	2.47	0.73
2016	20.23	39.43	3.59	2.69	1.62

年度	营业周期	营业周期（行业水平）	存货周转率	应收账款周转率	总资产周转率	营运资本周转率
2010	135.33	141.29	2.77	67.63	0.75	1.12
2011	126.53	178.15	2.96	73.07	1.02	2.16
2012	122.21	234.84	3.18	40.71	1.14	2.55
2013	127.66	225.27	3.17	25.24	1.12	2.30
2014	142.78	225.37	2.97	16.63	1.05	2.14
2015	66.59	259.36	6.88	25.23	1.73	4.88
2016	96.32	248.90	4.87	16.11	0.92	2.24

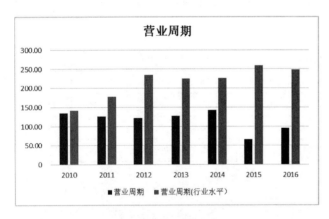

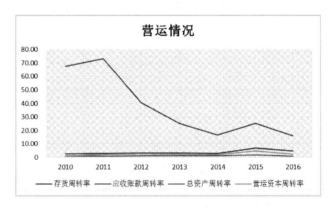

年度	研发总支出/主营业务收入	研发总支出/主营业务收入（行业水平）	存货（产成品）/（资产总计）	存货（产成品）/（资产总计）（行业水平）
2010	0	0	45.77%	38.08%
2011	0	0.22%	33.90%	28.78%
2012	1.52%	2.53%	26.38%	25.86%
2013	1.89%	1.87%	19.24%	23.69%
2014	4.09%	1.86%	16.22%	19.33%
2015	1.96%	2.52%	10.91%	14.17%
2016	2.23%	2.56%	7.89%	11.77%

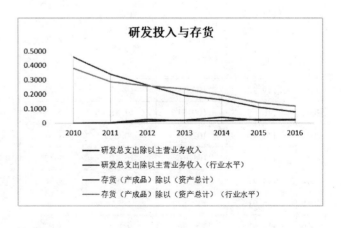

81. 华峰超纤 (300180.SZ)

年度	净资产收益率	净资产收益率（行业平均水平）	净资产同比增长率	净利润同比增长率	经营活动产生的现金流量净额同比增长率
2010	25.77	14.92	29.58	23.05	-18.79
2011	7.73	12.52	232.47	-2.88	-25.41
2012	7.08	9.35	5.45	9.11	131.01
2013	6.99	6.88	1.30	4.31	-54.16
2014	8.26	6.80	3.01	30.98	113.34
2015	8.08	7.20	7.49	2.98	-11.85
2016	4.31	6.54	72.55	-15.46	-264.41

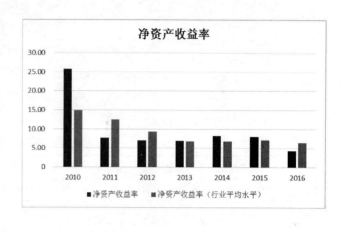

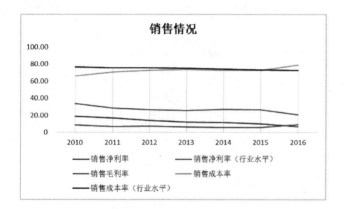

年度	销售净利率	销售净利率（行业水平）	销售毛利率	销售成本率	销售成本率（行业水平）
2010	18.76	8.73	33.84	66.16	76.68
2011	16.77	6.86	28.74	71.26	75.69
2012	14.07	7.11	26.83	73.17	75.97
2013	12.37	6.35	25.91	74.09	75.35
2014	11.90	5.98	27.16	72.84	74.56
2015	10.46	6.06	26.81	73.19	73.49
2016	6.99	9.17	20.73	79.27	72.75

年度	销售商品提供劳务收到的现金/营业收入	销售商品提供劳务收到的现金/营业收入（行业水平）	经营活动产生的现金流量净额/营业收入	经营活动产生的现金流量净额/营业收入（行业水平）
2010	114.23	103.93	17.07	5.63
2011	112.68	100.81	11.72	4.46
2012	87.99	102.55	20.81	8.41
2013	91.37	101.16	8.04	3.12
2014	88.67	101.77	12.56	8.56
2015	80.64	102.87	9.45	11.84
2016	77.57	100.96	-12.27	5.08

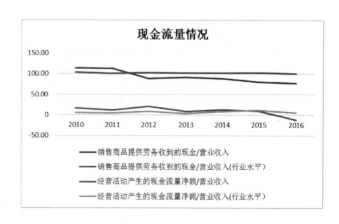

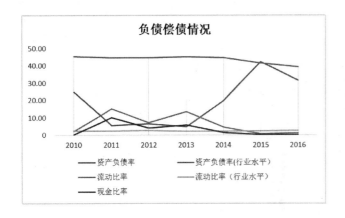

年度	资产负债率	资产负债率（行业水平）	流动比率	流动比率（行业水平）	现金比率
2010	24.94	45.38	2.21	2.41	0.18
2011	5.64	44.65	15.18	2.40	10.09
2012	6.52	44.62	7.30	2.58	4.12
2013	4.82	45.20	13.54	2.20	5.74
2014	19.74	44.71	4.63	2.26	1.34
2015	42.30	41.53	0.83	2.47	0.15
2016	31.51	39.43	1.31	2.69	0.31

年度	营业周期	营业周期（行业水平）	存货周转率	应收账款周转率	总资产周转率	营运资本周转率
2010	128.21	141.29	4.11	8.86	1.02	4.25
2011	133.21	178.15	3.30	14.89	0.54	1.08
2012	114.43	234.84	3.93	15.78	0.47	0.94
2013	119.53	225.27	3.87	13.53	0.53	1.26
2014	123.64	225.37	3.80	12.45	0.61	1.73
2015	116.20	259.36	4.25	11.42	0.52	5.79
2016	117.44	248.90	4.46	9.78	0.44	20.75

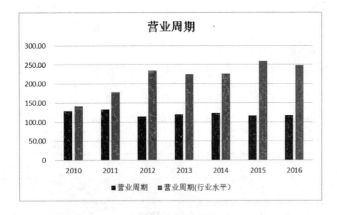

年度	研发总支出/主营业务收入	研发总支出/主营业务收入（行业水平）	存货（产成品）/（资产总计）	存货（产成品）/（资产总计）（行业水平）
2010	0	0	28.86%	38.08%
2011	0	0.22%	10.91%	28.78%
2012	1.50%	2.53%	10.25%	25.86%
2013	1.58%	1.87%	9.85%	23.69%
2014	4.23%	1.86%	7.74%	19.33%
2015	3.28%	2.52%	5.18%	14.17%
2016	2.77%	2.56%	3.56%	11.77%

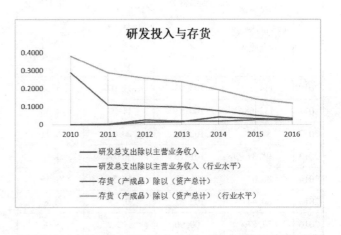

82. 慈星股份 （300307. SZ）

年度	净资产收益率	净资产收益率（行业平均水平）	净资产同比增长率	净利润同比增长率	经营活动产生的现金流量净额同比增长率
2010	111.83	14.92	229.11	311.26	20.78
2011	71.64	12.52	111.39	66.17	-8.84
2012	11.08	9.35	128.39	-58.68	93.79
2013	6.85	6.88	5.06	-26.46	-47.05
2014	-8.80	6.80	-10.29	-224.93	-150.70
2015	2.70	7.20	2.78	128.86	140.79
2016	3.21	6.54	1.59	19.14	-4.55

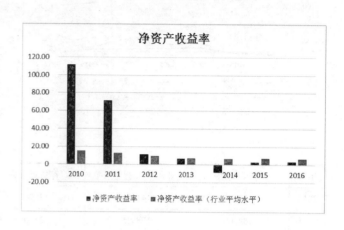

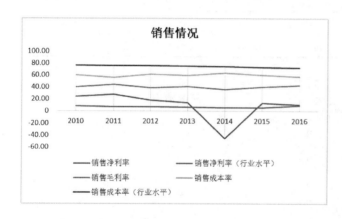

年度	销售净利率	销售净利率（行业水平）	销售毛利率	销售成本率	销售成本率（行业水平）
2010	24.23	8.73	39.86	60.14	76.68
2011	27.62	6.86	43.94	56.06	75.69
2012	17.90	7.11	38.70	61.30	75.97
2013	13.94	6.35	40.69	59.31	75.35
2014	-45.63	5.98	36.24	63.76	74.56
2015	13.41	6.06	40.04	59.96	73.49
2016	10.91	9.17	42.60	57.40	72.75

年度	销售商品提供劳务收到的现金/营业收入	销售商品提供劳务收到的现金/营业收入（行业水平）	经营活动产生的现金流量净额/营业收入	经营活动产生的现金流量净额/营业收入（行业水平）
2010	136.92	103.93	15.49	5.63
2011	98.07	100.81	9.69	4.46
2012	110.99	102.55	29.44	8.41
2013	106.78	101.16	16.52	3.12
2014	96.30	101.77	-21.93	8.56
2015	95.58	102.87	9.11	11.84
2016	74.99	100.96	5.94	5.08

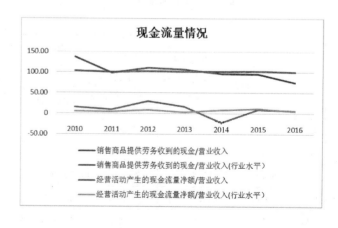

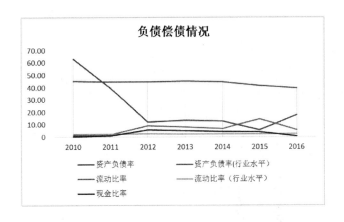

年度	资产负债率	资产负债率（行业水平）	流动比率	流动比率（行业水平）	现金比率
2010	63.07	45.38	1.39	2.41	0.48
2011	39.38	44.65	2.17	2.40	0.91
2012	12.25	44.62	8.98	2.58	5.80
2013	13.52	45.20	8.11	2.20	5.17
2014	12.97	44.71	6.87	2.26	4.30
2015	5.60	41.53	14.43	2.47	3.88
2016	18.01	39.43	5.84	2.69	0.61

年度	营业周期	营业周期（行业水平）	存货周转率	应收账款周转率	总资产周转率	营运资本周转率
2010	129.78	141.29	3.00	36.67	1.51	6.42
2011	168.09	178.15	2.30	30.45	1.30	3.62
2012	251.51	234.84	1.61	12.82	0.57	0.88
2013	255.56	225.27	1.62	10.80	0.43	0.56
2014	605.93	225.37	0.73	3.27	0.17	0.24
2015	609.79	259.36	0.80	2.28	0.18	0.27
2016	440.07	248.90	1.26	2.33	0.25	0.44

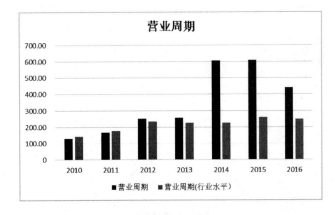

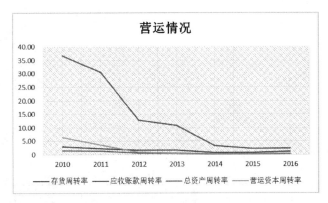

年度	研发总支出/主营业务收入	研发总支出/主营业务收入（行业水平）	存货（产成品）/（资产总计）	存货（产成品）/（资产总计）（行业水平）
2010	0	0	12.56%	38.08%
2011	0	0.22%	9.77%	28.78%
2012	8.40%	2.53%	6.20%	25.86%
2013	7.27%	1.87%	5.82%	23.69%
2014	9.16%	1.86%	6.52%	19.33%
2015	7.05%	2.52%	6.86%	14.17%
2016	7.06%	2.56%	5.85%	11.77%

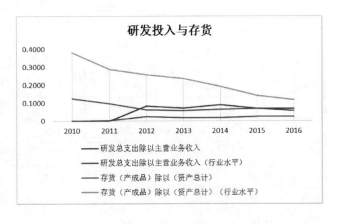

83. 同大股份（300321.SZ）

年度	净资产收益率	净资产收益率（行业平均水平）	净资产同比增长率	净利润同比增长率	经营活动产生的现金流量净额同比增长率
2010	25.84	14.92	29.68	36.54	45.18
2011	24.98	12.52	28.54	24.72	−8.12
2012	8.56	9.35	104.76	−43.16	−38.43
2013	5.50	6.88	4.40	−8.88	42.76
2014	5.55	6.80	4.75	6.36	139.55
2015	6.28	7.20	5.01	18.81	−31.05
2016	5.84	6.54	3.10	−4.20	9.88

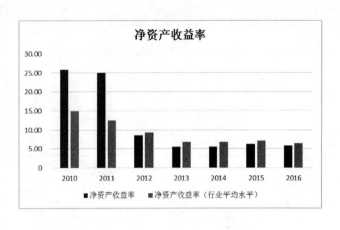

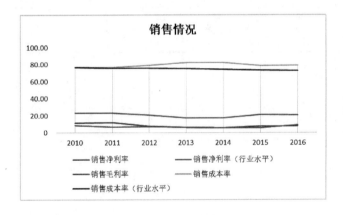

年度	销售净利率	销售净利率（行业水平）	销售毛利率	销售成本率	销售成本率（行业水平）
2010	11.90	8.73	23.39	76.61	76.68
2011	12.29	6.86	23.09	76.91	75.69
2012	7.88	7.11	20.95	79.05	75.97
2013	6.27	6.35	17.53	82.47	75.35
2014	5.93	5.98	17.51	82.49	74.56
2015	7.63	6.06	21.38	78.62	73.49
2016	7.66	9.17	20.71	79.29	72.75

年度	销售商品提供劳务收到的现金/营业收入	销售商品提供劳务收到的现金/营业收入（行业水平）	经营活动产生的现金流量净额/营业收入	经营活动产生的现金流量净额/营业收入（行业水平）
2010	108.70	103.93	15.75	5.63
2011	101.08	100.81	11.98	4.46
2012	110.54	102.55	8.32	8.41
2013	107.61	101.16	10.37	3.12
2014	71.88	101.77	22.11	8.56
2015	83.10	102.87	16.51	11.84
2016	79.44	100.96	19.01	5.08

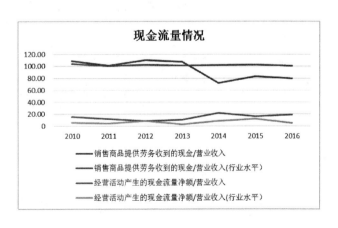

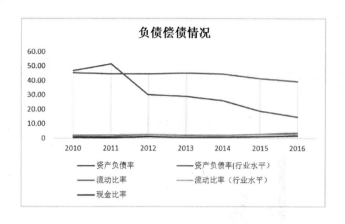

年度	资产负债率	资产负债率（行业水平）	流动比率	流动比率（行业水平）	现金比率
2010	46.87	45.38	1.39	2.41	0.62
2011	51.53	44.65	1.10	2.40	0.31
2012	30.14	44.62	2.48	2.58	1.28
2013	28.92	45.20	1.82	2.20	0.59
2014	26.09	44.71	1.97	2.26	0.80
2015	18.81	41.53	2.80	2.47	1.12
2016	14.82	39.43	3.86	2.69	1.84

年度	营业周期	营业周期（行业水平）	存货周转率	应收账款周转率	总资产周转率	营运资本周转率
2010	74.96	141.29	6.00	24.08	1.14	8.41
2011	69.35	178.15	6.37	28.00	1.02	11.61
2012	102.69	234.84	4.50	15.83	0.64	2.96
2013	119.07	225.27	4.17	11.02	0.61	2.34
2014	113.84	225.37	4.33	11.71	0.68	3.45
2015	125.55	259.36	3.62	13.72	0.64	2.65
2016	119.20	248.90	3.75	15.50	0.63	2.03

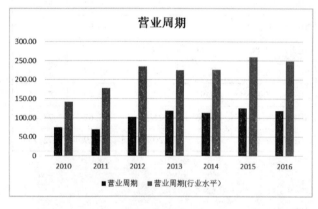

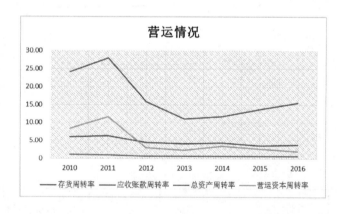

年度	研发总支出/主营业务收入	研发总支出/主营业务收入（行业水平）	存货（产成品）/资产总计	存货（产成品）/资产总计（行业水平）
2010	0	0	10.23%	38.08%
2011	0	0.22%	7.26%	28.78%
2012	2.95%	2.53%	5.11%	25.86%
2013	3.19%	1.87%	4.93%	23.69%
2014	3.31%	1.86%	4.95%	19.33%
2015	3.32%	2.52%	5.17%	14.17%
2016	4.14%	2.56%	5.26%	11.77%

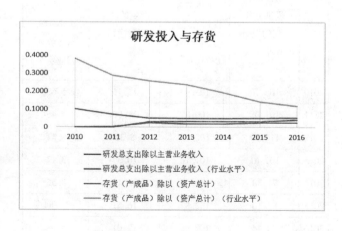

84. 三联虹普（300384. SZ）

年度	净资产收益率	净资产收益率（行业平均水平）	净资产同比增长率	净利润同比增长率	经营活动产生的现金流量净额同比增长率
2010	0	14.92	0	0	0
2011	63.74	12.52	0	0	0
2012	46.65	9.35	50.56	16.73	-12.62
2013	38.02	6.88	40.82	18.99	136.43
2014	37.58	6.80	185.31	35.99	24.24
2015	15.65	7.20	8.71	5.76	-141.79
2016	10.07	6.54	6.73	-28.95	142.69

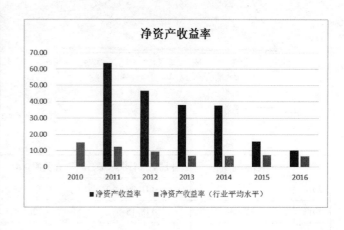

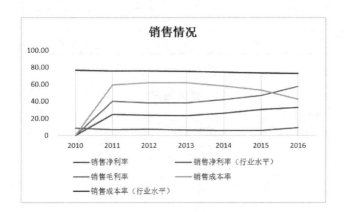

年度	销售净利率	销售净利率（行业水平）	销售毛利率	销售成本率	销售成本率（行业水平）
2010	0	8.73	0	0	76.68
2011	24.72	6.86	40.34	59.66	75.69
2012	23.70	7.11	38.05	61.95	75.97
2013	23.14	6.35	37.98	62.02	75.35
2014	26.05	5.98	42.00	58.00	74.56
2015	30.64	6.06	46.84	53.16	73.49
2016	33.06	9.17	57.61	42.39	72.75

年度	销售商品提供劳务收到的现金/营业收入	销售商品提供劳务收到的现金/营业收入（行业水平）	经营活动产生的现金流量净额/营业收入	经营活动产生的现金流量净额/营业收入（行业水平）
2010	0	103.93	0	5.63
2011	95.17	100.81	36.16	4.46
2012	77.87	102.55	25.95	8.41
2013	118.71	101.16	50.35	3.12
2014	107.71	101.77	51.77	8.56
2015	19.85	102.87	-24.06	11.84
2016	64.53	100.96	15.60	5.08

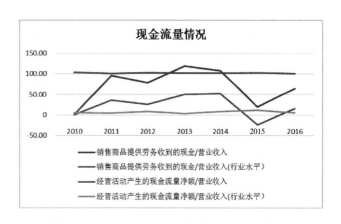

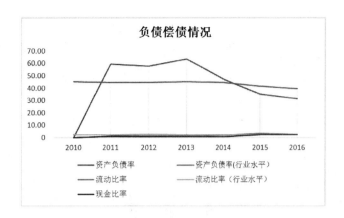

年度	资产负债率	资产负债率（行业水平）	流动比率	流动比率（行业水平）	现金比率
2010	0	45.38	0	2.41	0
2011	59.37	44.65	1.37	2.40	0.87
2012	57.79	44.62	1.38	2.58	0.82
2013	63.39	45.20	1.31	2.20	0.56
2014	47.40	44.71	1.85	2.26	0.73
2015	35.10	41.53	3.48	2.47	2.38
2016	31.36	39.43	2.82	2.69	2.22

年度	营业周期	营业周期（行业水平）	存货周转率	应收账款周转率	总资产周转率	营运资本周转率
2010	0	141.29	0	0	0	0
2011	71.08	178.15	6.28	26.14	1.62	7.40
2012	134.75	234.84	3.27	14.60	0.80	3.67
2013	179.33	225.27	2.25	18.57	0.63	3.08
2014	247.83	225.37	1.59	17.06	0.41	1.24
2015	253.48	259.36	1.65	10.19	0.30	0.69
2016	233.23	248.90	2.30	4.69	0.20	0.55

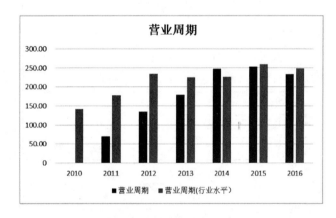

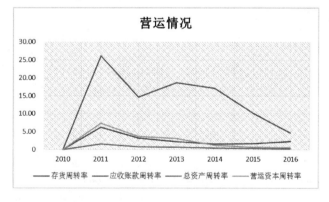

年度	研发总支出/主营业务收入	研发总支出/主营业务收入（行业水平）	存货（产成品）/（资产总计）	存货（产成品）/（资产总计）（行业水平）
2010	0	0	0	38.08%
2011	0	0.22%	1.03%	28.78%
2012	4.98%	2.53%	0.71%	25.86%
2013	5.77%	1.87%	0.44%	23.69%
2014	4.52%	1.86%	0.22%	19.33%
2015	4.21%	2.52%	0.25%	14.17%
2016	4.55%	2.56%	0.24%	11.77%

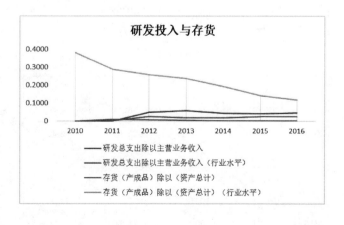

85. 中潜股份（300526.SZ）

年度	净资产收益率	净资产收益率（行业平均水平）	净资产同比增长率	净利润同比增长率	经营活动产生的现金流量净额同比增长率
2010	0	14.92	0	0	0
2011	36.96	12.52	0	0	0
2012	30.34	9.35	35.77	14.17	145.11
2013	24.88	6.88	28.32	7.86	-39.01
2014	15.36	6.80	16.65	-24.86	55.88
2015	17.14	7.20	18.95	31.39	112.25
2016	9.77	6.54	84.17	-15.56	-94.70

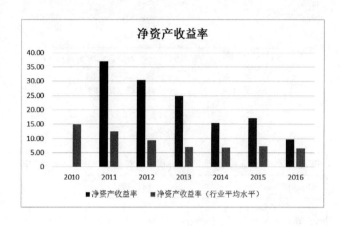

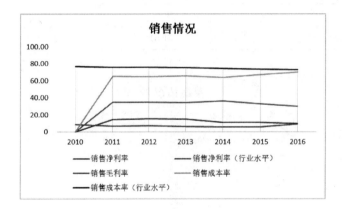

年度	销售净利率	销售净利率（行业水平）	销售毛利率	销售成本率	销售成本率（行业水平）
2010	0	8.73	0	0	76.68
2011	14.65	6.86	34.75	65.25	75.69
2012	15.77	7.11	35.04	64.96	75.97
2013	15.30	6.35	34.47	65.53	75.35
2014	11.13	5.98	36.27	63.73	74.56
2015	11.40	6.06	33.07	66.93	73.49
2016	9.62	9.17	29.99	70.01	72.75

年度	销售商品提供劳务收到的现金/营业收入	销售商品提供劳务收到的现金/营业收入（行业水平）	经营活动产生的现金流量净额/营业收入	经营活动产生的现金流量净额/营业收入（行业水平）
2010	0	103.93	0	5.63
2011	96.21	100.81	9.26	4.46
2012	103.64	102.55	21.40	8.41
2013	91.08	101.16	11.73	3.12
2014	105.15	101.77	17.72	8.56
2015	106.63	102.87	29.30	11.84
2016	83.88	100.96	1.55	5.08

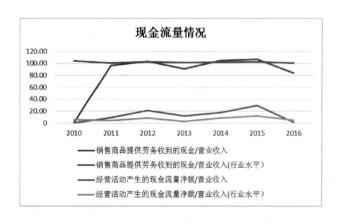

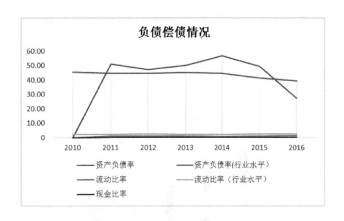

年度	资产负债率	资产负债率（行业水平）	流动比率	流动比率（行业水平）	现金比率
2010	0	45.38	0	2.41	0
2011	50.82	44.65	1.23	2.40	0.20
2012	47.13	44.62	1.28	2.58	0.26
2013	50.20	45.20	1.07	2.20	0.24
2014	56.66	44.71	0.96	2.26	0.18
2015	49.63	41.53	1.04	2.47	0.19
2016	27.24	39.43	1.33	2.69	0.17

年度	营业周期	营业周期（行业水平）	存货周转率	应收账款周转率	总资产周转率	营运资本周转率
2010	0	141.29	0	0	0	0
2011	104.65	178.15	5.20	10.16	2.10	18.30
2012	203.32	234.84	2.55	5.77	0.99	7.97
2013	210.72	225.27	2.54	5.22	0.83	10.85
2014	228.56	225.37	2.42	4.53	0.64	88.25
2015	171.87	259.36	3.03	6.76	0.70	-1965.21
2016	201.53	248.90	2.94	4.56	0.61	10.82

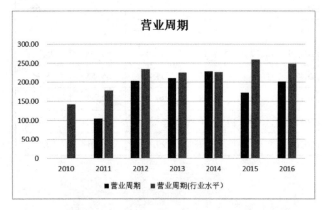

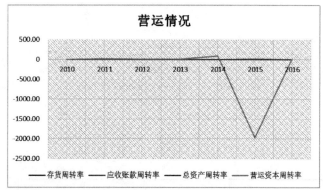

年度	研发总支出/主营业务收入	研发总支出/主营业务收入（行业水平）	存货（产成品）/（资产总计）	存货（产成品）/（资产总计）（行业水平）
2010	0	0	0	38.08%
2011	0	0.22%	9.06%	28.78%
2012	0	2.53%	7.18%	25.86%
2013	3.94%	1.87%	5.27%	23.69%
2014	5.61%	1.86%	3.93%	19.33%
2015	4.84%	2.52%	3.84%	14.17%
2016	5.34%	2.56%	3.01%	11.77%

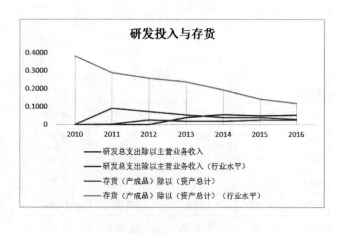

86. 开润股份 （300577.SZ）

年度	净资产收益率	净资产收益率（行业平均水平）	净资产同比增长率	净利润同比增长率	经营活动产生的现金流量净额同比增长率
2010	0	14.92	0	0	0
2011	0	12.52	0	0	0
2012	0	9.35	0	0	0
2013	0	6.88	26.75	9.83	35.24
2014	31.67	6.80	36.18	84.39	132.62
2015	37.47	7.20	35.38	50.52	85.20
2016	37.04	6.54	159.89	28.24	46.02

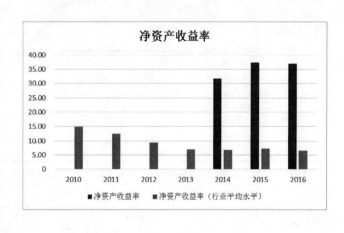

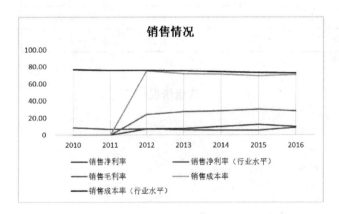

年度	销售净利率	销售净利率（行业水平）	销售毛利率	销售成本率	销售成本率（行业水平）
2010	0	8.73	0	0	76.68
2011	0	6.86	0	0	75.69
2012	7.42	7.11	24.43	75.57	75.97
2013	7.72	6.35	27.81	72.19	75.35
2014	10.08	5.98	28.64	71.36	74.56
2015	12.80	6.06	30.36	69.64	73.49
2016	10.45	9.17	28.75	71.25	72.75

年度	销售商品提供劳务收到的现金/营业收入	销售商品提供劳务收到的现金/营业收入（行业水平）	经营活动产生的现金流量净额/营业收入	经营活动产生的现金流量净额/营业收入（行业水平）
2010	0	103.93	0	5.63
2011	0	100.81	0	4.46
2012	110.77	102.55	3.70	8.41
2013	100.62	101.16	4.74	3.12
2014	106.10	101.77	7.80	8.56
2015	106.22	102.87	12.20	11.84
2016	103.53	100.96	11.34	5.08

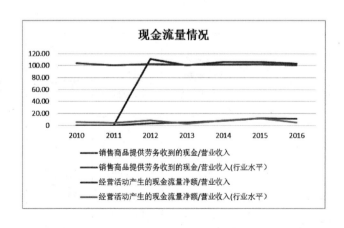

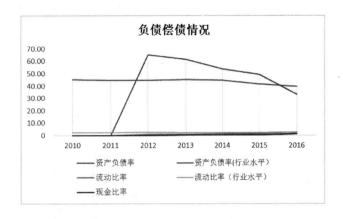

年度	资产负债率	资产负债率（行业水平）	流动比率	流动比率（行业水平）	现金比率
2010	0	45.38	0	2.41	0
2011	0	44.65	0	2.40	0
2012	65.13	44.62	1.04	2.58	0.13
2013	61.37	45.20	1.09	2.20	0.16
2014	53.64	44.71	1.30	2.26	0.21
2015	49.35	41.53	1.48	2.47	0.36
2016	33.23	39.43	2.64	2.69	1.50

年度	营业周期	营业周期（行业水平）	存货周转率	应收账款周转率	总资产周转率	营运资本周转率
2010	0	141.29	0	0	0	0
2011	0	178.15	0	0	0	0
2012	86.88	234.84	8.14	8.44	2.21	96.04
2013	177.86	225.27	4.34	3.80	1.09	27.65
2014	144.64	225.37	5.61	4.47	1.35	12.85
2015	151.34	259.36	4.81	4.71	1.33	6.90
2016	125.43	248.90	5.71	5.77	1.27	2.98

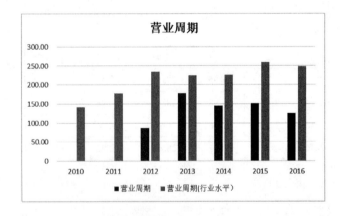

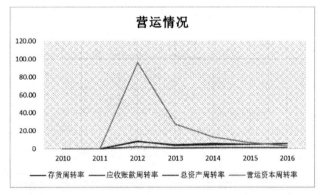

年度	研发总支出/主营业务收入	研发总支出/主营业务收入（行业水平）	存货（产成品）/（资产总计）	存货（产成品）/（资产总计）（行业水平）
2010	0	0	0	38.08%
2011	0	0.22%	0	28.78%
2012	0	2.53%	37.76%	25.86%
2013	0	1.87%	33.00%	23.69%
2014	0	1.86%	29.08%	19.33%
2015	0	2.52%	23.02%	14.17%
2016	3.39%	2.56%	11.75%	11.77%

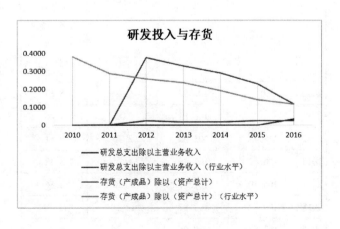

87. 延江股份 （300658.SZ）

年度	净资产收益率	净资产收益率（行业平均水平）	净资产同比增长率	净利润同比增长率	经营活动产生的现金流量净额同比增长率
2010	0	14.92	0	0	0
2011	0	12.52	0	0	0
2012	46.00	9.35	0	0	0
2013	25.00	6.88	45.76	38.66	20.11
2014	35.00	6.80	22.35	107.13	-40.55
2015	41.00	7.20	43.83	51.43	871.77
2016	43.00	6.54	41.39	38.35	10.53

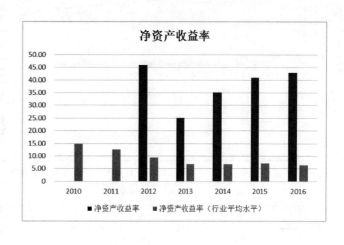

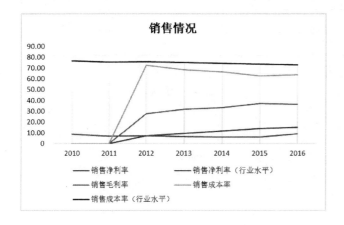

年度	销售净利率	销售净利率（行业水平）	销售毛利率	销售成本率	销售成本率（行业水平）
2010	0	8.73	0	0	76.68
2011	0	6.86	0	0	75.69
2012	7.15	7.11	27.52	72.48	75.97
2013	9.29	6.35	31.78	68.22	75.35
2014	11.60	5.98	33.52	66.48	74.56
2015	13.97	6.06	37.26	62.74	73.49
2016	14.99	9.17	36.39	63.61	72.75

年度	销售商品提供劳务收到的现金/营业收入	销售商品提供劳务收到的现金/营业收入（行业水平）	经营活动产生的现金流量净额/营业收入	经营活动产生的现金流量净额/营业收入（行业水平）
2010	0	103.93	0	5.63
2011	0	100.81	0	4.46
2012	110.42	102.55	5.24	8.41
2013	106.81	101.16	5.90	3.12
2014	97.00	101.77	2.11	8.56
2015	102.97	102.87	16.34	11.84
2016	103.29	100.96	14.00	5.08

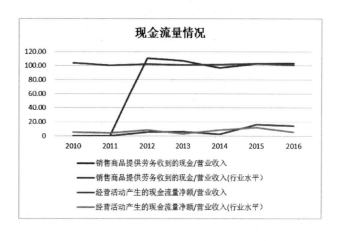

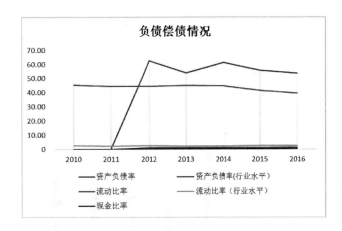

年度	资产负债率	资产负债率（行业水平）	流动比率	流动比率（行业水平）	现金比率
2010	0	45.38	0	2.41	0
2011	0	44.65	0	2.40	0
2012	62.41	44.62	0.97	2.58	0.09
2013	53.97	45.20	1.06	2.20	0.10
2014	61.24	44.71	1.02	2.26	0.11
2015	55.75	41.53	1.17	2.47	0.20
2016	53.53	39.43	1.42	2.69	0.40

年度	营业周期	营业周期（行业水平）	存货周转率	应收账款周转率	总资产周转率	营运资本周转率
2010	0	141.29	0	0	0	0
2011	0	178.15	0	0	0	0
2012	73.42	234.84	9.13	10.59	2.27	−147.87
2013	159.14	225.27	4.20	4.90	1.11	123.67
2014	140.08	225.37	5.30	4.99	1.39	75.21
2015	151.97	259.36	5.78	4.01	1.30	24.35
2016	146.62	248.90	6.57	3.92	1.27	8.52

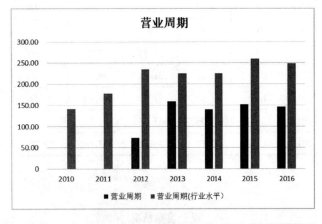

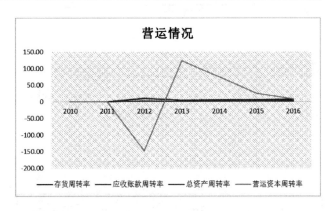

年度	研发总支出/主营业务收入	研发总支出/主营业务收入（行业水平）	存货（产成品）/（资产总计）	存货（产成品）/（资产总计）（行业水平）
2010	0	0	0	38.08%
2011	0	0.22%	0	28.78%
2012	0	2.53%	15.99%	25.86%
2013	0	1.87%	13.55%	23.69%
2014	0	1.86%	9.28%	19.33%
2015	0	2.52%	7.32%	14.17%
2016	0	2.56%	5.44%	11.77%

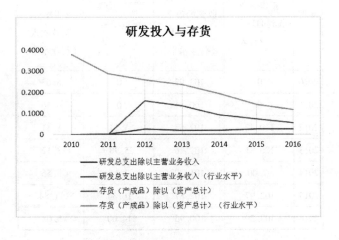

88. 皖维高新（600063.SH）

年度	净资产收益率	净资产收益率（行业平均水平）	净资产同比增长率	净利润同比增长率	经营活动产生的现金流量净额同比增长率
2010	4.18	14.92	−20.31	66.60	48.86
2011	5.57	12.52	46.46	45.04	9.55
2012	−6.35	9.35	−1.72	−225.99	−20.49
2013	0.84	6.88	−0.89	117.03	121.22
2014	7.17	6.80	52.73	564.97	132.05
2015	2.75	7.20	−6.26	−41.84	5.04
2016	3.01	6.54	−0.71	0.89	−31.95

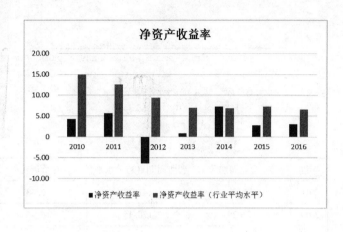

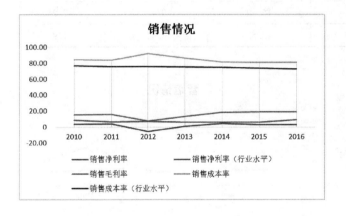

年度	销售净利率	销售净利率（行业水平）	销售毛利率	销售成本率	销售成本率（行业水平）
2010	3.71	8.73	15.44	84.56	76.68
2011	4.11	6.86	15.77	84.23	75.69
2012	−5.64	7.11	7.76	92.24	75.97
2013	0.77	6.35	13.27	86.73	75.35
2014	4.46	5.98	18.57	81.43	74.56
2015	3.13	6.06	18.88	81.12	73.49
2016	3.11	9.17	18.95	81.05	72.75

年度	销售商品提供劳务收到的现金/营业收入	销售商品提供劳务收到的现金/营业收入（行业水平）	经营活动产生的现金流量净额/营业收入	经营活动产生的现金流量净额/营业收入（行业水平）
2010	110.54	103.93	7.63	5.63
2011	118.89	100.81	6.38	4.46
2012	114.90	102.55	5.52	8.41
2013	103.10	101.16	9.85	3.12
2014	114.36	101.77	19.79	8.56
2015	119.37	102.87	24.29	11.84
2016	92.82	100.96	16.26	5.08

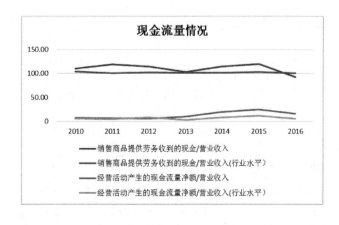

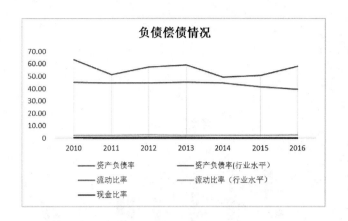

年度	资产负债率	资产负债率（行业水平）	流动比率	流动比率（行业水平）	现金比率
2010	63.60	45.38	0.81	2.41	0.18
2011	51.28	44.65	0.82	2.40	0.11
2012	57.35	44.62	0.55	2.58	0.11
2013	58.96	45.20	0.68	2.20	0.10
2014	49.41	44.71	0.46	2.26	0.10
2015	50.70	41.53	0.47	2.47	0.09
2016	58.19	39.43	0.45	2.69	0.07

年度	营业周期	营业周期（行业水平）	存货周转率	应收账款周转率	总资产周转率	营运资本周转率
2010	81.26	141.29	6.43	14.25	0.51	−6.94
2011	72.29	178.15	6.45	21.87	0.60	−11.10
2012	84.41	234.84	5.39	20.51	0.50	−4.41
2013	76.55	225.27	5.94	22.59	0.58	−4.01
2014	64.78	225.37	7.17	24.72	0.61	−3.55
2015	80.14	259.36	6.41	15.00	0.47	−2.24
2016	93.92	248.90	6.03	10.52	0.44	−1.91

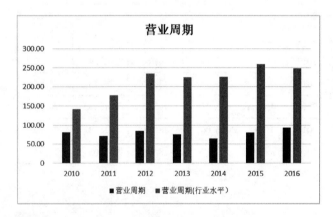

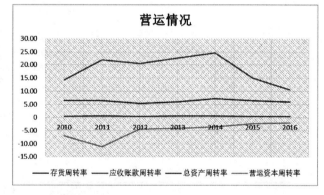

年度	研发总支出/主营业务收入	研发总支出/主营业务收入（行业水平）	存货（产成品）/（资产总计）	存货（产成品）/（资产总计）（行业水平）
2010	0	0	5.03%	38.08%
2011	0	0.22%	4.71%	28.78%
2012	2.08%	2.53%	4.20%	25.86%
2013	2.12%	1.87%	4.08%	23.69%
2014	2.67%	1.86%	3.48%	19.33%
2015	3.03%	2.52%	3.41%	14.17%
2016	3.41%	2.56%	2.91%	11.77%

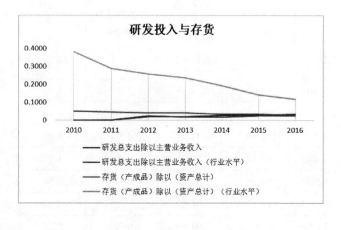

89. 浙江富润 （600070.SH）

年度	净资产收益率	净资产收益率（行业平均水平）	净资产同比增长率	净利润同比增长率	经营活动产生的现金流量净额同比增长率
2010	13.93	14.92	6.96	43.19	-93.51
2011	7.61	12.52	9.10	-20.34	1119.75
2012	23.09	9.35	13.95	164.97	182.92
2013	15.13	6.88	46.56	3.18	-47.43
2014	-7.21	6.80	12.40	-122.54	-118.42
2015	2.49	7.20	-2.92	148.38	240.73
2016	9.77	6.54	124.30	557.90	155.92

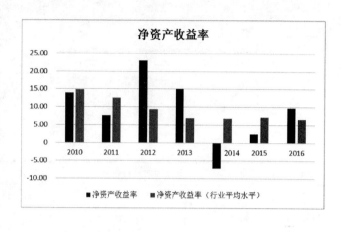

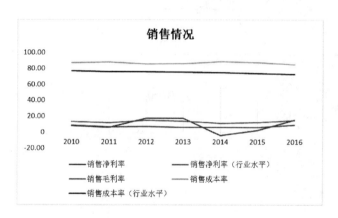

年度	销售净利率	销售净利率（行业水平）	销售毛利率	销售成本率	销售成本率（行业水平）
2010	8.17	8.73	13.16	86.84	76.68
2011	6.29	6.86	11.84	88.16	75.69
2012	17.37	7.11	14.65	85.35	75.97
2013	17.66	6.35	13.86	86.14	75.35
2014	-4.43	5.98	11.29	88.71	74.56
2015	2.57	6.06	12.23	87.77	73.49
2016	15.45	9.17	15.02	84.98	72.75

年度	销售商品提供劳务收到的现金/营业收入	销售商品提供劳务收到的现金/营业收入（行业水平）	经营活动产生的现金流量净额/营业收入	经营活动产生的现金流量净额/营业收入（行业水平）
2010	59.70	103.93	0.36	5.63
2011	65.34	100.81	4.29	4.46
2012	70.39	102.55	12.65	8.41
2013	69.01	101.16	6.55	3.12
2014	62.99	101.77	-1.34	8.56
2015	74.32	102.87	2.26	11.84
2016	79.34	100.96	5.30	5.08

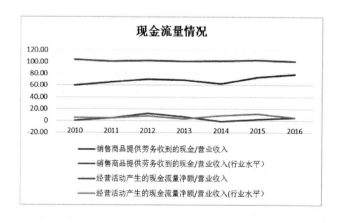

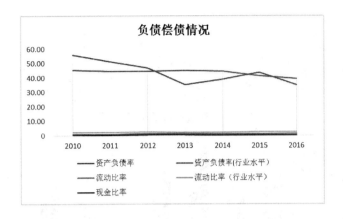

年度	资产负债率	资产负债率（行业水平）	流动比率	流动比率（行业水平）	现金比率
2010	55.81	45.38	0.99	2.41	0.42
2011	51.11	44.65	1.00	2.40	0.40
2012	46.97	44.62	1.31	2.58	0.43
2013	35.45	45.20	1.53	2.20	0.62
2014	39.19	44.71	1.15	2.26	0.39
2015	43.56	41.53	1.09	2.47	0.31
2016	35.09	39.43	1.34	2.69	0.32

年度	营业周期	营业周期（行业水平）	存货周转率	应收账款周转率	总资产周转率	营运资本周转率
2010	49.64	141.29	9.21	34.15	0.77	-18.83
2011	74.79	178.15	5.62	33.73	0.75	-338.09
2012	110.03	234.84	3.68	29.22	0.70	11.16
2013	124.66	225.27	3.22	28.06	0.65	4.88
2014	140.97	225.37	2.84	25.59	0.51	5.84
2015	187.07	259.36	2.15	18.03	0.39	11.33
2016	284.39	248.90	1.98	3.51	0.31	4.33

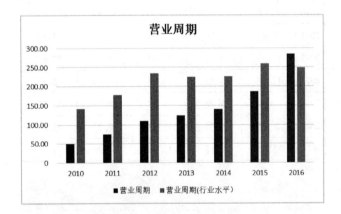

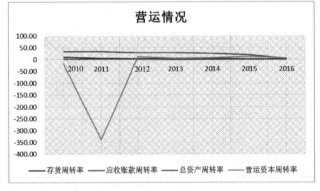

年度	研发总支出/主营业务收入	研发总支出/主营业务收入（行业水平）	存货（产成品）/（资产总计）	存货（产成品）/（资产总计）（行业水平）
2010	0	0	20.98%	38.08%
2011	0	0.22%	21.27%	28.78%
2012	0.60%	2.53%	19.95%	25.86%
2013	0.70%	1.87%	17.47%	23.69%
2014	0.65%	1.86%	15.10%	19.33%
2015	0.94%	2.52%	14.77%	14.17%
2016	0.75%	2.56%	8.45%	11.77%

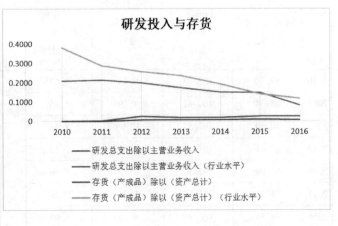

90. 美尔雅 （600107. SH）

年度	净资产收益率	净资产收益率（行业平均水平）	净资产同比增长率	净利润同比增长率	经营活动产生的现金流量净额同比增长率
2010	2.68	14.92	3.38	22.12	51.21
2011	5.65	12.52	5.26	50.98	88.44
2012	3.05	9.35	3.01	−19.88	−43.10
2013	2.22	6.88	2.25	−38.10	−89.34
2014	−1.41	6.80	−1.39	−66.35	4036.85
2015	0.65	7.20	0.64	−47.71	−99.88
2016	0.90	6.54	0.92	31.37	15939.68

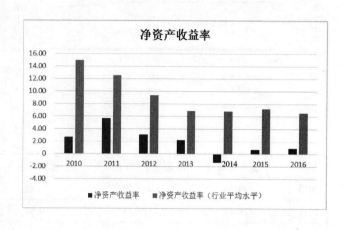

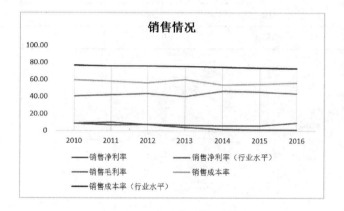

年度	销售净利率	销售净利率（行业水平）	销售毛利率	销售成本率	销售成本率（行业水平）
2010	8.70	8.73	40.47	59.53	76.68
2011	9.59	6.86	42.12	57.88	75.69
2012	7.45	7.11	43.72	56.28	75.97
2013	4.09	6.35	39.99	60.01	75.35
2014	1.65	5.98	46.26	53.74	74.56
2015	0.84	6.06	45.49	54.51	73.49
2016	1.20	9.17	43.72	56.28	72.75

年度	销售商品提供劳务收到的现金/营业收入	销售商品提供劳务收到的现金/营业收入（行业水平）	经营活动产生的现金流量净额/营业收入	经营活动产生的现金流量净额/营业收入（行业水平）
2010	134.27	103.93	36.91	5.63
2011	131.58	100.81	50.79	4.46
2012	143.49	102.55	28.03	8.41
2013	120.58	101.16	2.65	3.12
2014	129.90	101.77	131.08	8.56
2015	105.21	102.87	0.15	11.84
2016	112.38	100.96	26.50	5.08

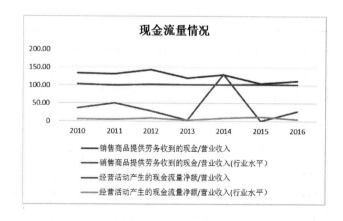

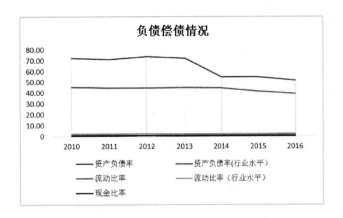

年度	资产负债率	资产负债率（行业水平）	流动比率	流动比率（行业水平）	现金比率
2010	72.29	45.38	1.16	2.41	0.38
2011	71.10	44.65	1.18	2.40	0.49
2012	73.73	44.62	1.26	2.58	0.56
2013	72.26	45.20	1.29	2.20	0.55
2014	54.86	44.71	1.38	2.26	0.29
2015	54.62	41.53	1.36	2.47	0.35
2016	51.77	39.43	1.35	2.69	0.26

年度	营业周期	营业周期（行业水平）	存货周转率	应收账款周转率	总资产周转率	营运资本周转率
2010	490.34	141.29	0.81	7.98	0.24	1.90
2011	425.61	178.15	0.92	9.91	0.26	2.18
2012	510.72	234.84	0.76	10.37	0.26	1.69
2013	462.34	225.27	0.83	11.57	0.26	1.42
2014	583.69	225.37	0.66	10	0.29	1.55
2015	557.04	259.36	0.69	10.25	0.38	2.23
2016	575.79	248.90	0.67	9.82	0.36	2.17

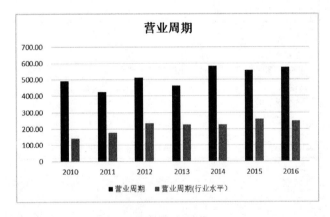

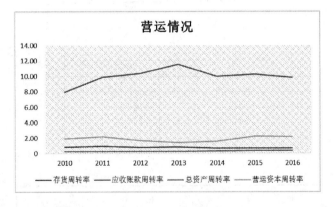

年度	研发总支出/主营业务收入	研发总支出/主营业务收入（行业水平）	存货（产成品）/（资产总计）	存货（产成品）/（资产总计）（行业水平）
2010	0	0	13.49%	38.08%
2011	0	0.22%	13.22%	28.78%
2012	0	2.53%	11.40%	25.86%
2013	0	1.87%	11.65%	23.69%
2014	0	1.86%	23.44%	19.33%
2015	0	2.52%	23.41%	14.17%
2016	0	2.56%	24.64%	11.77%

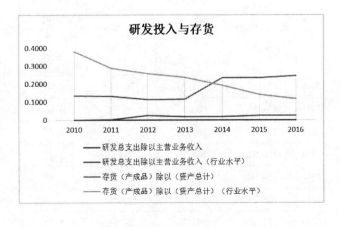

91. 浙江东方（600120.SH）

年度	净资产收益率	净资产收益率（行业平均水平）	净资产同比增长率	净利润同比增长率	经营活动产生的现金流量净额同比增长率
2010	12.14	14.92	145.95	49.85	−58.33
2011	7.50	12.52	2.50	35.95	−287.03
2012	12.10	9.35	22.83	30.10	49.83
2013	15.21	6.88	19.50	31.24	−120.12
2014	14.52	6.80	−4.90	−3.83	79.49
2015	12.69	7.20	23.85	−9.27	703.72
2016	12.54	6.54	24.92	11.45	−151.71

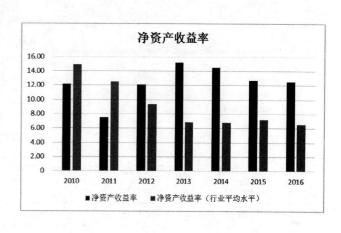

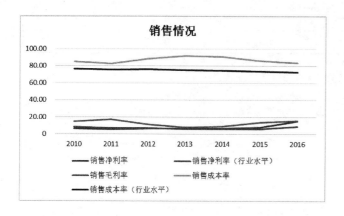

年度	销售净利率	销售净利率（行业水平）	销售毛利率	销售成本率	销售成本率（行业水平）
2010	6.46	8.73	14.60	85.40	76.68
2011	5.78	6.86	17.17	82.83	75.69
2012	6.83	7.11	11.40	88.60	75.97
2013	6.57	6.35	8.05	91.95	75.35
2014	6.50	5.98	9.17	90.83	74.56
2015	8.06	6.06	14.01	85.99	73.49
2016	15.39	9.17	16.00	84.00	72.75

年度	销售商品提供劳务收到的现金/营业收入	销售商品提供劳务收到的现金/营业收入（行业水平）	经营活动产生的现金流量净额/营业收入	经营活动产生的现金流量净额/营业收入（行业水平）
2010	113.44	103.93	10.66	5.63
2011	78.29	100.81	−13.11	4.46
2012	100.22	102.55	−5.98	8.41
2013	104.28	101.16	−9.59	3.12
2014	105.08	101.77	−2.02	8.56
2015	105.50	102.87	5.13	11.84
2016	106.01	100.96	−4.54	5.08

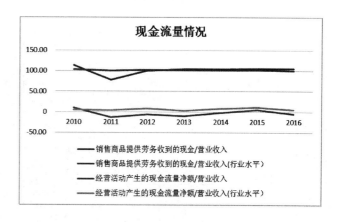

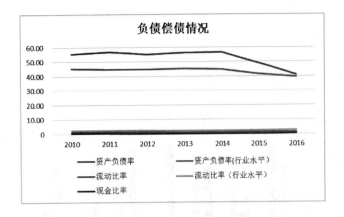

年度	资产负债率	资产负债率（行业水平）	流动比率	流动比率（行业水平）	现金比率
2010	55.56	45.38	1.26	2.41	0.33
2011	56.88	44.65	1.44	2.40	0.31
2012	55.25	44.62	1.15	2.58	0.26
2013	56.39	45.20	1.19	2.20	0.25
2014	56.50	44.71	1.22	2.26	0.17
2015	48.99	41.53	1.24	2.47	0.19
2016	40.87	39.43	1.25	2.69	0.28

年度	营业周期	营业周期（行业水平）	存货周转率	应收账款周转率	总资产周转率	营运资本周转率
2010	195.32	141.29	2.05	18.37	0.86	5.12
2011	150.70	178.15	2.70	20.89	0.96	5.87
2012	150.35	234.84	2.79	16.89	0.90	6.96
2013	120.19	225.27	3.59	18.21	1.01	12.76
2014	138.01	225.37	3.22	13.81	0.92	9.85
2015	194.81	259.36	2.32	9.11	0.68	6.93
2016	279.63	248.90	1.55	7.53	0.40	4.56

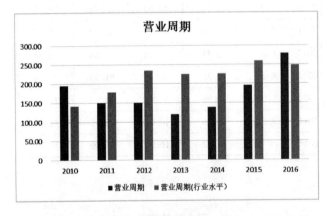

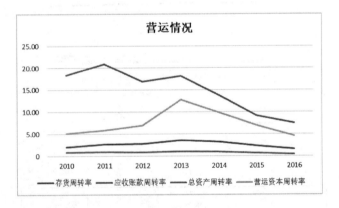

年度	研发总支出/主营业务收入	研发总支出/主营业务收入（行业水平）	存货（产成品）/资产总计	存货（产成品）/资产总计（行业水平）
2010	0	0	31.41%	38.08%
2011	0	0.22%	28.38%	28.78%
2012	0.03%	2.53%	22.75%	25.86%
2013	0.03%	1.87%	19.06%	23.69%
2014	0	1.86%	19.88%	19.33%
2015	0	2.52%	19.72%	14.17%
2016	0	2.56%	19.82%	11.77%

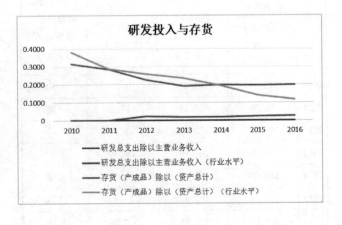

92. 浪莎股份 （600137. SH）

年度	净资产收益率	净资产收益率（行业平均水平）	净资产同比增长率	净利润同比增长率	经营活动产生的现金流量净额同比增长率
2010	11. 28	14. 92	11. 95	44. 60	− 219. 01
2011	8. 20	12. 52	8. 55	− 19. 95	149. 45
2012	2. 33	9. 35	2. 35	− 70. 11	− 40. 91
2013	1. 80	6. 88	1. 81	− 21. 16	44. 93
2014	0. 43	6. 80	0. 43	− 76. 03	151. 54
2015	− 4. 59	7. 20	− 4. 49	− 1155. 97	− 68. 81
2016	3. 01	6. 54	3. 06	165. 07	300. 36

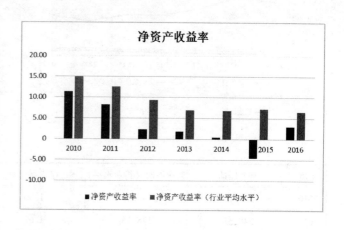

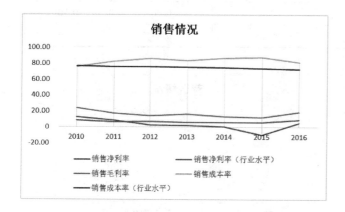

年度	销售净利率	销售净利率（行业水平）	销售毛利率	销售成本率	销售成本率（行业水平）
2010	12. 71	8. 73	24. 04	75. 96	76. 68
2011	8. 46	6. 86	17. 61	82. 39	75. 69
2012	2. 50	7. 11	14. 21	85. 79	75. 97
2013	1. 87	6. 35	16. 67	83. 33	75. 35
2014	0. 59	5. 98	13. 36	86. 64	74. 56
2015	− 10. 08	6. 06	12. 36	87. 64	73. 49
2016	5. 00	9. 17	18. 75	81. 25	72. 75

年度	销售商品提供劳务收到的现金/营业收入	销售商品提供劳务收到的现金/营业收入（行业水平）	经营活动产生的现金流量净额/营业收入	经营活动产生的现金流量净额/营业收入（行业水平）
2010	109. 08	103. 93	− 16. 10	5. 63
2011	107. 23	100. 81	6. 62	4. 46
2012	104. 12	102. 55	3. 86	8. 41
2013	120. 62	101. 16	5. 31	3. 12
2014	117. 15	101. 77	17. 67	8. 56
2015	121. 32	102. 87	8. 88	11. 84
2016	116. 21	100. 96	27. 12	5. 08

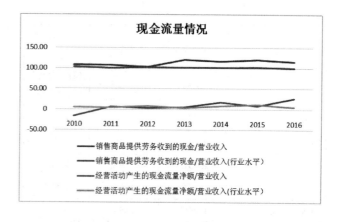

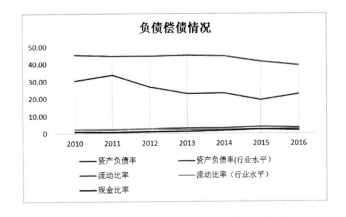

年度	资产负债率	资产负债率（行业水平）	流动比率	流动比率（行业水平）	现金比率
2010	30.29	45.38	2.33	2.41	0.84
2011	33.75	44.65	2.13	2.40	0.81
2012	26.82	44.62	2.65	2.58	0.91
2013	22.85	45.20	3.13	2.20	1.23
2014	23.12	44.71	3.18	2.26	1.59
2015	19.21	41.53	3.84	2.47	2.30
2016	22.55	39.43	3.41	2.69	1.83

年度	营业周期	营业周期（行业水平）	存货周转率	应收账款周转率	总资产周转率	营运资本周转率
2010	221.13	141.29	1.86	12.94	0.62	1.40
2011	248.31	178.15	1.69	10.25	0.66	1.73
2012	260.70	234.84	1.84	5.49	0.65	1.62
2013	229.10	225.27	2.25	5.22	0.72	1.60
2014	254.70	225.37	1.97	5.00	0.55	1.14
2015	320.37	259.36	1.59	3.83	0.36	0.70
2016	192.95	248.90	2.73	5.88	0.48	0.89

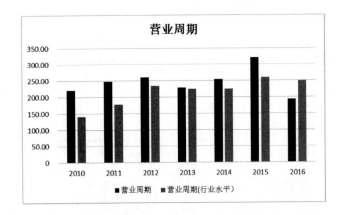

年度	研发总支出/主营业务收入	研发总支出/主营业务收入（行业水平）	存货（产成品）/（资产总计）	存货（产成品）/（资产总计）（行业水平）
2010	0	0	10.15%	38.08%
2011	0	0.22%	8.89%	28.78%
2012	4.97%	2.53%	9.59%	25.86%
2013	4.91%	1.87%	9.93%	23.69%
2014	3.01%	1.86%	9.85%	19.33%
2015	3.01%	2.52%	10.84%	14.17%
2016	3.16%	2.56%	10.08%	11.77%

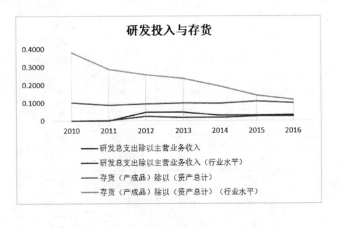

93. 商赢环球 （600146.SH）

年度	净资产收益率	净资产收益率（行业平均水平）	净资产同比增长率	净利润同比增长率	经营活动产生的现金流量净额同比增长率
2010	1.38	14.92	-2.39	108.37	528.30
2011	-24.88	12.52	-32.25	-1919.84	-362.73
2012	4.80	9.35	21.71	115.73	69.82
2013	-49.37	6.88	-38.95	-1520.39	-543.58
2014	9.09	6.80	5.15	103.15	20.46
2015	-51.80	7.20	-43.04	-1436.19	-40.46
2016	3.65	6.54	3296.13	146.66	-85.90

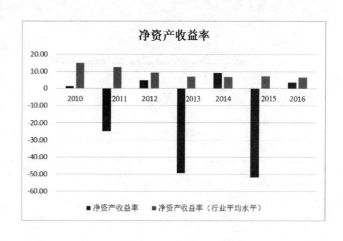

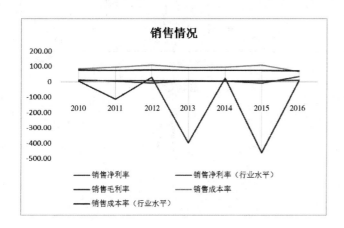

年度	销售净利率	销售净利率（行业水平）	销售毛利率	销售成本率	销售成本率（行业水平）
2010	5.56	8.73	13.94	86.06	76.68
2011	-111.00	6.86	3.81	96.19	75.69
2012	30	7.11	-8.54	108.54	75.97
2013	-397.41	6.35	7.27	92.73	75.35
2014	23.71	5.98	3.99	96.01	74.56
2015	-460.88	6.06	-8.73	108.73	73.49
2016	7.44	9.17	34.79	65.21	72.75

年度	销售商品提供劳务收到的现金/营业收入	销售商品提供劳务收到的现金/营业收入（行业水平）	经营活动产生的现金流量净额/营业收入	经营活动产生的现金流量净额/营业收入（行业水平）
2010	88.09	103.93	10.12	5.63
2011	105.48	100.81	-29.18	4.46
2012	82.67	102.55	-15.13	8.41
2013	102.11	101.16	-90.81	3.12
2014	136.52	101.77	-136.95	8.56
2015	85.60	102.87	-279.89	11.84
2016	95.85	100.96	-18.00	5.08

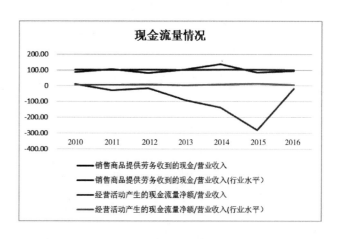

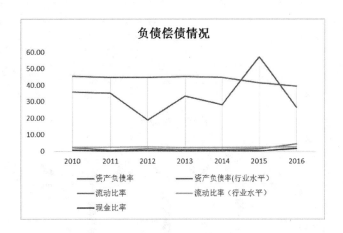

年度	资产负债率	资产负债率（行业水平）	流动比率	流动比率（行业水平）	现金比率
2010	35.93	45.38	2.22	2.41	0.76
2011	35.02	44.65	0.59	2.40	0.11
2012	19.02	44.62	1.43	2.58	0.45
2013	33.38	45.20	0.88	2.20	0.26
2014	27.96	44.71	0.88	2.26	0.14
2015	57.03	41.53	1.31	2.47	0.09
2016	26.56	39.43	4.52	2.69	1.57

年度	营业周期	营业周期（行业水平）	存货周转率	应收账款周转率	总资产周转率	营运资本周转率
2010	376.12	141.29	1.11	7.00	0.18	0.40
2011	333.39	178.15	1.32	5.84	0.15	1.03
2012	326.78	234.84	1.63	3.42	0.08	−2.81
2013	309.89	225.27	1.95	2.88	0.10	3.29
2014	417.46	225.37	1.37	2.33	0.07	−2.00
2015	199.51	259.36	4.01	3.28	0.06	1.20
2016	149.16	248.90	10.35	3.15	0.21	0.49

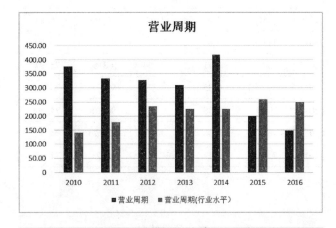

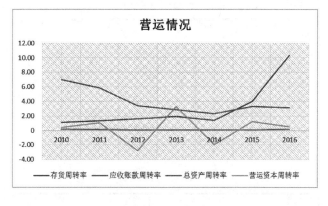

年度	研发总支出/主营业务收入	研发总支出/主营业务收入（行业水平）	存货（产成品）/（资产总计）	存货（产成品）/（资产总计）（行业水平）
2010	0	0	8.56%	38.08%
2011	0	0.22%	8.26%	28.78%
2012	0.22%	2.53%	8.04%	25.86%
2013	0	1.87%	11.29%	23.69%
2014	0	1.86%	12.67%	19.33%
2015	0	2.52%	19.05%	14.17%
2016	0	2.56%	0.95%	11.77%

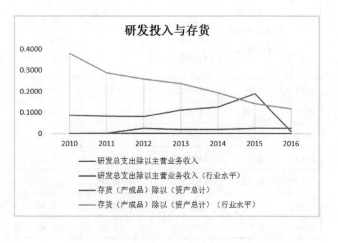

94. 维科精华 （600152.SH）

年度	净资产收益率	净资产收益率（行业平均水平）	净资产同比增长率	净利润同比增长率	经营活动产生的现金流量净额同比增长率
2010	6.51	14.92	-4.54	274.00	-76.01
2011	10.57	12.52	4.71	167.80	78.47
2012	-17.39	9.35	-16.21	-159.08	-116.42
2013	3.66	6.88	3.56	105.18	-69.10
2014	-32.08	6.80	-27.60	-2140.75	50.80
2015	7.64	7.20	2.06	113.96	155.42
2016	-11.33	6.54	-7.18	-290.33	-19.03

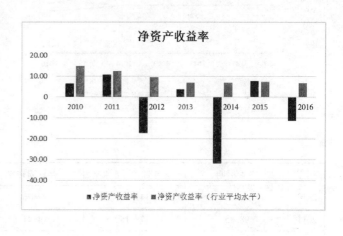

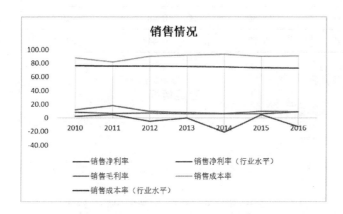

年度	销售净利率	销售净利率（行业水平）	销售毛利率	销售成本率	销售成本率（行业水平）
2010	2.20	8.73	12.08	87.92	76.68
2011	4.86	6.86	18.26	81.74	75.69
2012	-4.53	7.11	9.84	90.16	75.97
2013	0.30	6.35	7.73	92.27	75.35
2014	-20.68	5.98	6.79	93.21	74.56
2015	4.81	6.06	9.85	90.15	73.49
2016	-12.79	9.17	9.21	90.79	72.75

年度	销售商品提供劳务收到的现金/营业收入	销售商品提供劳务收到的现金/营业收入（行业水平）	经营活动产生的现金流量净额/营业收入	经营活动产生的现金流量净额/营业收入（行业水平）
2010	95.56	103.93	5.54	5.63
2011	74.42	100.81	8.17	4.46
2012	94.25	102.55	-2.05	8.41
2013	100.66	101.16	-4.41	3.12
2014	110.09	101.77	-4.02	8.56
2015	102.73	102.87	3.71	11.84
2016	107.94	100.96	4.20	5.08

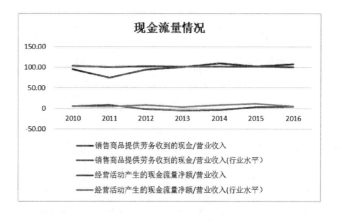

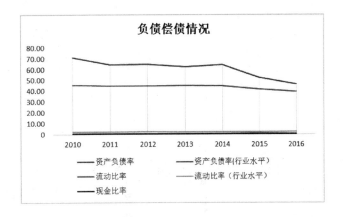

年度	资产负债率	资产负债率（行业水平）	流动比率	流动比率（行业水平）	现金比率
2010	70.83	45.38	0.94	2.41	0.26
2011	64.42	44.65	0.94	2.40	0.41
2012	64.79	44.62	0.88	2.58	0.34
2013	62.49	45.20	0.77	2.20	0.23
2014	64.47	44.71	0.79	2.26	0.23
2015	52.67	41.53	1.10	2.47	0.32
2016	46.44	39.43	0.86	2.69	0.41

年度	营业周期	营业周期（行业水平）	存货周转率	应收账款周转率	总资产周转率	营运资本周转率
2010	150.47	141.29	2.76	18.15	1.05	−33.81
2011	98.85	178.15	4.41	20.83	1.32	−34.11
2012	89.49	234.84	5.39	15.84	0.97	−19.95
2013	88.34	225.27	5.76	13.91	0.90	−9.55
2014	110.09	225.37	4.86	10	0.61	−4.88
2015	115.00	259.36	4.43	10.68	0.48	−10.25
2016	120.98	248.90	4.12	10.70	0.44	300.40

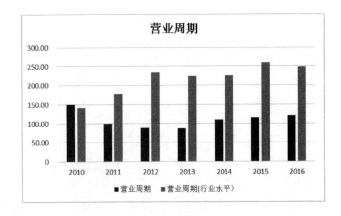

年度	研发总支出/主营业务收入	研发总支出/主营业务收入（行业水平）	存货（产成品）/（资产总计）	存货（产成品）/（资产总计）（行业水平）
2010	0	0	1.84%	38.08%
2011	0	0.22%	2.14%	28.78%
2012	2.70%	2.53%	2.47%	25.86%
2013	2.05%	1.87%	2.96%	23.69%
2014	0.69%	1.86%	3.93%	19.33%
2015	0	2.52%	5.01%	14.17%
2016	0.75%	2.56%	6.60%	11.77%

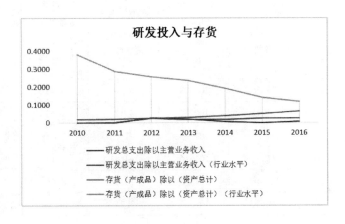

95. 华升股份（600156. SH）

年度	净资产收益率	净资产收益率（行业平均水平）	净资产同比增长率	净利润同比增长率	经营活动产生的现金流量净额同比增长率
2010	0.60	14.92	-0.12	-16.43	-185.83
2011	0.71	12.52	0.71	52.69	36.13
2012	0.69	9.35	-0.63	-34.09	260.69
2013	10.94	6.88	13.28	701.53	-284.17
2014	-4.54	6.80	-4.44	-136.26	-29.03
2015	1.36	7.20	2.72	106.70	104.61
2016	1.35	6.54	0.49	-457.82	-928.42

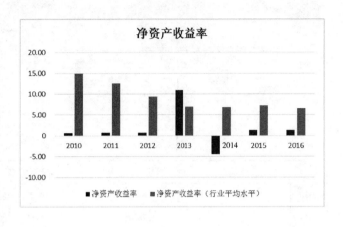

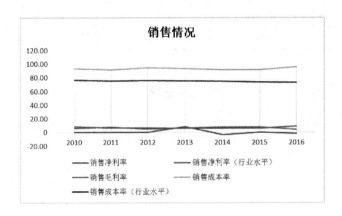

年度	销售净利率	销售净利率（行业水平）	销售毛利率	销售成本率	销售成本率（行业水平）
2010	0.39	8.73	6.39	93.61	76.68
2011	0.51	6.86	8.25	91.75	75.69
2012	0.39	7.11	5.18	94.82	75.97
2013	8.40	6.35	6.65	93.35	75.35
2014	-3.64	5.98	8.24	91.76	74.56
2015	0.29	6.06	8.05	91.95	73.49
2016	-1.33	9.17	4.31	95.69	72.75

年度	销售商品提供劳务收到的现金/营业收入	销售商品提供劳务收到的现金/营业收入（行业水平）	经营活动产生的现金流量净额/营业收入	经营活动产生的现金流量净额/营业收入（行业水平）
2010	114.23	103.93	-5.57	5.63
2011	102.03	100.81	-3.00	4.46
2012	112.81	102.55	5.69	8.41
2013	108.51	101.16	-8.70	3.12
2014	93.56	101.77	-12.15	8.56
2015	101.49	102.87	0.67	11.84
2016	108.73	100.96	-7.09	5.08

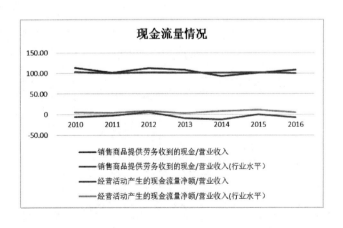

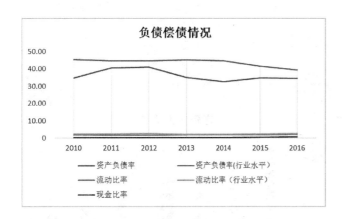

年度	资产负债率	资产负债率（行业水平）	流动比率	流动比率（行业水平）	现金比率
2010	34.75	45.38	1.89	2.41	0.26
2011	40.53	44.65	1.72	2.40	0.25
2012	41.05	44.62	1.64	2.58	0.28
2013	34.91	45.20	1.95	2.20	0.20
2014	32.66	44.71	1.97	2.26	0.32
2015	34.83	41.53	2.02	2.47	0.50
2016	34.60	39.43	2.05	2.69	0.61

年度	营业周期	营业周期（行业水平）	存货周转率	应收账款周转率	总资产周转率	营运资本周转率
2010	116.55	141.29	3.20	86.69	0.84	3.20
2011	138.13	178.15	2.69	85.08	0.89	3.40
2012	189.53	234.84	1.97	51.08	0.71	2.91
2013	142.82	225.27	2.95	17.44	0.86	3.20
2014	161.47	225.37	3.03	8.46	0.79	2.70
2015	230.43	259.36	2.20	5.39	0.67	2.18
2016	282.47	248.90	1.92	3.80	0.51	1.54

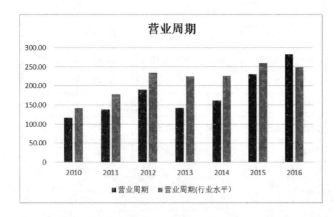

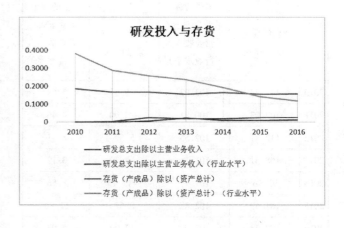

年度	研发总支出/主营业务收入	研发总支出/主营业务收入（行业水平）	存货（产成品）/（资产总计）	存货（产成品）/（资产总计）（行业水平）
2010	0	0	18.67%	38.08%
2011	0	0.22%	16.78%	28.78%
2012	0.57%	2.53%	16.76%	25.86%
2013	2.28%	1.87%	15.49%	23.69%
2014	0.87%	1.86%	16.55%	19.33%
2015	0.96%	2.52%	15.53%	14.17%
2016	1.15%	2.56%	15.87%	11.77%

96. 生物股份（600201.SH）

年度	净资产收益率	净资产收益率（行业平均水平）	净资产同比增长率	净利润同比增长率	经营活动产生的现金流量净额同比增长率
2010	14.54	14.92	11.60	61.44	−290.87
2011	16.37	12.52	17.83	28.07	293.42
2012	12.69	9.35	8.94	−12.51	−44.41
2013	21.35	6.88	19.14	93.75	530.76
2014	28.00	6.80	27.37	61.39	−9.88
2015	26.07	7.20	26.71	18.81	−15.53
2016	24.92	6.54	81.24	34.54	52.96

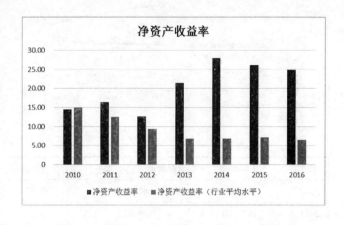

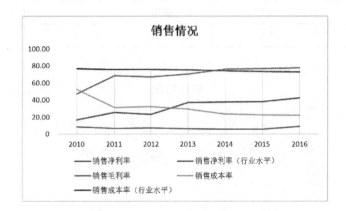

年度	销售净利率	销售净利率（行业水平）	销售毛利率	销售成本率	销售成本率（行业水平）
2010	17.12	8.73	47.55	52.45	76.68
2011	25.51	6.86	68.64	31.36	75.69
2012	23.11	7.11	67.37	32.63	75.97
2013	37.11	6.35	70.64	29.36	75.35
2014	37.83	5.98	76.21	23.79	74.56
2015	38.33	6.06	77.03	22.97	73.49
2016	42.37	9.17	77.79	22.21	72.75

年度	销售商品提供劳务收到的现金/营业收入	销售商品提供劳务收到的现金/营业收入（行业水平）	经营活动产生的现金流量净额/营业收入	经营活动产生的现金流量净额/营业收入（行业水平）
2010	97.44	103.93	−14.28	5.63
2011	99.09	100.81	32.15	4.46
2012	107.96	102.55	18.50	8.41
2013	113.02	101.16	96.72	3.12
2014	100.88	101.77	55.05	8.56
2015	95.64	102.87	39.66	11.84
2016	103.72	100.96	49.84	5.08

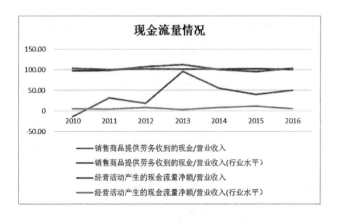

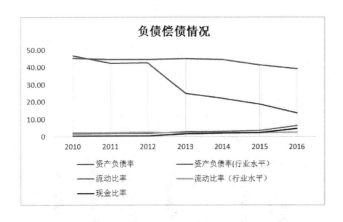

年度	资产负债率	资产负债率（行业水平）	流动比率	流动比率（行业水平）	现金比率
2010	46.87	45.38	1.59	2.41	0.38
2011	42.55	44.65	1.81	2.40	0.57
2012	42.77	44.62	1.90	2.58	0.43
2013	25.11	45.20	2.77	2.20	1.70
2014	22.28	44.71	3.16	2.26	2.19
2015	18.89	41.53	3.55	2.47	2.37
2016	13.69	39.43	6.41	2.69	4.78

年度	营业周期	营业周期（行业水平）	存货周转率	应收账款周转率	总资产周转率	营运资本周转率
2010	674.60	141.29	0.57	7.94	0.45	1.70
2011	1577.20	178.15	0.23	9.04	0.35	1.13
2012	1724.97	234.84	0.22	6.29	0.31	0.88
2013	1030.31	225.27	0.38	4.80	0.37	0.95
2014	321.78	225.37	1.35	6.51	0.56	1.27
2015	336.71	259.36	1.30	5.93	0.54	1.22
2016	301.58	248.90	1.49	5.93	0.44	0.79

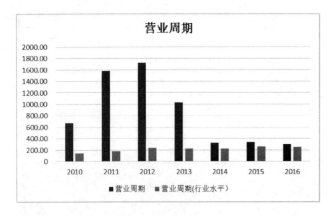

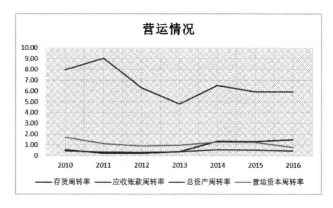

年度	研发总支出/主营业务收入	研发总支出/主营业务收入（行业水平）	存货（产成品）/（资产总计）	存货（产成品）/（资产总计）（行业水平）
2010	0	0	9.40%	38.08%
2011	0	0.22%	8.66%	28.78%
2012	1.25%	2.53%	7.93%	25.86%
2013	1.74%	1.87%	8.73%	23.69%
2014	2.63%	1.86%	7.12%	19.33%
2015	5.63%	2.52%	5.86%	14.17%
2016	6.04%	2.56%	3.44%	11.77%

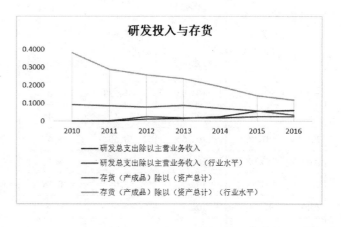

97. 江苏阳光 （600220.SH）

年度	净资产收益率	净资产收益率（行业平均水平）	净资产同比增长率	净利润同比增长率	经营活动产生的现金流量净额同比增长率
2010	2.10	14.92	2.32	-55.87	-57.59
2011	0.30	12.52	0.10	-82.29	-69.98
2012	-61.74	9.35	-47.33	-13309.34	-69.14
2013	6.79	6.88	7.01	108.95	941.54
2014	4.77	6.80	3.78	-27.75	-46.56
2015	6.37	7.20	6.58	38.60	118.83
2016	8.14	6.54	8.49	41.03	-42.54

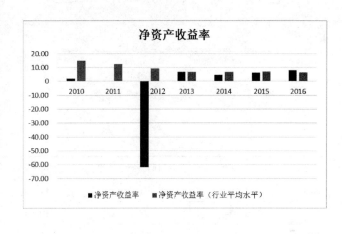

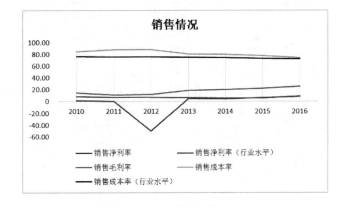

年度	销售净利率	销售净利率（行业水平）	销售毛利率	销售成本率	销售成本率（行业水平）
2010	1.95	8.73	14.85	85.15	76.68
2011	0.28	6.86	11.46	88.54	75.69
2012	-49.97	7.11	11.71	88.29	75.97
2013	5.40	6.35	19.15	80.85	75.35
2014	4.04	5.98	20.15	79.85	74.56
2015	6.18	6.06	22.28	77.72	73.49
2016	8.54	9.17	25.50	74.50	72.75

年度	销售商品提供劳务收到的现金/营业收入	销售商品提供劳务收到的现金/营业收入（行业水平）	经营活动产生的现金流量净额/营业收入	经营活动产生的现金流量净额/营业收入（行业水平）
2010	111.47	103.93	13.72	5.63
2011	105.86	100.81	3.30	4.46
2012	109.52	102.55	1.40	8.41
2013	113.07	101.16	17.56	3.12
2014	115.55	101.77	9.70	8.56
2015	93.63	102.87	23.46	11.84
2016	116.20	100.96	13.21	5.08

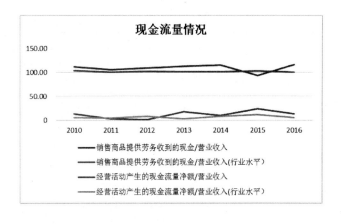

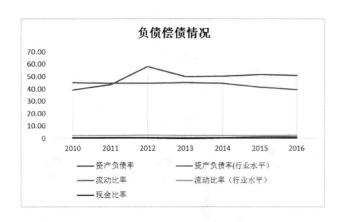

年度	资产负债率	资产负债率（行业水平）	流动比率	流动比率（行业水平）	现金比率
2010	39.08	45.38	0.63	2.41	0.30
2011	43.40	44.65	0.73	2.40	0.26
2012	57.97	44.62	0.61	2.58	0.23
2013	50.06	45.20	0.68	2.20	0.14
2014	50.47	44.71	0.80	2.26	0.21
2015	51.75	41.53	1.32	2.47	0.19
2016	51.06	39.43	1.18	2.69	0.42

年度	营业周期	营业周期（行业水平）	存货周转率	应收账款周转率	总资产周转率	营运资本周转率
2010	62.89	141.29	11.29	11.61	0.55	−4.78
2011	62.45	178.15	10.05	13.51	0.68	−6.70
2012	95.41	234.84	5.71	11.12	0.55	−3.83
2013	104.45	225.27	4.64	13.37	0.57	−3.04
2014	127.22	225.37	3.83	10.86	0.59	−4.66
2015	165.42	259.36	3.03	7.73	0.50	39.26
2016	189.55	248.90	2.54	7.52	0.48	5.53

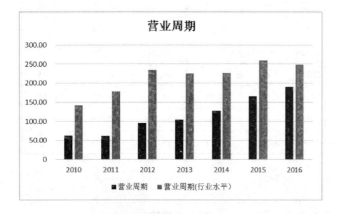

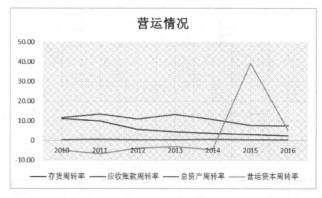

年度	研发总支出/主营业务收入	研发总支出/主营业务收入（行业水平）	存货（产成品）/（资产总计）	存货（产成品）/（资产总计）（行业水平）
2010	0	0	6.60%	38.08%
2011	0	0.22%	6.20%	28.78%
2012	0.92%	2.53%	8.41%	25.86%
2013	0.84%	1.87%	9.46%	23.69%
2014	0.73%	1.86%	9.39%	19.33%
2015	0.75%	2.52%	8.58%	14.17%
2016	0.68%	2.56%	8.08%	11.77%

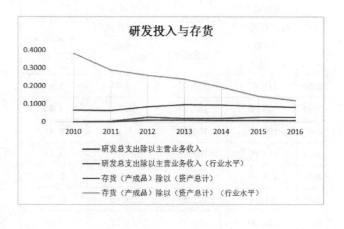

98. 金鹰股份（600232. SH）

年度	净资产收益率	净资产收益率（行业平均水平）	净资产同比增长率	净利润同比增长率	经营活动产生的现金流量净额同比增长率
2010	0.83	14.92	0.77	362.59	154.98
2011	2.19	12.52	−0.79	267.25	−48.56
2012	0.69	9.35	−2.29	−92.80	−40.93
2013	0.97	6.88	−1.47	620.78	76.72
2014	2.18	6.80	−0.30	87.46	−29.13
2015	2.54	7.20	0.05	16.27	25.65
2016	2.47	6.54	−0.02	−4.53	−42.58

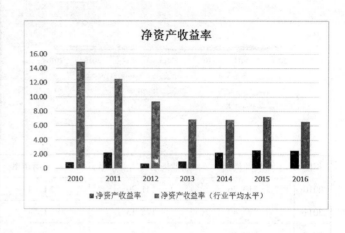

年度	销售净利率	销售净利率（行业水平）	销售毛利率	销售成本率	销售成本率（行业水平）
2010	0.77	8.73	11.49	88.51	76.68
2011	2.27	6.86	15.83	84.17	75.69
2012	0.19	7.11	12.14	87.86	75.97
2013	1.15	6.35	14.19	85.81	75.35
2014	2.31	5.98	15.39	84.61	74.56
2015	2.84	6.06	14.49	85.51	73.49
2016	2.93	9.17	14.18	85.82	72.75

年度	销售商品提供劳务收到的现金/营业收入	销售商品提供劳务收到的现金/营业收入（行业水平）	经营活动产生的现金流量净额/营业收入	经营活动产生的现金流量净额/营业收入（行业水平）
2010	95.97	103.93	21.77	5.63
2011	88.93	100.81	9.04	4.46
2012	93.09	102.55	6.04	8.41
2013	87.53	101.16	9.19	3.12
2014	107.11	101.77	7.00	8.56
2015	90.48	102.87	9.27	11.84
2016	87.79	100.96	5.76	5.08

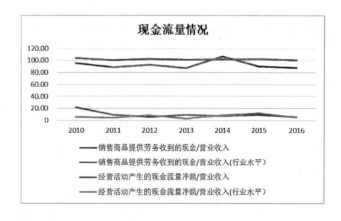

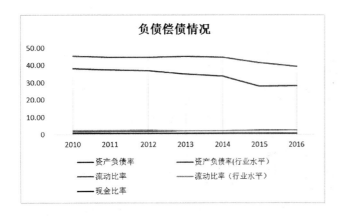

年度	资产负债率	资产负债率（行业水平）	流动比率	流动比率（行业水平）	现金比率
2010	38.08	45.38	1.76	2.41	0.65
2011	37.46	44.65	1.89	2.40	0.63
2012	37.01	44.62	1.96	2.58	0.62
2013	34.89	45.20	2.11	2.20	0.62
2014	33.83	44.71	2.22	2.26	0.60
2015	27.96	41.53	2.70	2.47	0.67
2016	28.32	39.43	2.70	2.69	0.69

年度	营业周期	营业周期（行业水平）	存货周转率	应收账款周转率	总资产周转率	营运资本周转率
2010	313.26	141.29	1.44	5.65	0.48	1.82
2011	277.49	178.15	1.58	7.26	0.61	1.98
2012	309.57	234.84	1.43	6.26	0.55	1.62
2013	260.15	225.27	1.68	7.84	0.67	1.82
2014	283.32	225.37	1.52	7.64	0.65	1.63
2015	299.75	259.36	1.45	6.94	0.64	1.47
2016	329.10	248.90	1.36	5.63	0.62	1.31

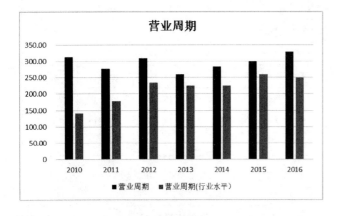

年度	研发总支出/主营业务收入	研发总支出/主营业务收入（行业水平）	存货（产成品）/（资产总计）	存货（产成品）/（资产总计）（行业水平）
2010	0	0	19.51%	38.08%
2011	0	0.22%	19.83%	28.78%
2012	2.14%	2.53%	20.61%	25.86%
2013	2.40%	1.87%	21.55%	23.69%
2014	2.03%	1.86%	21.94%	19.33%
2015	2.25%	2.52%	23.84%	14.17%
2016	2.48%	2.56%	23.70%	11.77%

99. 时代万恒 （600241. SH）

年度	净资产收益率	净资产收益率（行业平均水平）	净资产同比增长率	净利润同比增长率	经营活动产生的现金流量净额同比增长率
2010	2.27	14.92	1.14	630.47	63.90
2011	2.90	12.52	2.79	67.47	24.54
2012	2.46	9.35	2.48	62.78	9.88
2013	2.80	6.88	−10.64	−1.70	−65.62
2014	−21.74	6.80	−21.73	−275.50	−141.67
2015	3.49	7.20	98.40	102.21	159.03
2016	−11.68	6.54	−12.23	−3847.89	−117.76

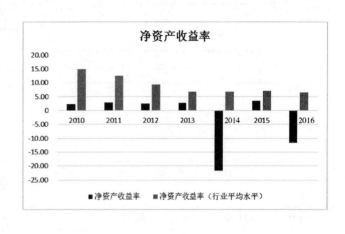

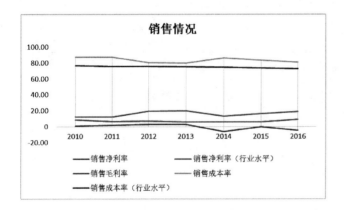

年度	销售净利率	销售净利率（行业水平）	销售毛利率	销售成本率	销售成本率（行业水平）
2010	0.85	8.73	12.32	87.68	76.68
2011	1.80	6.86	12.37	87.63	75.69
2012	3.07	7.11	19.49	80.51	75.97
2013	3.11	6.35	19.92	80.08	75.35
2014	−6.45	5.98	13.57	86.43	74.56
2015	0.13	6.06	16.53	83.47	73.49
2016	−4.59	9.17	18.88	81.12	72.75

年度	销售商品提供劳务收到的现金/营业收入	销售商品提供劳务收到的现金/营业收入（行业水平）	经营活动产生的现金流量净额/营业收入	经营活动产生的现金流量净额/营业收入（行业水平）
2010	76.25	103.93	7.11	5.63
2011	98.84	100.81	11.26	4.46
2012	79.20	102.55	12.95	8.41
2013	82.34	101.16	3.22	3.12
2014	83.88	101.77	−1.59	8.56
2015	85.81	102.87	1.16	11.84
2016	98.04	100.96	−0.19	5.08

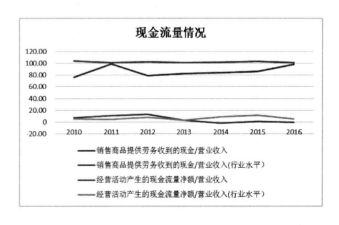

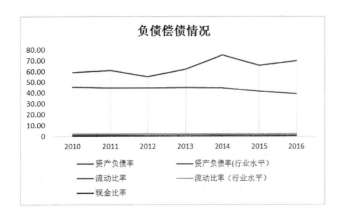

年度	资产负债率	资产负债率(行业水平)	流动比率	流动比率(行业水平)	现金比率
2010	58.88	45.38	1.17	2.41	0.19
2011	61.03	44.65	1.01	2.40	0.18
2012	55.15	44.62	1.05	2.58	0.42
2013	61.98	45.20	1.31	2.20	0.20
2014	75.19	44.71	1.03	2.26	0.19
2015	65.58	41.53	1.01	2.47	0.45
2016	70.03	39.43	1.07	2.69	0.59

年度	营业周期	营业周期（行业水平）	存货周转率	应收账款周转率	总资产周转率	营运资本周转率
2010	152.60	141.29	2.81	14.75	1.44	9.13
2011	153.92	178.15	2.97	11.07	1.16	26.30
2012	140.41	234.84	3.29	11.56	1.10	83.32
2013	179.68	225.27	2.42	11.62	1.03	9.73
2014	303.07	225.37	1.37	8.79	0.71	7.99
2015	194.41	259.36	2.43	7.77	0.70	56.45
2016	80.71	248.90	10.28	7.88	0.71	31.15

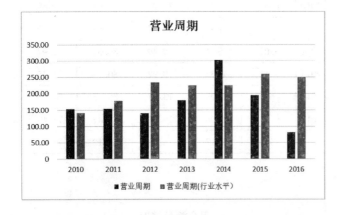

年度	研发总支出/主营业务收入	研发总支出/主营业务收入（行业水平）	存货（产成品）/（资产总计）	存货（产成品）/（资产总计）（行业水平）
2010	0	0	5.57%	38.08%
2011	0	0.22%	4.89%	28.78%
2012	0	2.53%	5.54%	25.86%
2013	0	1.87%	4.26%	23.69%
2014	0	1.86%	3.61%	19.33%
2015	0.41%	2.52%	3.44%	14.17%
2016	0.81%	2.56%	3.34%	11.77%

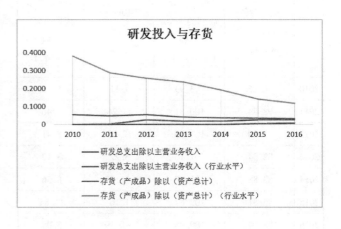

100. 南纺股份 （600250. SH）

年度	净资产收益率	净资产收益率（行业平均水平）	净资产同比增长率	净利润同比增长率	经营活动产生的现金流量净额同比增长率
2010	2. 67	14. 92	− 57. 38	− 57. 26	− 123. 63
2011	− 49. 56	12. 52	− 44. 82	− 92. 77	159. 63
2012	7. 15	9. 35	80. 25	94. 52	− 458. 06
2013	33. 66	6. 88	34. 92	1852. 19	63. 35
2014	4. 13	6. 80	− 4. 27	− 89. 86	433. 83
2015	− 12. 21	7. 20	− 13. 49	− 479. 35	− 187. 55
2016	5. 25	6. 54	1. 68	131. 92	144. 25

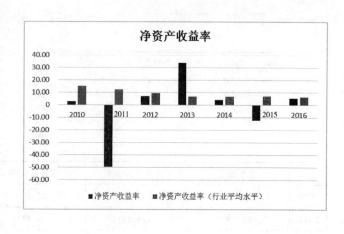

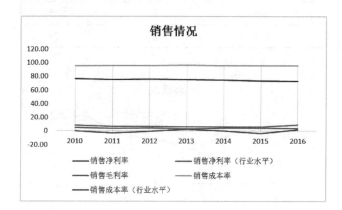

年度	销售净利率	销售净利率（行业水平）	销售毛利率	销售成本率	销售成本率（行业水平）
2010	0. 19	8. 73	4. 82	95. 18	76. 68
2011	− 2. 70	6. 86	3. 98	96. 02	75. 69
2012	− 0. 16	7. 11	4. 25	95. 75	75. 97
2013	2. 43	6. 35	3. 44	96. 56	75. 35
2014	0. 46	5. 98	4. 21	95. 79	74. 56
2015	− 3. 56	6. 06	4. 23	95. 77	73. 49
2016	1. 82	9. 17	3. 96	96. 04	72. 75

年度	销售商品提供劳务收到的现金/营业收入	销售商品提供劳务收到的现金/营业收入（行业水平）	经营活动产生的现金流量净额/营业收入	经营活动产生的现金流量净额/营业收入（行业水平）
2010	100. 14	103. 93	− 1. 38	5. 63
2011	121. 48	100. 81	1. 18	4. 46
2012	112. 15	102. 55	− 4. 57	8. 41
2013	112. 80	101. 16	− 1. 44	3. 12
2014	109. 94	101. 77	8. 92	8. 56
2015	99. 17	102. 87	− 16. 08	11. 84
2016	119. 49	100. 96	11. 38	5. 08

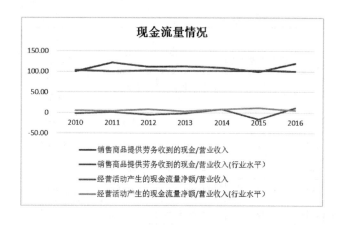

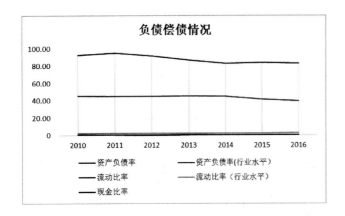

年度	资产负债率	资产负债率（行业水平）	流动比率	流动比率（行业水平）	现金比率
2010	92.40	45.38	0.77	2.41	0.33
2011	95.01	44.65	0.59	2.40	0.28
2012	91.49	44.62	0.58	2.58	0.18
2013	86.93	45.20	0.72	2.20	0.30
2014	83.07	44.71	0.60	2.26	0.35
2015	84.06	41.53	0.57	2.47	0.31
2016	83.13	39.43	0.55	2.69	0.41

年度	营业周期	营业周期（行业水平）	存货周转率	应收账款周转率	总资产周转率	营运资本周转率
2010	56.83	141.29	23.36	8.69	1.66	-11.52
2011	61.59	178.15	20.47	8.18	1.35	-5.20
2012	49.37	234.84	16.13	13.31	1.47	-3.96
2013	40.08	225.27	17.99	17.94	1.80	-5.72
2014	44.83	225.37	19.77	13.52	1.17	-4.20
2015	47.28	259.36	27.21	10.57	0.71	-2.08
2016	56.52	248.90	25.89	8.45	0.48	-1.34

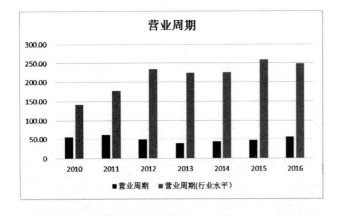

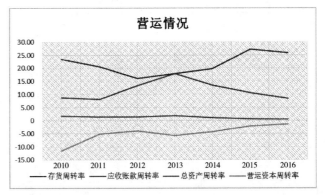

年度	研发总支出/主营业务收入	研发总支出/主营业务收入（行业水平）	存货（产成品）/（资产总计）	存货（产成品）/（资产总计）（行业水平）
2010	0	0	0.57%	38.08%
2011	0	0.22%	0.76%	28.78%
2012	0.24%	2.53%	0.79%	25.86%
2013	0.21%	1.87%	0.84%	23.69%
2014	0.12%	1.86%	1.16%	19.33%
2015	0.05%	2.52%	1.30%	14.17%
2016	0	2.56%	1.36%	11.77%

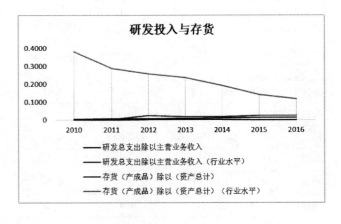

101. 开开实业 （600272. SH）

年度	净资产收益率	净资产收益率（行业平均水平）	净资产同比增长率	净利润同比增长率	经营活动产生的现金流量净额同比增长率
2010	10.38	14.92	28.03	−31.91	725.14
2011	11.63	12.52	10.36	43.29	−134.41
2012	16.22	9.35	−0.54	55.95	244.35
2013	7.20	6.88	10.24	−57.86	−38.05
2014	9.27	6.80	8.03	42.42	91.44
2015	4.80	7.20	25.24	−46.65	−55.83
2016	4.10	6.54	−4.59	5.82	−7.39

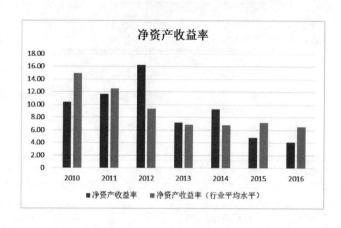

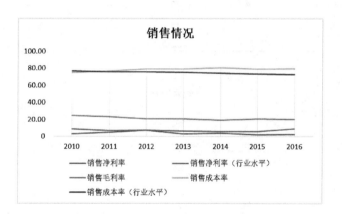

年度	销售净利率	销售净利率（行业水平）	销售毛利率	销售成本率	销售成本率（行业水平）
2010	3.15	8.73	24.90	75.10	76.68
2011	4.91	6.86	23.15	76.85	75.69
2012	7.46	7.11	20.91	79.09	75.97
2013	2.99	6.35	21.00	79.00	75.35
2014	4.15	5.98	19.39	80.61	74.56
2015	2.22	6.06	20.93	79.07	73.49
2016	2.28	9.17	20.35	79.65	72.75

年度	销售商品提供劳务收到的现金/营业收入	销售商品提供劳务收到的现金/营业收入（行业水平）	经营活动产生的现金流量净额/营业收入	经营活动产生的现金流量净额/营业收入（行业水平）
2010	104.56	103.93	5.40	5.63
2011	103.25	100.81	−2.02	4.46
2012	104.50	102.55	2.84	8.41
2013	108.66	101.16	1.67	3.12
2014	111.04	101.77	3.12	8.56
2015	104.83	102.87	1.38	11.84
2016	101.98	100.96	1.24	5.08

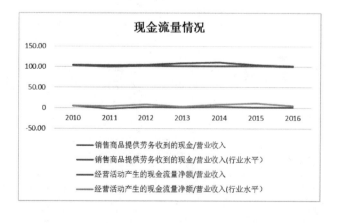

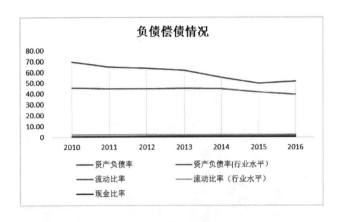

年度	资产负债率	资产负债率（行业水平）	流动比率	流动比率（行业水平）	现金比率
2010	69.57	45.38	0.80	2.41	0.19
2011	64.73	44.65	0.90	2.40	0.25
2012	63.82	44.62	1.04	2.58	0.44
2013	61.76	45.20	1.11	2.20	0.34
2014	55.16	44.71	1.26	2.26	0.37
2015	49.77	41.53	1.41	2.47	0.49
2016	51.82	39.43	1.45	2.69	0.47

年度	营业周期	营业周期（行业水平）	存货周转率	应收账款周转率	总资产周转率	营运资本周转率
2010	111.96	141.29	5.45	7.84	0.83	-8.35
2011	123.23	178.15	4.69	7.74	0.77	-11.29
2012	109.23	234.84	5.50	8.23	0.84	-67.39
2013	112.52	225.27	5.74	7.23	0.86	29.62
2014	116.29	225.37	5.60	6.92	0.91	15.12
2015	113.78	259.36	5.53	7.40	0.90	9.52
2016	115.03	248.90	5.38	7.49	0.88	7.55

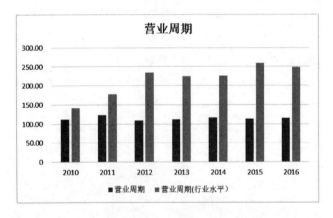

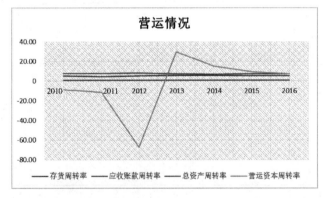

年度	研发总支出/主营业务收入	研发总支出/主营业务收入（行业水平）	存货（产成品）/（资产总计）	存货（产成品）/（资产总计）（行业水平）
2010	0	0	12.92%	38.08%
2011	0	0.22%	14.43%	28.78%
2012	0	2.53%	14.46%	25.86%
2013	0	1.87%	13.89%	23.69%
2014	0	1.86%	15.21%	19.33%
2015	0	2.52%	13.66%	14.17%
2016	0	2.56%	13.75%	11.77%

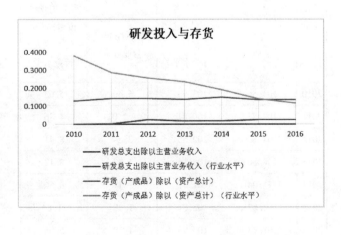

102. 嘉化能源 （600273. SH）

年度	净资产收益率	净资产收益率（行业平均水平）	净资产同比增长率	净利润同比增长率	经营活动产生的现金流量净额同比增长率
2010	16.67	14.92	18.18	409.46	137.38
2011	−39.61	12.52	−35.86	−333.09	−114.36
2012	2.59	9.35	2.63	104.64	1469.86
2013	−5.60	6.88	−6.18	−338.40	−89.10
2014	33.65	6.80	54.48	34.61	−11.65
2015	21.35	7.20	19.88	16.02	51.48
2016	20	6.54	15.64	10.04	158.67

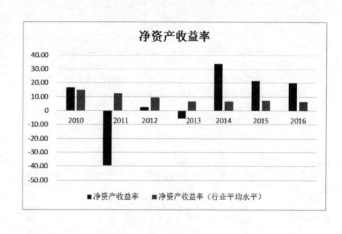

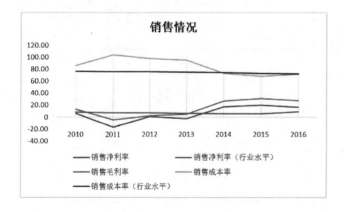

年度	销售净利率	销售净利率（行业水平）	销售毛利率	销售成本率	销售成本率（行业水平）
2010	6.38	8.73	13.39	86.61	76.68
2011	−17.18	6.86	−4.25	104.25	75.69
2012	0.97	7.11	2.05	97.95	75.97
2013	−2.46	6.35	4.83	95.17	75.35
2014	17.19	5.98	26.91	73.09	74.56
2015	19.91	6.06	31.58	68.42	73.49
2016	16.50	9.17	27.83	72.17	72.75

年度	销售商品提供劳务收到的现金/营业收入	销售商品提供劳务收到的现金/营业收入（行业水平）	经营活动产生的现金流量净额/营业收入	经营活动产生的现金流量净额/营业收入（行业水平）
2010	115.48	103.93	6.09	5.63
2011	99.63	100.81	−1.01	4.46
2012	98.76	102.55	16.82	8.41
2013	124.05	101.16	1.95	3.12
2014	67.78	101.77	9.86	8.56
2015	78.11	102.87	14.91	11.84
2016	79.53	100.96	29.04	5.08

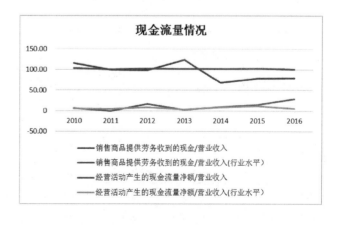

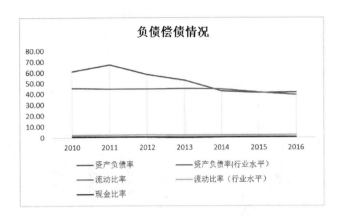

年度	资产负债率	资产负债率（行业水平）	流动比率	流动比率（行业水平）	现金比率
2010	61.06	45.38	0.97	2.41	0.40
2011	67.20	44.65	0.62	2.40	0.24
2012	58.20	44.62	0.70	2.58	0.36
2013	52.84	45.20	0.71	2.20	0.16
2014	42.65	44.71	0.86	2.26	0.50
2015	41.41	41.53	0.84	2.47	0.25
2016	41.53	39.43	0.77	2.69	0.25

年度	营业周期	营业周期（行业水平）	存货周转率	应收账款周转率	总资产周转率	营运资本周转率
2010	104.33	141.29	3.58	94.74	0.96	−12.93
2011	102.97	178.15	3.60	122.51	0.83	−7.26
2012	78.50	234.84	4.81	98.98	0.88	−4.24
2013	69.24	225.27	5.74	54.83	1.02	−6.45
2014	48.62	225.37	10.69	24.11	1.09	−14.45
2015	73.91	259.36	10.72	8.93	0.62	−10.84
2016	66.80	248.90	11.62	10.05	0.71	−10.02

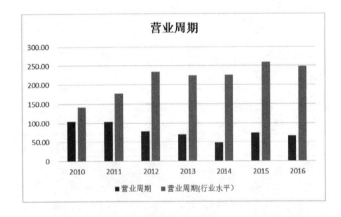

年度	研发总支出/主营业务收入	研发总支出/主营业务收入（行业水平）	存货（产成品）/（资产总计）	存货（产成品）/（资产总计）（行业水平）
2010	0	0	5.46%	38.08%
2011	0	0.22%	7.33%	28.78%
2012	0	2.53%	9.13%	25.86%
2013	0	1.87%	10.93%	23.69%
2014	3.16%	1.86%	2.64%	19.33%
2015	3.52%	2.52%	2.25%	14.17%
2016	2.85%	2.56%	1.94%	11.77%

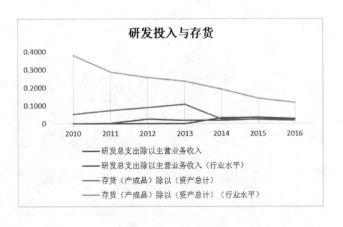

103. 江苏舜天（600287.SH）

年度	净资产收益率	净资产收益率（行业平均水平）	净资产同比增长率	净利润同比增长率	经营活动产生的现金流量净额同比增长率
2010	2.79	14.92	1.80	-86.33	-94.87
2011	4.12	12.52	-2.43	1332.74	2522.63
2012	2.28	9.35	0.51	-0.16	-214.16
2013	32.75	6.88	36.06	1205.70	235.03
2014	4.41	6.80	1.77	-74.83	-186.70
2015	6.24	7.20	4.48	24.91	260.30
2016	2.82	6.54	66.38	-26.51	-64.46

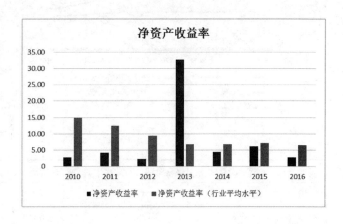

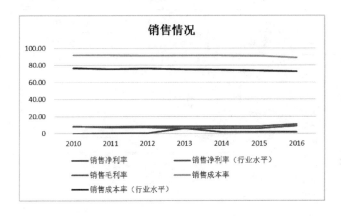

年度	销售净利率	销售净利率（行业水平）	销售毛利率	销售成本率	销售成本率（行业水平）
2010	0.03	8.73	7.89	92.11	76.68
2011	0.46	6.86	7.83	92.17	75.69
2012	0.48	7.11	8.40	91.60	75.97
2013	6.19	6.35	8.37	91.63	75.35
2014	1.56	5.98	8.59	91.41	74.56
2015	1.93	6.06	8.77	91.23	73.49
2016	1.74	9.17	10.99	89.01	72.75

年度	销售商品提供劳务收到的现金/营业收入	销售商品提供劳务收到的现金/营业收入（行业水平）	经营活动产生的现金流量净额/营业收入	经营活动产生的现金流量净额/营业收入（行业水平）
2010	101.91	103.93	0.13	5.63
2011	109.21	100.81	3.13	4.46
2012	106.75	102.55	-3.70	8.41
2013	115.48	101.16	4.93	3.12
2014	106.14	101.77	-4.29	8.56
2015	108.60	102.87	6.81	11.84
2016	105.09	100.96	2.97	5.08

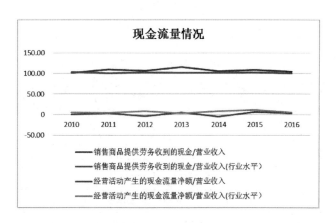

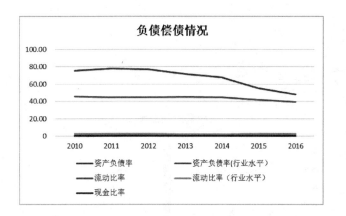

年度	资产负债率	资产负债率（行业水平）	流动比率	流动比率（行业水平）	现金比率
2010	75.45	45.38	1.06	2.41	0.31
2011	77.96	44.65	0.88	2.40	0.35
2012	76.70	44.62	0.86	2.58	0.25
2013	71.56	45.20	0.82	2.20	0.24
2014	67.66	44.71	1.02	2.26	0.21
2015	55.31	41.53	1.25	2.47	0.34
2016	48.07	39.43	1.27	2.69	0.37

年度	营业周期	营业周期（行业水平）	存货周转率	应收账款周转率	总资产周转率	营运资本周转率
2010	93.80	141.29	4.79	19.36	1.16	23.21
2011	76.83	178.15	6.77	15.20	1.22	−47.09
2012	53.25	234.84	13.22	13.84	1.25	−12.35
2013	46.30	225.27	15.28	15.83	1.26	−10.64
2014	48.82	225.37	12.47	18.03	1.25	−20.43
2015	47.04	259.36	13.20	18.22	1.53	23.61
2016	53.16	248.90	12.04	15.48	1.24	10.12

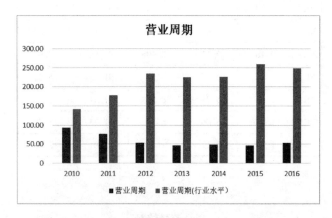

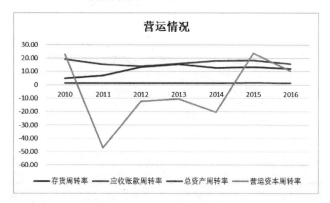

年度	研发总支出/主营业务收入	研发总支出/主营业务收入（行业水平）	存货（产成品）/资产总计	存货（产成品）/资产总计（行业水平）
2010	0	0	5.37%	38.08%
2011	0	0.22%	5.51%	28.78%
2012	0	2.53%	6.08%	25.86%
2013	0	1.87%	5.47%	23.69%
2014	0	1.86%	6.07%	19.33%
2015	0	2.52%	8.13%	14.17%
2016	0	2.56%	6.01%	11.77%

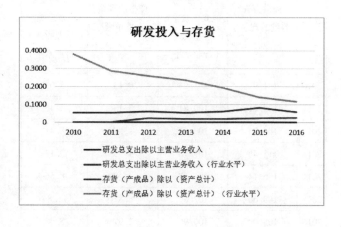

104. 鄂尔多斯（600295. SH）

年度	净资产收益率	净资产收益率（行业平均水平）	净资产同比增长率	净利润同比增长率	经营活动产生的现金流量净额同比增长率
2010	19.34	14.92	18.06	118.93	141.83
2011	17.05	12.52	16.13	10.93	25.89
2012	10.85	9.35	10	-42.09	44.44
2013	11.66	6.88	9.29	19.58	-32.04
2014	6.15	6.80	3.40	-23.49	100.92
2015	3.32	7.20	-0.69	-43.68	1.50
2016	3.63	6.54	1.23	12.18	-14.65

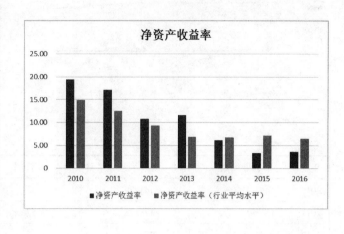

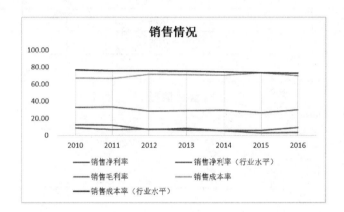

年度	销售净利率	销售净利率（行业水平）	销售毛利率	销售成本率	销售成本率（行业水平）
2010	12.45	8.73	32.87	67.13	76.68
2011	11.96	6.86	33.22	66.78	75.69
2012	6.99	7.11	28.59	71.41	75.97
2013	8.12	6.35	29.11	70.89	75.35
2014	5.57	5.98	29.48	70.52	74.56
2015	3.20	6.06	26.65	73.35	73.49
2016	3.49	9.17	30.15	69.85	72.75

年度	销售商品提供劳务收到的现金/营业收入	销售商品提供劳务收到的现金/营业收入（行业水平）	经营活动产生的现金流量净额/营业收入	经营活动产生的现金流量净额/营业收入（行业水平）
2010	112.14	103.93	17.81	5.63
2011	112.36	100.81	19.29	4.46
2012	118.24	102.55	28.11	8.41
2013	105.89	101.16	18.55	3.12
2014	117.88	101.77	31.71	8.56
2015	109.02	102.87	32.85	11.84
2016	116.06	100.96	25.75	5.08

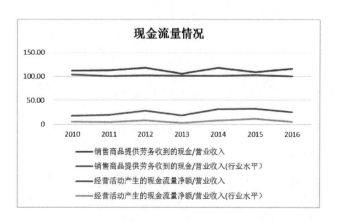

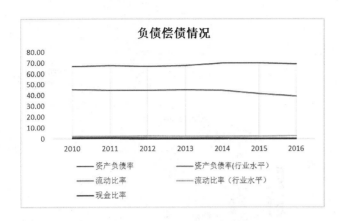

年度	资产负债率	资产负债率（行业水平）	流动比率	流动比率（行业水平）	现金比率
2010	66.79	45.38	1.13	2.41	0.27
2011	67.53	44.65	0.97	2.40	0.20
2012	66.65	44.62	1.00	2.58	0.12
2013	67.36	45.20	0.88	2.20	0.12
2014	69.91	44.71	0.61	2.26	0.08
2015	69.79	41.53	0.55	2.47	0.09
2016	69.03	39.43	0.48	2.69	0.15

年度	营业周期	营业周期（行业水平）	存货周转率	应收账款周转率	总资产周转率	营运资本周转率
2010	171.09	141.29	2.75	8.94	0.50	84.39
2011	175.43	178.15	2.57	10.26	0.48	33.58
2012	186.80	234.84	2.35	10.69	0.42	−49.86
2013	182.56	225.27	2.41	10.93	0.38	−13.33
2014	162.36	225.37	2.76	11.34	0.38	−2.93
2015	160.90	259.36	3.06	8.34	0.34	−1.59
2016	150.09	248.90	3.35	8.42	0.37	−1.33

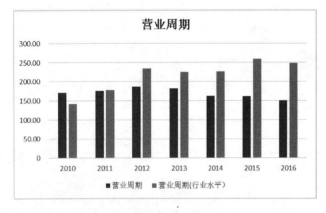

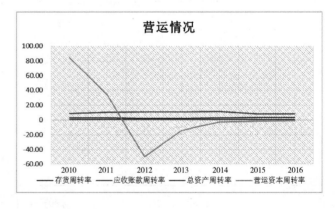

年度	研发总支出/主营业务收入	研发总支出/主营业务收入（行业水平）	存货（产成品）/（资产总计）	存货（产成品）/（资产总计）（行业水平）
2010	0	0	6.99%	38.08%
2011	0	0.22%	5.93%	28.78%
2012	0.15%	2.53%	5.43%	25.86%
2013	0.14%	1.87%	4.64%	23.69%
2014	0.08%	1.86%	4.12%	19.33%
2015	0.11%	2.52%	4.07%	14.17%
2016	0.46%	2.56%	4.00%	11.77%

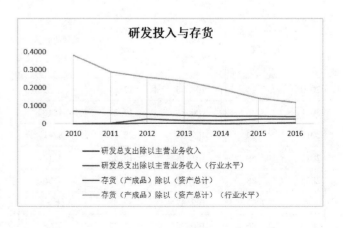

105. 标准股份 （600302. SH）

年度	净资产收益率	净资产收益率（行业平均水平）	净资产同比增长率	净利润同比增长率	经营活动产生的现金流量净额同比增长率
2010	1.90	14.92	2.10	148.91	244.31
2011	0.90	12.52	0.94	-48.61	-1695.45
2012	-4.27	9.35	-5.47	-487.68	110.66
2013	0.94	6.88	1.05	127.68	304.48
2014	-8.44	6.80	-8.07	-768.87	-66.80
2015	4.18	7.20	4.24	151.97	-328.55
2016	4.97	6.54	5.13	21.44	-27.66

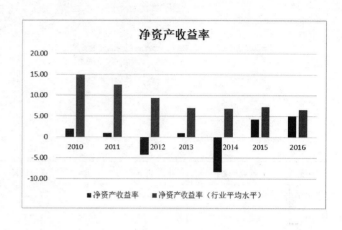

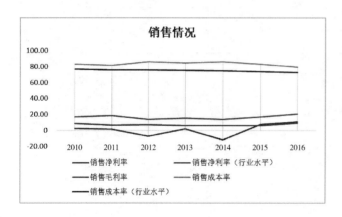

年度	销售净利率	销售净利率（行业水平）	销售毛利率	销售成本率	销售成本率（行业水平）
2010	2.61	8.73	16.97	83.03	76.68
2011	1.42	6.86	18.73	81.27	75.69
2012	-7.33	7.11	14.00	86.00	75.97
2013	1.75	6.35	15.51	84.49	75.35
2014	-12.03	5.98	13.90	86.10	74.56
2015	7.77	6.06	17.19	82.81	73.49
2016	10.61	9.17	20.76	79.24	72.75

年度	销售商品提供劳务收到的现金/营业收入	销售商品提供劳务收到的现金/营业收入（行业水平）	经营活动产生的现金流量净额/营业收入	经营活动产生的现金流量净额/营业收入（行业水平）
2010	93.20	103.93	0.78	5.63
2011	105.25	100.81	-13.14	4.46
2012	100.15	102.55	1.87	8.41
2013	96.85	101.16	6.52	3.12
2014	100.06	101.77	2.23	8.56
2015	98.87	102.87	-6.32	11.84
2016	101.12	100.96	-9.08	5.08

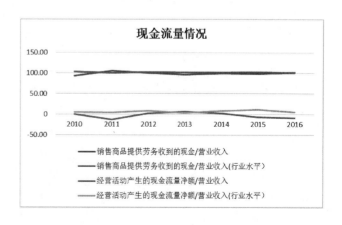

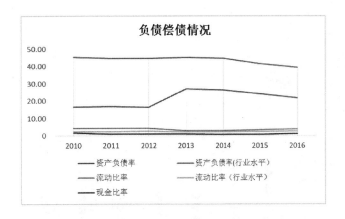

年度	资产负债率	资产负债率（行业水平）	流动比率	流动比率（行业水平）	现金比率
2010	16.53	45.38	4.36	2.41	1.74
2011	16.92	44.65	4.29	2.40	1.01
2012	16.43	44.62	4.34	2.58	1.04
2013	27.00	45.20	2.88	2.20	0.85
2014	26.26	44.71	2.87	2.26	0.83
2015	24.03	41.53	3.28	2.47	0.81
2016	21.75	39.43	3.80	2.69	1.22

年度	营业周期	营业周期（行业水平）	存货周转率	应收账款周转率	总资产周转率	营运资本周转率
2010	227.24	141.29	2.38	4.74	0.67	1.21
2011	294.96	178.15	1.73	4.12	0.62	1.12
2012	427.10	234.84	1.12	3.40	0.47	0.87
2013	394.72	225.27	1.21	3.67	0.51	0.99
2014	414.36	225.37	1.19	3.19	0.48	0.97
2015	494.12	259.36	1.02	2.55	0.40	0.78
2016	550.01	248.90	0.93	2.18	0.35	0.62

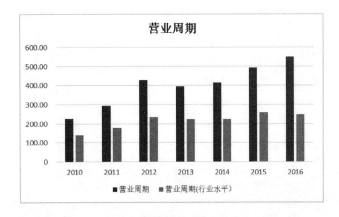

年度	研发总支出/主营业务收入	研发总支出/主营业务收入（行业水平）	存货（产成品）/资产总计	存货（产成品）/资产总计（行业水平）
2010	0	0	19.26%	38.08%
2011	0	0.22%	18.99%	28.78%
2012	5.23%	2.53%	20.17%	25.86%
2013	6.12%	1.87%	16.79%	23.69%
2014	3.42%	1.86%	18.34%	19.33%
2015	4.15%	2.52%	18.14%	14.17%
2016	5.16%	2.56%	17.80%	11.77%

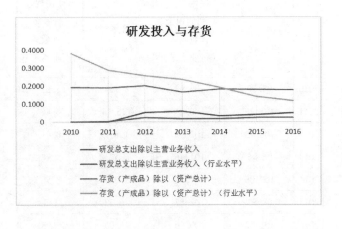

106. 三房巷（600370.SH）

年度	净资产收益率	净资产收益率（行业平均水平）	净资产同比增长率	净利润同比增长率	经营活动产生的现金流量净额同比增长率
2010	5.31	14.92	2.54	65.63	440.11
2011	2.84	12.52	0.10	-44.79	-48.94
2012	2.50	9.35	1.14	-0.26	84.01
2013	2.10	6.88	0.75	1.06	-44.36
2014	1.27	6.80	-0.08	-19.96	25.57
2015	1.55	7.20	1.16	10.92	67.01
2016	3.81	6.54	3.34	91.45	-29.69

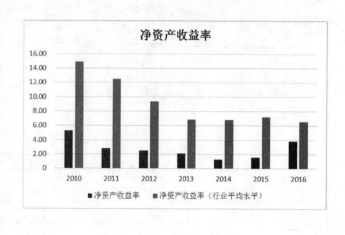

年度	销售净利率	销售净利率（行业水平）	销售毛利率	销售成本率	销售成本率（行业水平）
2010	5.23	8.73	10.89	89.11	76.68
2011	2.46	6.86	8.20	91.80	75.69
2012	2.51	7.11	7.74	92.26	75.97
2013	2.86	6.35	8.51	91.49	75.35
2014	2.73	5.98	9.35	90.65	74.56
2015	3.38	6.06	10.84	89.16	73.49
2016	6.60	9.17	14.53	85.47	72.75

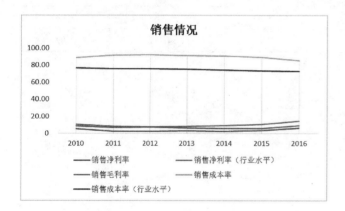

年度	销售商品提供劳务收到的现金/营业收入	销售商品提供劳务收到的现金/营业收入（行业水平）	经营活动产生的现金流量净额/营业收入	经营活动产生的现金流量净额/营业收入（行业水平）
2010	118.33	103.93	14.93	5.63
2011	107.35	100.81	6.50	4.46
2012	110.03	102.55	12.22	8.41
2013	115.45	101.16	7.67	3.12
2014	112.81	101.77	11.46	8.56
2015	115.45	102.87	21.41	11.84
2016	100.32	100.96	15.35	5.08

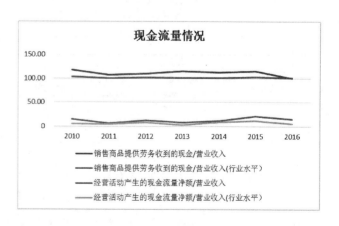

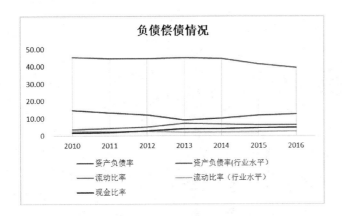

年度	资产负债率	资产负债率（行业水平）	流动比率	流动比率（行业水平）	现金比率
2010	14.67	45.38	3.70	2.41	1.67
2011	13.20	44.65	4.39	2.40	1.80
2012	12.04	44.62	5.17	2.58	2.78
2013	9.14	45.20	7.26	2.20	4.13
2014	10.20	44.71	6.80	2.26	4.13
2015	11.83	41.53	6.30	2.47	4.59
2016	12.64	39.43	6.21	2.69	4.81

年度	营业周期	营业周期（行业水平）	存货周转率	应收账款周转率	总资产周转率	营运资本周转率
2010	107.44	141.29	4.84	10.89	0.84	2.31
2011	91.66	178.15	5.81	12.11	0.99	2.34
2012	94.29	234.84	6.23	9.87	0.97	2.04
2013	105.34	225.27	5.92	8.09	0.86	1.61
2014	119.21	225.37	4.86	7.96	0.72	1.25
2015	114.99	259.36	4.86	8.81	0.63	1.03
2016	107.96	248.90	5.28	9.05	0.59	0.92

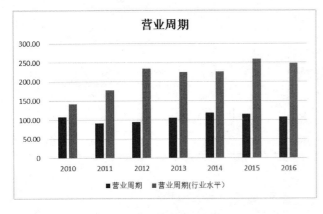

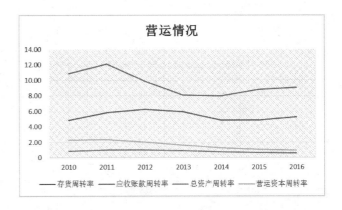

年度	研发总支出/主营业务收入	研发总支出/主营业务收入（行业水平）	存货（产成品）/（资产总计）	存货（产成品）/（资产总计）（行业水平）
2010	0	0	5.42%	38.08%
2011	0	0.22%	5.49%	28.78%
2012	4.18%	2.53%	5.48%	25.86%
2013	4.09%	1.87%	5.57%	23.69%
2014	3.29%	1.86%	5.45%	19.33%
2015	2.33%	2.52%	5.24%	14.17%
2016	2.66%	2.56%	4.99%	11.77%

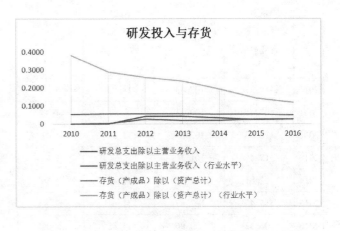

107. 海澜之家（600398.SH）

年度	净资产收益率	净资产收益率（行业平均水平）	净资产同比增长率	净利润同比增长率	经营活动产生的现金流量净额同比增长率
2010	4.52	14.92	3.57	12.38	−10.35
2011	5.28	12.52	1.98	25.91	31.54
2012	5.19	9.35	3.65	0.84	32.64
2013	6.74	6.88	8.83	36.53	25.15
2014	40.63	6.80	111.17	76.14	−2.69
2015	40.02	7.20	17.73	24.17	44.91
2016	34.64	6.54	21.17	5.72	5.05

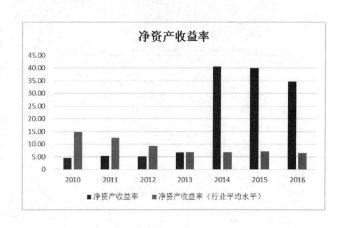

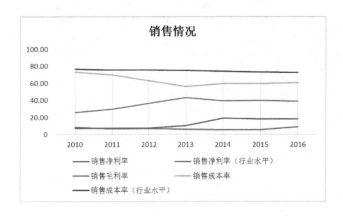

年度	销售净利率	销售净利率（行业水平）	销售毛利率	销售成本率	销售成本率（行业水平）
2010	7.38	8.73	26.33	73.67	76.68
2011	7.63	6.86	30.08	69.92	75.69
2012	7.85	7.11	36.63	63.37	75.97
2013	10.74	6.35	43.59	56.41	75.35
2014	19.28	5.98	39.89	60.11	74.56
2015	18.66	6.06	40.27	59.73	73.49
2016	18.37	9.17	38.99	61.01	72.75

年度	销售商品提供劳务收到的现金/营业收入	销售商品提供劳务收到的现金/营业收入（行业水平）	经营活动产生的现金流量净额/营业收入	经营活动产生的现金流量净额/营业收入（行业水平）
2010	114.80	103.93	18.29	5.63
2011	116.49	100.81	19.78	4.46
2012	130.45	102.55	26.75	8.41
2013	135.98	101.16	33.54	3.12
2014	115.84	101.77	15.59	8.56
2015	114.91	102.87	17.61	11.84
2016	116.95	100.96	17.22	5.08

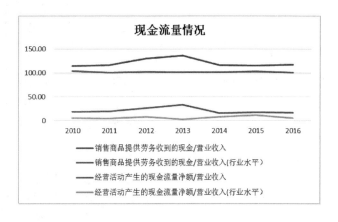

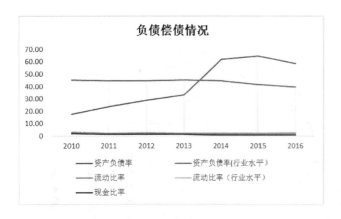

年度	资产负债率	资产负债率（行业水平）	流动比率	流动比率（行业水平）	现金比率
2010	17.62	45.38	3.11	2.41	2.03
2011	23.61	44.65	2.37	2.40	1.48
2012	28.74	44.62	2.19	2.58	1.46
2013	33.12	45.20	2.08	2.20	1.45
2014	61.66	44.71	1.67	2.26	0.82
2015	64.36	41.53	1.51	2.47	0.63
2016	58.53	39.43	1.55	2.69	0.73

年度	营业周期	营业周期（行业水平）	存货周转率	应收账款周转率	总资产周转率	营运资本周转率
2010	122.58	141.29	4.08	10.48	0.49	1.35
2011	132.14	178.15	3.55	11.76	0.55	1.60
2012	191.15	234.84	2.22	12.57	0.49	1.47
2013	256.39	225.27	1.54	15.75	0.44	1.24
2014	169.36	225.37	2.24	43.16	1.13	3.56
2015	310.78	259.36	1.21	28.72	0.75	2.62
2016	329.37	248.90	1.14	27.09	0.71	2.62

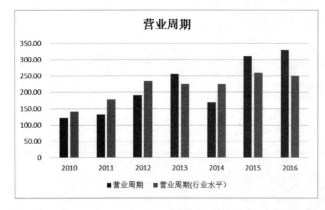

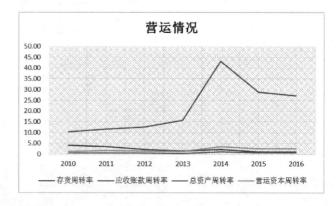

年度	研发总支出/主营业务收入	研发总支出/主营业务收入（行业水平）	存货（产成品）/（资产总计）	存货（产成品）/（资产总计）（行业水平）
2010	0	0	349.67%	38.08%
2011	0	0.22%	317.56%	28.78%
2012	0.13%	2.53%	285.64%	25.86%
2013	0.15%	1.87%	254.27%	23.69%
2014	0.20%	1.86%	45.48%	19.33%
2015	0.17%	2.52%	35.95%	14.17%
2016	0.16%	2.56%	34.57%	11.77%

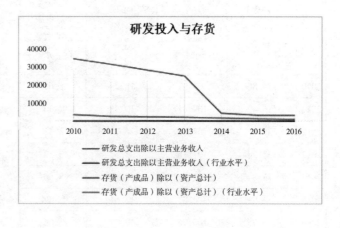

108. 红豆股份 （600400. SH）

年度	净资产收益率	净资产收益率（行业平均水平）	净资产同比增长率	净利润同比增长率	经营活动产生的现金流量净额同比增长率
2010	4.55	14.92	3.33	157.76	−284.62
2011	2.62	12.52	1.10	−47.17	48.16
2012	2.06	9.35	1.71	−44.24	140.57
2013	3.48	6.88	2.71	98.64	263.80
2014	4.62	6.80	3.49	67.51	−14.57
2015	4.80	7.20	51.37	20.93	21.61
2016	5.62	6.54	87.17	108.99	−228.65

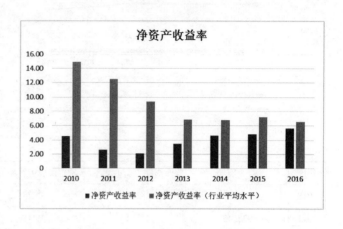

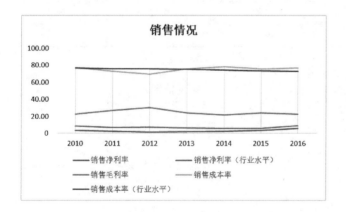

年度	销售净利率	销售净利率（行业水平）	销售毛利率	销售成本率	销售成本率（行业水平）
2010	3.58	8.73	22.76	77.24	76.68
2011	2.29	6.86	27.18	72.82	75.69
2012	1.38	7.11	30.64	69.36	75.97
2013	1.83	6.35	24.02	75.98	75.35
2014	2.59	5.98	21.58	78.42	74.56
2015	3.36	6.06	24.36	75.64	73.49
2016	5.80	9.17	22.96	77.04	72.75

年度	销售商品提供劳务收到的现金/营业收入	销售商品提供劳务收到的现金/营业收入（行业水平）	经营活动产生的现金流量净额/营业收入	经营活动产生的现金流量净额/营业收入（行业水平）
2010	83.94	103.93	−49.24	5.63
2011	103.37	100.81	−30.94	4.46
2012	150.54	102.55	13.79	8.41
2013	118.41	101.16	33.67	3.12
2014	91.60	101.77	24.23	8.56
2015	107.12	102.87	31.59	11.84
2016	107.29	100.96	−35.24	5.08

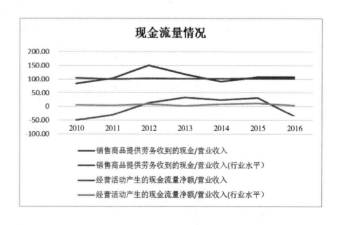

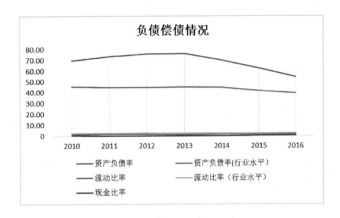

年度	资产负债率	资产负债率（行业水平）	流动比率	流动比率（行业水平）	现金比率
2010	69.49	45.38	1.60	2.41	0.19
2011	73.23	44.65	1.52	2.40	0.15
2012	75.75	44.62	1.53	2.58	0.13
2013	75.98	45.20	1.21	2.20	0.16
2014	69.99	44.71	1.60	2.26	0.05
2015	62.35	41.53	1.48	2.47	0.25
2016	54.58	39.43	1.67	2.69	0.34

年度	营业周期	营业周期（行业水平）	存货周转率	应收账款周转率	总资产周转率	营运资本周转率
2010	522.98	141.29	0.75	8.04	0.45	1.53
2011	935.43	178.15	0.41	6.75	0.31	1.21
2012	1351.65	234.84	0.28	4.71	0.25	0.96
2013	907.71	225.27	0.43	5.74	0.35	1.72
2014	702.49	225.37	0.54	8.73	0.44	2.16
2015	691.47	259.36	0.54	13.68	0.42	1.66
2016	636.47	248.90	0.58	19.39	0.37	1.36

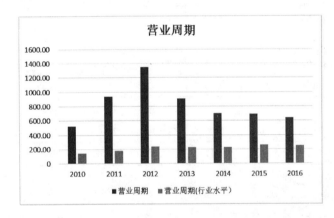

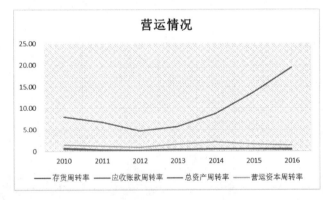

年度	研发总支出/主营业务收入	研发总支出/主营业务收入（行业水平）	存货（产成品）/（资产总计）	存货（产成品）/（资产总计）（行业水平）
2010	0	0	86.49%	38.08%
2011	0	0.22%	74.26%	28.78%
2012	1.39%	2.53%	66.14%	25.86%
2013	1.24%	1.87%	64.58%	23.69%
2014	1.37%	1.86%	78.05%	19.33%
2015	0.76%	2.52%	66.88%	14.17%
2016	1.51%	2.56%	45.90%	11.77%

109. 瑞贝卡 (600439.SH)

年度	净资产收益率	净资产收益率（行业平均水平）	净资产同比增长率	净利润同比增长率	经营活动产生的现金流量净额同比增长率
2010	12.64	14.92	52.23	46.80	63.33
2011	11.93	12.52	6.36	38.68	-185.01
2012	7.38	9.35	2.61	-35.72	-5.76
2013	7.81	6.88	3.42	8.78	153.79
2014	6.86	6.80	0.51	-9.69	-200.55
2015	6.11	7.20	3.54	-9.27	169.11
2016	7.14	6.54	-0.36	21.70	1569.14

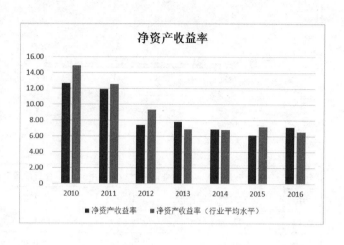

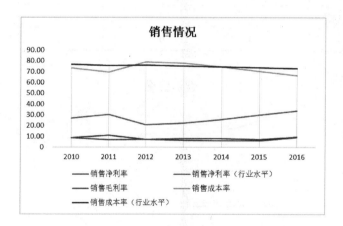

年度	销售净利率	销售净利率（行业水平）	销售毛利率	销售成本率	销售成本率（行业水平）
2010	8.87	8.73	26.74	73.26	76.68
2011	10.89	6.86	30.44	69.56	75.69
2012	7.06	7.11	20.95	79.05	75.97
2013	8.10	6.35	22.19	77.81	75.35
2014	8.06	5.98	25.73	74.27	74.56
2015	7.26	6.06	29.86	70.14	73.49
2016	9.50	9.17	33.64	66.36	72.75

年度	销售商品提供劳务收到的现金/营业收入	销售商品提供劳务收到的现金/营业收入（行业水平）	经营活动产生的现金流量净额/营业收入	经营活动产生的现金流量净额/营业收入（行业水平）
2010	94.99	103.93	-1.39	5.63
2011	98.33	100.81	-3.50	4.46
2012	97.35	102.55	-3.73	8.41
2013	97.82	101.16	2.12	3.12
2014	100.49	101.77	-2.35	8.56
2015	97.90	102.87	1.61	11.84
2016	99.41	100.96	28.89	5.08

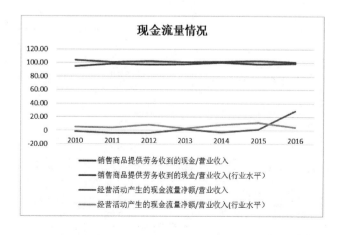

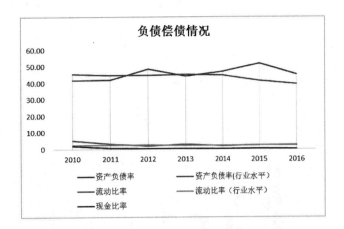

年度	资产负债率	资产负债率（行业水平）	流动比率	流动比率（行业水平）	现金比率
2010	41.72	45.38	5.32	2.41	2.01
2011	41.89	44.65	3.12	2.40	0.78
2012	48.66	44.62	1.89	2.58	0.52
2013	44.24	45.20	2.97	2.20	0.50
2014	47.02	44.71	2.03	2.26	0.17
2015	51.90	41.53	2.35	2.47	0.42
2016	45.15	39.43	2.44	2.69	0.26

年度	营业周期	营业周期（行业水平）	存货周转率	应收账款周转率	总资产周转率	营运资本周转率
2010	331.27	141.29	1.24	8.90	0.66	1.15
2011	392.03	178.15	1.04	7.88	0.64	1.06
2012	440.43	234.84	0.92	7.17	0.57	1.25
2013	504.48	225.27	0.79	7.40	0.51	1.14
2014	633.94	225.37	0.62	7.05	0.46	1.01
2015	758.31	259.36	0.51	6.72	0.42	0.98
2016	872.06	248.90	0.44	7.14	0.40	0.85

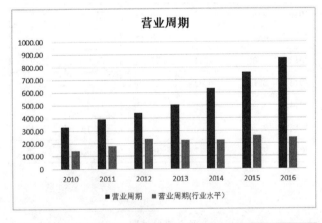

年度	研发总支出/主营业务收入	研发总支出/主营业务收入（行业水平）	存货（产成品）/（资产总计）	存货（产成品）/（资产总计）（行业水平）
2010	0	0	17.74%	38.08%
2011	0	0.22%	16.64%	28.78%
2012	3.73%	2.53%	14.32%	25.86%
2013	3.61%	1.87%	15.05%	23.69%
2014	2.42%	1.86%	14.23%	19.33%
2015	2.91%	2.52%	12.47%	14.17%
2016	2.55%	2.56%	14.27%	11.77%

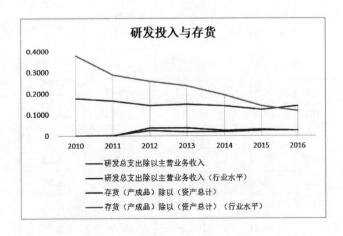

110. 华纺股份 （600448. SH）

年度	净资产收益率	净资产收益率（行业平均水平）	净资产同比增长率	净利润同比增长率	经营活动产生的现金流量净额同比增长率
2010	5.04	14.92	5.17	116.14	31.94
2011	3.71	12.52	3.78	-23.04	21.05
2012	1.94	9.35	-10.41	-49.11	-63.62
2013	4.12	6.88	4.20	97.72	123.27
2014	3.38	6.80	96.26	45.65	-31.01
2015	1.51	7.20	1.44	-45.03	64.79
2016	1.22	6.54	1.11	-17.96	15.02

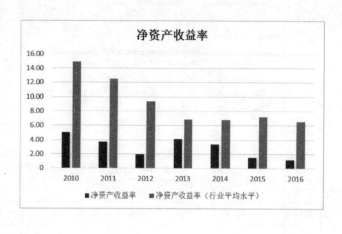

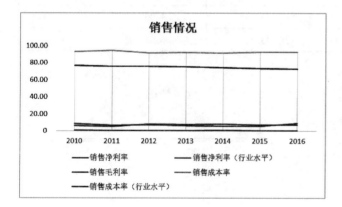

年度	销售净利率	销售净利率（行业水平）	销售毛利率	销售成本率	销售成本率（行业水平）
2010	1.01	8.73	6.57	93.43	76.68
2011	0.74	6.86	5.20	94.80	75.69
2012	0.37	7.11	8.18	91.82	75.97
2013	0.70	6.35	7.66	92.34	75.35
2014	1.01	5.98	8.31	91.69	74.56
2015	0.55	6.06	7.12	92.88	73.49
2016	0.44	9.17	7.50	92.50	72.75

年度	销售商品提供劳务收到的现金/营业收入	销售商品提供劳务收到的现金/营业收入（行业水平）	经营活动产生的现金流量净额/营业收入	经营活动产生的现金流量净额/营业收入（行业水平）
2010	120.86	103.93	2.78	5.63
2011	109.16	100.81	3.20	4.46
2012	103.55	102.55	1.14	8.41
2013	85.44	101.16	2.47	3.12
2014	109.45	101.77	1.68	8.56
2015	101.03	102.87	2.74	11.84
2016	95.55	100.96	3.04	5.08

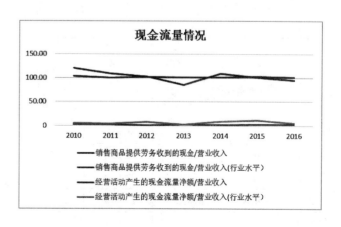

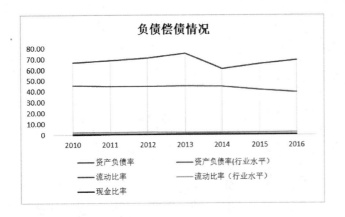

年度	资产负债率	资产负债率（行业水平）	流动比率	流动比率（行业水平）	现金比率
2010	66.80	45.38	0.83	2.41	0.16
2011	68.59	44.65	0.92	2.40	0.20
2012	70.99	44.62	0.85	2.58	0.23
2013	75.32	45.20	0.95	2.20	0.36
2014	61.02	44.71	1.02	2.26	0.37
2015	65.51	41.53	0.82	2.47	0.31
2016	68.90	39.43	0.80	2.69	0.27

年度	营业周期	营业周期（行业水平）	存货周转率	应收账款周转率	总资产周转率	营运资本周转率
2010	77.77	141.29	6.06	19.56	1.60	-11.58
2011	86.97	178.15	5.05	22.86	1.59	-21.32
2012	89.67	234.84	4.84	23.51	1.55	-19.69
2013	91.56	225.27	4.76	22.59	1.43	-20.81
2014	106.98	225.37	4.16	17.56	1.18	-110.67
2015	112.49	259.36	4.10	14.63	1.00	-17.95
2016	122.59	248.90	3.77	13.24	0.92	-7.48

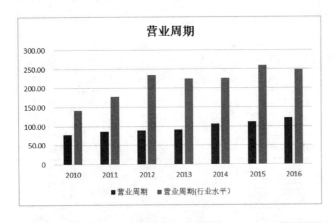

年度	研发总支出/主营业务收入	研发总支出/主营业务收入（行业水平）	存货（产成品）/资产总计	存货（产成品）/资产总计（行业水平）
2010	0	0	31.45%	38.08%
2011	0	0.22%	28.69%	28.78%
2012	0.07%	2.53%	28.62%	25.86%
2013	0.10%	1.87%	23.40%	23.69%
2014	0	1.86%	18.84%	19.33%
2015	6.15%	2.52%	16.43%	14.17%
2016	6.42%	2.56%	14.66%	11.77%

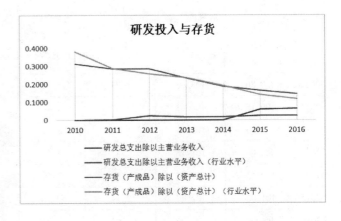

111. 凤竹纺织 （600493.SH）

年度	净资产收益率	净资产收益率（行业平均水平）	净资产同比增长率	净利润同比增长率	经营活动产生的现金流量净额同比增长率
2010	15.83	14.92	13.78	402.13	−223.95
2011	−2.71	12.52	−4.00	−117.93	199.32
2012	1.97	9.35	1.99	172.05	34.59
2013	2.25	6.88	1.38	15.85	−75.91
2014	1.59	6.80	0.73	−28.48	306.25
2015	2.04	7.20	1.20	29.78	−55.00
2016	8.49	6.54	7.97	334.07	46.50

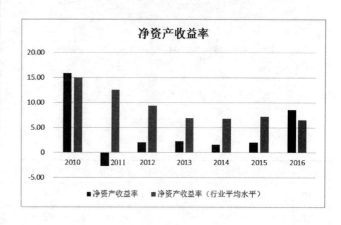

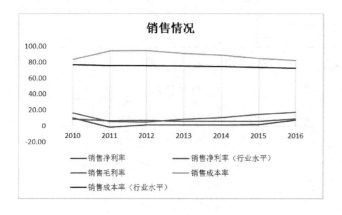

年度	销售净利率	销售净利率（行业水平）	销售毛利率	销售成本率	销售成本率（行业水平）
2010	10.12	8.73	16.44	83.56	76.68
2011	−1.78	6.86	5.77	94.23	75.69
2012	1.43	7.11	5.02	94.98	75.97
2013	1.59	6.35	8.66	91.34	75.35
2014	1.29	5.98	10.78	89.22	74.56
2015	1.81	6.06	15.01	84.99	73.49
2016	7.40	9.17	17.51	82.49	72.75

年度	销售商品提供劳务收到的现金/营业收入	销售商品提供劳务收到的现金/营业收入（行业水平）	经营活动产生的现金流量净额/营业收入	经营活动产生的现金流量净额/营业收入（行业水平）
2010	94.63	103.93	−15.41	5.63
2011	86.39	100.81	15.03	4.46
2012	89.03	102.55	22.48	8.41
2013	87.54	101.16	5.21	3.12
2014	90.12	101.77	23.99	8.56
2015	92.59	102.87	11.65	11.84
2016	101.36	100.96	16.12	5.08

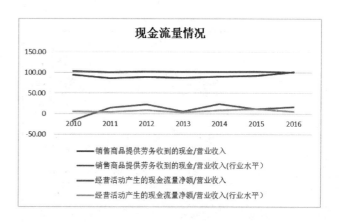

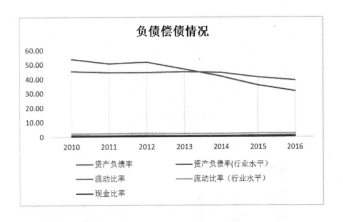

年度	资产 负债率	资产 负债率 （行业水平）	流动 比率	流动 比率 （行业水平）	现金 比率
2010	53.75	45.38	1.14	2.41	0.24
2011	50.78	44.65	0.98	2.40	0.25
2012	51.69	44.62	1.05	2.58	0.25
2013	46.77	45.20	0.90	2.20	0.15
2014	41.96	44.71	0.99	2.26	0.23
2015	35.99	41.53	1.11	2.47	0.25
2016	31.75	39.43	1.50	2.69	0.53

年度	营业周期	营业周期（行业水平）	存货周转率	应收账款周转率	总资产周转率	营运资本周转率
2010	142.29	141.29	3.60	8.52	0.75	31.15
2011	154.18	178.15	3.33	7.84	0.72	22.68
2012	158.37	234.84	3.47	6.61	0.67	76.40
2013	152.72	225.27	3.54	7.04	0.72	−82.71
2014	161.21	225.37	3.34	6.75	0.68	−26.30
2015	151.65	259.36	3.55	7.15	0.69	42.77
2016	130.59	248.90	3.80	10.01	0.76	7.83

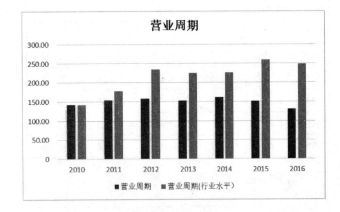

年度	研发总支出/ 主营业务收入	研发总支出/ 主营业务收入 （行业水平）	存货 （产成品）/ （资产总计）	存货 （产成品）/ （资产总计） （行业水平）
2010	0	0	7.44%	38.08%
2011	0	0.22%	8.25%	28.78%
2012	0.74%	2.53%	7.94%	25.86%
2013	0.80%	1.87%	8.63%	23.69%
2014	0.60%	1.86%	9.34%	19.33%
2015	0.76%	2.52%	10.18%	14.17%
2016	1.14%	2.56%	10.06%	11.77%

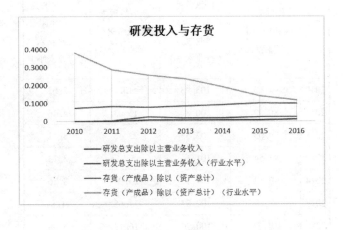

112. 黑牡丹 （600510. SH）

年度	净资产收益率	净资产收益率（行业平均水平）	净资产同比增长率	净利润同比增长率	经营活动产生的现金流量净额同比增长率
2010	10.68	14.92	3.57	6.77	-80.50
2011	6.50	12.52	3.51	-22.50	-764.15
2012	8.37	9.35	6.88	29.07	53.20
2013	8.95	6.88	6.77	10.12	-58.88
2014	5.24	6.80	2.70	-25.52	21.03
2015	5.71	7.20	42.42	-11.72	119.45
2016	5.32	6.54	14.60	61.01	-59.88

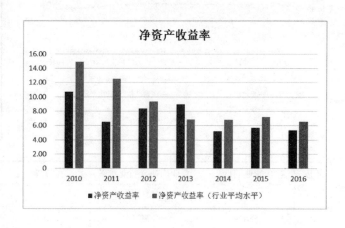

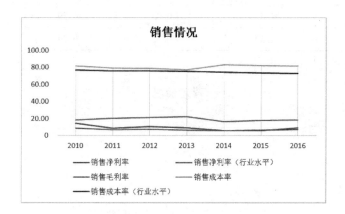

年度	销售净利率	销售净利率（行业水平）	销售毛利率	销售成本率	销售成本率（行业水平）
2010	14.40	8.73	18.39	81.61	76.68
2011	8.96	6.86	20.54	79.46	75.69
2012	10.58	7.11	21.29	78.71	75.97
2013	9.40	6.35	22.50	77.50	75.35
2014	6.05	5.98	16.71	83.29	74.56
2015	6.52	6.06	17.74	82.26	73.49
2016	7.47	9.17	18.42	81.58	72.75

年度	销售商品提供劳务收到的现金/营业收入	销售商品提供劳务收到的现金/营业收入（行业水平）	经营活动产生的现金流量净额/营业收入	经营活动产生的现金流量净额/营业收入（行业水平）
2010	128.57	103.93	9.14	5.63
2011	88.82	100.81	-48.76	4.46
2012	101.15	102.55	-20.87	8.41
2013	90.27	101.16	-26.76	3.12
2014	62.60	101.77	-18.25	8.56
2015	78.43	102.87	4.33	11.84
2016	83.54	100.96	1.24	5.08

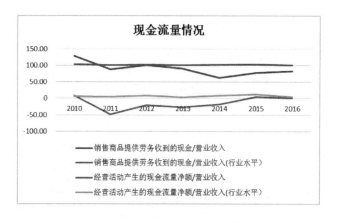

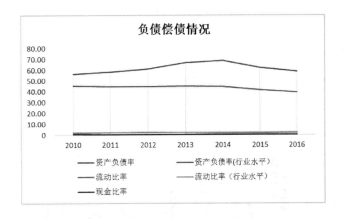

年度	资产负债率	资产负债率（行业水平）	流动比率	流动比率（行业水平）	现金比率
2010	56.18	45.38	1.78	2.41	0.58
2011	58.41	44.65	2.13	2.40	0.45
2012	60.88	44.62	2.20	2.58	0.44
2013	66.89	45.20	2.38	2.20	0.42
2014	68.84	44.71	1.94	2.26	0.25
2015	62.05	41.53	2.01	2.47	0.42
2016	58.48	39.43	2.33	2.69	0.44

年度	营业周期	营业周期（行业水平）	存货周转率	应收账款周转率	总资产周转率	营运资本周转率
2010	632.05	141.29	0.63	6.08	0.36	0.82
2011	588.92	178.15	0.67	7.53	0.35	0.81
2012	609.72	234.84	0.67	5.22	0.34	0.70
2013	658.37	225.27	0.63	4.08	0.35	0.66
2014	686.84	225.37	0.66	2.62	0.35	0.69
2015	943.32	259.36	0.53	1.36	0.25	0.59
2016	671.33	248.90	0.83	1.52	0.32	0.79

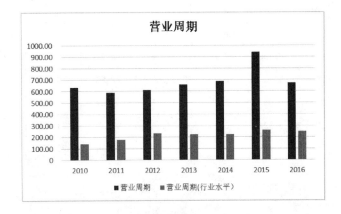

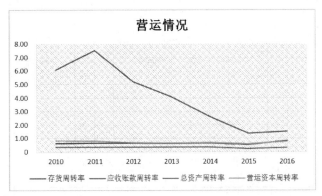

年度	研发总支出/主营业务收入	研发总支出/主营业务收入（行业水平）	存货（产成品）/（资产总计）	存货（产成品）/（资产总计）（行业水平）
2010	0	0	56.70%	38.08%
2011	0	0.22%	51.46%	28.78%
2012	0.58%	2.53%	44.97%	25.86%
2013	0.57%	1.87%	35.49%	23.69%
2014	0.55%	1.86%	32.07%	19.33%
2015	0.63%	2.52%	27.96%	14.17%
2016	0.52%	2.56%	26.60%	11.77%

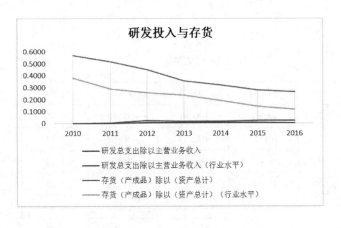

113. 江南高纤 （600527. SH）

年度	净资产收益率	净资产收益率（行业平均水平）	净资产同比增长率	净利润同比增长率	经营活动产生的现金流量净额同比增长率
2010	14.62	14.92	13.17	32.55	-53.10
2011	14.11	12.52	63.73	33.27	535.52
2012	14.14	9.35	13.70	31.12	-3.40
2013	13.91	6.88	10.23	9.73	-27.33
2014	1.69	6.80	-2.30	-87.10	-50.91
2015	-1.09	7.20	-5.10	-159.69	86.14
2016	1.67	6.54	-2.68	249.01	-45.35

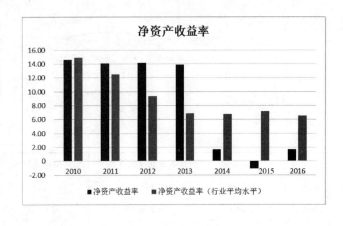

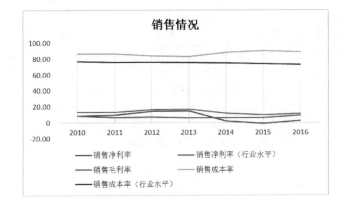

年度	销售净利率	销售净利率（行业水平）	销售毛利率	销售成本率	销售成本率（行业水平）
2010	8.86	8.73	13.36	86.64	76.68
2011	9.51	6.86	13.25	86.75	75.69
2012	14.35	7.11	16.17	83.83	75.97
2013	14.67	6.35	17.15	82.85	75.35
2014	1.88	5.98	11.88	88.12	74.56
2015	-1.24	6.06	9.68	90.32	73.49
2016	2.31	9.17	11.13	88.87	72.75

年度	销售商品提供劳务收到的现金/营业收入	销售商品提供劳务收到的现金/营业收入（行业水平）	经营活动产生的现金流量净额/营业收入	经营活动产生的现金流量净额/营业收入（行业水平）
2010	121.90	103.93	2.76	5.63
2011	114.58	100.81	14.13	4.46
2012	106.72	102.55	15.70	8.41
2013	110.63	101.16	10.63	3.12
2014	116.78	101.77	5.19	8.56
2015	107.57	102.87	10.65	11.84
2016	103.29	100.96	7.30	5.08

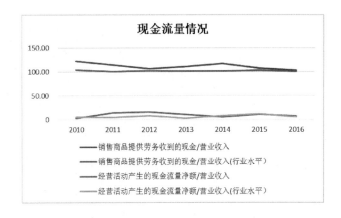

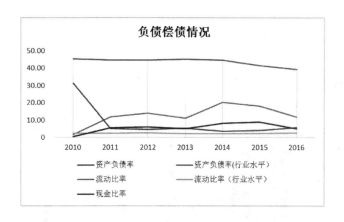

年度	资产负债率	资产负债率（行业水平）	流动比率	流动比率（行业水平）	现金比率
2010	31.47	45.38	1.66	2.41	0.47
2011	5.10	44.65	11.93	2.40	5.60
2012	4.67	44.62	14.01	2.58	5.96
2013	5.18	45.20	11.05	2.20	4.97
2014	3.51	44.71	20.14	2.26	8.19
2015	4.08	41.53	18.09	2.47	8.84
2016	5.72	39.43	11.86	2.69	5.05

年度	营业周期	营业周期（行业水平）	存货周转率	应收账款周转率	总资产周转率	营运资本周转率
2010	99.40	141.29	4.39	20.64	1.12	6.63
2011	80.59	178.15	5.10	35.79	1.21	3.07
2012	73.24	234.84	5.55	43.05	0.92	1.80
2013	71.10	225.27	5.49	64.52	0.89	1.98
2014	85.90	225.37	4.45	71.70	0.87	1.90
2015	99.94	259.36	3.80	68.15	0.82	1.62
2016	103.06	248.90	3.71	59.75	0.68	1.30

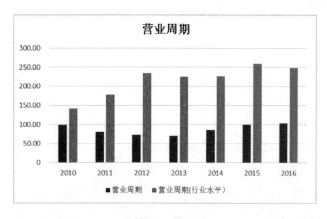

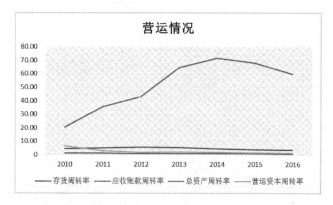

年度	研发总支出/主营业务收入	研发总支出/主营业务收入（行业水平）	存货（产成品）/（资产总计）	存货（产成品）/（资产总计）（行业水平）
2010	0	0	11.98%	38.08%
2011	0	0.22%	10.26%	28.78%
2012	3.47%	2.53%	9.17%	25.86%
2013	3.66%	1.87%	8.29%	23.69%
2014	2.73%	1.86%	8.62%	19.33%
2015	3.04%	2.52%	9.02%	14.17%
2016	3.62%	2.56%	9.27%	11.77%

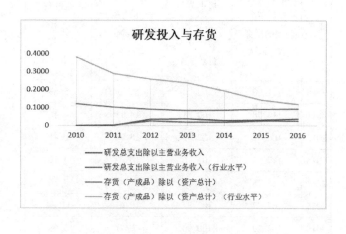

114. 申达股份（600626. SH）

年度	净资产收益率	净资产收益率（行业平均水平）	净资产同比增长率	净利润同比增长率	经营活动产生的现金流量净额同比增长率
2010	11.17	14.92	2.19	213.16	-80.64
2011	11.68	12.52	9.54	8.25	699.20
2012	8.33	9.35	4.93	-24.59	-37.74
2013	9.22	6.88	5.99	18.02	-96.84
2014	6.74	6.80	4.93	-18.63	-585.73
2015	7.34	7.20	4.48	11.49	766.47
2016	8.11	6.54	4.70	21.45	50.18

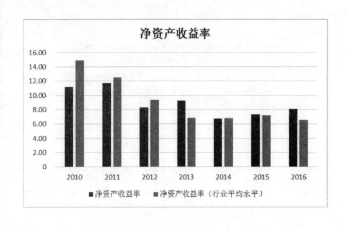

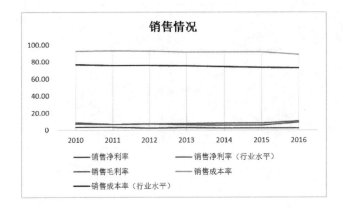

年度	销售净利率	销售净利率（行业水平）	销售毛利率	销售成本率	销售成本率（行业水平）
2010	3.62	8.73	7.44	92.56	76.68
2011	3.51	6.86	6.67	93.33	75.69
2012	2.58	7.11	7.50	92.50	75.97
2013	2.99	6.35	8.05	91.95	75.35
2014	2.41	5.98	8.19	91.81	74.56
2015	2.45	6.06	8.20	91.80	73.49
2016	2.64	9.17	10.94	89.06	72.75

年度	销售商品提供劳务收到的现金/营业收入	销售商品提供劳务收到的现金/营业收入（行业水平）	经营活动产生的现金流量净额/营业收入	经营活动产生的现金流量净额/营业收入（行业水平）
2010	98.67	103.93	0.48	5.63
2011	98.95	100.81	3.43	4.46
2012	99.58	102.55	2.08	8.41
2013	97.05	101.16	0.06	3.12
2014	98.18	101.77	-0.31	8.56
2015	96.08	102.87	1.89	11.84
2016	95.13	100.96	2.52	5.08

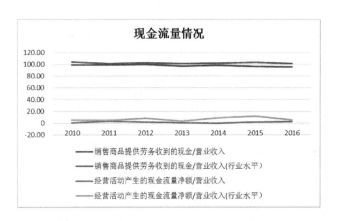

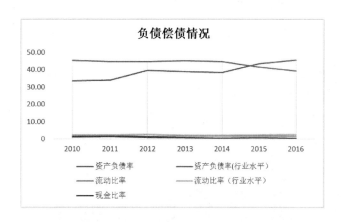

负债偿债情况

年度	资产负债率	资产负债率（行业水平）	流动比率	流动比率（行业水平）	现金比率
2010	33.51	45.38	1.92	2.41	1.16
2011	33.99	44.65	2.04	2.40	1.32
2012	39.56	44.62	1.55	2.58	0.95
2013	38.79	45.20	1.59	2.20	0.79
2014	38.40	44.71	1.59	2.26	0.56
2015	43.51	41.53	1.72	2.47	0.67
2016	45.53	39.43	1.69	2.69	0.57

年度	营业周期	营业周期（行业水平）	存货周转率	应收账款周转率	总资产周转率	营运资本周转率
2010	28.10	141.29	30.60	22.04	2.08	6.86
2011	24.93	178.15	34.00	25.11	2.20	6.84
2012	24.10	234.84	31.14	28.70	2.01	7.36
2013	27.41	225.27	27.67	25.00	1.88	8.48
2014	33.12	225.37	24.09	19.81	1.81	8.11
2015	43.98	259.36	19.59	14.06	1.75	7.21
2016	53.27	248.90	17.54	11.00	1.70	6.89

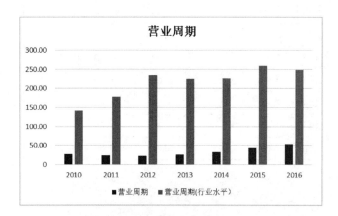

年度	研发总支出/主营业务收入	研发总支出/主营业务收入（行业水平）	存货（产成品）/资产总计	存货（产成品）/资产总计（行业水平）
2010	0	0	10.52%	38.08%
2011	0	0.22%	9.60%	28.78%
2012	0.94%	2.53%	8.38%	25.86%
2013	0.81%	1.87%	8.02%	23.69%
2014	1.03%	1.86%	7.65%	19.33%
2015	1.03%	2.52%	6.31%	14.17%
2016	1.21%	2.56%	5.65%	11.77%

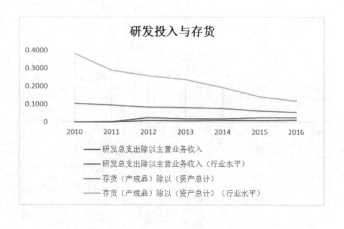

115. 龙头股份（600630.SH）

年度	净资产收益率	净资产收益率（行业平均水平）	净资产同比增长率	净利润同比增长率	经营活动产生的现金流量净额同比增长率
2010	4.14	14.92	4.21	35.75	-83.10
2011	3.21	12.52	3.23	-19.65	-261.01
2012	3.07	9.35	3.61	-1.11	458.22
2013	3.39	6.88	3.48	14.24	-60.03
2014	3.97	6.80	4.04	21.91	64.54
2015	4.86	7.20	3.87	26.95	-150.38
2016	1.23	6.54	0.02	-74.07	210.44

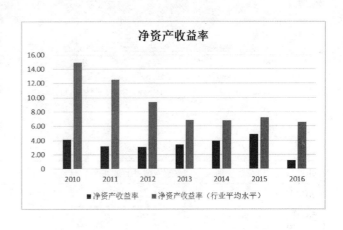

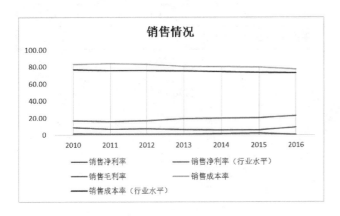

年度	销售净利率	销售净利率（行业水平）	销售毛利率	销售成本率	销售成本率（行业水平）
2010	1.63	8.73	17.04	82.96	76.68
2011	1.02	6.86	15.83	84.17	75.69
2012	0.97	7.11	17.14	82.86	75.97
2013	1.25	6.35	19.23	80.77	75.35
2014	1.54	5.98	19.68	80.32	74.56
2015	1.90	6.06	20.51	79.49	73.49
2016	0.49	9.17	22.89	77.11	72.75

年度	销售商品提供劳务收到的现金/营业收入	销售商品提供劳务收到的现金/营业收入（行业水平）	经营活动产生的现金流量净额/营业收入	经营活动产生的现金流量净额/营业收入（行业水平）
2010	115.99	103.93	0.70	5.63
2011	109.81	100.81	-0.88	4.46
2012	108.15	102.55	3.03	8.41
2013	106.41	101.16	1.37	3.12
2014	104.09	101.77	2.28	8.56
2015	103.97	102.87	-1.11	11.84
2016	107.41	100.96	1.23	5.08

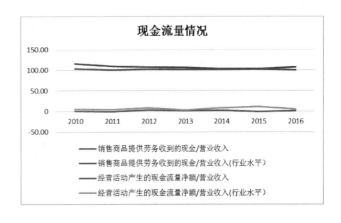

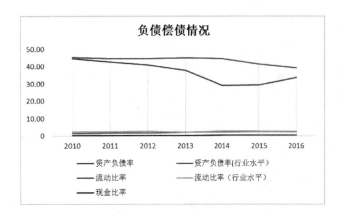

年度	资产负债率	资产负债率（行业水平）	流动比率	流动比率（行业水平）	现金比率
2010	44.60	45.38	1.54	2.41	0.29
2011	42.81	44.65	1.63	2.40	0.20
2012	41.03	44.62	1.79	2.58	0.27
2013	37.78	45.20	2.07	2.20	0.28
2014	29.23	44.71	2.65	2.26	0.42
2015	29.30	41.53	2.69	2.47	0.41
2016	33.67	39.43	2.41	2.69	0.45

年度	营业周期	营业周期（行业水平）	存货周转率	应收账款周转率	总资产周转率	营运资本周转率
2010	118.39	141.29	4.04	12.26	1.39	6.31
2011	89.73	178.15	5.28	16.71	1.76	6.95
2012	88.67	234.84	5.36	16.78	1.84	6.23
2013	99.36	225.27	4.84	14.45	1.64	4.53
2014	97.45	225.37	4.96	14.47	1.71	3.87
2015	97.33	259.36	4.97	14.42	1.81	3.71
2016	111.89	248.90	4.34	12.42	1.71	3.55

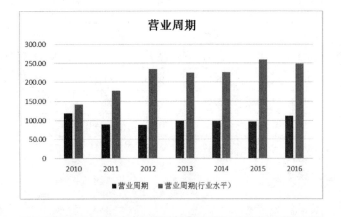

年度	研发总支出/主营业务收入	研发总支出/主营业务收入（行业水平）	存货（产成品）/（资产总计）	存货（产成品）/（资产总计）（行业水平）
2010	0	0	28.64%	38.08%
2011	0	0.22%	28.87%	28.78%
2012	0.45%	2.53%	28.73%	25.86%
2013	0.53%	1.87%	29.29%	23.69%
2014	0.44%	1.86%	32.02%	19.33%
2015	0.48%	2.52%	30.80%	14.17%
2016	0.52%	2.56%	28.64%	11.77%

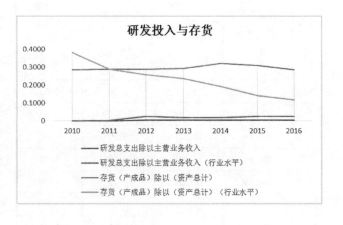

116. 上海三毛 (600689. SH)

年度	净资产收益率	净资产收益率（行业平均水平）	净资产同比增长率	净利润同比增长率	经营活动产生的现金流量净额同比增长率
2010	3.96	14.92	2.99	12.50	89.98
2011	4.56	12.52	1.98	-9.01	696.34
2012	-12.31	9.35	-11.05	-423.94	-206.66
2013	-13.87	6.88	-12.90	-0.54	-143.71
2014	16.46	6.80	25.74	228.01	95.65
2015	-10.37	7.20	-18.99	-163.71	100.68
2016	24.49	6.54	28.83	337.94	47773.95

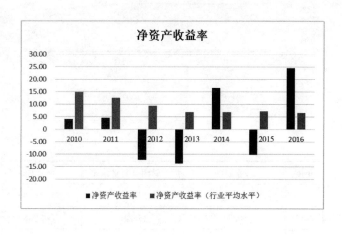

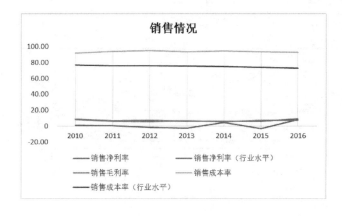

年度	销售净利率	销售净利率（行业水平）	销售毛利率	销售成本率	销售成本率（行业水平）
2010	0.96	8.73	8.14	91.86	76.68
2011	0.59	6.86	6.23	93.77	75.69
2012	-1.79	7.11	5.34	94.66	75.97
2013	-2.84	6.35	6.64	93.36	75.35
2014	4.70	5.98	5.79	94.21	74.56
2015	-3.41	6.06	6.89	93.11	73.49
2016	7.94	9.17	7.26	92.74	72.75

年度	销售商品提供劳务收到的现金/营业收入	销售商品提供劳务收到的现金/营业收入（行业水平）	经营活动产生的现金流量净额/营业收入	经营活动产生的现金流量净额/营业收入（行业水平）
2010	102.18	103.93	-0.53	5.63
2011	104.77	100.81	2.14	4.46
2012	100.47	102.55	-2.14	8.41
2013	91.70	101.16	-8.26	3.12
2014	103.51	101.77	-0.46	8.56
2015	100.47	102.87	0	11.84
2016	94.74	100.96	1.70	5.08

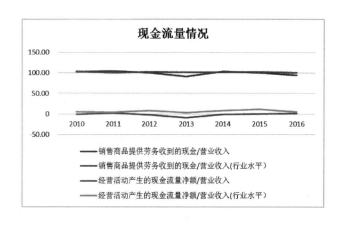

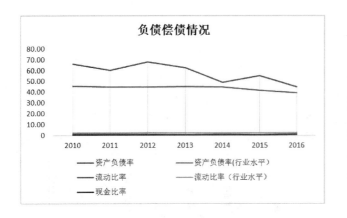

年度	资产负债率	资产负债率（行业水平）	流动比率	流动比率（行业水平）	现金比率
2010	66.11	45.38	1.26	2.41	0.31
2011	60.21	44.65	1.29	2.40	0.48
2012	68.05	44.62	1.03	2.58	0.30
2013	62.43	45.20	0.80	2.20	0.24
2014	49.08	44.71	1.21	2.26	0.43
2015	55.02	41.53	0.93	2.47	0.23
2016	44.94	39.43	1.50	2.69	0.70

年度	营业周期	营业周期（行业水平）	存货周转率	应收账款周转率	总资产周转率	营运资本周转率
2010	42.45	141.29	16.45	17.51	1.55	12.24
2011	30.73	178.15	22.89	24.00	2.14	14.66
2012	31.94	234.84	24.26	21.05	2.33	30.25
2013	37.75	225.27	19.75	18.44	1.60	-50.81
2014	24.65	225.37	21.10	47.47	1.50	-167.71
2015	24.64	259.36	27.93	30.63	1.42	53.35
2016	24.22	248.90	42.58	22.83	1.48	18.02

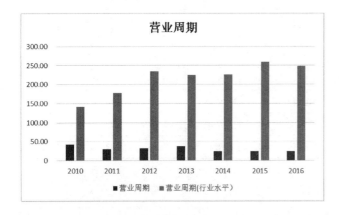

年度	研发总支出/主营业务收入	研发总支出/主营业务收入（行业水平）	存货（产成品）/（资产总计）	存货（产成品）/（资产总计）（行业水平）
2010	0	0	0.86%	38.08%
2011	0	0.22%	0.99%	28.78%
2012	0	2.53%	0.89%	25.86%
2013	0	1.87%	1.19%	23.69%
2014	0	1.86%	1.28%	19.33%
2015	0	2.52%	1.38%	14.17%
2016	0	2.56%	1.33%	11.77%

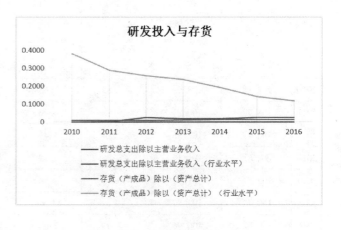

117. 新华锦 （600735. SH）

年度	净资产收益率	净资产收益率（行业平均水平）	净资产同比增长率	净利润同比增长率	经营活动产生的现金流量净额同比增长率
2010	−5.76	14.92	5.02	−259.60	−121.89
2011	4.87	12.52	5.22	136.41	548.86
2012	10.32	9.35	7.31	10.57	−37.34
2013	8.07	6.88	6.96	−14.54	16.90
2014	9.37	6.80	9.66	20.19	−23.99
2015	5.85	7.20	7.88	−23.09	46.10
2016	7.64	6.54	10.16	43.72	2.69

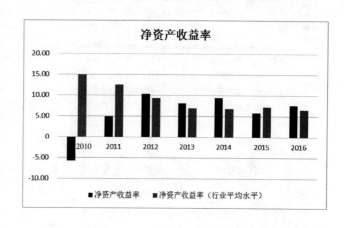

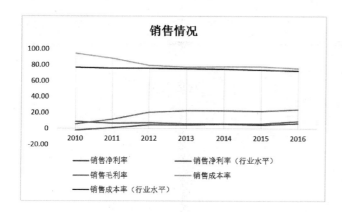

年度	销售净利率	销售净利率（行业水平）	销售毛利率	销售成本率	销售成本率（行业水平）
2010	−2.19	8.73	5.70	94.30	76.68
2011	1.12	6.86	11.92	88.08	75.69
2012	4.49	7.11	20.60	79.40	75.97
2013	4.73	6.35	22.58	77.42	75.35
2014	5.68	5.98	22.40	77.60	74.56
2015	4.47	6.06	22.29	77.71	73.49
2016	6.46	9.17	24.10	75.90	72.75

年度	销售商品提供劳务收到的现金/营业收入	销售商品提供劳务收到的现金/营业收入（行业水平）	经营活动产生的现金流量净额/营业收入	经营活动产生的现金流量净额/营业收入（行业水平）
2010	100.52	103.93	−2.04	5.63
2011	103.52	100.81	12.92	4.46
2012	105.06	102.55	5.81	8.41
2013	95.88	101.16	8.37	3.12
2014	107.24	101.77	6.35	8.56
2015	104.88	102.87	9.50	11.84
2016	112.08	100.96	9.81	5.08

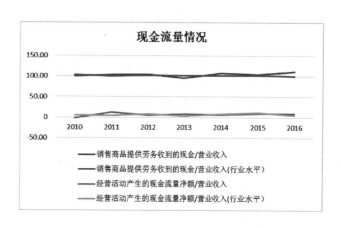

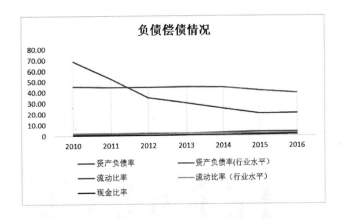

年度	资产负债率	资产负债率（行业水平）	流动比率	流动比率（行业水平）	现金比率
2010	68.63	45.38	1.01	2.41	0.39
2011	52.39	44.65	1.39	2.40	0.34
2012	34.96	44.62	2.01	2.58	0.47
2013	30.11	45.20	2.35	2.20	0.59
2014	25.08	44.71	2.95	2.26	0.82
2015	20.54	41.53	3.69	2.47	1.25
2016	20.73	39.43	3.83	2.69	1.61

年度	营业周期	营业周期（行业水平）	存货周转率	应收账款周转率	总资产周转率	营运资本周转率
2010	76.54	141.29	9.08	9.76	1.49	-40.08
2011	77.17	178.15	11.36	7.92	1.57	17.95
2012	76.02	234.84	7.10	14.23	2.28	7.92
2013	131.97	225.27	3.51	12.18	1.48	4.05
2014	131.19	225.37	3.56	11.92	1.49	3.46
2015	129.48	259.36	3.57	12.51	1.44	2.91
2016	127.86	248.90	3.59	13.04	1.35	2.50

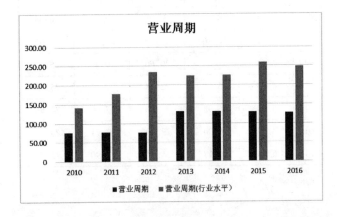

年度	研发总支出/主营业务收入	研发总支出/主营业务收入（行业水平）	存货（产成品）/（资产总计）	存货（产成品）/（资产总计）（行业水平）
2010	0	0	15.52%	38.08%
2011	0	0.22%	22.07%	28.78%
2012	0	2.53%	13.04%	25.86%
2013	0	1.87%	13.23%	23.69%
2014	0	1.86%	13.02%	19.33%
2015	0	2.52%	13.02%	14.17%
2016	0	2.56%	11.63%	11.77%

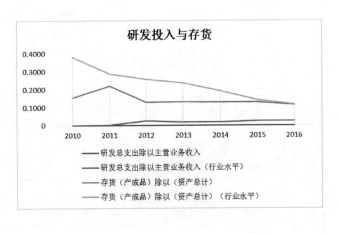

118. 辽宁成大 （600739. SH）

年度	净资产收益率	净资产收益率（行业平均水平）	净资产同比增长率	净利润同比增长率	经营活动产生的现金流量净额同比增长率
2010	17.92	14.92	16.80	-0.77	57.50
2011	25.76	12.52	26.86	75.01	-40.79
2012	6.96	9.35	7.77	-65.86	-95.31
2013	7.88	6.88	3.01	17.84	2155.67
2014	6.53	6.80	16.21	-2.38	85.62
2015	3.19	7.20	29.54	-50.86	-41.12
2016	5.26	6.54	6.48	125.53	135.15

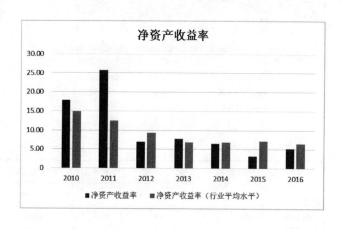

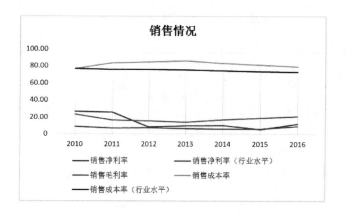

年度	销售净利率	销售净利率（行业水平）	销售毛利率	销售成本率	销售成本率（行业水平）
2010	26.79	8.73	23.22	76.78	76.68
2011	25.44	6.86	16.41	83.59	75.69
2012	8.16	7.11	15.49	84.51	75.97
2013	9.57	6.35	13.96	86.04	75.35
2014	10.45	5.98	17.04	82.96	74.56
2015	5.19	6.06	18.76	81.24	73.49
2016	12.22	9.17	20.89	79.11	72.75

年度	销售商品提供劳务收到的现金/营业收入	销售商品提供劳务收到的现金/营业收入（行业水平）	经营活动产生的现金流量净额/营业收入	经营活动产生的现金流量净额/营业收入（行业水平）
2010	90.61	103.93	10.13	5.63
2011	95.05	100.81	3.25	4.46
2012	82.99	102.55	0.14	8.41
2013	89.50	101.16	3.22	3.12
2014	97.82	101.77	4.61	8.56
2015	98.80	102.87	2.75	11.84
2016	96.78	100.96	6.74	5.08

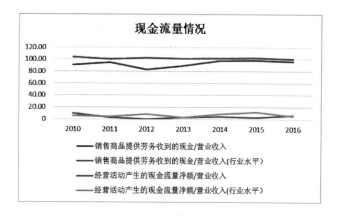

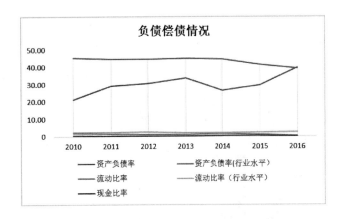

年度	资产负债率	资产负债率（行业水平）	流动比率	流动比率（行业水平）	现金比率
2010	21.16	45.38	1.95	2.41	0.46
2011	29.12	44.65	1.54	2.40	0.34
2012	30.56	44.62	1.16	2.58	0.24
2013	33.78	45.20	1.25	2.20	0.23
2014	26.58	44.71	1.78	2.26	0.40
2015	29.78	41.53	1.22	2.47	0.44
2016	39.84	39.43	0.49	2.69	0.14

年度	营业周期	营业周期（行业水平）	存货周转率	应收账款周转率	总资产周转率	营运资本周转率
2010	84.00	141.29	7.14	10.71	0.56	5.13
2011	61.21	178.15	8.91	17.32	0.78	6.64
2012	76.98	234.84	7.60	12.17	0.68	9.29
2013	84.96	225.27	8.07	8.92	0.61	12.72
2014	100.79	225.37	7.31	6.98	0.48	6.19
2015	104.81	259.36	7.63	6.25	0.39	5.41
2016	125.79	248.90	5.70	5.75	0.29	-3.79

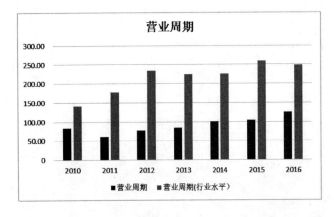

年度	研发总支出/主营业务收入	研发总支出/主营业务收入（行业水平）	存货（产成品）/（资产总计）	存货（产成品）/（资产总计）（行业水平）
2010	0	0	14.02%	38.08%
2011	0	0.22%	9.91%	28.78%
2012	0.60%	2.53%	9.01%	25.86%
2013	0.59%	1.87%	8.02%	23.69%
2014	0.63%	1.86%	7.07%	19.33%
2015	0.59%	2.52%	5.39%	14.17%
2016	0.71%	2.56%	4.31%	11.77%

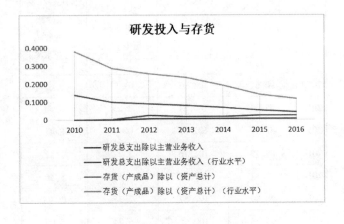

119. 鲁银投资 （600784. SH）

年度	净资产收益率	净资产收益率（行业平均水平）	净资产同比增长率	净利润同比增长率	经营活动产生的现金流量净额同比增长率
2010	22.30	14.92	25.51	145.23	-153.91
2011	43.81	12.52	55.78	181.75	-224.97
2012	12.54	9.35	10.13	-62.94	-159.78
2013	10.14	6.88	9.09	-3.62	-13.32
2014	3.62	6.80	42.44	-61.32	82.27
2015	-4.48	7.20	2.60	-296.12	200.80
2016	2.75	6.54	11.13	115.45	433.87

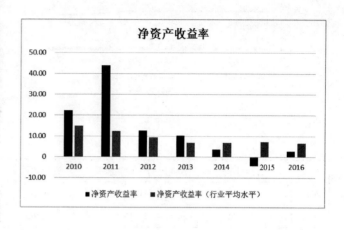

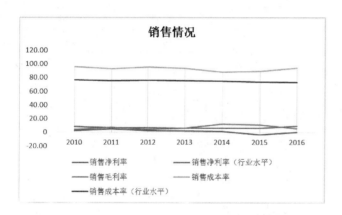

年度	销售净利率	销售净利率（行业水平）	销售毛利率	销售成本率	销售成本率（行业水平）
2010	2.49	8.73	4.39	95.61	76.68
2011	5.28	6.86	7.39	92.61	75.69
2012	2.43	7.11	4.48	95.52	75.97
2013	1.84	6.35	6.34	93.66	75.35
2014	1.21	5.98	12.10	87.90	74.56
2015	-3.48	6.06	10.80	89.20	73.49
2016	0.42	9.17	5.76	94.24	72.75

年度	销售商品提供劳务收到的现金/营业收入	销售商品提供劳务收到的现金/营业收入（行业水平）	经营活动产生的现金流量净额/营业收入	经营活动产生的现金流量净额/营业收入（行业水平）
2010	122.66	103.93	-1.34	5.63
2011	116.45	100.81	-3.28	4.46
2012	118.63	102.55	-10.60	8.41
2013	113.25	101.16	-9.45	3.12
2014	78.04	101.77	-2.84	8.56
2015	111.23	102.87	4.20	11.84
2016	93.81	100.96	17.55	5.08

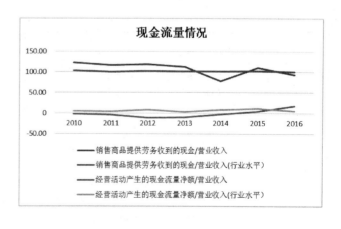

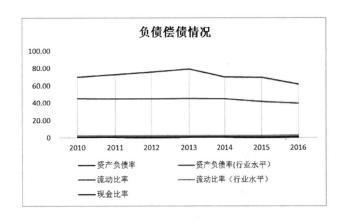

年度	资产负债率	资产负债率（行业水平）	流动比率	流动比率（行业水平）	现金比率
2010	69.75	45.38	1.04	2.41	0.26
2011	73.04	44.65	0.99	2.40	0.27
2012	75.49	44.62	1.10	2.58	0.21
2013	79.22	45.20	1.22	2.20	0.27
2014	70.07	44.71	1.39	2.26	0.22
2015	69.59	41.53	1.04	2.47	0.21
2016	61.67	39.43	1.23	2.69	0.28

年度	营业周期	营业周期（行业水平）	存货周转率	应收账款周转率	总资产周转率	营运资本周转率
2010	41.55	141.29	9.57	91.90	2.21	-59.08
2011	60.34	178.15	6.60	61.75	2.05	566.10
2012	139.31	234.84	2.82	30.73	1.15	32.70
2013	171.51	225.27	2.29	25.63	1.14	10.20
2014	342.01	225.37	1.16	10.99	0.62	3.48
2015	463.47	259.36	0.89	5.98	0.44	3.61
2016	295.91	248.90	1.58	5.34	0.60	8.08

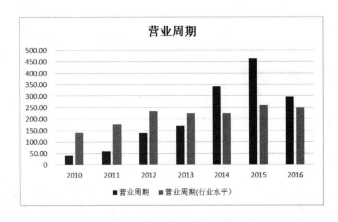

年度	研发总支出/主营业务收入	研发总支出/主营业务收入（行业水平）	存货（产成品）/（资产总计）	存货（产成品）/（资产总计）（行业水平）
2010	0	0	60.66%	38.08%
2011	0	0.22%	36.97%	28.78%
2012	0	2.53%	28.48%	25.86%
2013	0	1.87%	22.37%	23.69%
2014	0	1.86%	23.84%	19.33%
2015	0	2.52%	23.87%	14.17%
2016	0	2.56%	27.78%	11.77%

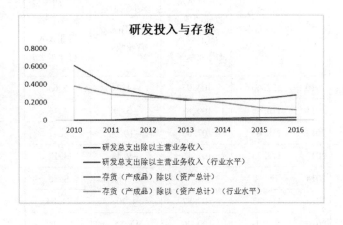

120. 轻纺城 （600790. SH）

年度	净资产收益率	净资产收益率（行业平均水平）	净资产同比增长率	净利润同比增长率	经营活动产生的现金流量净额同比增长率
2010	3. 16	14. 92	0. 63	-20. 33	472. 35
2011	9. 09	12. 52	10. 04	216. 13	-103. 58
2012	11. 32	9. 35	113. 17	72. 88	9075. 19
2013	11. 45	6. 88	3. 27	99. 68	-19. 42
2014	9. 98	6. 80	5. 87	-10. 60	-120. 99
2015	8. 31	7. 20	8. 96	-10. 17	54. 34
2016	9. 30	6. 54	27. 68	20. 34	613. 07

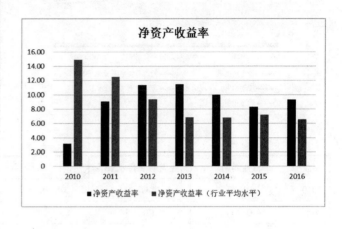

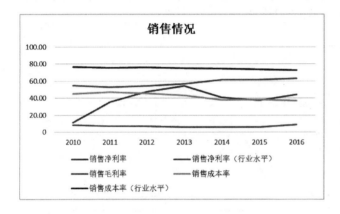

年度	销售净利率	销售净利率（行业水平）	销售毛利率	销售成本率	销售成本率（行业水平）
2010	11. 60	8. 73	54. 93	45. 07	76. 68
2011	35. 38	6. 86	52. 82	47. 18	75. 69
2012	47. 56	7. 11	54. 15	45. 85	75. 97
2013	54. 43	6. 35	56. 68	43. 33	75. 35
2014	40. 84	5. 98	61. 83	38. 17	74. 56
2015	37. 57	6. 06	61. 74	38. 26	73. 49
2016	44. 02	9. 17	63. 00	37. 00	72. 75

年度	销售商品提供劳务收到的现金/营业收入	销售商品提供劳务收到的现金/营业收入（行业水平）	经营活动产生的现金流量净额/营业收入	经营活动产生的现金流量净额/营业收入（行业水平）
2010	166. 15	103. 93	91. 50	5. 63
2011	47. 86	100. 81	-3. 16	4. 46
2012	256. 03	102. 55	220. 64	8. 41
2013	159. 55	101. 16	116. 08	3. 12
2014	27. 40	101. 77	-20. 45	8. 56
2015	43. 48	102. 87	-9. 56	11. 84
2016	98. 23	100. 96	47. 77	5. 08

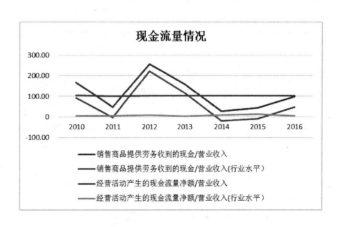

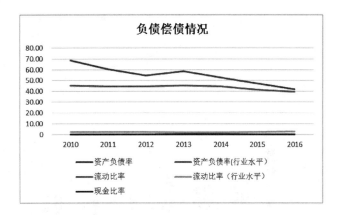

年度	资产负债率	资产负债率（行业水平）	流动比率	流动比率（行业水平）	现金比率
2010	68.50	45.38	0.37	2.41	0.14
2011	60.52	44.65	0.25	2.40	0.20
2012	54.78	44.62	0.35	2.58	0.08
2013	58.40	45.20	0.43	2.20	0.13
2014	52.63	44.71	0.39	2.26	0.07
2015	47.20	41.53	0.27	2.47	0.07
2016	41.87	39.43	0.35	2.69	0.07

年度	营业周期	营业周期（行业水平）	存货周转率	应收账款周转率	总资产周转率	营运资本周转率
2010	801.27	141.29	0.45	248.20	0.08	-0.19
2011	0.30	178.15	0	1189.53	0.09	-0.21
2012	2.03	234.84	0	177.30	0.09	-0.22
2013	1.83	225.27	0	197.00	0.09	-0.28
2014	2.14	225.37	0	168.24	0.11	-0.35
2015	2.49	259.36	0	144.47	0.11	-0.34
2016	1.05	248.90	0	343.73	0.11	-0.37

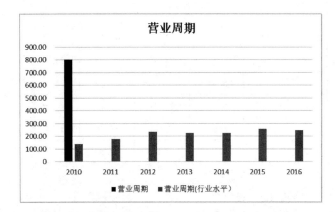

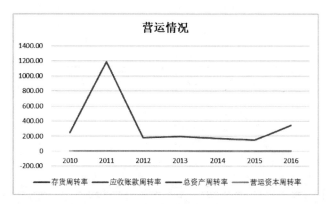

年度	研发总支出/主营业务收入	研发总支出/主营业务收入（行业水平）	存货（产成品）/（资产总计）	存货（产成品）/（资产总计）（行业水平）
2010	0	0	0	38.08%
2011	0	0.22%	0	28.78%
2012	0	2.53%	0	25.86%
2013	0	1.87%	0	23.69%
2014	0	1.86%	0	19.33%
2015	0.79%	2.52%	0	14.17%
2016	0.64%	2.56%	0	11.77%

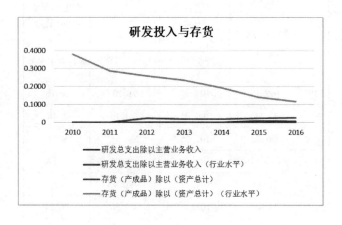

121. 神马股份 （600810.SH）

年度	净资产收益率	净资产收益率（行业平均水平）	净资产同比增长率	净利润同比增长率	经营活动产生的现金流量净额同比增长率
2010	1.74	14.92	1.40	157.55	492.66
2011	0.95	12.52	0.16	-72.35	-67.33
2012	-13.14	9.35	-13.17	-3986.30	-163.15
2013	0.86	6.88	0.84	107.00	148.61
2014	2.51	6.80	-3.44	112.14	866.82
2015	2.68	7.20	2.72	-20.90	-112.84
2016	3.49	6.54	2.89	55.06	771.91

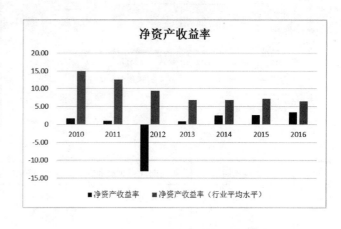

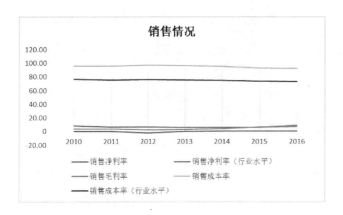

年度	销售净利率	销售净利率（行业水平）	销售毛利率	销售成本率	销售成本率（行业水平）
2010	0.24	8.73	3.92	96.08	76.68
2011	0.06	6.86	3.99	96.01	75.69
2012	-1.91	7.11	2.61	97.39	75.97
2013	0.16	6.35	3.21	96.79	75.35
2014	0.58	5.98	4.59	95.41	74.56
2015	0.84	6.06	6.98	93.02	73.49
2016	1.05	9.17	7.56	92.44	72.75

年度	销售商品提供劳务收到的现金/营业收入	销售商品提供劳务收到的现金/营业收入（行业水平）	经营活动产生的现金流量净额/营业收入	经营活动产生的现金流量净额/营业收入（行业水平）
2010	42.94	103.93	5.92	5.63
2011	43.98	100.81	1.58	4.46
2012	49.99	102.55	-0.89	8.41
2013	34.04	101.16	0.50	3.12
2014	52.18	101.77	9.13	8.56
2015	68.50	102.87	-2.16	11.84
2016	67.88	100.96	11.64	5.08

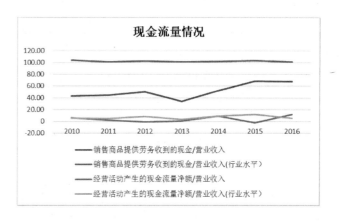

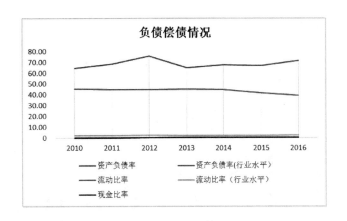

年度	资产负债率	资产负债率（行业水平）	流动比率	流动比率（行业水平）	现金比率
2010	64.28	45.38	0.52	2.41	0.17
2011	68.32	44.65	0.55	2.40	0.16
2012	75.53	44.62	0.51	2.58	0.20
2013	64.94	45.20	0.77	2.20	0.26
2014	67.36	44.71	0.67	2.26	0.19
2015	66.89	41.53	0.69	2.47	0.24
2016	71.20	39.43	0.81	2.69	0.38

年度	营业周期	营业周期（行业水平）	存货周转率	应收账款周转率	总资产周转率	营运资本周转率
2010	29.67	141.29	28.76	20.99	1.75	-7.58
2011	26.27	178.15	34.55	22.71	1.89	-6.71
2012	24.83	234.84	31.18	27.10	1.89	-5.83
2013	28.20	225.27	25.47	25.59	1.81	-6.77
2014	31.75	225.37	22.27	23.10	2.05	-11.87
2015	65.52	259.36	9.72	12.63	1.00	-5.16
2016	51.68	248.90	13.62	14.26	1.11	-7.54

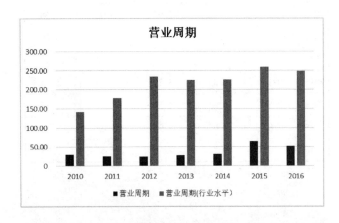

年度	研发总支出/主营业务收入	研发总支出/主营业务收入（行业水平）	存货（产成品）/资产总计	存货（产成品）/资产总计（行业水平）
2010	0	0	5.66%	38.08%
2011	0	0.22%	5.06%	28.78%
2012	0.10%	2.53%	4.51%	25.86%
2013	0.07%	1.87%	6.52%	23.69%
2014	0.41%	1.86%	5.46%	19.33%
2015	0.96%	2.52%	5.27%	14.17%
2016	1.63%	2.56%	4.38%	11.77%

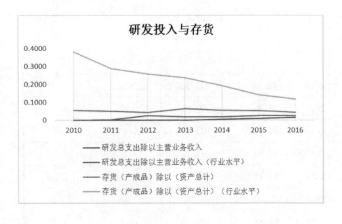

122. 兰生股份（600826. SH）

年度	净资产收益率	净资产收益率（行业平均水平）	净资产同比增长率	净利润同比增长率	经营活动产生的现金流量净额同比增长率
2010	3. 45	14. 92	− 26. 95	890. 49	160. 60
2011	2. 69	12. 52	− 15. 62	− 40. 95	− 919. 15
2012	3. 02	9. 35	27. 36	− 4. 94	109. 26
2013	2. 43	6. 88	11. 63	4. 70	− 351. 58
2014	20. 54	6. 80	74. 56	912. 86	− 26. 42
2015	12. 12	7. 20	− 19. 91	− 0. 74	− 344. 20
2016	23. 75	6. 54	19. 51	64. 15	− 258. 95

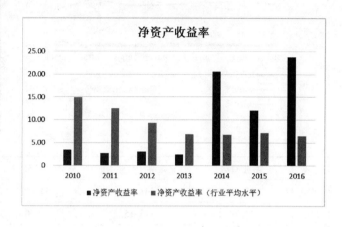

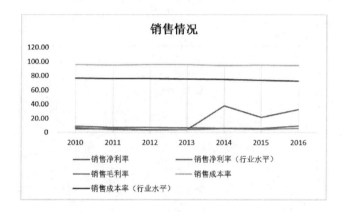

年度	销售净利率	销售净利率（行业水平）	销售毛利率	销售成本率	销售成本率（行业水平）
2010	6. 30	8. 73	4. 48	95. 52	76. 68
2011	4. 01	6. 86	5. 08	94. 92	75. 69
2012	3. 71	7. 11	4. 28	95. 72	75. 97
2013	4. 16	6. 35	4. 44	95. 56	75. 35
2014	37. 63	5. 98	5. 26	94. 74	74. 56
2015	21. 64	6. 06	4. 95	95. 05	73. 49
2016	32. 81	9. 17	5. 66	94. 34	72. 75

年度	销售商品提供劳务收到的现金/营业收入	销售商品提供劳务收到的现金/营业收入（行业水平）	经营活动产生的现金流量净额/营业收入	经营活动产生的现金流量净额/营业收入（行业水平）
2010	101. 05	103. 93	0. 51	5. 63
2011	108. 62	100. 81	− 4. 53	4. 46
2012	101. 77	102. 55	0. 41	8. 41
2013	102. 07	101. 16	− 1. 10	3. 12
2014	96. 90	101. 77	− 1. 24	8. 56
2015	113. 78	102. 87	− 3. 19	11. 84
2016	104. 83	100. 96	− 10. 58	5. 08

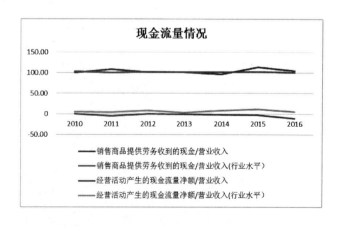

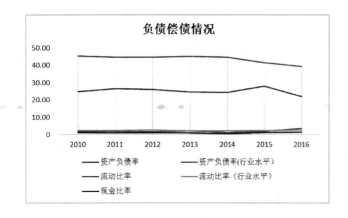

年度	资产负债率	资产负债率（行业水平）	流动比率	流动比率（行业水平）	现金比率
2010	24.92	45.38	1.84	2.41	1.17
2011	26.45	44.65	1.82	2.40	0.93
2012	25.95	44.62	1.74	2.58	0.85
2013	24.64	45.20	2.17	2.20	1.05
2014	24.43	44.71	1.25	2.26	0.49
2015	27.91	41.53	1.95	2.47	1.13
2016	21.97	39.43	3.59	2.69	1.49

年度	营业周期	营业周期（行业水平）	存货周转率	应收账款周转率	总资产周转率	营运资本周转率
2010	18.80	141.29	34.65	42.80	0.45	8.22
2011	14.79	178.15	35.70	76.46	0.54	5.65
2012	14.97	234.84	31.56	100.99	0.53	5.74
2013	22.19	225.27	22.75	56.58	0.42	4.53
2014	27.38	225.37	23.95	29.16	0.33	6.37
2015	25.04	259.36	30.39	27.28	0.48	5.70
2016	29.64	248.90	29.65	20.57	0.54	2.23

年度	研发总支出/主营业务收入	研发总支出/主营业务收入（行业水平）	存货（产成品）/（资产总计）	存货（产成品）/（资产总计）（行业水平）
2010	0	0	2.73%	38.08%
2011	0	0.22%	3.17%	28.78%
2012	0	2.53%	2.51%	25.86%
2013	0	1.87%	2.29%	23.69%
2014	0	1.86%	1.30%	19.33%
2015	0	2.52%	1.55%	14.17%
2016	0	2.56%	1.40%	11.77%

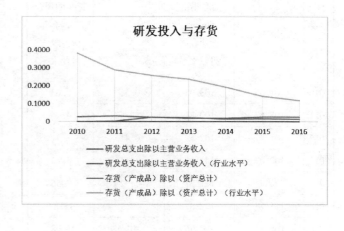

123. 上工申贝（600843.SH）

年度	净资产收益率	净资产收益率（行业平均水平）	净资产同比增长率	净利润同比增长率	经营活动产生的现金流量净额同比增长率
2010	7.85	14.92	8.77	239.22	40.67
2011	17.14	12.52	16.18	145.49	204.64
2012	5.80	9.35	4.49	−47.13	94.77
2013	10.69	6.88	13.00	55.32	−49.66
2014	14.39	6.80	100.54	119.00	45.55
2015	9.40	7.20	11.19	−25.55	−49.92
2016	7.81	6.54	7.98	−8.34	94.66

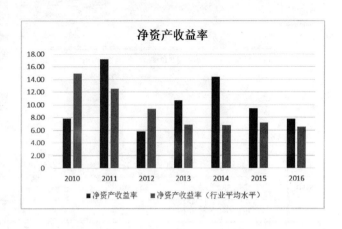

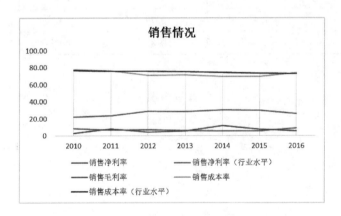

年度	销售净利率	销售净利率（行业水平）	销售毛利率	销售成本率	销售成本率（行业水平）
2010	3.20	8.73	22.07	77.93	76.68
2011	8.34	6.86	23.65	76.35	75.69
2012	4.62	7.11	29.10	70.90	75.97
2013	5.96	6.35	28.52	71.48	75.35
2014	12.01	5.98	30.59	69.41	74.56
2015	7.62	6.06	30.22	69.78	73.49
2016	5.85	9.17	26.18	73.82	72.75

年度	销售商品提供劳务收到的现金/营业收入	销售商品提供劳务收到的现金/营业收入（行业水平）	经营活动产生的现金流量净额/营业收入	经营活动产生的现金流量净额/营业收入（行业水平）
2010	103.91	103.93	−4.06	5.63
2011	102.90	100.81	4.51	4.46
2012	104.47	102.55	9.21	8.41
2013	98.43	101.16	3.85	3.12
2014	99.17	101.77	5.15	8.56
2015	104.75	102.87	2.20	11.84
2016	103.68	100.96	3.59	5.08

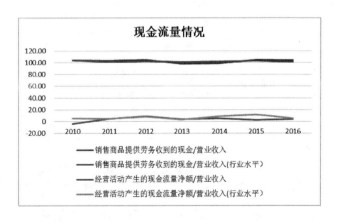

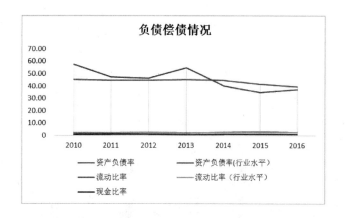

年度	资产负债率	资产负债率（行业水平）	流动比率	流动比率（行业水平）	现金比率
2010	57.25	45.38	1.83	2.41	0.79
2011	47.42	44.65	2.06	2.40	0.86
2012	46.27	44.62	2.22	2.58	1.04
2013	54.60	45.20	2.05	2.20	0.74
2014	40.12	44.71	2.70	2.26	0.86
2015	34.84	41.53	2.87	2.47	0.98
2016	37.02	39.43	2.61	2.69	0.85

年度	营业周期	营业周期（行业水平）	存货周转率	应收账款周转率	总资产周转率	营运资本周转率
2010	129.58	141.29	4.15	8.39	0.93	4.32
2011	126.66	178.15	4.18	8.86	1.00	3.50
2012	139.10	234.84	3.54	9.65	0.96	3.01
2013	138.39	225.27	3.64	9.13	0.99	3.02
2014	158.52	225.37	3.19	7.89	0.82	2.06
2015	163.89	259.36	3.12	7.41	0.79	1.69
2016	159.73	248.90	3.27	7.24	0.83	1.90

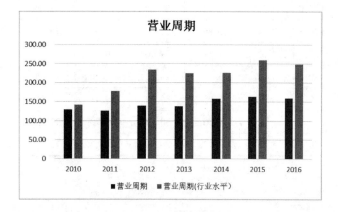

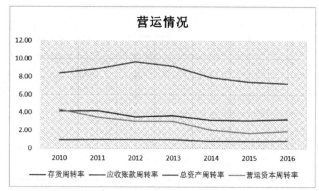

年度	研发总支出/主营业务收入	研发总支出/主营业务收入（行业水平）	存货（产成品）/资产总计	存货（产成品）/资产总计（行业水平）
2010	0	0	21.60%	38.08%
2011	0	0.22%	23.02%	28.78%
2012	1.82%	2.53%	21.90%	25.86%
2013	1.99%	1.87%	17.20%	23.69%
2014	2.22%	1.86%	12.89%	19.33%
2015	2.73%	2.52%	11.19%	14.17%
2016	2.61%	2.56%	10.05%	11.77%

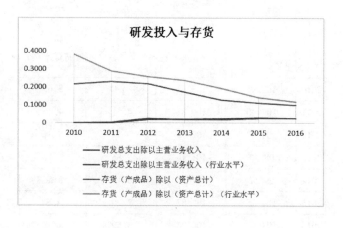

124. 海欣股份（600851. SH）

年度	净资产收益率	净资产收益率（行业平均水平）	净资产同比增长率	净利润同比增长率	经营活动产生的现金流量净额同比增长率
2010	0.43	14.92	−24.82	1176.60	−69.21
2011	1.37	12.52	−16.80	209.82	−92.81
2012	1.91	9.35	13.91	15.49	655.46
2013	2.23	6.88	3.85	30.08	−204.57
2014	6.99	6.80	78.09	324.32	188.14
2015	3.17	7.20	−14.13	−38.05	−476.19
2016	2.06	6.54	−9.34	−74.62	83.17

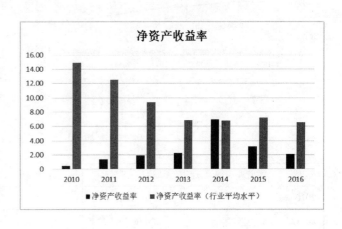

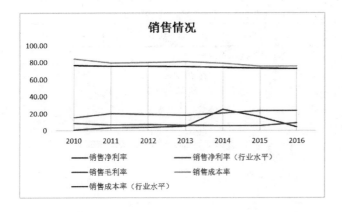

年度	销售净利率	销售净利率（行业水平）	销售毛利率	销售成本率	销售成本率（行业水平）
2010	1.15	8.73	15.53	84.47	76.68
2011	3.48	6.86	20.43	79.57	75.69
2012	3.87	7.11	19.56	80.44	75.97
2013	5.23	6.35	18.66	81.34	75.35
2014	25.24	5.98	20.68	79.32	74.56
2015	16.50	6.06	23.97	76.04	73.49
2016	4.35	9.17	23.97	76.03	72.75

年度	销售商品提供劳务收到的现金/营业收入	销售商品提供劳务收到的现金/营业收入（行业水平）	经营活动产生的现金流量净额/营业收入	经营活动产生的现金流量净额/营业收入（行业水平）
2010	112.87	103.93	5.08	5.63
2011	110.80	100.81	0.36	4.46
2012	108.87	102.55	2.59	8.41
2013	111.57	101.16	−2.82	3.12
2014	118.28	101.77	2.82	8.56
2015	113.15	102.87	−11.21	11.84
2016	104.83	100.96	−1.96	5.08

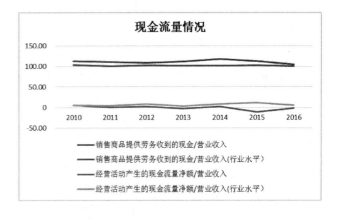

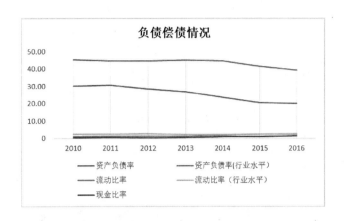

年度	资产负债率	资产负债率（行业水平）	流动比率	流动比率（行业水平）	现金比率
2010	30.20	45.38	1.05	2.41	0.35
2011	30.53	44.65	1.08	2.40	0.36
2012	28.44	44.62	1.17	2.58	0.35
2013	26.73	45.20	1.29	2.20	0.37
2014	23.75	44.71	1.93	2.26	0.87
2015	20.53	41.53	2.38	2.47	1.00
2016	20.06	39.43	2.37	2.69	1.32

年度	营业周期	营业周期（行业水平）	存货周转率	应收账款周转率	总资产周转率	营运资本周转率
2010	195.12	141.29	3.15	4.45	0.23	−52.05
2011	189.50	178.15	3.06	5.01	0.29	19.58
2012	195.15	234.84	2.98	4.84	0.32	11.48
2013	210.31	225.27	2.87	4.25	0.29	6.61
2014	225.00	225.37	2.61	4.14	0.19	2.61
2015	212.97	259.36	2.65	4.67	0.16	1.72
2016	181.28	248.90	3.44	4.70	0.18	1.76

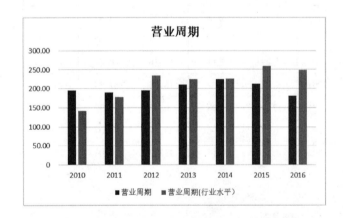

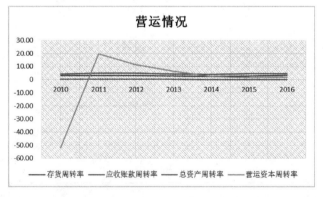

年度	研发总支出/主营业务收入	研发总支出/主营业务收入（行业水平）	存货（产成品）/（资产总计）	存货（产成品）/（资产总计）（行业水平）
2010	0	0	1.73%	38.08%
2011	0	0.22%	2.03%	28.78%
2012	1.03%	2.53%	1.85%	25.86%
2013	1.03%	1.87%	1.84%	23.69%
2014	1.49%	1.86%	1.11%	19.33%
2015	1.25%	2.52%	1.33%	14.17%
2016	1.27%	2.56%	1.49%	11.77%

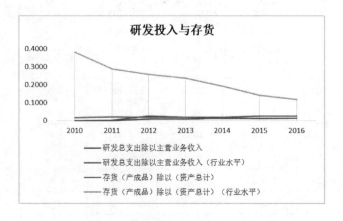

125. 南京化纤 （600889. SH）

年度	净资产收益率	净资产收益率（行业平均水平）	净资产同比增长率	净利润同比增长率	经营活动产生的现金流量净额同比增长率
2010	12.70	14.92	12.14	49.77	117.24
2011	1.74	12.52	3.98	-66.01	267.67
2012	1.56	9.35	1.60	2.04	-93.56
2013	2.65	6.88	2.66	112.13	550.21
2014	0.58	6.80	-0.40	-51.04	-59.93
2015	39.45	7.20	49.42	1128.25	-57.63
2016	6.32	6.54	5.88	-80.05	434.36

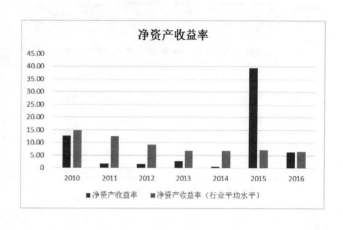

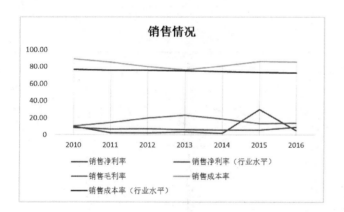

年度	销售净利率	销售净利率（行业水平）	销售毛利率	销售成本率	销售成本率（行业水平）
2010	10.31	8.73	10.79	89.21	76.68
2011	2.34	6.86	14.64	85.36	75.69
2012	2.36	7.11	19.83	80.17	75.97
2013	3.71	6.35	23.50	76.50	75.35
2014	2.10	5.98	18.70	81.30	74.56
2015	30.16	6.06	13.55	86.45	73.49
2016	5.49	9.17	13.97	86.03	72.75

年度	销售商品提供劳务收到的现金/营业收入	销售商品提供劳务收到的现金/营业收入(行业水平)	经营活动产生的现金流量净额/营业收入	经营活动产生的现金流量净额/营业收入(行业水平)
2010	145.89	103.93	25.62	5.63
2011	99.23	100.81	63.01	4.46
2012	42.65	102.55	4.01	8.41
2013	75.17	101.16	19.31	3.12
2014	58.39	101.77	8.96	8.56
2015	53.61	102.87	4.43	11.84
2016	64.70	100.96	21.59	5.08

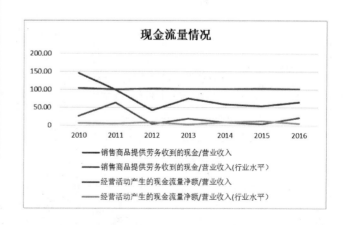

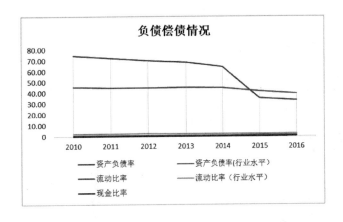

年度	资产负债率	资产负债率（行业水平）	流动比率	流动比率（行业水平）	现金比率
2010	74.57	45.38	0.86	2.41	0.04
2011	71.98	44.65	0.75	2.40	0.01
2012	70.01	44.62	0.74	2.58	0.04
2013	68.48	45.20	0.85	2.20	0.14
2014	63.89	44.71	0.76	2.26	0.04
2015	35.19	41.53	1.12	2.47	0.14
2016	33.15	39.43	1.32	2.69	0.30

年度	营业周期	营业周期（行业水平）	存货周转率	应收账款周转率	总资产周转率	营运资本周转率
2010	643.99	141.29	0.57	40.23	0.30	−2.09
2011	468.78	178.15	0.78	37.49	0.42	−3.20
2012	462.72	234.84	0.80	29.89	0.43	−2.44
2013	335.26	225.27	1.11	31.52	0.58	−4.31
2014	313.80	225.37	1.21	22.94	0.55	−4.97
2015	184.86	259.36	2.12	23.65	0.60	−9.12
2016	54.33	248.90	8.08	36.74	0.76	13.49

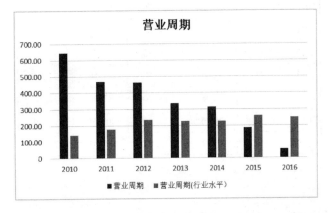

年度	研发总支出/主营业务收入	研发总支出/主营业务收入（行业水平）	存货（产成品）/（资产总计）	存货（产成品）/（资产总计）（行业水平）
2010	0	0	1.73%	38.08%
2011	0	0.22%	1.74%	28.78%
2012	0.24%	2.53%	1.74%	25.86%
2013	0.30%	1.87%	1.76%	23.69%
2014	0.34%	1.86%	2.12%	19.33%
2015	0.31%	2.52%	2.85%	14.17%
2016	0.17%	2.56%	2.78%	11.77%

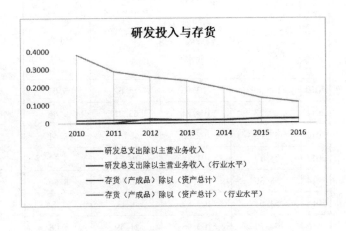

126. 汇鸿集团 （600981. SH）

年度	净资产收益率	净资产收益率（行业平均水平）	净资产同比增长率	净利润同比增长率	经营活动产生的现金流量净额同比增长率
2010	8. 32	14. 92	4. 10	− 7. 46	− 110. 49
2011	6. 88	12. 52	− 2. 81	− 12. 69	− 626. 19
2012	3. 78	9. 35	− 2. 34	− 47. 64	55. 23
2013	3. 74	6. 88	5. 16	− 2. 68	243. 41
2014	1. 84	6. 80	3. 02	− 46. 08	− 224. 31
2015	11. 48	7. 20	22. 21	− 11. 02	96. 48
2016	8. 50	6. 54	7. 73	− 14. 55	2322. 29

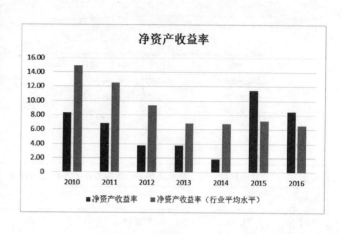

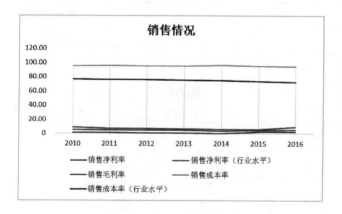

年度	销售净利率	销售净利率（行业水平）	销售毛利率	销售成本率	销售成本率（行业水平）
2010	1. 53	8. 73	5. 15	94. 85	76. 68
2011	0. 99	6. 86	4. 48	95. 52	75. 69
2012	0. 57	7. 11	4. 99	95. 01	75. 97
2013	0. 44	6. 35	4. 78	95. 22	75. 35
2014	0. 22	5. 98	3. 79	96. 21	74. 56
2015	2. 52	6. 06	4. 85	95. 15	73. 49
2016	2. 64	9. 17	5. 27	94. 73	72. 75

年度	销售商品提供劳务收到的现金/营业收入	销售商品提供劳务收到的现金/营业收入（行业水平）	经营活动产生的现金流量净额/营业收入	经营活动产生的现金流量净额/营业收入（行业水平）
2010	109. 54	103. 93	− 1. 02	5. 63
2011	107. 52	100. 81	− 5. 49	4. 46
2012	112. 26	102. 55	− 2. 69	8. 41
2013	101. 71	101. 16	3. 07	3. 12
2014	108. 31	101. 77	− 3. 54	8. 56
2015	109. 03	102. 87	− 0. 12	11. 84
2016	103. 66	100. 96	3. 35	5. 08

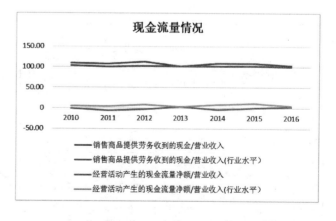

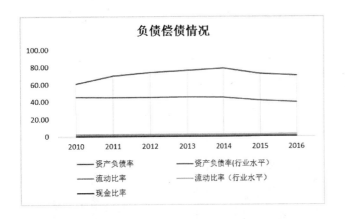

年度	资产负债率	资产负债率（行业水平）	流动比率	流动比率（行业水平）	现金比率
2010	60.76	45.38	1.26	2.41	0.21
2011	69.75	44.65	1.18	2.40	0.12
2012	73.92	44.62	1.16	2.58	0.14
2013	76.36	45.20	1.13	2.20	0.16
2014	78.80	44.71	1.13	2.26	0.13
2015	72.59	41.53	1.09	2.47	0.28
2016	70.23	39.43	1.16	2.69	0.31

年度	营业周期	营业周期（行业水平）	存货周转率	应收账款周转率	总资产周转率	营运资本周转率
2010	73.85	141.29	7.40	14.30	2.16	14.63
2011	71.99	178.15	7.38	15.53	2.57	18.92
2012	102.97	234.84	5.24	10.49	1.95	16.40
2013	96.81	225.27	6.21	9.26	2.13	19.80
2014	105.04	225.37	5.76	8.46	2.00	19.43
2015	61.72	259.36	11.23	12.14	2.15	35.44
2016	106.99	248.90	7.30	6.24	1.02	14.53

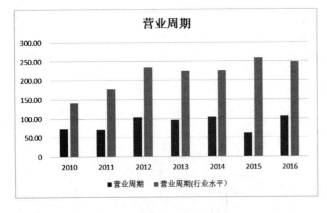

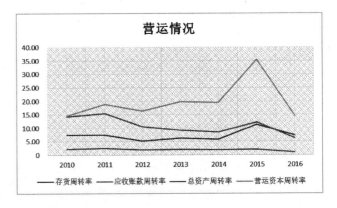

年度	研发总支出/主营业务收入	研发总支出/主营业务收入（行业水平）	存货（产成品）/资产总计	存货（产成品）/（资产总计）（行业水平）
2010	0	0	137.74%	38.08%
2011	0	0.22%	106.64%	28.78%
2012	0	2.53%	93.96%	25.86%
2013	0	1.87%	81.23%	23.69%
2014	0	1.86%	70.89%	19.33%
2015	0	2.52%	11.13%	14.17%
2016	0	2.56%	11.30%	11.77%

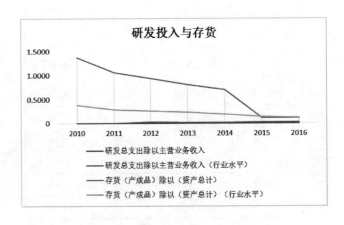

127. 航民股份 （600987. SH）

年度	净资产收益率	净资产收益率（行业平均水平）	净资产同比增长率	净利润同比增长率	经营活动产生的现金流量净额同比增长率
2010	17.30	14.92	5.82	40.79	23.35
2011	17.67	12.52	13.03	10.09	-42.38
2012	16.76	9.35	12.13	6.36	92.69
2013	21.10	6.88	17.70	48.65	16.31
2014	19.86	6.80	14.63	9.33	47.93
2015	18.90	7.20	14.19	8.69	-3.99
2016	18.55	6.54	14.24	12.41	27.94

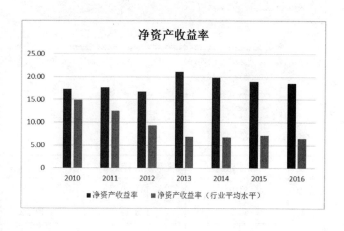

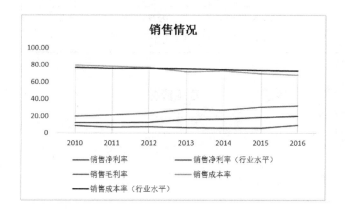

年度	销售净利率	销售净利率（行业水平）	销售毛利率	销售成本率	销售成本率（行业水平）
2010	12.12	8.73	20.06	79.94	76.68
2011	12.32	6.86	21.56	78.44	75.69
2012	12.52	7.11	23.23	76.77	75.97
2013	16.18	6.35	27.85	72.15	75.35
2014	16.28	5.98	27.28	72.72	74.56
2015	18.61	6.06	30.47	69.53	73.49
2016	19.85	9.17	32.02	67.98	72.75

年度	销售商品提供劳务收到的现金/营业收入	销售商品提供劳务收到的现金/营业收入（行业水平）	经营活动产生的现金流量净额/营业收入	经营活动产生的现金流量净额/营业收入（行业水平）
2010	87.95	103.93	16.46	5.63
2011	84.03	100.81	8.76	4.46
2012	87.69	102.55	16.12	8.41
2013	86.37	101.16	16.30	3.12
2014	88.51	101.77	22.19	8.56
2015	84.98	102.87	22.41	11.84
2016	95.34	100.96	27.21	5.08

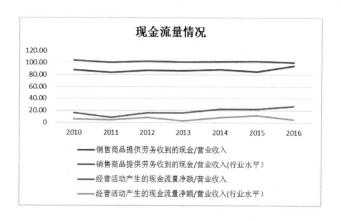

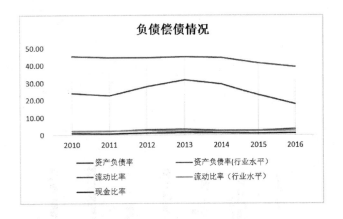

年度	资产负债率	资产负债率（行业水平）	流动比率	流动比率（行业水平）	现金比率
2010	24.02	45.38	2.13	2.41	0.90
2011	22.58	44.65	2.21	2.40	0.69
2012	28.05	44.62	3.05	2.58	1.24
2013	31.85	45.20	3.30	2.20	1.35
2014	29.41	44.71	2.59	2.26	1.15
2015	23.20	41.53	2.65	2.47	0.99
2016	17.80	39.43	3.65	2.69	1.08

年度	营业周期	营业周期（行业水平）	存货周转率	应收账款周转率	总资产周转率	营运资本周转率
2010	43.03	141.29	13.53	21.92	1.12	5.57
2011	46.83	178.15	12.22	20.73	1.08	4.95
2012	49.05	234.84	12.52	17.74	0.99	3.94
2013	44.20	225.27	15.37	17.32	0.94	3.21
2014	43.53	225.37	15.95	17.18	0.87	2.73
2015	51.73	259.36	12.13	16.33	0.77	2.27
2016	52.31	248.90	11.64	16.84	0.77	2.03

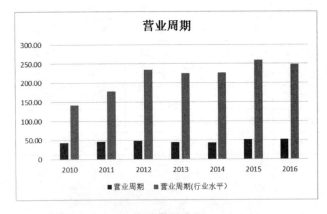

年度	研发总支出/主营业务收入	研发总支出/主营业务收入（行业水平）	存货（产成品）/（资产总计）	存货（产成品）/（资产总计）（行业水平）
2010	0	0	2.20%	38.08%
2011	0	0.22%	2.00%	28.78%
2012	2.53%	2.53%	1.67%	25.86%
2013	2.74%	1.87%	1.36%	23.69%
2014	2.89%	1.86%	1.22%	19.33%
2015	2.89%	2.52%	1.16%	14.17%
2016	2.74%	2.56%	1.10%	11.77%

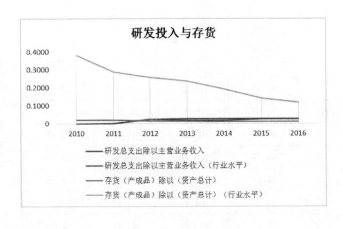

128. 华鼎股份（601113. SH）

年度	净资产收益率	净资产收益率（行业平均水平）	净资产同比增长率	净利润同比增长率	经营活动产生的现金流量净额同比增长率
2010	28.73	14.92	33.55	55.31	278.13
2011	10.88	12.52	245.07	12.03	−344.99
2012	4.25	9.35	−3.48	−44.39	231.90
2013	4.59	6.88	2.77	4.47	−61.07
2014	−4.33	6.80	−6.02	−193.02	−215.36
2015	5.15	7.20	64.52	235.47	192.60
2016	2.66	6.54	1.14	−20.50	19.56

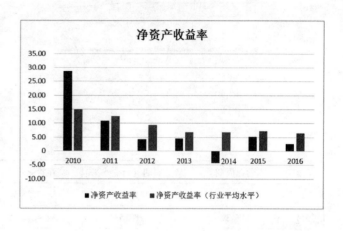

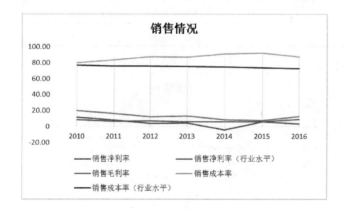

年度	销售净利率	销售净利率（行业水平）	销售毛利率	销售成本率	销售成本率（行业水平）
2010	11.69	8.73	19.98	80.02	76.68
2011	7.96	6.86	16.50	83.50	75.69
2012	4.30	7.11	12.27	87.73	75.97
2013	4.69	6.35	13.10	86.90	75.35
2014	−4.35	5.98	8.65	91.35	74.56
2015	6.30	6.06	7.56	92.44	73.49
2016	3.72	9.17	12.57	87.43	72.75

年度	销售商品提供劳务收到的现金/营业收入	销售商品提供劳务收到的现金/营业收入（行业水平）	经营活动产生的现金流量净额/营业收入	经营活动产生的现金流量净额/营业收入（行业水平）
2010	113.16	103.93	15.57	5.63
2011	86.77	100.81	−23.18	4.46
2012	115.24	102.55	30.13	8.41
2013	103.83	101.16	12.25	3.12
2014	100.84	101.77	−14.08	8.56
2015	112.81	102.87	13.94	11.84
2016	98.90	100.96	12.38	5.08

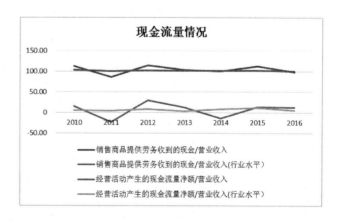

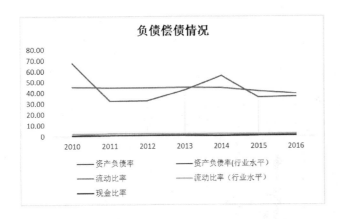

年度	资产负债率	资产负债率（行业水平）	流动比率	流动比率（行业水平）	现金比率
2010	67.59	45.38	0.75	2.41	0.19
2011	32.48	44.65	2.50	2.40	0.76
2012	32.76	44.62	2.15	2.58	0.87
2013	42.77	45.20	1.41	2.20	0.75
2014	55.93	44.71	0.94	2.26	0.35
2015	36.01	41.53	1.93	2.47	0.84
2016	36.53	39.43	1.67	2.69	0.72

年度	营业周期	营业周期（行业水平）	存货周转率	应收账款周转率	总资产周转率	营运资本周转率
2010	155.99	141.29	3.33	7.51	0.79	-9.92
2011	113.39	178.15	4.72	9.70	0.86	4.46
2012	104.94	234.84	5.47	9.21	0.70	1.90
2013	93.35	225.27	6.55	9.37	0.60	2.58
2014	117.80	225.37	5.12	7.57	0.50	9.17
2015	120.76	259.36	5.07	7.24	0.40	2.94
2016	83.38	248.90	8.70	8.57	0.49	1.95

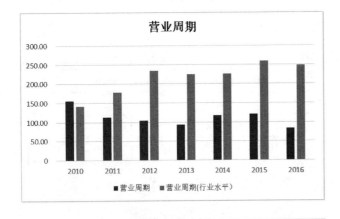

年度	研发总支出/主营业务收入	研发总支出/主营业务收入（行业水平）	存货（产成品）/资产总计	存货（产成品）/（资产总计）（行业水平）
2010	0	0	9.03%	38.08%
2011	0	0.22%	5.45%	28.78%
2012	3.00%	2.53%	5.39%	25.86%
2013	2.51%	1.87%	4.46%	23.69%
2014	3.22%	1.86%	3.65%	19.33%
2015	3.08%	2.52%	3.23%	14.17%
2016	3.04%	2.56%	3.10%	11.77%

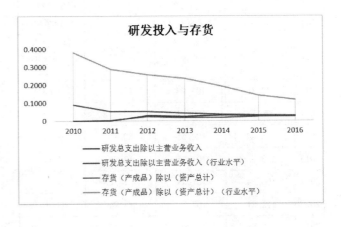

129. 桐昆股份 （601233. SH）

年度	净资产收益率	净资产收益率（行业平均水平）	净资产同比增长率	净利润同比增长率	经营活动产生的现金流量净额同比增长率
2010	52.34	14.92	85.27	242.60	74.87
2011	22.71	12.52	146.28	3.64	-32.21
2012	3.88	9.35	4.02	-76.02	-72.87
2013	1.07	6.88	-0.79	-66.82	27.77
2014	1.65	6.80	1.69	31.18	1409.40
2015	1.67	7.20	1.68	-7.58	-56.42
2016	12.61	6.54	58.02	852.72	94.28

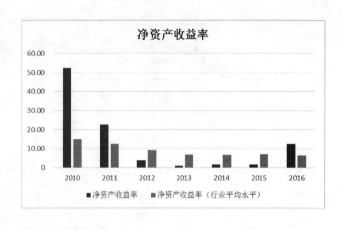

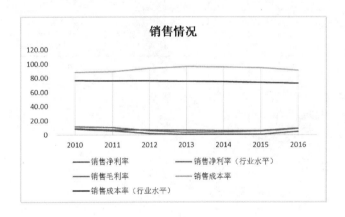

年度	销售净利率	销售净利率（行业水平）	销售毛利率	销售成本率	销售成本率（行业水平）
2010	8.16	8.73	11.82	88.18	76.68
2011	6.18	6.86	10.62	89.38	75.69
2012	1.62	7.11	5.87	94.13	75.97
2013	0.45	6.35	3.75	96.25	75.35
2014	0.52	5.98	4.24	95.76	74.56
2015	0.55	6.06	5.28	94.72	73.49
2016	4.47	9.17	8.82	91.18	72.75

年度	销售商品提供劳务收到的现金/营业收入	销售商品提供劳务收到的现金/营业收入（行业水平）	经营活动产生的现金流量净额/营业收入	经营活动产生的现金流量净额/营业收入（行业水平）
2010	114.63	103.93	6.89	5.63
2011	111.07	100.81	3.41	4.46
2012	116.66	102.55	1.01	8.41
2013	112.09	101.16	1.07	3.12
2014	123.97	101.77	14.31	8.56
2015	115.76	102.87	7.19	11.84
2016	112.63	100.96	11.89	5.08

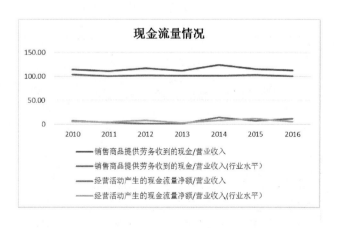

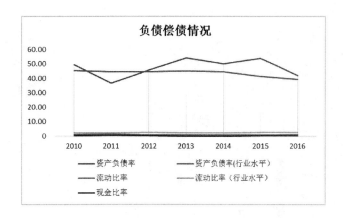

年度	资产 负债率	资产 负债率 （行业水平）	流动 比率	流动 比率 （行业水平）	现金 比率
2010	49.48	45.38	1.04	2.41	0.26
2011	36.63	44.65	1.38	2.40	0.47
2012	45.60	44.62	0.88	2.58	0.13
2013	54.19	45.20	0.93	2.20	0.12
2014	49.97	44.71	0.81	2.26	0.11
2015	53.79	41.53	0.78	2.47	0.21
2016	42.01	39.43	1.15	2.69	0.26

年度	营业周期	营业周期（行业水平）	存货周转率	应收账款周转率	总资产周转率	营运资本周转率
2010	24.82	141.29	15.58	211.01	3.04	−77.75
2011	21.01	178.15	18.40	249.66	2.43	24.88
2012	31.28	234.84	12.10	235.17	1.54	46.45
2013	33.99	225.27	11.17	203.82	1.55	−37.55
2014	31.24	225.37	12.57	138.31	1.72	−32.93
2015	37.22	259.36	10.55	115.52	1.51	−17.43
2016	37.87	248.90	11.15	64.56	1.50	−106.63

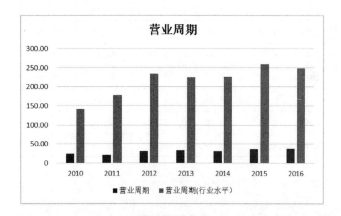

年度	研发总支出/ 主营业务收入	研发总支出/ 主营业务收入 （行业水平）	存货 （产成品）/ （资产总计）	存货 （产成品）/ （资产总计） （行业水平）
2010	0	0	13.76%	38.08%
2011	0	0.22%	7.27%	28.78%
2012	0.90%	2.53%	6.04%	25.86%
2013	0.88%	1.87%	5.12%	23.69%
2014	0.95%	1.86%	5.74%	19.33%
2015	1.16%	2.52%	5.23%	14.17%
2016	0.78%	2.56%	4.15%	11.77%

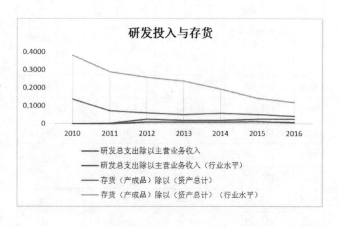

130. 百隆东方（601339. SH）

年度	净资产收益率	净资产收益率（行业平均水平）	净资产同比增长率	净利润同比增长率	经营活动产生的现金流量净额同比增长率
2010	42.16	14.92	24.99	82.20	255.71
2011	30.85	12.52	37.20	0.39	-16.82
2012	5.37	9.35	62.47	-73.59	187.83
2013	8.46	6.88	7.21	102.01	-53.41
2014	7.44	6.80	5.16	-6.72	-127.31
2015	4.89	7.20	2.86	-31.57	171.23
2016	8.62	6.54	7.30	65.67	1116.65

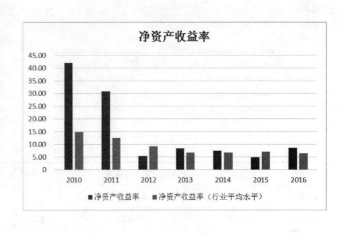

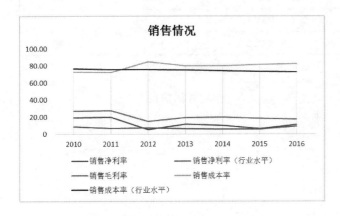

年度	销售净利率	销售净利率（行业水平）	销售毛利率	销售成本率	销售成本率（行业水平）
2010	19.44	8.73	27.20	72.80	76.68
2011	19.98	6.86	27.74	72.26	75.69
2012	5.27	7.11	15.00	85.00	75.97
2013	11.88	6.35	19.58	80.42	75.35
2014	10.25	5.98	19.90	80.10	74.56
2015	6.46	6.06	18.25	81.75	73.49
2016	11.06	9.17	17.34	82.66	72.75

年度	销售商品提供劳务收到的现金/营业收入	销售商品提供劳务收到的现金/营业收入（行业水平）	经营活动产生的现金流量净额/营业收入	经营活动产生的现金流量净额/营业收入（行业水平）
2010	102.48	103.93	10.78	5.63
2011	111.68	100.81	9.18	4.46
2012	110.55	102.55	26.38	8.41
2013	99.64	101.16	13.72	3.12
2014	101.81	101.77	-3.47	8.56
2015	103.38	102.87	2.27	11.84
2016	96.93	100.96	25.36	5.08

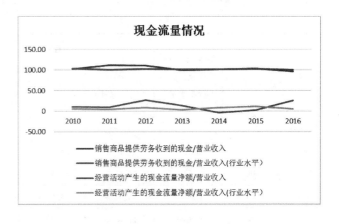

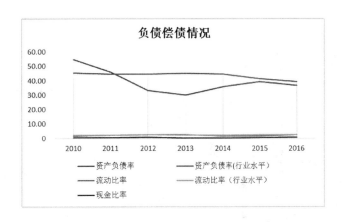

年度	资产负债率	资产负债率（行业水平）	流动比率	流动比率（行业水平）	现金比率
2010	54.81	45.38	1.61	2.41	0.52
2011	45.96	44.65	2.34	2.40	0.52
2012	33.18	44.62	2.59	2.58	0.79
2013	30.08	45.20	2.60	2.20	0.40
2014	35.92	44.71	1.83	2.26	0.32
2015	39.45	41.53	1.58	2.47	0.43
2016	36.77	39.43	2.67	2.69	0.86

年度	营业周期	营业周期（行业水平）	存货周转率	应收账款周转率	总资产周转率	营运资本周转率
2010	276.19	141.29	1.41	17.86	0.88	2.54
2011	298.52	178.15	1.30	17.02	0.77	2.11
2012	234.59	234.84	1.70	16.21	0.62	1.41
2013	234.53	225.27	1.74	12.92	0.49	1.13
2014	251.41	225.37	1.60	13.76	0.48	1.44
2015	290.82	259.36	1.36	13.84	0.47	2.00
2016	267.43	248.90	1.51	12.36	0.48	1.80

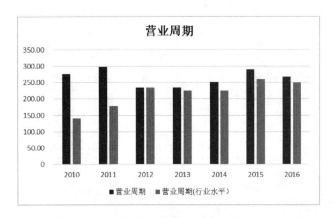

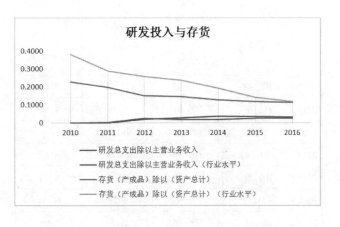

年度	研发总支出/主营业务收入	研发总支出/主营业务收入（行业水平）	存货（产成品）/（资产总计）	存货（产成品）/（资产总计）（行业水平）
2010	0	0	22.73%	38.08%
2011	0	0.22%	19.81%	28.78%
2012	2.19%	2.53%	15.08%	25.86%
2013	2.83%	1.87%	14.71%	23.69%
2014	3.69%	1.86%	12.82%	19.33%
2015	3.44%	2.52%	11.78%	14.17%
2016	3.29%	2.56%	11.34%	11.77%

131. 九牧王（601566.SH）

年度	净资产收益率	净资产收益率（行业平均水平）	净资产同比增长率	净利润同比增长率	经营活动产生的现金流量净额同比增长率
2010	49.89	14.92	73.63	39.74	-50.57
2011	19.49	12.52	337.86	43.66	84.54
2012	16.08	9.35	10.40	29.07	66.91
2013	12.05	6.88	2.89	-19.62	-0.07
2014	7.88	6.80	-1.88	-34.76	-15.26
2015	9.37	7.20	-3.40	15.31	14.04
2016	9.73	6.54	4.06	4.31	-17.18

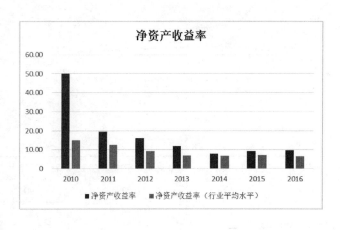

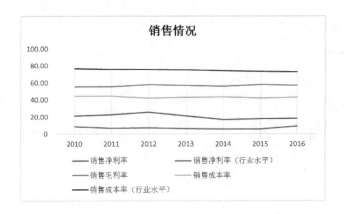

年度	销售净利率	销售净利率（行业水平）	销售毛利率	销售成本率	销售成本率（行业水平）
2010	21.52	8.73	55.56	44.44	76.68
2011	22.94	6.86	55.65	44.35	75.69
2012	25.70	7.11	57.79	42.21	75.97
2013	21.48	6.35	56.81	43.19	75.35
2014	16.95	5.98	56.25	43.75	74.56
2015	17.91	6.06	57.96	42.04	73.49
2016	18.56	9.17	56.86	43.14	72.75

年度	销售商品提供劳务收到的现金/营业收入	销售商品提供劳务收到的现金/营业收入（行业水平）	经营活动产生的现金流量净额/营业收入	经营活动产生的现金流量净额/营业收入（行业水平）
2010	109.39	103.93	10.84	5.63
2011	112.80	100.81	14.84	4.46
2012	106.15	102.55	21.51	8.41
2013	115.54	101.16	22.34	3.12
2014	118.72	101.77	22.90	8.56
2015	115.03	102.87	23.93	11.84
2016	117.27	100.96	19.69	5.08

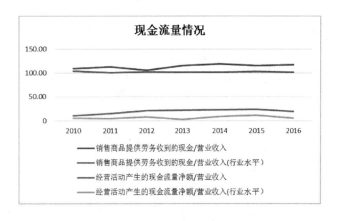

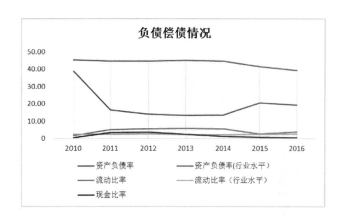

年度	资产负债率	资产负债率（行业水平）	流动比率	流动比率（行业水平）	现金比率
2010	38.72	45.38	1.58	2.41	0.36
2011	16.37	44.65	5.14	2.40	3.29
2012	14.03	44.62	5.56	2.58	3.63
2013	13.31	45.20	5.77	2.20	2.31
2014	13.59	44.71	5.48	2.26	1.10
2015	20.49	41.53	2.69	2.47	0.79
2016	19.18	39.43	3.75	2.69	0.50

年度	营业周期	营业周期（行业水平）	存货周转率	应收账款周转率	总资产周转率	营运资本周转率
2010	207.53	141.29	1.90	19.85	1.16	8.16
2011	226.18	178.15	1.71	22.96	0.71	1.26
2012	250.14	234.84	1.60	14.33	0.53	0.80
2013	243.10	225.27	1.69	11.73	0.48	0.76
2014	273.61	225.37	1.49	11.54	0.40	0.65
2015	250.46	259.36	1.61	13.34	0.43	0.91
2016	267.51	248.90	1.48	14.47	0.42	1.09

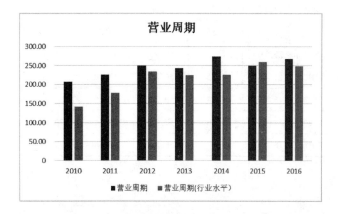

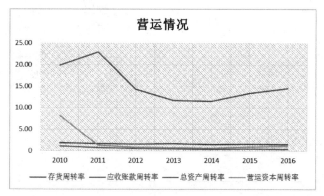

年度	研发总支出/主营业务收入	研发总支出/主营业务收入（行业水平）	存货（产成品）/（资产总计）	存货（产成品）/（资产总计）（行业水平）
2010	0	0	41.21%	38.08%
2011	0	0.22%	13.79%	28.78%
2012	1.16%	2.53%	12.84%	25.86%
2013	1.25%	1.87%	12.58%	23.69%
2014	1.06%	1.86%	12.78%	19.33%
2015	1.01%	2.52%	12.16%	14.17%
2016	1.16%	2.56%	11.88%	11.77%

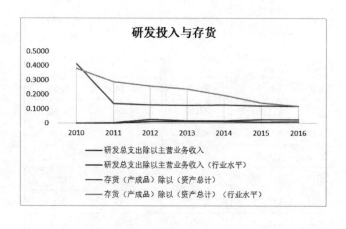

132. 鹿港文化 （601599. SH）

年度	净资产收益率	净资产收益率（行业平均水平）	净资产同比增长率	净利润同比增长率	经营活动产生的现金流量净额同比增长率
2010	24.02	14.92	20.39	51.91	248.58
2011	19.65	12.52	141.07	9.74	-139.15
2012	1.06	9.35	-3.26	-89.50	564.37
2013	1.39	6.88	-0.17	39.22	82.55
2014	5.73	6.80	51.21	336.45	39.17
2015	7.98	7.20	8.17	98.95	-42.30
2016	7.32	6.54	70.94	66.06	-259.70

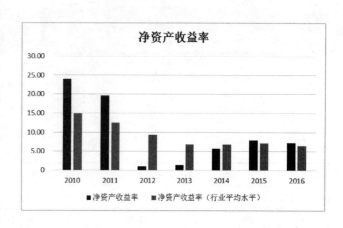

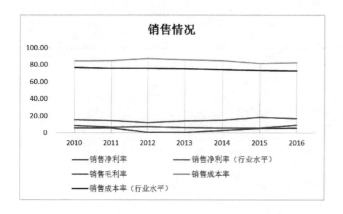

年度	销售净利率	销售净利率（行业水平）	销售毛利率	销售成本率	销售成本率（行业水平）
2010	6.02	8.73	15.57	84.43	76.68
2011	5.77	6.86	14.75	85.25	75.69
2012	0.65	7.11	12.39	87.61	75.97
2013	0.82	6.35	13.90	86.10	75.35
2014	2.94	5.98	14.95	85.05	74.56
2015	5.51	6.06	18.21	81.79	73.49
2016	6.05	9.17	17.16	82.84	72.75

年度	销售商品提供劳务收到的现金/营业收入	销售商品提供劳务收到的现金/营业收入（行业水平）	经营活动产生的现金流量净额/营业收入	经营活动产生的现金流量净额/营业收入（行业水平）
2010	121.48	103.93	4.56	5.63
2011	123.51	100.81	-1.56	4.46
2012	119.45	102.55	7.73	8.41
2013	125.54	101.16	12.78	3.12
2014	121.75	101.77	14.69	8.56
2015	116.81	102.87	7.99	11.84
2016	105.73	100.96	-8.42	5.08

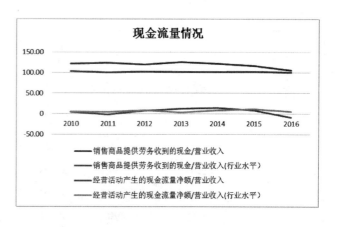

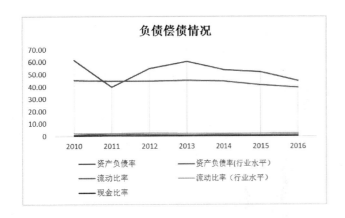

年度	资产负债率	资产负债率（行业水平）	流动比率	流动比率（行业水平）	现金比率
2010	61.60	45.38	1.00	2.41	0.21
2011	39.70	44.65	1.88	2.40	0.72
2012	54.55	44.62	1.33	2.58	0.20
2013	60.51	45.20	1.03	2.20	0.29
2014	53.77	44.71	1.20	2.26	0.22
2015	51.99	41.53	1.13	2.47	0.20
2016	45.07	39.43	1.45	2.69	0.26

年度	营业周期	营业周期（行业水平）	存货周转率	应收账款周转率	总资产周转率	营运资本周转率
2010	115.19	141.29	3.98	14.55	1.51	-69.71
2011	126.38	178.15	3.46	16.20	1.28	7.08
2012	147.97	234.84	3.06	11.95	0.86	4.34
2013	149.88	225.27	3.03	11.59	0.77	12.32
2014	164.38	225.37	2.86	9.33	0.76	15.08
2015	196.30	259.36	2.57	6.38	0.70	10.15
2016	167.40	248.90	3.28	6.26	0.84	6.10

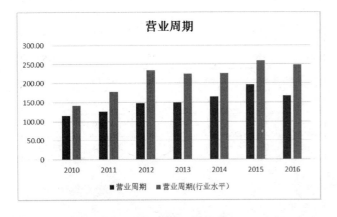

年度	研发总支出/主营业务收入	研发总支出/主营业务收入（行业水平）	存货（产成品）/（资产总计）	存货（产成品）/（资产总计）（行业水平）
2010	0	0	42.46%	38.08%
2011	0	0.22%	28.22%	28.78%
2012	0.43%	2.53%	21.45%	25.86%
2013	0.49%	1.87%	18.41%	23.69%
2014	0.68%	1.86%	14.49%	19.33%
2015	0.61%	2.52%	13.54%	14.17%
2016	0.58%	2.56%	9.32%	11.77%

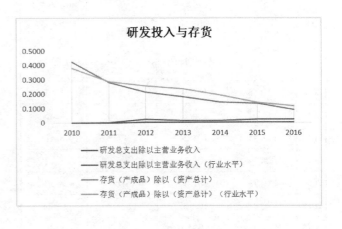

133. 际华集团 （601718. SH）

年度	净资产收益率	净资产收益率（行业平均水平）	净资产同比增长率	净利润同比增长率	经营活动产生的现金流量净额同比增长率
2010	8.86	14.92	108.38	12.43	-48.07
2011	6.90	12.52	6.42	20.75	-1257.50
2012	8.62	9.35	7.81	32.15	110.24
2013	8.96	6.88	8.21	13.79	261.74
2014	9.53	6.80	9.15	19.65	-68.91
2015	9.14	7.20	7.57	-0.38	35.03
2016	9.16	6.54	8.68	6.83	122.69

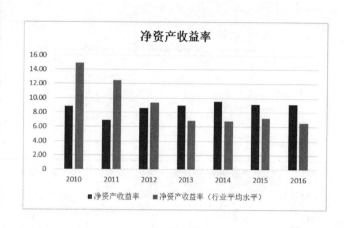

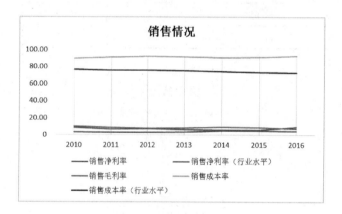

年度	销售净利率	销售净利率（行业水平）	销售毛利率	销售成本率	销售成本率（行业水平）
2010	3.25	8.73	10.22	89.78	76.68
2011	3.21	6.86	8.88	91.12	75.69
2012	3.14	7.11	7.62	92.38	75.97
2013	3.54	6.35	8.18	91.82	75.35
2014	5.09	5.98	9.15	90.85	74.56
2015	5.02	6.06	8.67	91.33	73.49
2016	4.44	9.17	7.13	92.87	72.75

年度	销售商品提供劳务收到的现金/营业收入	销售商品提供劳务收到的现金/营业收入（行业水平）	经营活动产生的现金流量净额/营业收入	经营活动产生的现金流量净额/营业收入（行业水平）
2010	92.45	103.93	1.79	5.63
2011	81.96	100.81	-16.77	4.46
2012	92.27	102.55	1.26	8.41
2013	90.92	101.16	4.51	3.12
2014	94.82	101.77	1.68	8.56
2015	96.00	102.87	2.25	11.84
2016	100.88	100.96	4.15	5.08

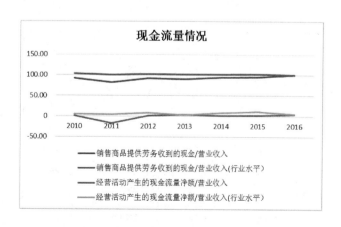

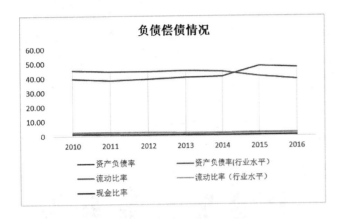

年度	资产负债率	资产负债率（行业水平）	流动比率	流动比率（行业水平）	现金比率
2010	39.51	45.38	2.63	2.41	1.51
2011	38.42	44.65	2.59	2.40	1.20
2012	39.27	44.62	2.33	2.58	0.92
2013	40.38	45.20	2.01	2.20	0.76
2014	41.11	44.71	1.79	2.26	0.65
2015	48.30	41.53	2.21	2.47	0.94
2016	47.41	39.43	2.18	2.69	0.91

年度	营业周期	营业周期（行业水平）	存货周转率	应收账款周转率	总资产周转率	营运资本周转率
2010	82.97	141.29	4.98	33.74	1.27	4.00
2011	76.44	178.15	5.59	29.81	1.32	3.10
2012	63.36	234.84	7.35	24.98	1.65	4.10
2013	62.42	225.27	7.72	22.81	1.50	4.31
2014	82.47	225.37	5.97	16.25	1.13	3.98
2015	90.68	259.36	5.45	14.65	0.97	3.53
2016	68.55	248.90	7.14	19.87	1.04	3.57

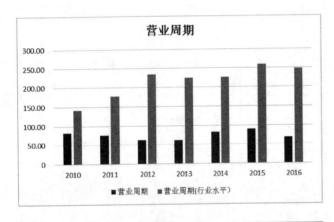

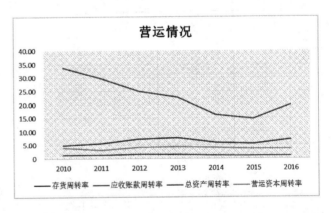

年度	研发总支出/主营业务收入	研发总支出/主营业务收入（行业水平）	存货（产成品）/资产总计	存货（产成品）/（资产总计）（行业水平）
2010	0	0	13.30%	38.08%
2011	0	0.22%	12.66%	28.78%
2012	0.46%	2.53%	11.36%	25.86%
2013	0.61%	1.87%	10.25%	23.69%
2014	0.64%	1.86%	9.24%	19.33%
2015	0.76%	2.52%	7.58%	14.17%
2016	0.70%	2.56%	7.13%	11.77%

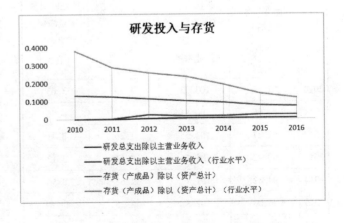

134. 奥康国际（603001.SH）

年度	净资产收益率	净资产收益率（行业平均水平）	净资产同比增长率	净利润同比增长率	经营活动产生的现金流量净额同比增长率
2010	55.38	14.92	147.96	39.75	436.60
2011	46.22	12.52	63.47	63.33	-12.99
2012	18.51	9.35	206.08	12.22	-98.76
2013	7.49	6.88	3.16	-46.57	1493.88
2014	6.79	6.80	4.57	-5.83	165.72
2015	9.79	7.20	5.07	50.98	793.01
2016	7.46	6.54	0.19	-21.73	-72.45

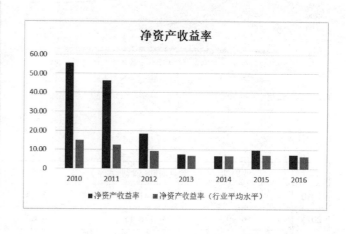

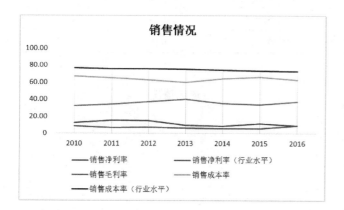

年度	销售净利率	销售净利率（行业水平）	销售毛利率	销售成本率	销售成本率（行业水平）
2010	12.67	8.73	32.61	67.39	76.68
2011	15.42	6.86	34.56	65.44	75.69
2012	14.86	7.11	37.16	62.84	75.97
2013	9.81	6.35	40.01	59.99	75.35
2014	8.71	5.98	35.49	64.51	74.56
2015	11.75	6.06	33.72	66.28	73.49
2016	9.39	9.17	37.09	62.91	72.75

年度	销售商品提供劳务收到的现金/营业收入	销售商品提供劳务收到的现金/营业收入（行业水平）	经营活动产生的现金流量净额/营业收入	经营活动产生的现金流量净额/营业收入（行业水平）
2010	113.60	103.93	14.45	5.63
2011	103.07	100.81	9.37	4.46
2012	100.89	102.55	0.10	8.41
2013	129.09	101.16	1.96	3.12
2014	121.07	101.77	4.91	8.56
2015	132.07	102.87	39.17	11.84
2016	115.97	100.96	11.02	5.08

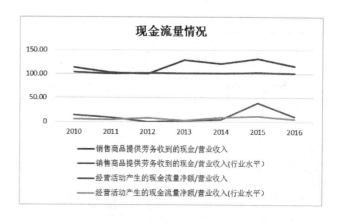

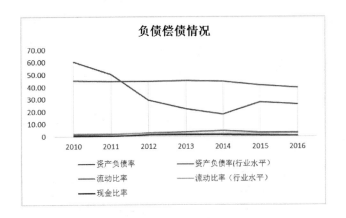

年度	资产负债率	资产负债率（行业水平）	流动比率	流动比率（行业水平）	现金比率
2010	60.38	45.38	1.28	2.41	0.37
2011	50.16	44.65	1.58	2.40	0.44
2012	29.23	44.62	3.01	2.58	1.48
2013	22.16	45.20	3.70	2.20	1.22
2014	17.92	44.71	4.55	2.26	1.20
2015	27.59	41.53	3.40	2.47	1.12
2016	26.14	39.43	3.53	2.69	0.81

年度	营业周期	营业周期（行业水平）	存货周转率	应收账款周转率	总资产周转率	营运资本周转率
2010	156.60	141.29	5.20	4.12	1.36	18.35
2011	156.90	178.15	4.69	4.50	1.42	5.94
2012	190.56	234.84	4.40	3.31	0.93	1.87
2013	297.86	225.27	2.44	2.40	0.57	0.95
2014	290.83	225.37	2.24	2.77	0.62	1.01
2015	249.80	259.36	2.45	3.50	0.64	1.13
2016	260.77	248.90	2.09	4.07	0.58	1.15

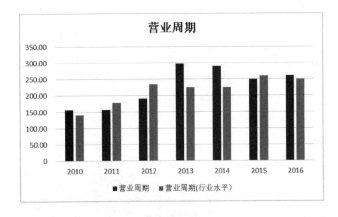

年度	研发总支出/主营业务收入	研发总支出/主营业务收入（行业水平）	存货（产成品）/（资产总计）	存货（产成品）/（资产总计）（行业水平）
2010	0	0	51.77%	38.08%
2011	0	0.22%	39.84%	28.78%
2012	0.97%	2.53%	18.48%	25.86%
2013	0.98%	1.87%	19.71%	23.69%
2014	0.96%	1.86%	19.87%	19.33%
2015	1.02%	2.52%	16.68%	14.17%
2016	1.17%	2.56%	16.98%	11.77%

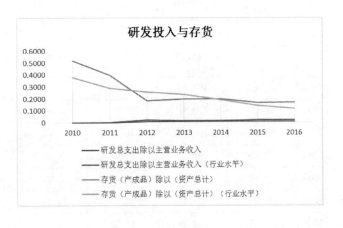

135. 大豪科技（603025.SH）

年度	净资产收益率	净资产收益率（行业平均水平）	净资产同比增长率	净利润同比增长率	经营活动产生的现金流量净额同比增长率
2010	0	14.92	0	0	0
2011	34.01	12.52	0	0	0
2012	29.60	9.35	-2.57	-40.30	133.96
2013	37.61	6.88	28.66	57.27	-8.62
2014	26.44	6.80	9.67	-19.72	9.22
2015	14.75	7.20	61.05	-15.05	-15.90
2016	16.19	6.54	4.21	28.86	13.45

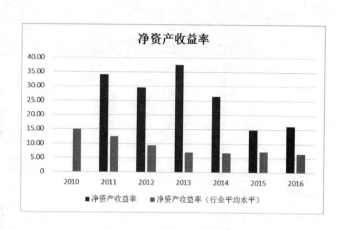

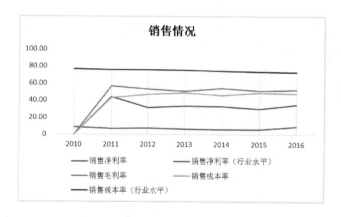

年度	销售净利率	销售净利率（行业水平）	销售毛利率	销售成本率	销售成本率（行业水平）
2010	0	8.73	0	0	76.68
2011	43.79	6.86	56.77	43.23	75.69
2012	31.59	7.11	52.95	47.05	75.97
2013	33.35	6.35	51.00	49.00	75.35
2014	32.88	5.98	54.04	45.96	74.56
2015	29.81	6.06	51.05	48.95	73.49
2016	34.63	9.17	52.18	47.82	72.75

年度	销售商品提供劳务收到的现金/营业收入	销售商品提供劳务收到的现金/营业收入（行业水平）	经营活动产生的现金流量净额/营业收入	经营活动产生的现金流量净额/营业收入（行业水平）
2010	0	103.93	0	5.63
2011	89.88	100.81	16.53	4.46
2012	97.04	102.55	46.73	8.41
2013	93.23	101.16	28.67	3.12
2014	110.86	101.77	38.45	8.56
2015	96.71	102.87	34.51	11.84
2016	95.48	100.96	35.30	5.08

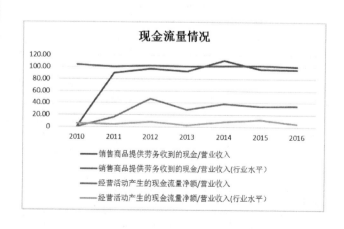

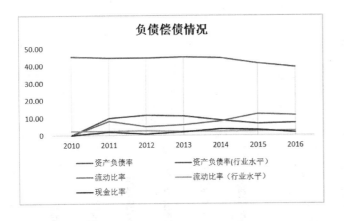

年度	资产负债率	资产负债率（行业水平）	流动比率	流动比率（行业水平）	现金比率
2010	0	45.38	0	2.41	0
2011	9.96	44.65	8.23	2.40	1.87
2012	11.69	44.62	5.16	2.58	0.66
2013	11.10	45.20	6.12	2.20	1.86
2014	8.62	44.71	8.17	2.26	3.53
2015	6.64	41.53	12.37	2.47	3.13
2016	7.17	39.43	11.64	2.69	1.60

年度	营业周期	营业周期（行业水平）	存货周转率	应收账款周转率	总资产周转率	营运资本周转率
2010	0	141.29	0	0	0	0
2011	111.11	178.15	5.38	8.15	1.77	2.49
2012	238.20	234.84	2.74	3.37	0.73	1.23
2013	153.17	225.27	3.86	6.01	0.96	1.83
2014	204.59	225.37	2.43	6.41	0.68	1.16
2015	198.39	259.36	2.52	6.50	0.48	0.70
2016	167.13	248.90	2.98	7.78	0.43	0.58

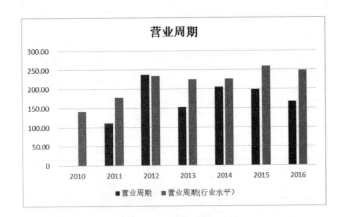

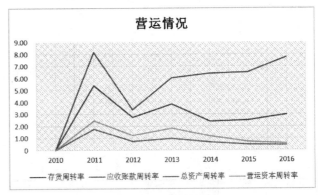

年度	研发总支出/主营业务收入	研发总支出/主营业务收入（行业水平）	存货（产成品）/资产总计	存货（产成品）/资产总计（行业水平）
2010	0	0	0	38.08%
2011	0	0.22%	7.40%	28.78%
2012	0	2.53%	7.40%	25.86%
2013	0	1.87%	5.83%	23.69%
2014	4.54%	1.86%	5.48%	19.33%
2015	9.52%	2.52%	3.50%	14.17%
2016	9.16%	2.56%	3.34%	11.77%

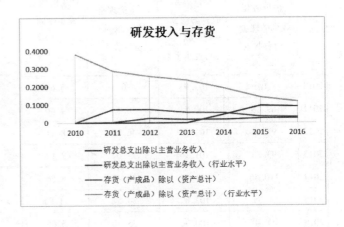

136. 红蜻蜓 （603116. SH）

年度	净资产收益率	净资产收益率（行业平均水平）	净资产同比增长率	净利润同比增长率	经营活动产生的现金流量净额同比增长率
2010	0	14.92	0	0	0
2011	33.75	12.52	0	0	0
2012	28.32	9.35	27.13	7.00	-10.52
2013	19.75	6.88	22.28	-13.10	308.76
2014	21.10	6.80	18.22	27.20	56.22
2015	13.00	7.20	76.22	-8.42	-40.46
2016	9.09	6.54	8.46	-8.87	-70.03

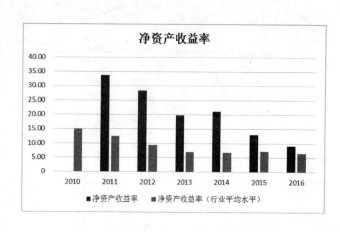

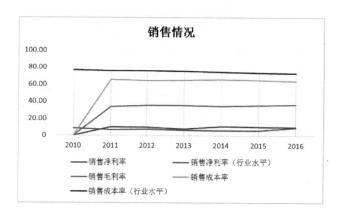

年度	销售净利率	销售净利率（行业水平）	销售毛利率	销售成本率	销售成本率（行业水平）
2010	0	8.73	0	0	76.68
2011	10.19	6.86	34.05	65.95	75.69
2012	9.66	7.11	35.50	64.50	75.97
2013	8.00	6.35	35.14	64.86	75.35
2014	10.47	5.98	34.28	65.72	74.56
2015	10.11	6.06	35.46	64.54	73.49
2016	9.52	9.17	36.23	63.77	72.75

年度	销售商品提供劳务收到的现金/营业收入	销售商品提供劳务收到的现金/营业收入（行业水平）	经营活动产生的现金流量净额/营业收入	经营活动产生的现金流量净额/营业收入（行业水平）
2010	0	103.93	0	5.63
2011	110.58	100.81	3.91	4.46
2012	113.04	102.55	3.10	8.41
2013	110.98	101.16	12.07	3.12
2014	115.60	101.77	19.42	8.56
2015	115.40	102.87	12.19	11.84
2016	108.63	100.96	3.77	5.08

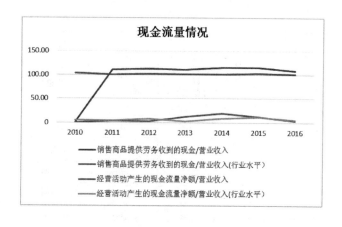

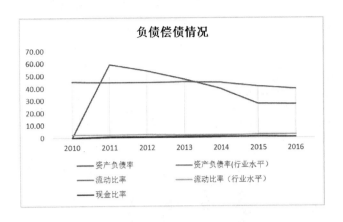

年度	资产负债率	资产负债率（行业水平）	流动比率	流动比率（行业水平）	现金比率
2010	0	45.38	0	2.41	0
2011	59.01	44.65	1.07	2.40	0.30
2012	54.19	44.62	1.10	2.58	0.33
2013	47.22	45.20	1.43	2.20	0.40
2014	39.54	44.71	1.59	2.26	0.50
2015	27.29	41.53	2.69	2.47	0.95
2016	27.16	39.43	2.72	2.69	0.60

年度	营业周期	营业周期（行业水平）	存货周转率	应收账款周转率	总资产周转率	营运资本周转率
2010	0	141.29	0	0	0	0
2011	65.77	178.15	7.22	22.64	2.45	74.74
2012	131.58	234.84	3.59	11.51	1.29	29.87
2013	145.20	225.27	3.40	9.16	1.24	10.74
2014	156.22	225.37	3.28	7.73	1.15	5.80
2015	173.01	259.36	2.84	7.75	0.87	2.40
2016	208.93	248.90	2.19	8.12	0.68	1.47

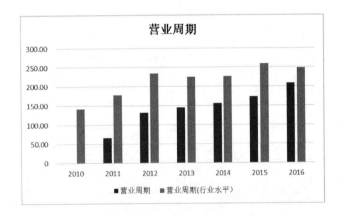

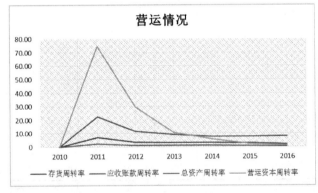

年度	研发总支出/主营业务收入	研发总支出/主营业务收入（行业水平）	存货（产成品）/资产总计	存货（产成品）/资产总计（行业水平）
2010	0	0	0	38.08%
2011	0	0.22%	40.60%	28.78%
2012	0	2.53%	35.70%	25.86%
2013	0	1.87%	33.63%	23.69%
2014	0.89%	1.86%	32.58%	19.33%
2015	1.15%	2.52%	22.24%	14.17%
2016	1.49%	2.56%	20.51%	11.77%

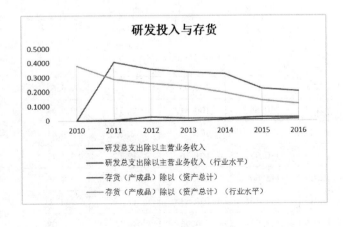

137. 日播时尚 （603196.SH）

年度	净资产收益率	净资产收益率（行业平均水平）	净资产同比增长率	净利润同比增长率	经营活动产生的现金流量净额同比增长率
2010	0	14.92	0	0	0
2011	0	12.52	0	0	0
2012	34.82	9.35	0	0	0
2013	34.98	6.88	27.95	-13.04	-25.29
2014	20.60	6.80	17.89	-25.16	32.53
2015	17.47	7.20	1.90	-10.79	-37.75
2016	16.49	6.54	9.93	2.77	40.15

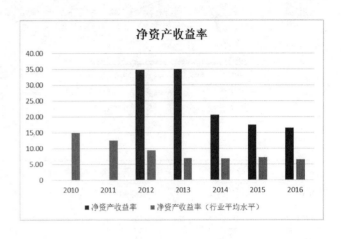

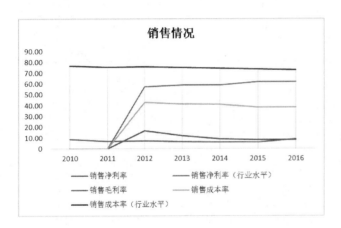

年度	销售净利率	销售净利率（行业水平）	销售毛利率	销售成本率	销售成本率（行业水平）
2010	0	8.73	0	0	76.68
2011	0	6.86	0	0	75.69
2012	16.66	7.11	57.16	42.84	75.97
2013	12.13	6.35	58.73	41.27	75.35
2014	9.26	5.98	58.84	41.16	74.56
2015	8.38	6.06	61.73	38.27	73.49
2016	8.15	9.17	61.74	38.26	72.75

年度	销售商品提供劳务收到的现金/营业收入	销售商品提供劳务收到的现金/营业收入（行业水平）	经营活动产生的现金流量净额/营业收入	经营活动产生的现金流量净额/营业收入（行业水平）
2010	0	103.93	0	5.63
2011	0	100.81	0	4.46
2012	124.50	102.55	15.73	8.41
2013	124.90	101.16	9.84	3.12
2014	122.01	101.77	13.30	8.56
2015	117.24	102.87	8.41	11.84
2016	122.33	100.96	11.14	5.08

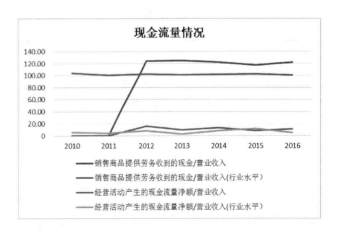

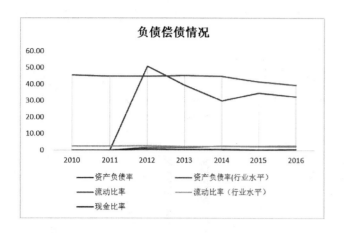

年度	资产负债率	资产负债率（行业水平）	流动比率	流动比率（行业水平）	现金比率
2010	0	45.38	0	2.41	0
2011	0	44.65	0	2.40	0
2012	50.93	44.62	1.69	2.58	0.54
2013	39.34	45.20	1.77	2.20	0.31
2014	29.85	44.71	2.55	2.26	0.33
2015	34.51	41.53	2.08	2.47	0.23
2016	32.38	39.43	2.30	2.69	0.44

年度	营业周期	营业周期（行业水平）	存货周转率	应收账款周转率	总资产周转率	营运资本周转率
2010	0	141.29	0	0	0	0
2011	0	178.15	0	0	0	0
2012	110.78	234.84	3.75	24.28	2.67	8.30
2013	201.91	225.27	2.00	16.19	1.56	5.30
2014	213.36	225.37	1.86	18.14	1.48	4.57
2015	242.95	259.36	1.65	14.58	1.38	3.98
2016	242.82	248.90	1.67	13.49	1.35	4.03

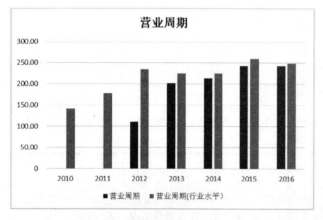

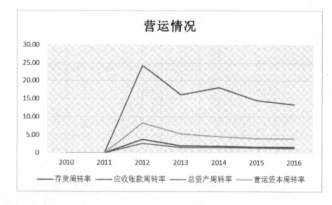

年度	研发总支出/主营业务收入	研发总支出/主营业务收入（行业水平）	存货（产成品）/（资产总计）	存货（产成品）/（资产总计）（行业水平）
2010	0	0	0	38.08%
2011	0	0.22%	0	28.78%
2012	0	2.53%	28.94%	25.86%
2013	0	1.87%	27.76%	23.69%
2014	0	1.86%	27.15%	19.33%
2015	0	2.52%	24.87%	14.17%
2016	0	2.56%	23.22%	11.77%

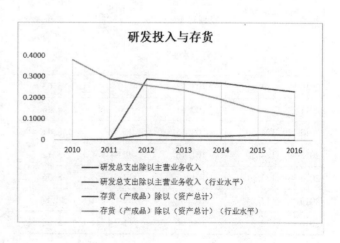

138. 华懋科技 （603306. SH）

年度	净资产收益率	净资产收益率（行业平均水平）	净资产同比增长率	净利润同比增长率	经营活动产生的现金流量净额同比增长率
2010	0	14.92	0	0	0
2011	31.09	12.52	0	0	0
2012	17.82	9.35	19.57	− 27.29	50.84
2013	24.80	6.88	28.31	73.00	37.45
2014	21.06	6.80	128.69	33.15	77.47
2015	17.47	7.20	16.88	47.40	− 15.46
2016	22.33	6.54	20.56	50.27	74.35

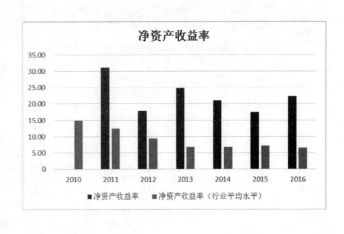

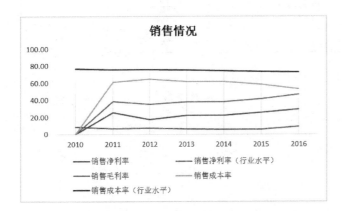

年度	销售净利率	销售净利率（行业水平）	销售毛利率	销售成本率	销售成本率（行业水平）
2010	0	8.73	0	0	76.68
2011	25.73	6.86	38.66	61.34	75.69
2012	17.33	7.11	35.37	64.63	75.97
2013	22.45	6.35	38.06	61.94	75.35
2014	22.31	5.98	38.34	61.66	74.56
2015	25.83	6.06	41.35	58.65	73.49
2016	29.51	9.17	46.75	53.25	72.75

年度	销售商品提供劳务收到的现金/营业收入	销售商品提供劳务收到的现金/营业收入（行业水平）	经营活动产生的现金流量净额/营业收入	经营活动产生的现金流量净额/营业收入（行业水平）
2010	0	103.93	0	5.63
2011	90.27	100.81	14.83	4.46
2012	84.96	102.55	20.72	8.41
2013	89.70	101.16	21.34	3.12
2014	89.60	101.77	28.26	8.56
2015	82.47	102.87	18.77	11.84
2016	81.06	100.96	24.87	5.08

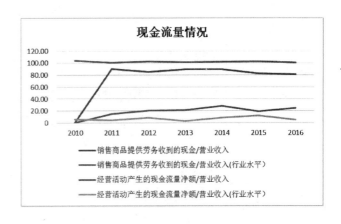

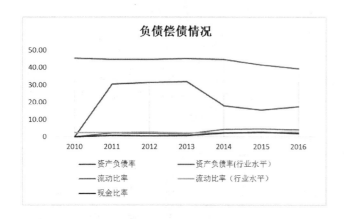

年度	资产负债率	资产负债率（行业水平）	流动比率	流动比率（行业水平）	现金比率
2010	0	45.38	0	2.41	0
2011	30.38	44.65	2.08	2.40	0.67
2012	31.37	44.62	1.80	2.58	0.53
2013	31.78	45.20	1.79	2.20	0.69
2014	17.72	44.71	4.33	2.26	2.27
2015	15.44	41.53	4.69	2.47	2.75
2016	17.30	39.43	4.07	2.69	1.99

年度	营业周期	营业周期（行业水平）	存货周转率	应收账款周转率	总资产周转率	营运资本周转率
2010	0	141.29	0	0	0	0
2011	99.59	178.15	6.26	8.56	1.46	4.93
2012	178.71	234.84	4.03	4.03	0.71	2.75
2013	154.03	225.27	5.44	4.10	0.76	3.24
2014	146.67	225.37	6.30	4.02	0.62	1.40
2015	151.66	259.36	6.54	3.73	0.56	1.00
2016	164.16	248.90	6.04	3.44	0.62	1.14

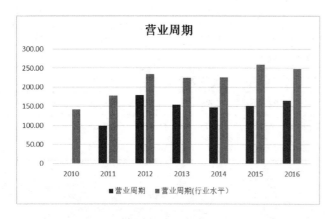

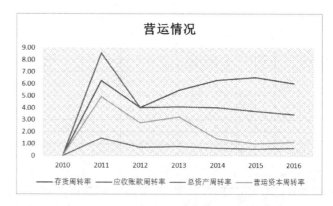

年度	研发总支出/主营业务收入	研发总支出/主营业务收入（行业水平）	存货（产成品）/（资产总计）	存货（产成品）/（资产总计）（行业水平）
2010	0	0	0	38.08%
2011	0	0.22%	11.12%	28.78%
2012	1.13%	2.53%	9.17%	25.86%
2013	1.53%	1.87%	7.10%	23.69%
2014	3.88%	1.86%	3.75%	19.33%
2015	3.58%	2.52%	3.29%	14.17%
2016	3.89%	2.56%	2.67%	11.77%

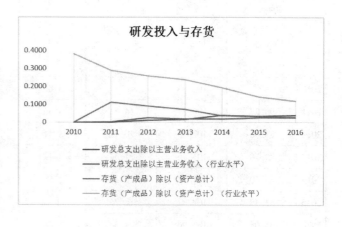

139. 梦百合（603313. SH）

年度	净资产收益率	净资产收益率（行业平均水平）	净资产同比增长率	净利润同比增长率	经营活动产生的现金流量净额同比增长率
2010	0	14.92	0	0	0
2011	73.21	12.52	0	0	0
2012	42.94	9.35	42.68	43.46	637.19
2013	32.41	6.88	19.76	-4.87	-38.00
2014	29.71	6.80	34.17	19.93	25.02
2015	28.80	7.20	27.65	25.70	46.40
2016	21.60	6.54	158.34	20.37	-10.46

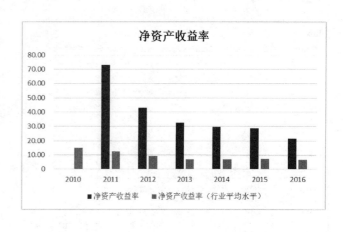

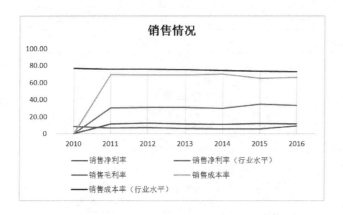

年度	销售净利率	销售净利率（行业水平）	销售毛利率	销售成本率	销售成本率（行业水平）
2010	0	8.73	0	0	76.68
2011	11.90	6.86	30.60	69.40	75.69
2012	12.79	7.11	30.94	69.06	75.97
2013	11.45	6.35	30.89	69.11	75.35
2014	11.29	5.98	30.04	69.96	74.56
2015	11.98	6.06	34.86	65.14	73.49
2016	11.53	9.17	33.60	66.40	72.75

年度	销售商品提供劳务收到的现金/营业收入	销售商品提供劳务收到的现金/营业收入（行业水平）	经营活动产生的现金流量净额/营业收入	经营活动产生的现金流量净额/营业收入（行业水平）
2010	0	103.93	0	5.63
2011	90.98	100.81	2.97	4.46
2012	101.48	102.55	16.37	8.41
2013	97.72	101.16	9.56	3.12
2014	101.79	101.77	9.83	8.56
2015	98.45	102.87	12.14	11.84
2016	103.81	100.96	8.69	5.08

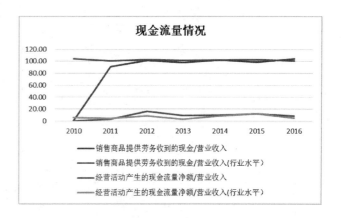

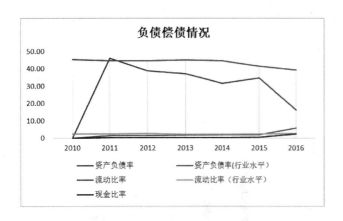

年度	资产负债率	资产负债率（行业水平）	流动比率	流动比率（行业水平）	现金比率
2010	0	45.38	0	2.41	0
2011	46.03	44.65	1.46	2.40	0.19
2012	38.87	44.62	1.55	2.58	0.32
2013	37.03	45.20	1.69	2.20	0.26
2014	31.51	44.71	1.82	2.26	0.31
2015	34.76	41.53	1.84	2.47	0.35
2016	16.24	39.43	5.70	2.69	2.43

年度	营业周期	营业周期（行业水平）	存货周转率	应收账款周转率	总资产周转率	营运资本周转率
2010	0	141.29	0	0	0	0
2011	65.10	178.15	9.90	12.52	3.30	15.45
2012	99.94	234.84	6.14	8.72	1.94	9.11
2013	113.09	225.27	5.15	8.34	1.70	7.24
2014	110.26	225.37	5.09	9.10	1.73	6.84
2015	110.17	259.36	5.11	9.07	1.59	6.62
2016	104.90	248.90	5.65	8.74	1.16	2.47

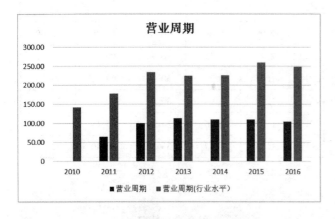

年度	研发总支出/主营业务收入	研发总支出/主营业务收入（行业水平）	存货（产成品）/（资产总计）	存货（产成品）/（资产总计）（行业水平）
2010	0	0	0	38.08%
2011	0	0.22%	28.02%	28.78%
2012	0	2.53%	22.12%	25.86%
2013	0	1.87%	18.97%	23.69%
2014	0	1.86%	15.49%	19.33%
2015	0	2.52%	11.55%	14.17%
2016	3.07%	2.56%	5.76%	11.77%

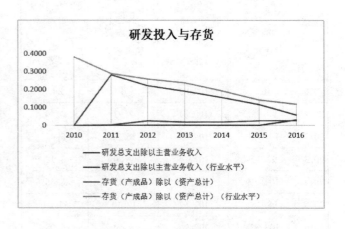

140. 维格娜丝 （603518. SH）

年度	净资产收益率	净资产收益率（行业平均水平）	净资产同比增长率	净利润同比增长率	经营活动产生的现金流量净额同比增长率
2010	40.59	14.92	55.97	172.88	−39.13
2011	43.05	12.52	81.44	69.53	350.24
2012	27.63	9.35	33.78	4.05	−14.48
2013	30.35	6.88	29.22	43.03	107.98
2014	22.42	6.80	151.66	1.99	−40.30
2015	8.43	7.20	6.99	−18.93	4.77
2016	7.08	6.54	6.06	−10.49	−32.32

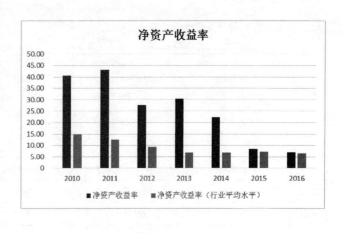

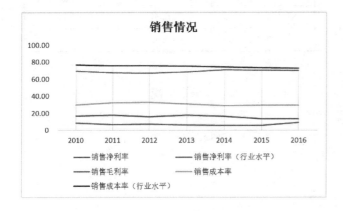

年度	销售净利率	销售净利率（行业水平）	销售毛利率	销售成本率	销售成本率（行业水平）
2010	17.17	8.73	69.78	30.22	76.68
2011	18.03	6.86	67.63	32.37	75.69
2012	15.85	7.11	67.16	32.84	75.97
2013	18.17	6.35	68.80	31.20	75.35
2014	16.32	5.98	71.05	28.95	74.56
2015	13.60	6.06	70.33	29.67	73.49
2016	13.48	9.17	70.24	29.76	72.75

年度	销售商品提供劳务收到的现金/营业收入	销售商品提供劳务收到的现金/营业收入（行业水平）	经营活动产生的现金流量净额/营业收入	经营活动产生的现金流量净额/营业收入（行业水平）
2010	113.63	103.93	7.31	5.63
2011	115.16	100.81	20.39	4.46
2012	111.27	102.55	14.73	8.41
2013	116.07	101.16	24.54	3.12
2014	114.26	101.77	12.91	8.56
2015	117.17	102.87	13.90	11.84
2016	118.61	100.96	10.42	5.08

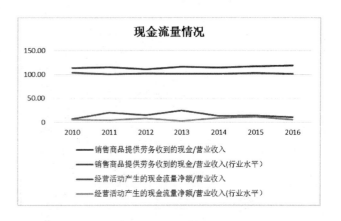

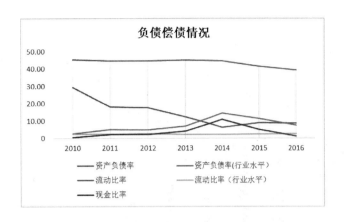

年度	资产负债率	资产负债率（行业水平）	流动比率	流动比率（行业水平）	现金比率
2010	29.39	45.38	2.62	2.41	0.37
2011	18.08	44.65	4.99	2.40	2.25
2012	17.51	44.62	4.73	2.58	2.11
2013	12.28	45.20	7.09	2.20	4.17
2014	6.35	44.71	14.35	2.26	10.89
2015	8.80	41.53	11.30	2.47	5.05
2016	8.59	39.43	7.35	2.69	1.15

年度	营业周期	营业周期（行业水平）	存货周转率	应收账款周转率	总资产周转率	营运资本周转率
2010	284.12	141.29	1.36	18.59	1.59	3.90
2011	259.50	178.15	1.48	21.57	1.71	3.04
2012	285.40	234.84	1.35	18.27	1.42	2.19
2013	268.53	225.27	1.44	20.37	1.40	2.00
2014	282.08	225.37	1.37	18.61	0.87	1.06
2015	373.85	259.36	1.03	14.25	0.57	0.71
2016	463.58	248.90	0.83	12.50	0.48	0.78

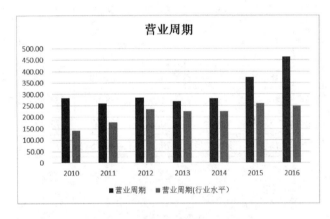

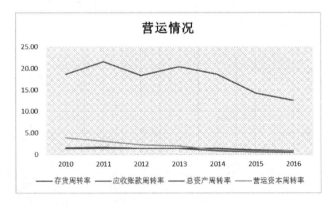

年度	研发总支出/主营业务收入	研发总支出/主营业务收入（行业水平）	存货（产成品）/（资产总计）	存货（产成品）/（资产总计）（行业水平）
2010	0	0	84.37%	38.08%
2011	0	0.22%	53.95%	28.78%
2012	1.67%	2.53%	40.61%	25.86%
2013	2.15%	1.87%	33.42%	23.69%
2014	2.84%	1.86%	14.18%	19.33%
2015	3.44%	2.52%	12.90%	14.17%
2016	5.58%	2.56%	12.19%	11.77%

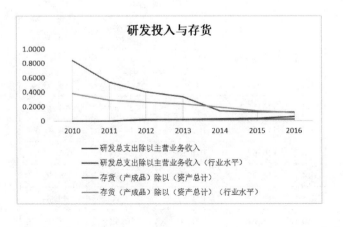

141. 贵人鸟 （603555. SH）

年度	净资产收益率	净资产收益率（行业平均水平）	净资产同比增长率	净利润同比增长率	经营活动产生的现金流量净额同比增长率
2010	76. 10	14. 92	216. 40	180. 48	780. 79
2011	55. 11	12. 52	60. 20	83. 39	78. 41
2012	50. 26	9. 35	40. 37	29. 46	70. 25
2013	33. 34	6. 88	2. 31	−19. 79	−56. 84
2014	14. 56	6. 80	69. 65	−26. 27	−52. 00
2015	14. 36	7. 20	6. 65	6. 28	517. 98
2016	12. 34	6. 54	16. 92	−1. 76	−60. 62

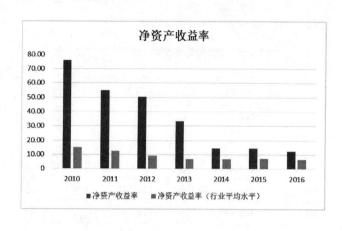

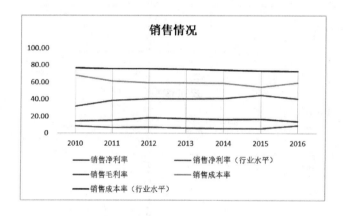

年度	销售净利率	销售净利率（行业水平）	销售毛利率	销售成本率	销售成本率（行业水平）
2010	14. 49	8. 73	31. 82	68. 18	76. 68
2011	15. 40	6. 86	38. 65	61. 35	75. 69
2012	18. 49	7. 11	40. 70	59. 30	75. 97
2013	17. 60	6. 35	40. 64	59. 36	75. 35
2014	16. 27	5. 98	41. 02	58. 98	74. 56
2015	16. 85	6. 06	45. 20	54. 80	73. 49
2016	14. 30	9. 17	40. 58	59. 42	72. 75

年度	销售商品提供劳务收到的现金/营业收入	销售商品提供劳务收到的现金/营业收入（行业水平）	经营活动产生的现金流量净额/营业收入	经营活动产生的现金流量净额/营业收入（行业水平）
2010	83. 66	103. 93	10. 04	5. 63
2011	71. 83	100. 81	10. 38	4. 46
2012	82. 60	102. 55	16. 40	8. 41
2013	78. 41	101. 16	8. 40	3. 12
2014	103. 82	101. 77	5. 05	8. 56
2015	105. 73	102. 87	30. 44	11. 84
2016	93. 37	100. 96	10. 36	5. 08

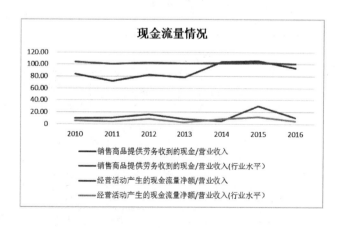

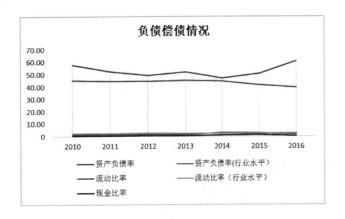

年度	资产负债率	资产负债率（行业水平）	流动比率	流动比率（行业水平）	现金比率
2010	57.66	45.38	1.23	2.41	0.35
2011	52.24	44.65	1.29	2.40	0.26
2012	49.31	44.62	1.51	2.58	0.49
2013	52.16	45.20	1.46	2.20	0.36
2014	46.84	44.71	2.99	2.26	1.04
2015	50.60	41.53	2.69	2.47	1.37
2016	60.62	39.43	1.61	2.69	0.45

年度	营业周期	营业周期（行业水平）	存货周转率	应收账款周转率	总资产周转率	营运资本周转率
2010	111.75	141.29	8.62	5.14	1.54	14.97
2011	105.95	178.15	9.44	5.31	1.62	11.21
2012	129.52	234.84	9.50	3.93	1.28	6.08
2013	200.44	225.27	10.74	2.16	0.91	3.69
2014	299.50	225.37	7.12	1.45	0.55	1.30
2015	292.99	259.36	5.65	1.57	0.44	0.90
2016	326.76	248.90	4.20	1.49	0.36	1.16

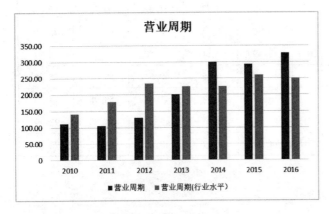

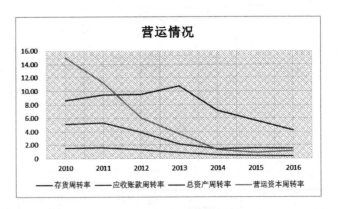

年度	研发总支出/主营业务收入	研发总支出/主营业务收入（行业水平）	存货（产成品）/（资产总计）	存货（产成品）/（资产总计）（行业水平）
2010	0	0	30.49%	38.08%
2011	0	0.22%	21.46%	28.78%
2012	1.25%	2.53%	16.23%	25.86%
2013	1.26%	1.87%	14.97%	23.69%
2014	1.62%	1.86%	9.81%	19.33%
2015	1.85%	2.52%	8.54%	14.17%
2016	1.95%	2.56%	5.22%	11.77%

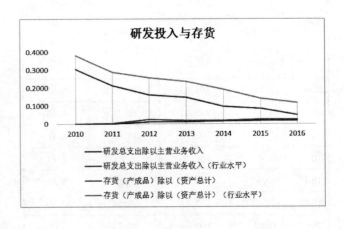

142. 健盛集团 （603558.SH）

年度	净资产收益率	净资产收益率（行业平均水平）	净资产同比增长率	净利润同比增长率	经营活动产生的现金流量净额同比增长率
2010	0	14.92	0	0	0
2011	34.04	12.52	0	0	0
2012	31.04	9.35	35.75	26.39	-24.49
2013	26.84	6.88	18.21	15.51	51.48
2014	23.60	6.80	26.44	2.11	3.63
2015	14.27	7.20	112.89	31.58	-3.09
2016	6.68	6.54	137.58	2.24	-33.24

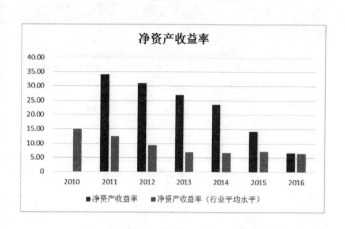

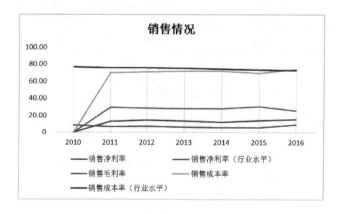

年度	销售净利率	销售净利率（行业水平）	销售毛利率	销售成本率	销售成本率（行业水平）
2010	0	8.73	0	0	76.68
2011	13.00	6.86	29.72	70.28	75.69
2012	14.69	7.11	28.75	71.25	75.97
2013	13.51	6.35	28.12	71.88	75.35
2014	11.95	5.98	28.10	71.90	74.56
2015	14.18	6.06	30.60	69.40	73.49
2016	15.61	9.17	25.75	74.25	72.75

年度	销售商品提供劳务收到的现金/营业收入	销售商品提供劳务收到的现金/营业收入（行业水平）	经营活动产生的现金流量净额/营业收入	经营活动产生的现金流量净额/营业收入（行业水平）
2010	0	103.93	0	5.63
2011	98.58	100.81	21.74	4.46
2012	96.48	102.55	14.68	8.41
2013	100.85	101.16	17.71	3.12
2014	98.89	101.77	15.89	8.56
2015	97.89	102.87	13.89	11.84
2016	101.58	100.96	9.98	5.08

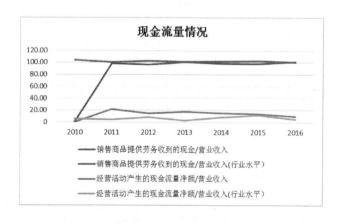

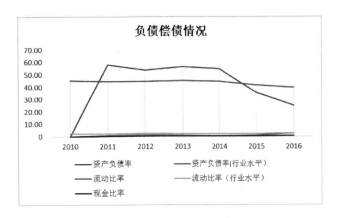

年度	资产负债率	资产负债率（行业水平）	流动比率	流动比率（行业水平）	现金比率
2010	0	45.38	0	2.41	0
2011	57.94	44.65	0.89	2.40	0.22
2012	53.56	44.62	1.19	2.58	0.31
2013	56.46	45.20	0.84	2.20	0.17
2014	54.57	44.71	0.80	2.26	0.19
2015	35.39	41.53	1.11	2.47	0.30
2016	25.09	39.43	2.54	2.69	0.71

年度	营业周期	营业周期（行业水平）	存货周转率	应收账款周转率	总资产周转率	营运资本周转率
2010	0	141.29	0	0	0	0
2011	63.43	178.15	7.79	20.92	1.86	-39.11
2012	126.07	234.84	4.12	9.28	0.94	65.01
2013	125.11	225.27	4.26	8.85	0.94	-85.76
2014	137.39	225.37	3.81	8.37	0.88	-9.76
2015	161.20	259.36	3.22	7.28	0.71	-37.76
2016	218.39	248.90	2.31	5.74	0.36	1.53

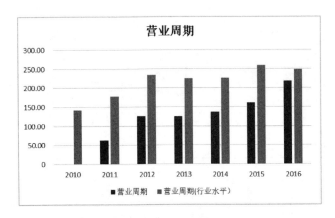

年度	研发总支出/主营业务收入	研发总支出/主营业务收入（行业水平）	存货（产成品）/（资产总计）	存货（产成品）/（资产总计）（行业水平）
2010	0	0	0	38.08%
2011	0	0.22%	19.98%	28.78%
2012	0.33%	2.53%	16.25%	25.86%
2013	0.58%	1.87%	12.89%	23.69%
2014	1.03%	1.86%	10.64%	19.33%
2015	0.93%	2.52%	7.11%	14.17%
2016	1.70%	2.56%	3.47%	11.77%

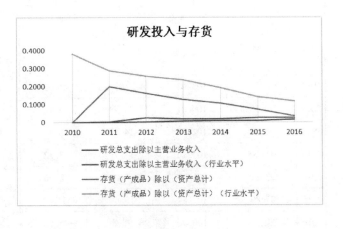

143. 天创时尚 （603608. SH）

年度	净资产收益率	净资产收益率（行业平均水平）	净资产同比增长率	净利润同比增长率	经营活动产生的现金流量净额同比增长率
2010	0	14.92	0	0	0
2011	24.80	12.52	0	0	0
2012	21.87	9.35	24.56	17.12	190.02
2013	16.27	6.88	12.19	−12.00	73.36
2014	16.57	6.80	13.93	14.65	116.69
2015	12.91	7.20	9.37	−12.33	−38.77
2016	8.41	6.54	80.13	8.61	46.86

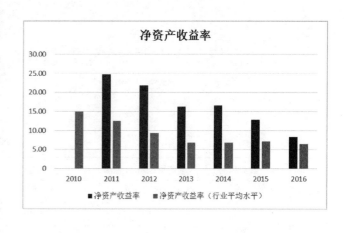

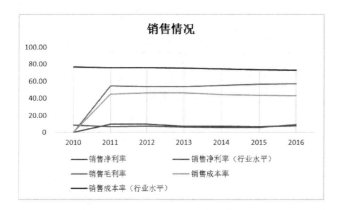

年度	销售净利率	销售净利率（行业水平）	销售毛利率	销售成本率	销售成本率（行业水平）
2010	0	8.73	0	0	76.68
2011	9.95	6.86	54.81	45.19	75.69
2012	9.51	7.11	53.80	46.20	75.97
2013	7.16	6.35	53.81	46.19	75.35
2014	7.35	5.98	55.29	44.71	74.56
2015	6.67	6.06	56.45	43.55	73.49
2016	7.63	9.17	57.16	42.84	72.75

年度	销售商品提供劳务收到的现金/营业收入	销售商品提供劳务收到的现金/营业收入（行业水平）	经营活动产生的现金流量净额/营业收入	经营活动产生的现金流量净额/营业收入（行业水平）
2010	0	103.93	0	5.63
2011	108.88	100.81	−6.63	4.46
2012	105.38	102.55	4.87	8.41
2013	112.75	101.16	7.22	3.12
2014	112.33	101.77	14.01	8.56
2015	112.27	102.87	8.87	11.84
2016	110.88	100.96	13.72	5.08

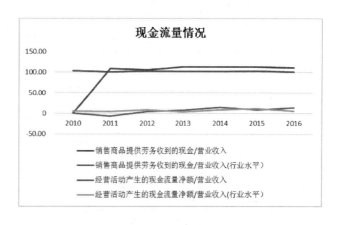

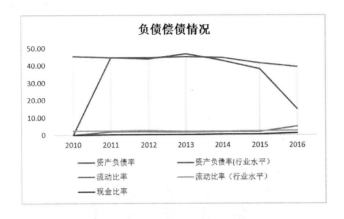

年度	资产负债率	资产负债率（行业水平）	流动比率	流动比率（行业水平）	现金比率
2010	0	45.38	0	2.41	0
2011	44.59	44.65	1.89	2.40	0.32
2012	43.79	44.62	1.92	2.58	0.26
2013	46.78	45.20	1.66	2.20	0.25
2014	42.99	44.71	1.82	2.26	0.38
2015	38.12	41.53	1.95	2.47	0.36
2016	14.84	39.43	4.94	2.69	1.12

年度	营业周期	营业周期（行业水平）	存货周转率	应收账款周转率	总资产周转率	营运资本周转率
2010	0	141.29	0	0	0	0
2011	180.30	178.15	2.40	11.90	2.36	6.06
2012	316.21	234.84	1.41	5.95	1.29	3.33
2013	299.32	225.27	1.51	5.95	1.25	3.68
2014	280.60	225.37	1.59	6.62	1.25	3.91
2015	293.89	259.36	1.51	6.51	1.16	3.39
2016	293.32	248.90	1.53	6.24	0.96	2.00

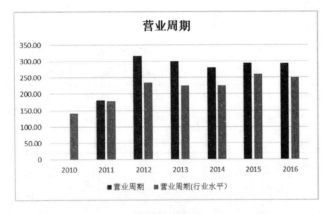

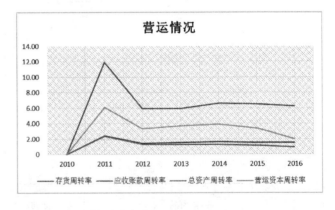

年度	研发总支出/主营业务收入	研发总支出/主营业务收入（行业水平）	存货（产成品）/（资产总计）	存货（产成品）/（资产总计）（行业水平）
2010	0	0	0	38.08%
2011	0	0.22%	40.65%	28.78%
2012	0.83%	2.53%	33.05%	25.86%
2013	0.81%	1.87%	27.79%	23.69%
2014	0.55%	1.86%	26.10%	19.33%
2015	1.95%	2.52%	25.85%	14.17%
2016	1.14%	2.56%	19.98%	11.77%

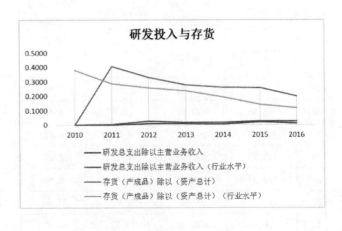

144. 康隆达 （603665. SH）

年度	净资产收益率	净资产收益率（行业平均水平）	净资产同比增长率	净利润同比增长率	经营活动产生的现金流量净额同比增长率
2010	0	14.92	0	0	0
2011	24.58	12.52	0	0	0
2012	19.22	9.35	21.25	−21.34	72.51
2013	19.05	6.88	−7.11	5.30	129.94
2014	19.74	6.80	15.76	2.12	−23.19
2015	19.69	7.20	22.68	29.50	36.82
2016	26.31	6.54	6.06	50.17	−34.06

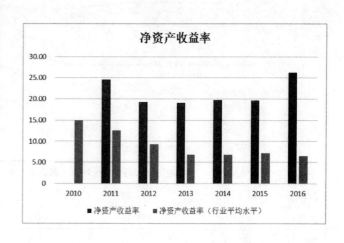

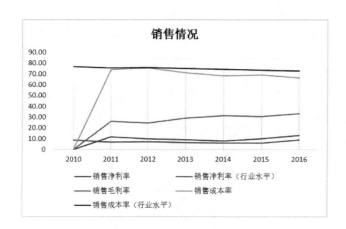

年度	销售净利率	销售净利率（行业水平）	销售毛利率	销售成本率	销售成本率（行业水平）
2010	0	8.73	0	0	76.68
2011	11.62	6.86	26.06	73.94	75.69
2012	9.88	7.11	24.56	75.44	75.97
2013	8.91	6.35	29.08	70.92	75.35
2014	7.76	5.98	31.58	68.42	74.56
2015	10.35	6.06	30.89	69.11	73.49
2016	13.31	9.17	33.54	66.46	72.75

年度	销售商品提供劳务收到的现金/营业收入	销售商品提供劳务收到的现金/营业收入（行业水平）	经营活动产生的现金流量净额/营业收入	经营活动产生的现金流量净额/营业收入（行业水平）
2010	0	103.93	0	5.63
2011	100.24	100.81	6.37	4.46
2012	102.77	102.55	11.88	8.41
2013	102.25	101.16	23.40	3.12
2014	101.00	101.77	15.34	8.56
2015	101.43	102.87	21.60	11.84
2016	103.48	100.96	12.20	5.08

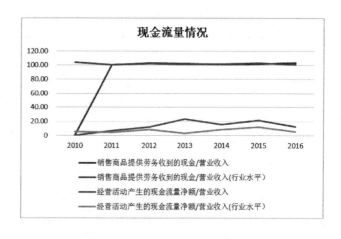

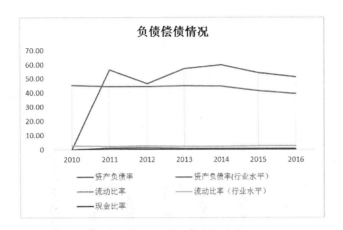

年度	资产负债率	资产负债率(行业水平)	流动比率	流动比率(行业水平)	现金比率
2010	0	45.38	0	2.41	0
2011	56.24	44.65	1.16	2.40	0.42
2012	46.65	44.62	1.30	2.58	0.33
2013	57.22	45.20	0.79	2.20	0.14
2014	59.88	44.71	0.80	2.26	0.19
2015	54.38	41.53	0.87	2.47	0.24
2016	51.21	39.43	0.91	2.69	0.22

年度	营业周期	营业周期（行业水平）	存货周转率	应收账款周转率	总资产周转率	营运资本周转率
2010	0	141.29	0	0	0	0
2011	87.95	178.15	5.11	20.55	1.94	22.33
2012	192.71	234.84	2.32	9.53	0.90	8.24
2013	171.83	225.27	2.63	10.27	0.97	-1285.27
2014	154.66	225.37	3.00	10.33	0.95	-8.26
2015	170.57	259.36	2.77	8.85	0.81	-8.98
2016	155.37	248.90	3.01	10.04	0.92	-16.72

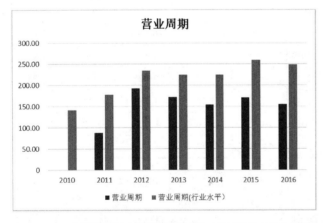

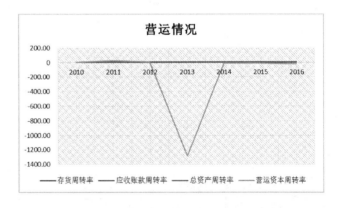

年度	研发总支出/主营业务收入	研发总支出/主营业务收入（行业水平）	存货（产成品）/（资产总计）	存货（产成品）/（资产总计）（行业水平）
2010	0	0	0	38.08%
2011	0	0.22%	18.51%	28.78%
2012	0	2.53%	18.43%	25.86%
2013	0	1.87%	15.85%	23.69%
2014	3.84%	1.86%	13.12%	19.33%
2015	2.88%	2.52%	12.13%	14.17%
2016	3.21%	2.56%	12.17%	11.77%

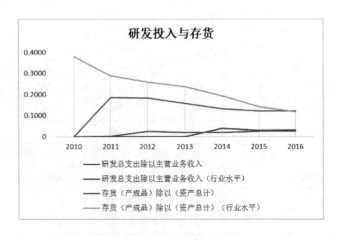

145. 歌力思（603808.SH）

年度	净资产收益率	净资产收益率（行业平均水平）	净资产同比增长率	净利润同比增长率	经营活动产生的现金流量净额同比增长率
2010	0	14.92	0	0	0
2011	31.68	12.52	0	0	0
2012	28.24	9.35	32.88	25.90	33.53
2013	25.71	6.88	18.23	11.73	4.60
2014	21.12	6.80	12.61	1.00	7.93
2015	13.07	7.20	129.84	15.82	−2.19
2016	12.29	6.54	14.89	39.07	−39.04

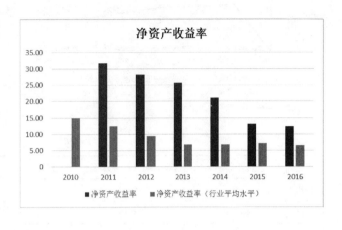

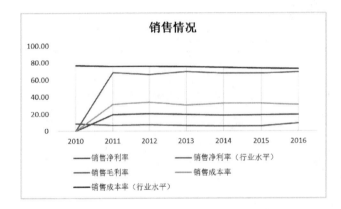

年度	销售净利率	销售净利率（行业水平）	销售毛利率	销售成本率	销售成本率（行业水平）
2010	0	8.73	0	0	76.68
2011	19.46	6.86	68.53	31.47	75.69
2012	20.41	7.11	66.25	33.75	75.97
2013	19.24	6.35	69.60	30.40	75.35
2014	18.55	5.98	67.51	32.49	74.56
2015	19.14	6.06	67.61	32.39	73.49
2016	19.64	9.17	68.96	31.04	72.75

年度	销售商品提供劳务收到的现金/营业收入	销售商品提供劳务收到的现金/营业收入（行业水平）	经营活动产生的现金流量净额/营业收入	经营活动产生的现金流量净额/营业收入（行业水平）
2010	0	103.93	0	5.63
2011	115.74	100.81	22.55	4.46
2012	117.79	102.55	25.09	8.41
2013	116.91	101.16	22.13	3.12
2014	114.17	101.77	22.81	8.56
2015	112.32	102.87	19.87	11.84
2016	113.88	100.96	8.94	5.08

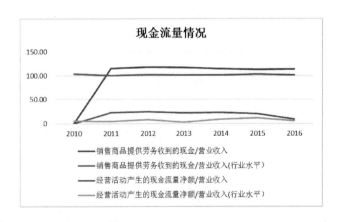

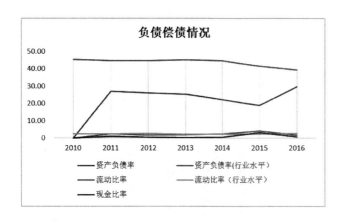

年度	资产负债率	资产负债率（行业水平）	流动比率	流动比率（行业水平）	现金比率
2010	0	45.38	0	2.41	0
2011	27.10	44.65	2.40	2.40	0.93
2012	25.96	44.62	1.75	2.58	0.46
2013	25.36	45.20	1.90	2.20	0.33
2014	22.10	44.71	2.43	2.26	0.38
2015	18.91	41.53	4.00	2.47	3.08
2016	29.60	39.43	1.69	2.69	0.70

年度	营业周期	营业周期（行业水平）	存货周转率	应收账款周转率	总资产周转率	营运资本周转率
2010	0	141.29	0	0	0	0
2011	152.40	178.15	2.76	16.50	1.96	5.23
2012	265.78	234.84	1.58	9.64	1.02	3.74
2013	295.97	225.27	1.38	10.54	0.98	4.63
2014	290.11	225.37	1.43	9.30	0.91	3.40
2015	272.82	259.36	1.57	8.26	0.62	1.29
2016	283.72	248.90	1.55	6.93	0.51	1.48

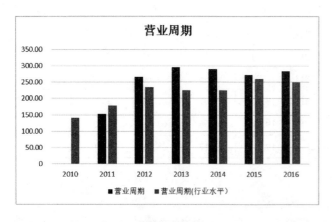

年度	研发总支出/主营业务收入	研发总支出/主营业务收入（行业水平）	存货（产成品）/（资产总计）	存货（产成品）/（资产总计）（行业水平）
2010	0	0	0	38.08%
2011	0	0.22%	43.92%	28.78%
2012	0	2.53%	33.57%	25.86%
2013	0	1.87%	28.63%	23.69%
2014	0	1.86%	26.53%	19.33%
2015	4.01%	2.52%	12.02%	14.17%
2016	3.69%	2.56%	8.72%	11.77%

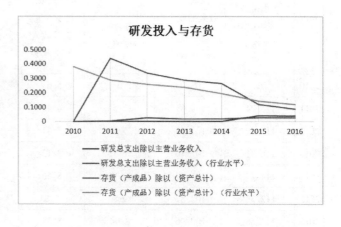

146. 太平鸟 (603877.SH)

年度	净资产收益率	净资产收益率（行业平均水平）	净资产同比增长率	净利润同比增长率	经营活动产生的现金流量净额同比增长率
2010	0	14.92	0	0	0
2011	16.08	12.52	0	0	0
2012	12.17	9.35	0.47	9.01	237.80
2013	22.62	6.88	19.16	110.15	215.75
2014	36.86	6.80	38.03	104.29	-0.40
2015	34.63	7.20	25.16	23.75	-55.26
2016	23.29	6.54	12.23	-20.95	165.91

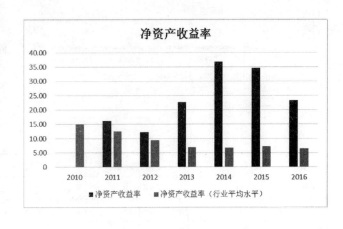

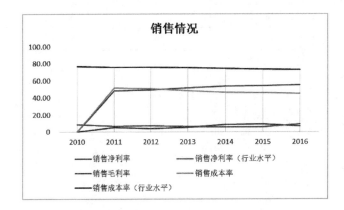

年度	销售净利率	销售净利率（行业水平）	销售毛利率	销售成本率	销售成本率（行业水平）
2010	0	8.73	0	0	76.68
2011	5.17	6.86	48.51	51.49	75.69
2012	3.91	7.11	49.40	50.60	75.97
2013	5.50	6.35	51.82	48.18	75.35
2014	8.62	5.98	53.51	46.49	74.56
2015	9.03	6.06	54.24	45.76	73.49
2016	6.67	9.17	54.95	45.05	72.75

年度	销售商品提供劳务收到的现金/营业收入	销售商品提供劳务收到的现金/营业收入（行业水平）	经营活动产生的现金流量净额/营业收入	经营活动产生的现金流量净额/营业收入（行业水平）
2010	0	103.93	0	5.63
2011	116.08	100.81	2.80	4.46
2012	116.08	102.55	6.57	8.41
2013	115.89	101.16	13.88	3.12
2014	116.34	101.77	10.60	8.56
2015	113.51	102.87	4.01	11.84
2016	112.52	100.96	9.97	5.08

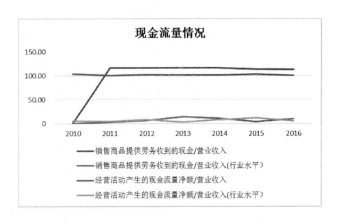

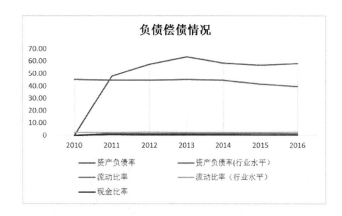

年度	资产负债率	资产负债率（行业水平）	流动比率	流动比率（行业水平）	现金比率
2010	0	45.38	0	2.41	0
2011	48.10	44.65	1.83	2.40	0.58
2012	57.35	44.62	1.37	2.58	0.34
2013	63.33	45.20	1.31	2.20	0.43
2014	58.56	44.71	1.47	2.26	0.48
2015	56.82	41.53	1.51	2.47	0.36
2016	58.03	39.43	1.48	2.69	0.47

年度	营业周期	营业周期（行业水平）	存货周转率	应收账款周转率	总资产周转率	营运资本周转率
2010	0	141.29	0	0	0	0
2011	0	178.15	2.76	24.64	2.15	5.41
2012	217.88	234.84	0	16.00	1.39	4.75
2013	176.36	225.27	2.29	18.85	1.59	8.57
2014	0	225.37	2.41	19.68	1.61	7.92
2015	191.18	259.36	2.10	18.15	1.57	6.53
2016	219.18	248.90	1.82	16.88	1.43	5.85

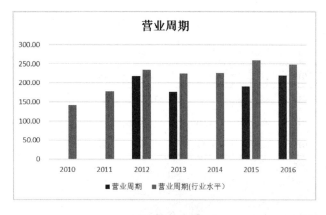

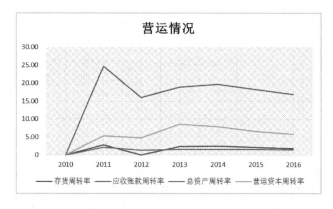

年度	研发总支出/主营业务收入	研发总支出/主营业务收入（行业水平）	存货（产成品）/（资产总计）	存货（产成品）/（资产总计）（行业水平）
2010	0	0	0	38.08%
2011	0	0.22%	0	28.78%
2012	0	2.53%	0	25.86%
2013	0	1.87%	0	23.69%
2014	0	1.86%	0	19.33%
2015	0	2.52%	0	14.17%
2016	0	2.56%	34.04%	11.77%

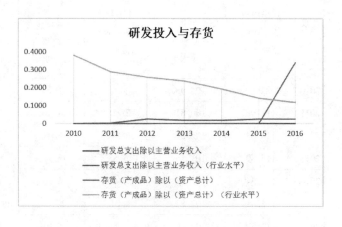

147. 新澳股份 （603889. SH）

年度	净资产收益率	净资产收益率（行业平均水平）	净资产同比增长率	净利润同比增长率	经营活动产生的现金流量净额同比增长率
2010	0	14.92	0	0	0
2011	35.43	12.52	0	0	0
2012	22.67	9.35	17.95	−20.52	20.83
2013	23.58	6.88	20.86	25.92	−33.62
2014	23.28	6.80	113.20	17.40	34.72
2015	13.10	7.20	10.13	15.76	104.02
2016	14.30	6.54	11.38	19.76	−32.66

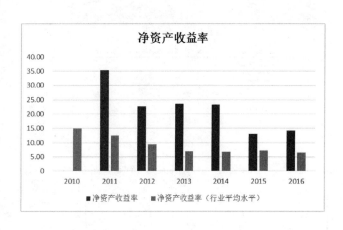

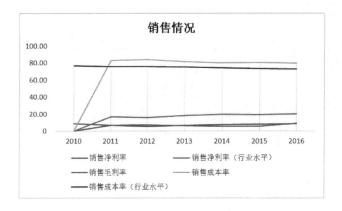

年度	销售净利率	销售净利率（行业水平）	销售毛利率	销售成本率	销售成本率（行业水平）
2010	0	8.73	0	0	76.68
2011	6.90	6.86	17.06	82.94	75.69
2012	5.40	7.11	15.87	84.13	75.97
2013	7.09	6.35	18.35	81.65	75.35
2014	7.76	5.98	19.72	80.28	74.56
2015	8.49	6.06	19.31	80.69	73.49
2016	8.98	9.17	20.49	79.51	72.75

年度	销售商品提供劳务收到的现金/营业收入	销售商品提供劳务收到的现金/营业收入（行业水平）	经营活动产生的现金流量净额/营业收入	经营活动产生的现金流量净额/营业收入（行业水平）
2010	0	103.93	0	5.63
2011	115.54	100.81	7.16	4.46
2012	105.57	102.55	8.52	8.41
2013	108.82	101.16	5.89	3.12
2014	106.42	101.77	7.40	8.56
2015	110.05	102.87	14.28	11.84
2016	110.81	100.96	8.49	5.08

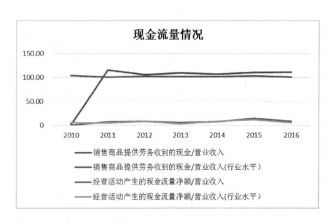

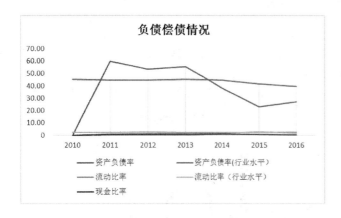

年度	资产负债率	资产负债率（行业水平）	流动比率	流动比率（行业水平）	现金比率
2010	0	45.38	0	2.41	0
2011	59.61	44.65	1.14	2.40	0.34
2012	53.45	44.62	1.19	2.58	0.23
2013	55.26	45.20	1.17	2.20	0.32
2014	38.19	44.71	1.86	2.26	0.90
2015	23.01	41.53	2.65	2.47	0.76
2016	27.03	39.43	2.00	2.69	0.45

年度	营业周期	营业周期（行业水平）	存货周转率	应收账款周转率	总资产周转率	营运资本周转率
2010	0	141.29	0	0	0	0
2011	57.35	178.15	7.15	51.51	3.26	38.83
2012	116.33	234.84	3.60	22.10	1.65	17.63
2013	136.18	225.27	3.04	20.24	1.41	14.58
2014	146.83	225.37	2.78	20.59	1.11	4.81
2015	143.09	259.36	2.90	18.85	1.05	3.02
2016	138.68	248.90	2.97	20.43	1.19	3.73

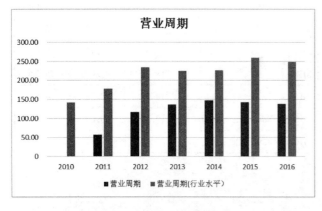

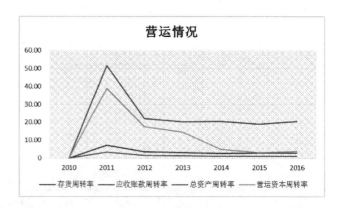

年度	研发总支出/主营业务收入	研发总支出/主营业务收入（行业水平）	存货（产成品）/（资产总计）	存货（产成品）/（资产总计）（行业水平）
2010	0	0	0	38.08%
2011	0	0.22%	29.04%	28.78%
2012	1.88%	2.53%	28.85%	25.86%
2013	1.97%	1.87%	23.27%	23.69%
2014	2.31%	1.86%	15.84%	19.33%
2015	2.45%	2.52%	18.27%	14.17%
2016	2.40%	2.56%	15.73%	11.77%

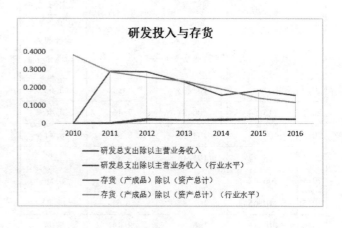

148. 哈森股份（603958.SH）

年度	净资产收益率	净资产收益率（行业平均水平）	净资产同比增长率	净利润同比增长率	经营活动产生的现金流量净额同比增长率
2010	0	14.92	0	0	0
2011	48.87	12.52	0	0	0
2012	39.38	9.35	47.23	8.41	-60.17
2013	33.43	6.88	23.80	12.21	66.62
2014	20.95	6.80	11.49	-26.96	116.34
2015	20.07	7.20	19.11	13.49	-83.81
2016	8.89	6.54	82.65	-34.49	-109.53

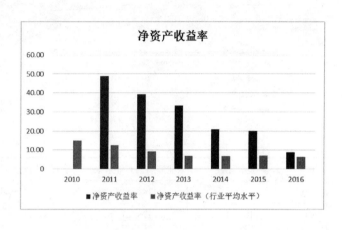

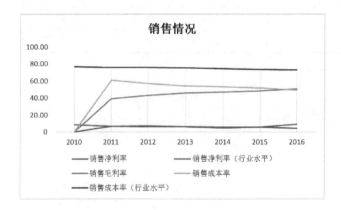

年度	销售净利率	销售净利率（行业水平）	销售毛利率	销售成本率	销售成本率（行业水平）
2010	0	8.73	0	0	76.68
2011	6.62	6.86	39.11	60.89	75.69
2012	6.46	7.11	42.93	57.07	75.97
2013	6.54	6.35	45.82	54.18	75.35
2014	5.06	5.98	46.98	53.02	74.56
2015	6.07	6.06	48.23	51.77	73.49
2016	4.58	9.17	50.55	49.45	72.75

年度	销售商品提供劳务收到的现金/营业收入	销售商品提供劳务收到的现金/营业收入（行业水平）	经营活动产生的现金流量净额/营业收入	经营活动产生的现金流量净额/营业收入（行业水平）
2010	0	103.93	0	5.63
2011	112.21	100.81	10.01	4.46
2012	109.81	102.55	3.59	8.41
2013	112.40	101.16	5.39	3.12
2014	116.91	101.77	12.35	8.56
2015	115.41	102.87	2.11	11.84
2016	113.96	100.96	-0.23	5.08

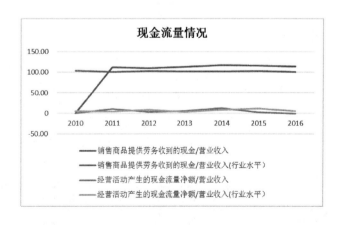

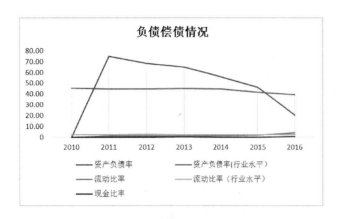

年度	资产负债率	资产负债率（行业水平）	流动比率	流动比率（行业水平）	现金比率
2010	0	45.38	0	2.41	0
2011	75.02	44.65	1.13	2.40	0.17
2012	68.17	44.62	1.24	2.58	0.14
2013	64.92	45.20	1.32	2.20	0.23
2014	56.00	44.71	1.50	2.26	0.17
2015	46.30	41.53	1.81	2.47	0.17
2016	20.38	39.43	4.20	2.69	0.72

年度	营业周期	营业周期（行业水平）	存货周转率	应收账款周转率	总资产周转率	营运资本周转率
2010	0	141.29	0	0	0	0
2011	108.68	178.15	3.83	24.47	3.14	31.96
2012	231.84	234.84	1.79	11.81	1.63	12.44
2013	249.57	225.27	1.65	11.32	1.61	8.78
2014	270.36	225.37	1.51	11.37	1.53	6.37
2015	281.90	259.36	1.43	12.27	1.56	4.79
2016	328.62	248.90	1.21	11.62	1.24	2.38

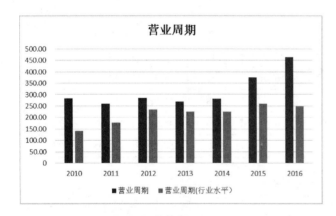

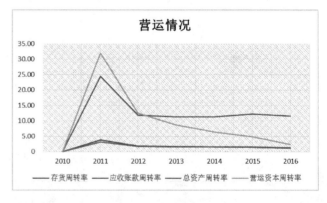

年度	研发总支出/主营业务收入	研发总支出/主营业务收入（行业水平）	存货（产成品）/（资产总计）	存货（产成品）/（资产总计）（行业水平）
2010	0	0	0	38.08%
2011	0	0.22%	56.68%	28.78%
2012	0	2.53%	49.83%	25.86%
2013	0	1.87%	44.72%	23.69%
2014	0	1.86%	50.54%	19.33%
2015	0	2.52%	51.74%	14.17%
2016	1.41%	2.56%	42.65%	11.77%

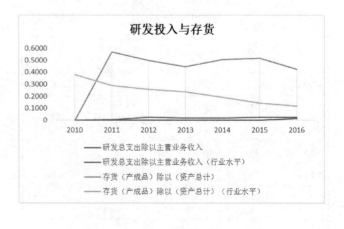

149. 仙宜岱 （430445. OC）

年度	净资产收益率	净资产收益率（行业平均水平）	净资产同比增长率	净利润同比增长率	经营活动产生的现金流量净额同比增长率
2010	0	14.92	0	0	0
2011	19.96	12.52	0	0	0
2012	21.92	9.35	24.16	57.26	456.14
2013	11.57	6.88	12.28	−44.71	−123.42
2014	11.37	6.80	12.06	10.29	246.87
2015	10.88	7.20	17.07	11.43	−35.33
2016	11.76	6.54	12.50	22.05	59.72

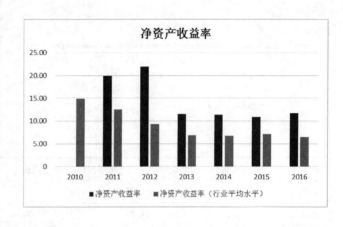

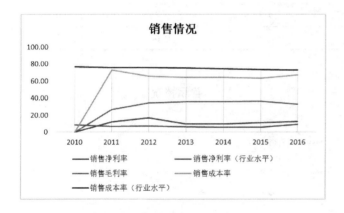

年度	销售净利率	销售净利率（行业水平）	销售毛利率	销售成本率	销售成本率（行业水平）
2010	0	8.73	0	0	76.68
2011	12.15	6.86	26.81	73.19	75.69
2012	16.98	7.11	34.44	65.56	75.97
2013	9.84	6.35	35.72	64.28	75.35
2014	9.54	5.98	35.60	64.40	74.56
2015	11.17	6.06	36.51	63.49	73.49
2016	12.70	9.17	32.95	67.05	72.75

年度	销售商品提供劳务收到的现金/营业收入	销售商品提供劳务收到的现金/营业收入（行业水平）	经营活动产生的现金流量净额/营业收入	经营活动产生的现金流量净额/营业收入（行业水平）
2010	0	103.93	0	5.63
2011	106.94	100.81	−12.50	4.46
2012	103.18	102.55	39.57	8.41
2013	108.88	101.16	−9.72	3.12
2014	100.44	101.77	12.55	8.56
2015	106.78	102.87	8.52	11.84
2016	105.76	100.96	12.68	5.08

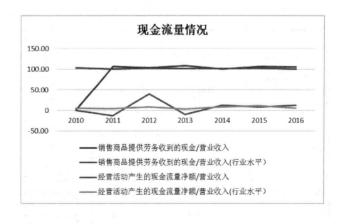

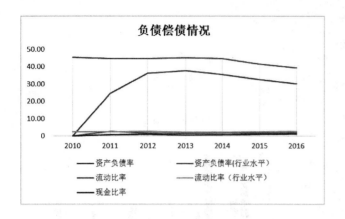

年度	资产负债率	资产负债率（行业水平）	流动比率	流动比率（行业水平）	现金比率
2010	0	45.38	0	2.41	0
2011	24.55	44.65	2.58	2.40	0.59
2012	36.10	44.62	1.74	2.58	1.03
2013	37.55	45.20	1.47	2.20	0.41
2014	35.52	44.71	1.58	2.26	0.60
2015	32.62	41.53	1.79	2.47	0.85
2016	30.08	39.43	2.03	2.69	1.10

年度	营业周期	营业周期（行业水平）	存货周转率	应收账款周转率	总资产周转率	营运资本周转率
2010	0	141.29	0	0	0	0
2011	72.80	178.15	5.37	62.53	1.94	5.00
2012	149.60	234.84	2.66	25.45	0.90	2.84
2013	212.30	225.27	1.83	22.55	0.71	3.23
2014	219.50	225.37	1.82	16.41	0.76	3.97
2015	215.34	259.36	2.04	9.31	0.65	2.80
2016	186.58	248.90	2.52	8.28	0.64	2.23

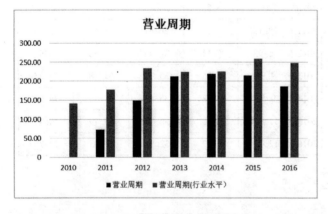

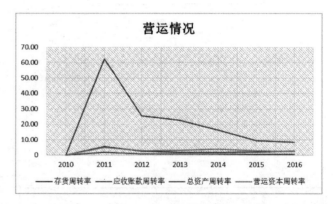

年度	研发总支出/主营业务收入	研发总支出/主营业务收入（行业水平）	存货（产成品）/（资产总计）	存货（产成品）/（资产总计）（行业水平）
2010	0	0	0	38.08%
2011	2.66%	0.22%	32.46%	28.78%
2012	3.12%	2.53%	22.51%	25.86%
2013	3.09%	1.87%	21.58%	23.69%
2014	3.08%	1.86%	19.89%	19.33%
2015	3.06%	2.52%	17.75%	14.17%
2016	3.11%	2.56%	16.37%	11.77%

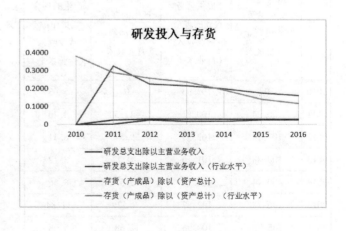

150. 丝普兰（430526.OC）

年度	净资产收益率	净资产收益率（行业平均水平）	净资产同比增长率	净利润同比增长率	经营活动产生的现金流量净额同比增长率
2010	0	14.92	0	0	0
2011	0	12.52	0	0	0
2012	0	9.35	−4.84	−261.94	−131.02
2013	7.00	6.88	6.76	232.98	−46.22
2014	−19.00	6.80	−17.68	−379.20	161.18
2015	−34.36	7.20	−29.32	−36.53	58.95
2016	−58.65	6.54	−45.35	−9.31	−136.81

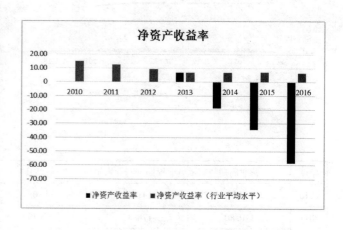

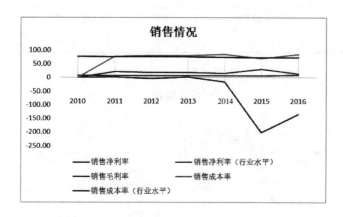

年度	销售净利率	销售净利率（行业水平）	销售毛利率	销售成本率	销售成本率（行业水平）
2010	0	8.73	0	0	76.68
2011	2.07	6.86	22.42	77.58	75.69
2012	−3.83	7.11	18.99	81.01	75.97
2013	2.71	6.35	19.37	80.63	75.35
2014	−15.44	5.98	15.52	84.48	74.56
2015	−201.48	6.06	30.45	69.55	73.49
2016	−134.26	9.17	14.51	85.49	72.75

年度	销售商品提供劳务收到的现金/营业收入	销售商品提供劳务收到的现金/营业收入（行业水平）	经营活动产生的现金流量净额/营业收入	经营活动产生的现金流量净额/营业收入（行业水平）
2010	0	103.93	0	5.63
2011	107.23	100.81	−5.25	4.46
2012	112.14	102.55	−13.81	8.41
2013	91.82	101.16	−10.78	3.12
2014	163.32	101.77	13.44	8.56
2015	642.70	102.87	204.06	11.84
2016	149.51	100.96	−45.79	5.08

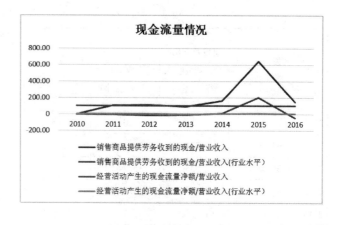

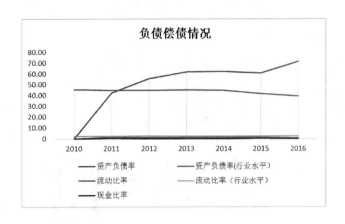

年度	资产负债率	资产负债率（行业水平）	流动比率	流动比率（行业水平）	现金比率
2010	0	45.38	0	2.41	0
2011	42.32	44.65	1.54	2.40	0.37
2012	55.59	44.62	1.29	2.58	0.16
2013	61.63	45.20	1.29	2.20	0.09
2014	62.20	44.71	1.26	2.26	0.15
2015	60.52	41.53	1.18	2.47	0.28
2016	71.27	39.43	0.92	2.69	0.08

年度	营业周期	营业周期（行业水平）	存货周转率	应收账款周转率	总资产周转率	营运资本周转率
2010	0	141.29	0	0	0	0
2011	110.80	178.15	6.04	7.04	1.66	7.33
2012	332.59	234.84	1.93	2.47	0.65	3.40
2013	250.40	225.27	3.21	2.60	0.99	5.76
2014	488.73	225.37	2.18	1.11	0.48	2.81
2015	3530.13	259.36	0.21	0.20	0.07	0.47
2016	1364.69	248.90	0.46	0.62	0.15	3.86

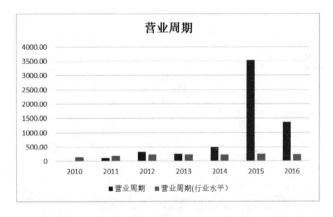

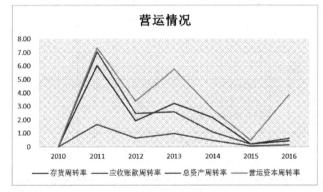

年度	研发总支出/主营业务收入	研发总支出/主营业务收入（行业水平）	存货（产成品）/（资产总计）	存货（产成品）/（资产总计）（行业水平）
2010	0	0	0	38.08%
2011	35.60%	0.22%	20.14%	28.78%
2012	36.58%	2.53%	16.29%	25.86%
2013	0	1.87%	13.19%	23.69%
2014	6.50%	1.86%	15.78%	19.33%
2015	56.93%	2.52%	23.32%	14.17%
2016	16.40%	2.56%	31.06%	11.77%

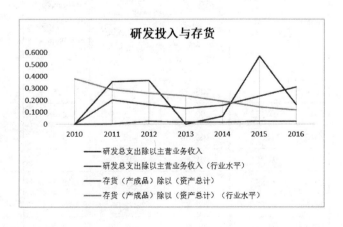

151. 箭鹿股份 （430623. OC）

年度	净资产收益率	净资产收益率（行业平均水平）	净资产同比增长率	净利润同比增长率	经营活动产生的现金流量净额同比增长率
2010	0	14.92	0	0	0
2011	16.85	12.52	0	0	0
2012	15.44	9.35	16.74	9.26	−23.60
2013	14.70	6.88	15.95	9.90	50.38
2014	13.26	6.80	9.98	1.42	46.01
2015	12.61	7.20	13.46	6.23	−61.82
2016	11.83	6.54	10.89	5.97	8.76

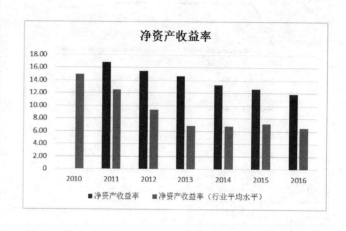

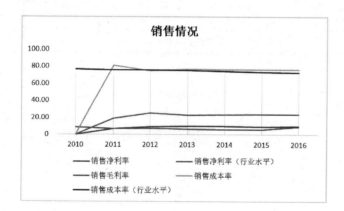

年度	销售净利率	销售净利率（行业水平）	销售毛利率	销售成本率	销售成本率（行业水平）
2010	0	8.73	0	0	76.68
2011	6.87	6.86	18.99	81.01	75.69
2012	9.48	7.11	25.32	74.68	75.97
2013	9.52	6.35	23.00	77.00	75.35
2014	9.62	5.98	23.49	76.51	74.56
2015	9.49	6.06	23.54	76.46	73.49
2016	9.52	9.17	23.70	76.30	72.75

年度	销售商品提供劳务收到的现金/营业收入	销售商品提供劳务收到的现金/营业收入（行业水平）	经营活动产生的现金流量净额/营业收入	经营活动产生的现金流量净额/营业收入（行业水平）
2010	0	103.93	0	5.63
2011	86.40	100.81	11.00	4.46
2012	114.27	102.55	10.63	8.41
2013	111.94	101.16	14.60	3.12
2014	101.46	101.77	21.25	8.56
2015	108.52	102.87	7.53	11.84
2016	124.79	100.96	7.75	5.08

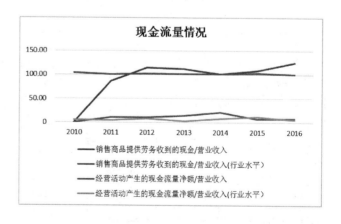

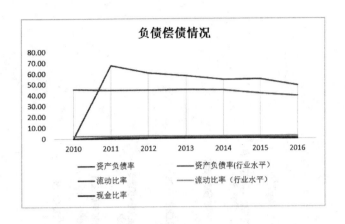

负债偿债情况

年度	资产负债率	资产负债率（行业水平）	流动比率	流动比率（行业水平）	现金比率
2010	0	45.38	0	2.41	0
2011	67.69	44.65	1.03	2.40	0.15
2012	60.49	44.62	1.08	2.58	0.19
2013	58.04	45.20	1.20	2.20	0.35
2014	54.46	44.71	1.14	2.26	0.27
2015	54.65	41.53	1.16	2.47	0.23
2016	49.05	39.43	1.30	2.69	0.10

年度	营业周期	营业周期（行业水平）	存货周转率	应收账款周转率	总资产周转率	营运资本周转率
2010	0	141.29	0	0	0	0
2011	122.57	178.15	4.91	7.30	1.43	94.36
2012	317.95	234.84	1.66	3.56	0.58	21.44
2013	263.44	225.27	1.87	5.05	0.62	8.80
2014	268.32	225.37	1.84	4.99	0.60	7.24
2015	277.65	259.36	1.71	5.32	0.60	8.25
2016	299.40	248.90	1.56	5.23	0.60	5.55

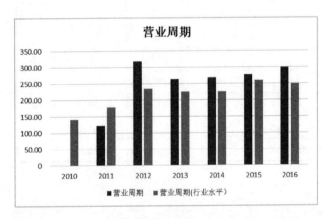

营业周期

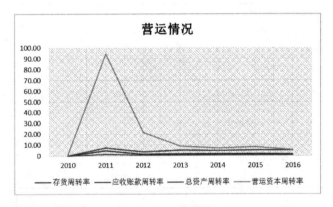

营运情况

年度	研发总支出/主营业务收入	研发总支出/主营业务收入（行业水平）	存货（产成品）/（资产总计）	存货（产成品）/（资产总计）（行业水平）
2010	0	0	0	38.08%
2011	3.82%	0.22%	37.47%	28.78%
2012	3.28%	2.53%	39.47%	25.86%
2013	0	1.87%	36.24%	23.69%
2014	2.63%	1.86%	35.79%	19.33%
2015	3.04%	2.52%	31.46%	14.17%
2016	2.93%	2.56%	31.88%	11.77%

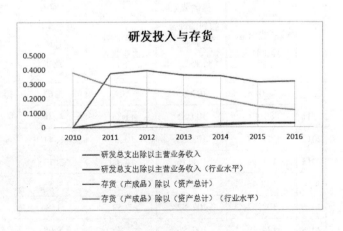

研发投入与存货

152. 松宝智能 （830870. OC）

年度	净资产收益率	净资产收益率（行业平均水平）	净资产同比增长率	净利润同比增长率	经营活动产生的现金流量净额同比增长率
2010	0	14. 92	0	0	0
2011	0	12. 52	0	0	0
2012	29. 38	9. 35	0	0	0
2013	53. 65	6. 88	145. 73	229. 67	－ 1293. 89
2014	14. 55	6. 80	15. 69	－ 53. 82	229. 36
2015	12. 82	7. 20	55. 66	10. 52	－ 104. 61
2016	5. 65	6. 54	5. 81	－ 39. 64	1768. 72

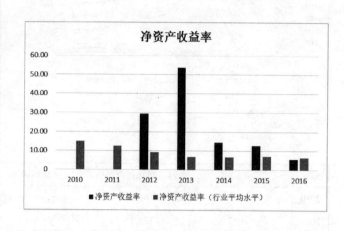

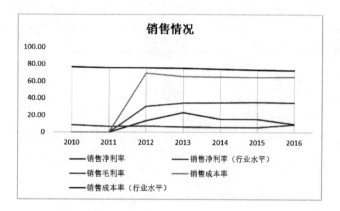

年度	销售净利率	销售净利率（行业水平）	销售毛利率	销售成本率	销售成本率（行业水平）
2010	0	8. 73	0	0	76. 68
2011	0	6. 86	0	0	75. 69
2012	13. 66	7. 11	30. 62	69. 38	75. 97
2013	23. 22	6. 35	34. 26	65. 74	75. 35
2014	15. 57	5. 98	34. 64	65. 36	74. 56
2015	15. 63	6. 06	35. 42	64. 58	73. 49
2016	9. 71	9. 17	34. 67	65. 33	72. 75

年度	销售商品提供劳务收到的现金/营业收入	销售商品提供劳务收到的现金/营业收入（行业水平）	经营活动产生的现金流量净额/营业收入	经营活动产生的现金流量净额/营业收入（行业水平）
2010	0	103. 93	0	5. 63
2011	0	100. 81	0	4. 46
2012	123. 80	102. 55	1. 71	8. 41
2013	102. 25	101. 16	－ 10. 51	3. 12
2014	125. 32	101. 77	20. 17	8. 56
2015	87. 63	102. 87	－ 0. 84	11. 84
2016	80. 42	100. 96	14. 49	5. 08

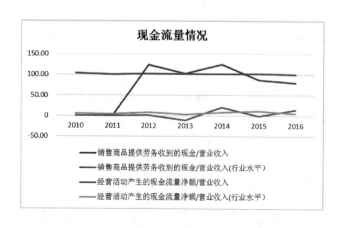

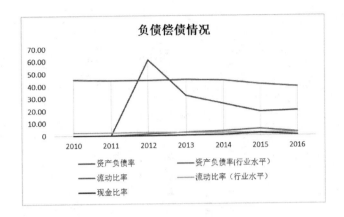

年度	资产负债率	资产负债率（行业水平）	流动比率	流动比率（行业水平）	现金比率
2010	0	45.38	0	2.41	0
2011	0	44.65	0	2.40	0
2012	60.98	44.62	1.23	2.58	0.09
2013	32.46	45.20	2.58	2.20	0.30
2014	25.64	44.71	3.57	2.26	0.67
2015	19.28	41.53	5.35	2.47	2.10
2016	20.39	39.43	3.15	2.69	0.73

年度	营业周期	营业周期（行业水平）	存货周转率	应收账款周转率	总资产周转率	营运资本周转率
2010	0	141.29	0	0	0	0
2011	0	178.15	0	0	0	0
2012	137.74	234.84	3.99	7.59	1.46	10.54
2013	169.56	225.27	3.07	6.90	1.18	3.61
2014	274.31	225.37	1.87	4.41	0.66	1.48
2015	265.39	259.36	2.30	3.30	0.59	1.19
2016	285.34	248.90	2.43	2.63	0.47	1.02

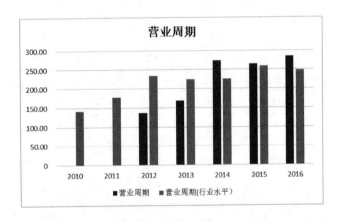

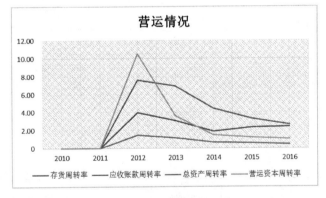

年度	研发总支出/主营业务收入	研发总支出/主营业务收入（行业水平）	存货（产成品）/（资产总计）	存货（产成品）/（资产总计）（行业水平）
2010	0	0	0	38.08%
2011	0	0.22%	0	28.78%
2012	6.89%	2.53%	27.36%	25.86%
2013	6.87%	1.87%	19.59%	23.69%
2014	7.19%	1.86%	18.64%	19.33%
2015	7.51%	2.52%	13.00%	14.17%
2016	7.20%	2.56%	12.12%	11.77%

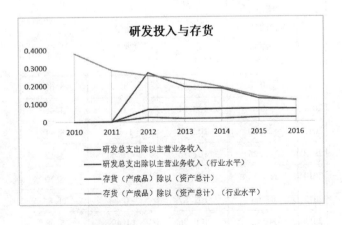

153. 志向科研 （830897.OC）

年度	净资产收益率	净资产收益率（行业平均水平）	净资产同比增长率	净利润同比增长率	经营活动产生的现金流量净额同比增长率
2010	0	14.92	0	0	0
2011	0	12.52	0	0	0
2012	28.30	9.35	0	0	0
2013	7.49	6.88	7.79	-70.52	-362.34
2014	-19.56	6.80	-17.82	-346.69	161.06
2015	16.38	7.20	17.84	175.36	-24.32
2016	0	6.54	0	0	0

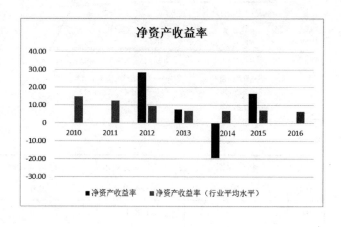

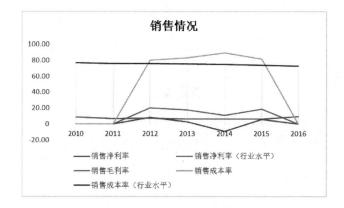

年度	销售净利率	销售净利率（行业水平）	销售毛利率	销售成本率	销售成本率（行业水平）
2010	0	8.73	0	0	76.68
2011	0	6.86	0	0	75.69
2012	8.18	7.11	20.24	79.76	75.97
2013	2.53	6.35	17.29	82.71	75.35
2014	-9.29	5.98	10.71	89.29	74.56
2015	5.73	6.06	18.57	81.43	73.49
2016	0	9.17	0	0	72.75

年度	销售商品提供劳务收到的现金/营业收入	销售商品提供劳务收到的现金/营业收入（行业水平）	经营活动产生的现金流量净额/营业收入	经营活动产生的现金流量净额/营业收入（行业水平）
2010	0	103.93	0	5.63
2011	0	100.81	0	4.46
2012	90.83	102.55	3.89	8.41
2013	55.66	101.16	-10.72	3.12
2014	73.86	101.77	9.73	8.56
2015	59.98	102.87	5.47	11.84
2016	0	100.96	0	5.08

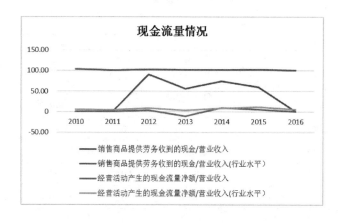

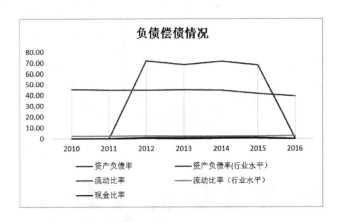

年度	资产负债率	资产负债率（行业水平）	流动比率	流动比率（行业水平）	现金比率
2010	0	45.38	0	2.41	0
2011	0	44.65	0	2.40	0
2012	71.70	44.62	1.15	2.58	0.20
2013	68.36	45.20	1.18	2.20	0.14
2014	71.30	44.71	1.12	2.26	0.28
2015	67.76	41.53	1.21	2.47	0.18
2016	0	39.43	0	2.69	0

年度	营业周期	营业周期（行业水平）	存货周转率	应收账款周转率	总资产周转率	营运资本周转率
2010	0	141.29	0	0	0	0
2011	0	178.15	0	0	0	0
2012	131.03	234.84	4.75	6.52	1.83	17.35
2013	273.12	225.27	2.69	2.58	0.89	7.84
2014	352.43	225.37	2.58	1.69	0.64	6.20
2015	267.47	259.36	3.24	2.30	0.88	7.91
2016	0	248.90	0	0	0	0

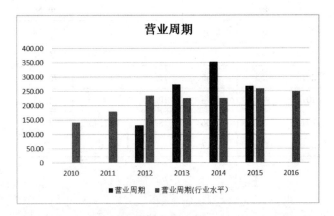

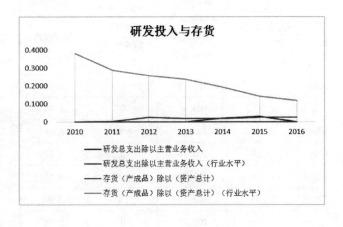

年度	研发总支出/主营业务收入	研发总支出/主营业务收入（行业水平）	存货（产成品）/（资产总计）	存货（产成品）/（资产总计）（行业水平）
2010	0	0	0	38.08%
2011	0	0.22%	0	28.78%
2012	0	2.53%	0	25.86%
2013	0	1.87%	0	23.69%
2014	2.01%	1.86%	0	19.33%
2015	2.97%	2.52%	0	14.17%
2016	0	2.56%	0	11.77%

154. 吉芬设计 （831000.OC）

年度	净资产收益率	净资产收益率（行业平均水平）	净资产同比增长率	净利润同比增长率	经营活动产生的现金流量净额同比增长率
2010	0	14.92	0	0	0
2011	0	12.52	0	0	0
2012	34.06	9.35	0	0	0
2013	23.51	6.88	6.07	-14.28	-12.79
2014	27.82	6.80	-1.79	4.27	-43.32
2015	20.36	7.20	39.87	-1.15	-67.14
2016	7.29	6.54	50.13	-57.15	260.06

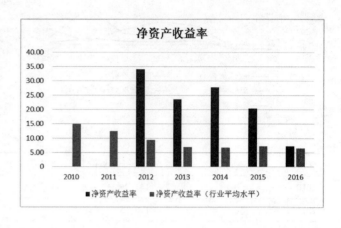

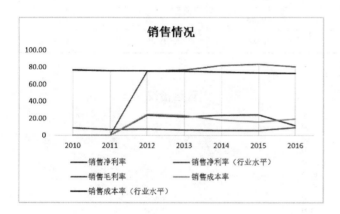

年度	销售净利率	销售净利率（行业水平）	销售毛利率	销售成本率	销售成本率（行业水平）
2010	0	8.73	0	0	76.68
2011	0	6.86	0	0	75.69
2012	23.92	7.11	75.38	24.62	75.97
2013	21.60	6.35	76.73	23.27	75.35
2014	23.97	5.98	81.96	18.04	74.56
2015	24.00	6.06	83.78	16.22	73.49
2016	11.61	9.17	80.68	19.32	72.75

年度	销售商品提供劳务收到的现金/营业收入	销售商品提供劳务收到的现金/营业收入（行业水平）	经营活动产生的现金流量净额/营业收入	经营活动产生的现金流量净额/营业收入（行业水平）
2010	0	103.93	0	5.63
2011	0	100.81	0	4.46
2012	118.49	102.55	20.65	8.41
2013	117.46	101.16	18.97	3.12
2014	107.24	101.77	11.44	8.56
2015	106.11	102.87	3.81	11.84
2016	114.30	100.96	15.48	5.08

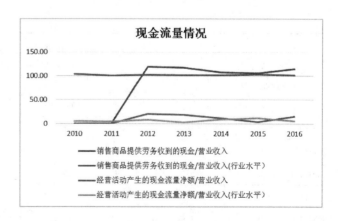

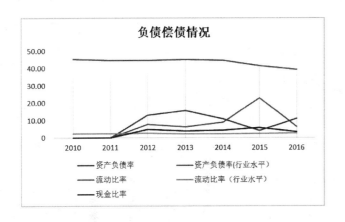

年度	资产负债率	资产负债率（行业水平）	流动比率	流动比率（行业水平）	现金比率
2010	0	45.38	0	2.41	0
2011	0	44.65	0	2.40	0
2012	12.96	44.62	7.63	2.58	4.75
2013	15.55	45.20	6.37	2.20	3.75
2014	10.91	44.71	8.91	2.26	4.31
2015	4.09	41.53	22.90	2.47	5.75
2016	11.12	39.43	6.28	2.69	3.49

年度	营业周期	营业周期（行业水平）	存货周转率	应收账款周转率	总资产周转率	营运资本周转率
2010	0	141.29	0	0	0	0
2011	0	178.15	0	0	0	0
2012	217.55	234.84	1.69	81.96	2.12	2.46
2013	523.67	225.27	0.70	40.55	0.96	1.13
2014	821.86	225.37	0.45	21.24	0.89	1.05
2015	1079.20	259.36	0.34	10.55	0.80	0.90
2016	1162.10	248.90	0.32	8.92	0.48	0.68

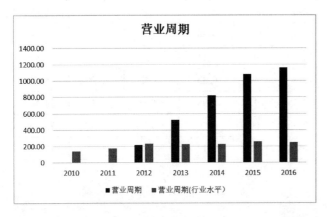

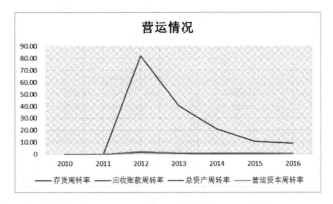

年度	研发总支出/主营业务收入	研发总支出/主营业务收入（行业水平）	存货（产成品）/（资产总计）	存货（产成品）/（资产总计）（行业水平）
2010	0	0	0	38.08%
2011	0	0.22%	0	28.78%
2012	0	2.53%	51.79%	25.86%
2013	0	1.87%	47.37%	23.69%
2014	0	1.86%	50.89%	19.33%
2015	4.25%	2.52%	39.17%	14.17%
2016	4.94%	2.56%	24.18%	11.77%

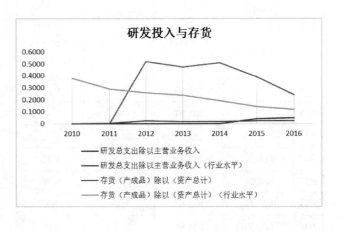

155. 乔顿服饰 (831189.OC)

年度	净资产收益率	净资产收益率（行业平均水平）	净资产同比增长率	净利润同比增长率	经营活动产生的现金流量净额同比增长率
2010	/	14.92	/	/	/
2011	/	12.52	/	/	/
2012	17.09	9.35	/	/	/
2013	11.14	6.88	11.80	−20.15	195.28
2014	18.95	6.80	20.94	99.71	−23.97
2015	18.11	7.20	26.11	14.88	−4.60
2016	18.97	6.54	20.91	28.30	11.57

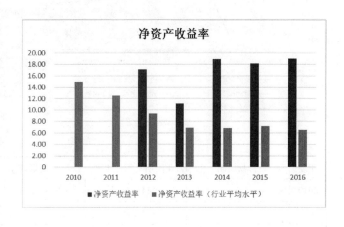

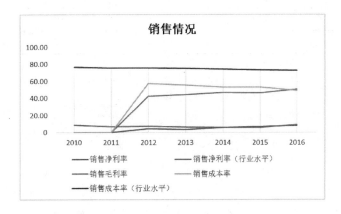

年度	销售净利率	销售净利率（行业水平）	销售毛利率	销售成本率	销售成本率（行业水平）
2010	0	8.73	0	0	76.68
2011	0	6.86	0	0	75.69
2012	4.45	7.11	42.59	57.41	75.97
2013	3.29	6.35	44.31	55.69	75.35
2014	6.10	5.98	46.88	53.12	74.56
2015	6.66	6.06	46.60	53.40	73.49
2016	8.28	9.17	50.53	49.47	72.75

年度	销售商品提供劳务收到的现金/营业收入	销售商品提供劳务收到的现金/营业收入（行业水平）	经营活动产生的现金流量净额/营业收入	经营活动产生的现金流量净额/营业收入（行业水平）
2010	0	103.93	0	5.63
2011	0	100.81	0	4.46
2012	104.49	102.55	−14.17	8.41
2013	112.99	101.16	12.50	3.12
2014	102.76	101.77	8.83	8.56
2015	108.05	102.87	8.01	11.84
2016	111.89	100.96	8.66	5.08

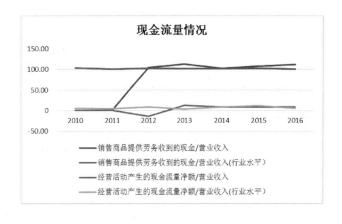

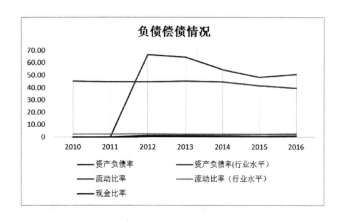

年度	资产负债率	资产负债率（行业水平）	流动比率	流动比率（行业水平）	现金比率
2010	0	45.38	0	2.41	0
2011	0	44.65	0	2.40	0
2012	66.49	44.62	1.25	2.58	0.16
2013	64.65	45.20	1.43	2.20	0.38
2014	54.44	44.71	1.75	2.26	0.16
2015	48.24	41.53	2.00	2.47	0.46
2016	50.67	39.43	1.89	2.69	0.59

年度	营业周期	营业周期（行业水平）	存货周转率	应收账款周转率	总资产周转率	营运资本周转率
2010	0	141.29	0	0	0	0
2011	0	178.15	0	0	0	0
2012	142.62	234.84	3.98	6.90	2.21	13.16
2013	267.96	225.27	1.99	4.16	1.16	5.19
2014	281.29	225.37	1.71	5.10	1.25	3.70
2015	292.29	259.36	1.56	5.86	1.29	2.91
2016	325.63	248.90	1.34	6.23	1.14	2.48

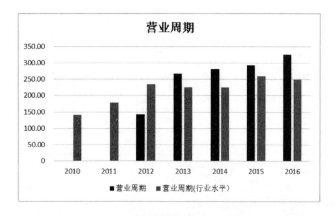

年度	研发总支出/主营业务收入	研发总支出/主营业务收入（行业水平）	存货（产成品）/（资产总计）	存货（产成品）/（资产总计）（行业水平）
2010	0	0	0	38.08%
2011	0	0.22%	0	28.78%
2012	1.08%	2.53%	54.96%	25.86%
2013	1.47%	1.87%	51.86%	23.69%
2014	2.03%	1.86%	55.27%	19.33%
2015	2.02%	2.52%	49.74%	14.17%
2016	1.97%	2.56%	40.64%	11.77%

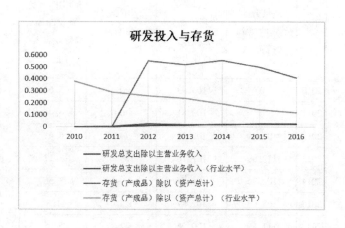

156. 成丰股份 (831218.OC)

年度	净资产收益率	净资产收益率（行业平均水平）	净资产同比增长率	净利润同比增长率	经营活动产生的现金流量净额同比增长率
2010	0	14.92	0	0	0
2011	0	12.52	0	0	0
2012	-9.25	9.35	0	0	0
2013	11.86	6.88	12.61	229.97	234.00
2014	13.16	6.80	21.25	29.37	-85.05
2015	18.34	7.20	20.19	69.32	-456.34
2016	35.87	6.54	183.53	160.15	-46.17

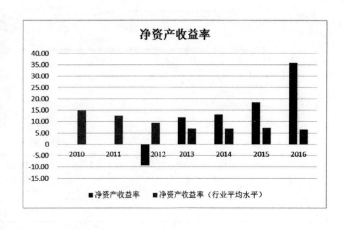

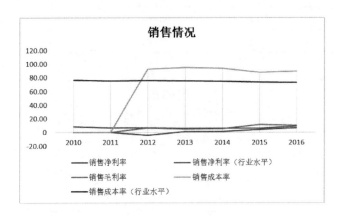

年度	销售净利率	销售净利率（行业水平）	销售毛利率	销售成本率	销售成本率（行业水平）
2010	0	8.73	0	0	76.68
2011	0	6.86	0	0	75.69
2012	-3.92	7.11	6.86	93.14	75.97
2013	1.60	6.35	4.90	95.10	75.35
2014	1.41	5.98	5.69	94.31	74.56
2015	4.36	6.06	11.78	88.22	73.49
2016	7.02	9.17	10.40	89.60	72.75

年度	销售商品提供劳务收到的现金/营业收入	销售商品提供劳务收到的现金/营业收入（行业水平）	经营活动产生的现金流量净额/营业收入	经营活动产生的现金流量净额/营业收入（行业水平）
2010	0	103.93	0	5.63
2011	0	100.81	0	4.46
2012	40.32	102.55	-67.36	8.41
2013	125.95	101.16	28.39	3.12
2014	129.01	101.77	2.88	8.56
2015	46.87	102.87	-16.06	11.84
2016	87.65	100.96	-14.50	5.08

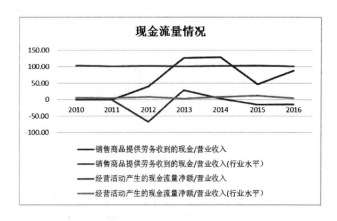

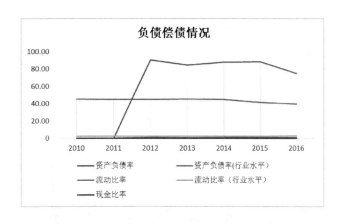

负债偿债情况

年度	资产负债率	资产负债率（行业水平）	流动比率	流动比率（行业水平）	现金比率
2010	0	45.38	0	2.41	0
2011	0	44.65	0	2.40	0
2012	90.41	44.62	0.93	2.58	0.03
2013	84.27	45.20	0.70	2.20	0.03
2014	87.62	44.71	0.83	2.26	0.07
2015	88.37	41.53	0.88	2.47	0.15
2016	74.58	39.43	1.12	2.69	0.06

年度	营业周期	营业周期（行业水平）	存货周转率	应收账款周转率	总资产周转率	营运资本周转率
2010	0	141.29	0	0	0	0
2011	0	178.15	0	0	0	0
2012	477.98	234.84	1.11	2.36	0.47	−7.35
2013	221.73	225.27	2.32	5.43	0.90	−6.48
2014	152.68	225.37	3.30	8.29	1.28	−6.96
2015	453.39	259.36	1.28	2.10	0.50	−4.10
2016	398.71	248.90	1.69	1.94	0.63	222.49

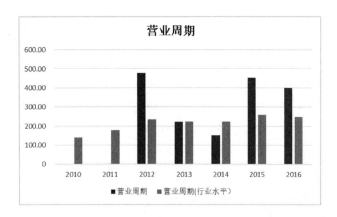

营业周期

营运情况

年度	研发总支出/主营业务收入	研发总支出/主营业务收入（行业水平）	存货（产成品）/（资产总计）	存货（产成品）/（资产总计）（行业水平）
2010	0	0	0	38.08%
2011	0	0.22%	0	28.78%
2012	0	2.53%	62.12%	25.86%
2013	0.32%	1.87%	90.53%	23.69%
2014	0.51%	1.86%	58.76%	19.33%
2015	1.87%	2.52%	45.94%	14.17%
2016	0.52%	2.56%	35.41%	11.77%

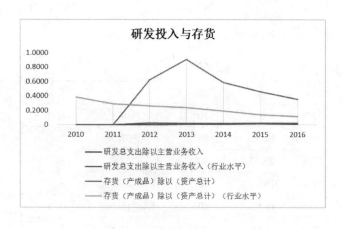

研发投入与存货

157. 苏丝股份 （831336. OC）

年度	净资产收益率	净资产收益率（行业平均水平）	净资产同比增长率	净利润同比增长率	经营活动产生的现金流量净额同比增长率
2010	0	14.92	0	0	0
2011	0	12.52	0	0	0
2012	−0.15	9.35	0	0	0
2013	−3.38	6.88	−3.33	−2081.68	316.31
2014	−22.73	6.80	−26.69	−460.08	−7.68
2015	−3.30	7.20	−3.25	87.64	58.19
2016	10.35	6.54	10.92	425.18	−100.39

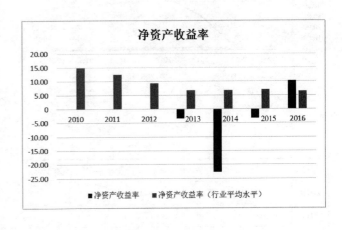

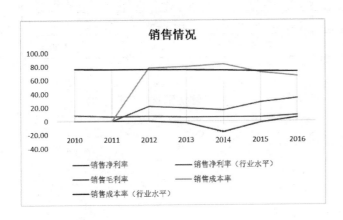

年度	销售净利率	销售净利率（行业水平）	销售毛利率	销售成本率	销售成本率（行业水平）
2010	0	8.73	0	0	76.68
2011	0	6.86	0	0	75.69
2012	−0.13	7.11	21.53	78.47	75.97
2013	−2.34	6.35	19.60	80.40	75.35
2014	−15.64	5.98	16.16	83.84	74.56
2015	−1.72	6.06	28.04	71.96	73.49
2016	5.53	9.17	33.67	66.33	72.75

年度	销售商品提供劳务收到的现金/营业收入	销售商品提供劳务收到的现金/营业收入（行业水平）	经营活动产生的现金流量净额/营业收入	经营活动产生的现金流量净额/营业收入（行业水平）
2010	0	103.93	0	5.63
2011	0	100.81	0	4.46
2012	105.07	102.55	−5.51	8.41
2013	107.69	101.16	9.70	3.12
2014	139.09	101.77	10.68	8.56
2015	121.81	102.87	15.04	11.84
2016	116.55	100.96	−0.06	5.08

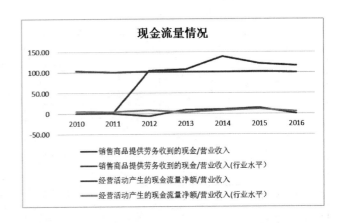

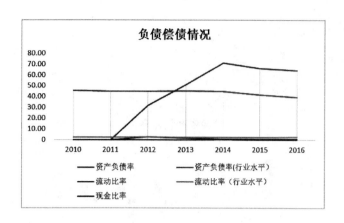

年度	资产负债率	资产负债率（行业水平）	流动比率	流动比率（行业水平）	现金比率
2010	0	45.38	0	2.41	0
2011	0	44.65	0	2.40	0
2012	31.48	44.62	2.62	2.58	0.12
2013	50.94	45.20	1.45	2.20	0.09
2014	70.86	44.71	0.87	2.26	0.30
2015	66.14	41.53	0.80	2.47	0.02
2016	63.87	39.43	0.90	2.69	0.04

年度	营业周期	营业周期（行业水平）	存货周转率	应收账款周转率	总资产周转率	营运资本周转率
2010	0	141.29	0	0	0	0
2011	0	178.15	0	0	0	0
2012	184.33	234.84	2.31	12.61	1.58	3.11
2013	280.51	225.27	1.61	6.35	0.83	2.45
2014	304.77	225.37	1.51	5.36	0.54	12.21
2015	321.82	259.36	1.30	8.11	0.60	− 5.72
2016	383.52	248.90	1.06	8.39	0.66	− 7.20

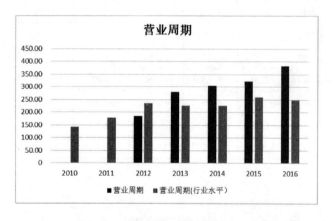

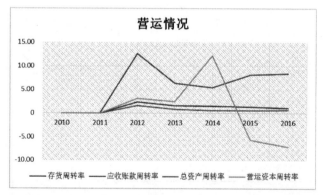

年度	研发总支出/主营业务收入	研发总支出/主营业务收入（行业水平）	存货（产成品）/资产总计	存货（产成品）/资产总计（行业水平）
2010	0	0	0	38.08%
2011	0	0.22%	0	28.78%
2012	1.75%	2.53%	61.45%	25.86%
2013	5.41%	1.87%	45.51%	23.69%
2014	5.83%	1.86%	36.88%	19.33%
2015	7.25%	2.52%	44.28%	14.17%
2016	7.17%	2.56%	42.60%	11.77%

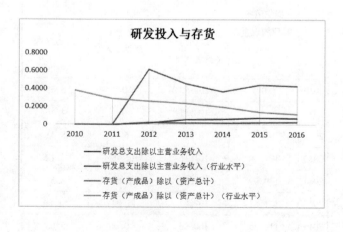

158. 海特股份 （831345.OC）

年度	净资产收益率	净资产收益率（行业平均水平）	净资产同比增长率	净利润同比增长率	经营活动产生的现金流量净额同比增长率
2010	0	14.92	0	0	0
2011	0	12.52	0	0	0
2012	45.87	9.35	0	0	0
2013	24.61	6.88	28.06	-24.80	-138.15
2014	29.33	6.80	265.69	94.38	-98.94
2015	18.82	7.20	160.58	270.37	98.69
2016	12.96	6.54	53.72	-14.25	-3296.82

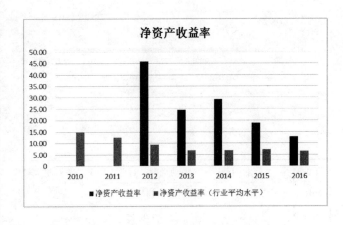

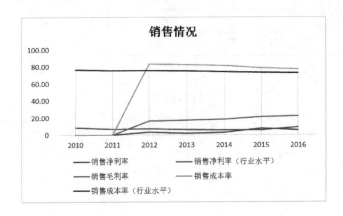

年度	销售净利率	销售净利率（行业水平）	销售毛利率	销售成本率	销售成本率（行业水平）
2010	0	8.73	0	0	76.68
2011	0	6.86	0	0	75.69
2012	3.67	7.11	16.46	83.54	75.97
2013	1.95	6.35	17.46	82.54	75.35
2014	3.11	5.98	18.35	81.65	74.56
2015	7.96	6.06	21.30	78.70	73.49
2016	5.84	9.17	22.50	77.50	72.75

年度	销售商品提供劳务收到的现金/营业收入	销售商品提供劳务收到的现金/营业收入（行业水平）	经营活动产生的现金流量净额/营业收入	经营活动产生的现金流量净额/营业收入（行业水平）
2010	0	103.93	0	5.63
2011	0	100.81	0	4.46
2012	70.41	102.55	37.64	8.41
2013	98.81	101.16	-10.14	3.12
2014	105.11	101.77	-16.59	8.56
2015	94.44	102.87	-0.15	11.84
2016	80.72	100.96	-4.33	5.08

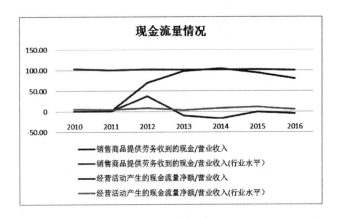

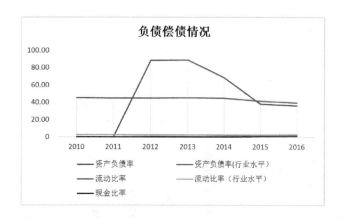

负债偿债情况

年度	资产负债率	资产负债率（行业水平）	流动比率	流动比率（行业水平）	现金比率
2010	0	45.38	0	2.41	0
2011	0	44.65	0	2.40	0
2012	88.07	44.62	0.56	2.58	0.06
2013	88.75	45.20	0.66	2.20	0.08
2014	68.44	44.71	0.99	2.26	0.22
2015	38.22	41.53	2.00	2.47	0.62
2016	36.38	39.43	2.24	2.69	0.74

年度	营业周期	营业周期（行业水平）	存货周转率	应收账款周转率	总资产周转率	营运资本周转率
2010	0	141.29	0	0	0	0
2011	0	178.15	0	0	0	0
2012	53.28	234.84	8.28	36.84	2.43	-6.20
2013	100	225.27	4.99	12.93	1.46	-4.28
2014	131.79	225.37	4.08	8.27	1.34	-9.81
2015	141.32	259.36	3.59	8.75	1.47	6.84
2016	173.90	248.90	3.85	4.47	1.21	2.85

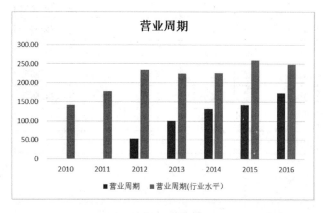

营业周期

营运情况

年度	研发总支出/主营业务收入	研发总支出/主营业务收入（行业水平）	存货（产成品）/资产总计	存货（产成品）/资产总计（行业水平）
2010	0	0	0	38.08%
2011	0	0.22%	0	28.78%
2012	0	2.53%	61.19%	25.86%
2013	2.04%	1.87%	45.06%	23.69%
2014	0	1.86%	34.57%	19.33%
2015	4.15%	2.52%	25.98%	14.17%
2016	4.10%	2.56%	17.40%	11.77%

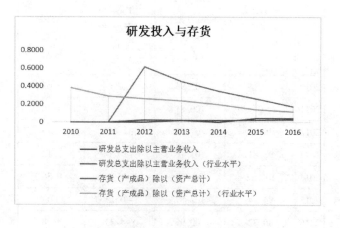

研发投入与存货